백점

BOOK 1 개념북

사회 **5·1**

구성과 특징

BOOK ❶ 개념북

검정 교과서를 통합한 개념 학습

2023년부터 초등 5~6학년 사회 교과서가 국정 교과서에서 **11종 검정 교과서**로 바뀌었습니다.

'백점 사회'는 **검정 교과서의 개념과 자료를 통합적으로 학습**할 수 있도록 구성하였습니다. 단원별 검정 교과서 학습 내용을 확인하고 **개념 학습, 문제 학습, 마무리 학습**으로 이어지는 3단계 학습을 통해 검정 교과서의 통합 개념을 익혀 보세요.

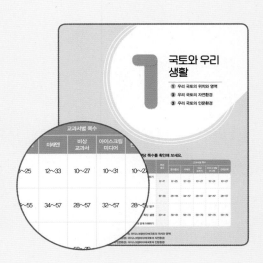

---

1 개념 학습

검정 교과서의 내용을 통합한 **핵심 개념**을 익힐 수 있습니다.

교과서 통합 대표 자료를 통해 다양한 자료를 학습할 수 있습니다.

QR코드를 통해 개념 이해를 돕는 **개념 강의**가 제공됩니다.

2 문제 학습

학습한 개념을 **문제**로 파악합니다.

교과서 공통 핵심 문제로 여러 출판사의 공통 개념을 익힐 수 있습니다.

교과서별 문제를 풀면서 다양한 교과서의 개념을 학습할 수 있습니다.

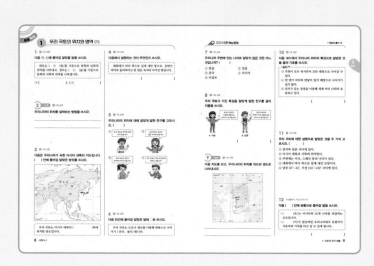

③ 마무리 학습

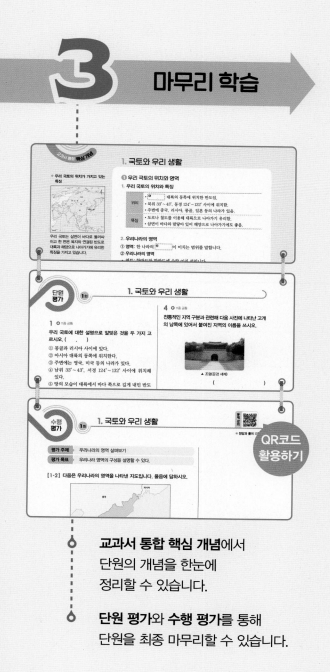

교과서 통합 핵심 개념에서
단원의 개념을 한눈에
정리할 수 있습니다.

단원 평가와 **수행 평가**를 통해
단원을 최종 마무리할 수 있습니다.

BOOK ② 평가북

학교 시험에 딱 맞춘 평가 대비

묻고 답하기 / 중단원 평가

묻고 답하기를 통해 핵심 개념을 다시 익히고, 중단원
평가를 통해 자신의 실력을 확인할 수 있습니다.

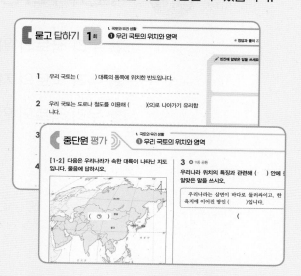

대단원 평가 / 수행 평가

대단원 평가와 수행 평가를 통해 학교 시험에 대비할
수 있습니다.

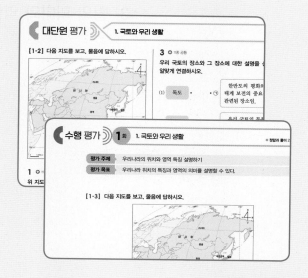

차례

국토와 우리 생활

1 우리 국토의 위치와 영역

2 우리 국토의 자연환경

3 우리 국토의 인문환경

▶ 단원별 학습 내용과 교과서별 해당 쪽수를 확인해 보세요.

단원	학습 내용	백점 쪽수	교과서별 쪽수				
			동아출판	미래엔	비상 교과서	아이스크림 미디어	천재교육
1 우리 국토의 위치와 영역	• 우리 국토의 위치와 영역 특성 설명하기 • 우리 국토를 사랑하는 마음 배우기 • 우리 국토의 구분 기준 파악하기	6~17	6~25	12~33	10~27	10~31	10~27
2 우리 국토의 자연환경	• 우리나라 지형의 특징 설명하기 • 우리나라 기후의 특징 탐구하기 • 자연재해의 종류와 대책 알아보기	18~29	26~55	34~57	28~57	32~57	28~57
3 우리 국토의 인문환경	• 우리나라 인구, 도시 발달의 특징 알기 • 우리나라 산업, 교통 발달의 특징 알기 • 인구, 도시, 산업, 교통 간의 관계 이해하기	30~41	56~81	58~79	58~79	58~79	58~79

[단원명이 다른 교과서]

1 단원: 비상교과서(국토의 위치와 영역), 아이스크림미디어(국토의 위치와 영역)

2 단원: 비상교과서(국토의 자연환경), 아이스크림미디어(국토의 자연환경)

3 단원: 비상교과서(국토의 인문환경), 아이스크림미디어(국토의 인문환경)

1 우리 국토의 위치와 영역 (1)

 개념 강의

1 우리 국토의 모습과 위치

① 지구본에서 우리나라의 위치 확인하기 ➕

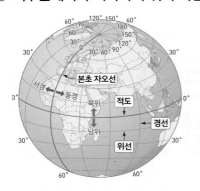

위도	• 적도를 기준으로 남북으로 얼마나 떨어져 있는지를 나타냄. • 남북을 각각 90°로 나누어 북쪽은 북위, 남쪽은 남위로 표현함.
경도	• 본초 자오선을 기준으로 동서로 얼마나 떨어져 있는지를 나타냄. • 동서를 각각 180°로 나누어 동쪽은 동경, 서쪽은 서경으로 표현함.

➕ 위선과 경선

위선	가로로 그은 선으로 위도를 나타냄.
경선	세로로 그은 선으로 경도를 나타냄.

② 지도에서 우리나라의 위치 살펴보기

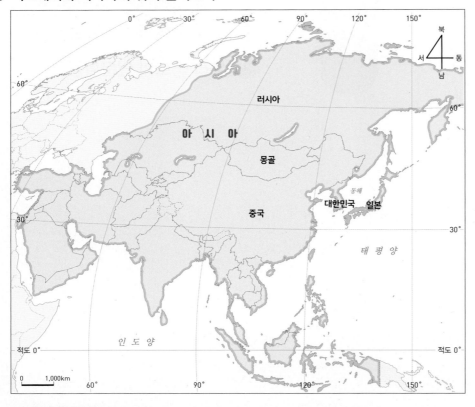

방위로 나타내기	우리 국토는 아시아 대륙의 동쪽에 위치한 반도임.
위도와 경도로 나타내기	우리 국토는 북위 33°~43°, 동경 124°~132° 사이에 위치해 있음. 자료1
우리나라 주변에 있는 나라	• 우리나라 주변에는 중국, 러시아, 몽골, 일본 등이 있음. • 우리나라는 중국과 일본 사이에 있음. ➕

➕ 우리나라와 우리나라 주변에 있는 나라들의 위치 특징

• 주변이 모두 육지인 나라: 몽골
• 주변이 모두 바다인 나라: 일본
• 육지와 바다 모두 접한 나라: 우리나라
• 우리나라 위치의 장점: 반도이므로 대륙으로 나아갈 수 있고, 삼면이 바다라서 해양으로 나아가기에도 편리합니다.

2 우리나라 위치의 특징 자료2

① 우리 국토는 도로나 철도를 이용해 대륙으로 나아가기 유리합니다.
② 삼면이 바다와 맞닿아 있어 해양으로 나아가기에도 좋은 위치에 있습니다.
③ 우리나라는 위치의 장점을 이용해 세계 여러 나라와 교류하고 있습니다.

용어 사전

● **지구본** 실제 지구의 모습을 작게 줄인 모형을 말함.
● **적도** 위도 0°선으로, 지구 표면에서 해가 가장 뜨겁게 내리쬠.
● **본초 자오선** 경도 0°선으로, 영국 런던을 지남.
● **대륙** 지구 표면에 거대한 면적을 가진 육지.
● **반도** 대륙에서 바다 쪽으로 길게 내민 땅으로, 삼면이 바다로 둘러싸이고 한 면은 육지에 이어진 땅을 뜻함.

자료 1 우리나라의 위도와 경도

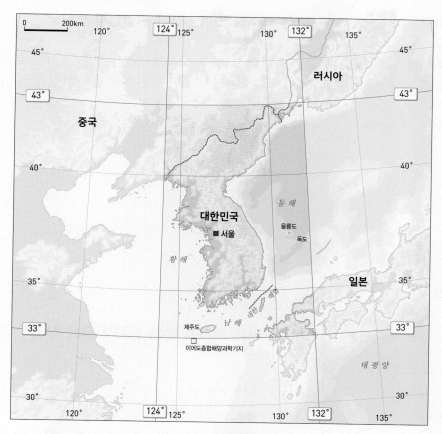

▶ 위도와 경도를 이용하면 우리 국토의 위치를 숫자로 나타낼 수 있습니다. 우리나라는 북위 33°에서 43°, 동경 124°에서 132° 사이에 위치해 있습니다.

자료 2 아시안 하이웨이

▲ 아시안 하이웨이 노선도

▶ 아시안 하이웨이는 아시아의 32개 나라를 연결하는 도로로, 우리나라 에는 1번 도로(AH1)와 6번 도로(AH6)가 통과할 예정입니다.

▶ 아시안 하이웨이가 완공되면 우리나라에서 자동차와 기차를 타고 유럽 까지 갈 수 있게 됩니다. 우리나라는 대륙과 해양을 연결하는 시작점 으로서 중요성이 더욱 커질 것입니다.

● 정답과 풀이 1쪽

1

위도는 (   )을/를 기준 으로 남북으로 얼마나 떨어져 있는 지를 나타냅니다.

2

(   )은/는 본초 자오선 을 기준으로 동서로 떨어진 정도를 나타내며 동쪽은 동경, 서쪽은 서 경이라고 합니다.

3

우리 국토는 아시아 대륙의 (동 , 서)쪽에 위치한 반도입니다.

4

우리나라는 중국과 일본 사이에 있 습니다.

(○ , ×)

5

우리나라는 삼면이 바다와 맞닿아 있어 해양으로 나아가기에는 좋지 않습니다.

(○ , ×)

1 우리 국토의 위치와 영역 (1)

1 ➕ 11종 공통

다음 ㉠, ㉡에 들어갈 알맞은 말을 쓰시오.

> 위도는 (㉠)을/를 기준으로 북쪽과 남쪽의
> 위치를 나타내고, 경도는 (㉡)을/를 기준으로
> 동쪽과 서쪽의 위치를 나타냅니다.

㉠ (   ), ㉡ (   )

2 서술형 ➕ 11종 공통

우리나라의 위치를 살펴보는 방법을 쓰시오.

_____

_____

3 ➕ 11종 공통

다음은 우리나라가 속한 아시아 대륙의 지도입니다.
(   ) 안에 들어갈 알맞은 방위를 쓰시오.

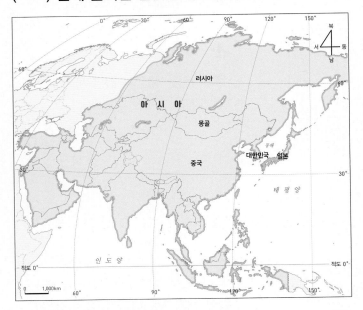

> 우리 국토는 아시아 대륙의 (   )쪽에
> 위치한 반도입니다.

4 ➕ 11종 공통

다음에서 설명하는 것이 무엇인지 쓰시오.

> 대륙에서 바다 쪽으로 길게 내민 땅으로, 삼면이
> 바다로 둘러싸이고 한 면은 육지에 이어진 땅입니다.

(   )

5 ➕ 11종 공통

우리나라의 위치에 대해 알맞게 말한 친구를 고르시
오. (   )

① 우리 국토는 바다에 접해 있지 않습니다.

② 우리나라는 중국과 일본 사이에 있습니다.

③ 우리 국토는 삼면이 육지에 이어져 있습니다.

④ 우리 국토는 적도 부근에 위치하고 있습니다.

6 ➕ 11종 공통

다음 빈칸에 들어갈 알맞은 말에 ◯표 하시오.

> 우리 국토는 도로나 철도를 이용해 대륙으로 나아
> 가기 (유리 , 불리)합니다.

7 ➕ 11종 공통

우리나라 주변에 있는 나라로 알맞지 <u>않은</u> 것은 어느 것입니까? (　　　)

① 몽골
② 일본
③ 중국
④ 러시아
⑤ 이집트

8 ➕ 11종 공통

우리 국토가 가진 특징을 알맞게 말한 친구를 골라 이름을 쓰시오.

도로나 철도를 이용해 대륙으로 나아가기 유리합니다.

삼면이 바다와 맞닿아 있어 해양으로는 나아가기 불리합니다.

▲ 지송　　　　　▲ 동훈

(　　　　　　　　)

9 서술형 ➕ 11종 공통

다음 지도를 보고, 우리나라의 위치를 위도와 경도로 나타내시오.

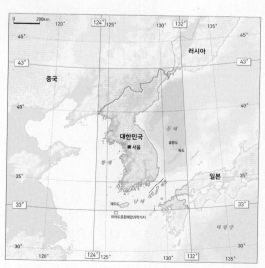

_____

_____

10 ➕ 11종 공통

다음 보기 에서 우리나라 위치의 특징으로 알맞은 것을 골라 기호를 쓰시오.

보기
㉠ 주변이 모두 육지라서 모든 대륙으로 나아갈 수 있다.
㉡ 한 면이 바다와 맞닿아 있어 해양으로 나아가기 쉽지 않다.
㉢ 위치가 갖는 장점을 이용해 세계 여러 나라와 교류하고 있다.

(　　　　　　　　)

11 ➕ 11종 공통

우리 국토에 대한 설명으로 알맞은 것을 두 가지 고르시오. (　　,　　)

① 중국과 일본 사이에 있다.
② 아시아 대륙의 서쪽에 위치한다.
③ 주변에는 미국, 스페인 등의 나라가 있다.
④ 대륙에서 바다 쪽으로 길게 내민 모양이다.
⑤ 남위 33°~43°, 서경 124°~132° 사이에 있다.

12 금성출판사, 비상교과서 외

다음 (　　　) 안에 공통으로 들어갈 말을 쓰시오.

• (　　　　)은/는 아시아의 32개 나라를 연결하는 도로입니다.
• (　　　　)이/가 완공되면 우리나라에서 유럽까지 자동차와 기차를 타고 갈 수 있게 됩니다.

(　　　　　　　　)

1 우리 국토의 위치와 영역 (2)

1 우리나라의 영역

① **영역의 의미**: 한 나라의 주권이 미치는 범위를 말하며 영토, 영해, 영공으로 이루어집니다.

② **영역의 중요성**: 우리나라의 영역에는 우리 주권이 미치기 때문에 다른 나라가 함부로 들어올 수 없습니다.

③ **영역의 구성** [자료1] → 영토는 땅, 영해는 바다, 영공은 하늘에서의 영역이에요.

영토	• 한 나라의 주권이 미치는 땅으로, 영해와 영공을 정하는 기준이 됨. • 영토의 끝: 동쪽 끝은 경상북도 울릉군 독도, 서쪽 끝은 평안북도 용천군 마안도, 남쪽 끝은 제주특별자치도 서귀포시 마라도, 북쪽 끝은 함경북도 온성군 유원진 ⊕
영해	• 우리나라 영토 주변의 바다로, 영해를 설정하는 기준인 기선으로부터 12해리(약 22km)까지임. • 섬이 적은 동해안과 제주도, 울릉도, 독도는 썰물일 때의 해안선을 기준으로 영해를 정함. • 서해안과 남해안은 섬이 많아서 가장 바깥에 위치한 섬들을 직선으로 이은 선을 기준으로 영해를 정함.
영공	우리나라의 영토와 영해 위에 있는 하늘의 범위임.

└ 우리나라의 영역에는 우리 주권이 미치기 때문에 다른 나라 비행기나 배가 우리나라의 영역에 들어오려면 허가를 받아야 해요.

2 우리 국토를 사랑하는 마음

① **국토의 중요성**

• 국토는 우리가 살아가는 곳이며, 국토가 없으면 국가나 국민이 존재할 수 없습니다.

• 우리나라의 고유한 역사와 문화가 담겨 있는 소중한 공간이고, 후손에게 물려주어야 할 삶의 터전입니다.

• 국토를 사랑하는 마음을 가지고 우리 국토를 살기 좋은 곳으로 만들기 위해 노력해야 합니다.

② **비무장 지대** [자료2]

위치	휴전선을 기준으로 남과 북에 각각 2km 내에 위치한 영역
특징	• 남북한이 군인이나 무기를 원칙적으로 배치하지 않기로 한 곳임. • 오랫동안 사람들의 발길이 닿지 않으면서 생태계가 보존되어 그 가치를 새롭게 인정받고 있음. • 한반도의 평화와 생태계 보전의 중요성을 생각해 보게 하는 장소임.

③ **독도** ⊕

위치	우리 국토의 동쪽 끝
특징	• 우리나라 사람들이 살고 있는 삶의 터전임. • 화산 활동으로 생겨났으며 우리나라는 섬 전체를 천연기념물로 보호하고 있음. • 수산 자원과 지하자원이 풍부하고, 국토방위에 중요한 장소임.

⊕ 우리나라 영토의 끝

우리나라의 영토는 한반도와 한반도에 속한 여러 섬으로 이루어져 있습니다. 영토를 기준으로 영해와 영공의 범위가 달라지기 때문에 우리 영토의 끝을 아는 것이 중요합니다.

⊕ 독도

우리나라 사람들은 독도에 직접 방문하거나 독도 관련 행사에 참여하는 등 다양한 방법으로 독도 사랑을 실천하고 있습니다.

용어 사전

● **주권** 다른 나라의 간섭 없이 나라의 중요한 일을 스스로 결정하는 권리.

● **해리** 바다의 거리를 잴 때 쓰는 단위로, 1해리는 1,852m임.

● **국토방위** 적의 침략으로부터 나라를 지킴.

자료 1 우리나라의 영토와 영해

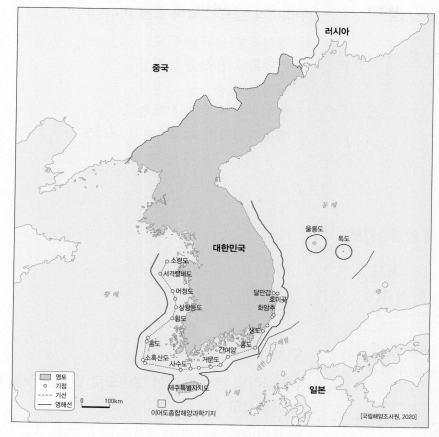

> 우리나라의 영토는 한반도와 한반도에 속한 여러 섬으로 이루어져 있습니다. 영해의 기준이 되는 선을 정할 때 동해안과 제주도, 울릉도, 독도는 썰물일 때의 해안선을 기준으로 합니다.

> 서해안과 남해안은 해안선이 복잡하고 섬이 많아서 가장 바깥에 있는 섬들을 직선으로 이은 선을 기준으로 합니다.

자료 2 비무장 지대의 가치

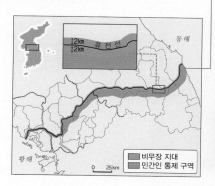

비무장 지대 부근에는 민간인 통제 구역이 있어요.

> 비무장 지대 주변은 생태계가 보존되어 그 가치를 새롭게 인정받고 있습니다. 최근 도라 전망대, 제3땅굴, 두타연 계곡 등을 보려고 이곳을 찾는 사람들이 늘어나면서 한반도의 평화와 생태계 보전의 중요성을 다시 한 번 생각해 보게 합니다.

비무장 지대에 있는 판문점에서 정전 협정이 체결되었어요.

기본 개념 문제

● 정답과 풀이 2쪽

1

영토, 영해, 영공으로 이루어진 한 나라의 주권이 미치는 범위를 (   )(이)라고 합니다.

2

(영공 , 영토)은/는 한 나라의 주권이 미치는 땅입니다.

3

영해는 한 나라의 주권이 미치는 하늘의 범위입니다.

(○ , ×)

4

(   )은/는 휴전선을 기준으로 남과 북에 각각 2km 내에 위치한 영역입니다.

5

독도는 우리 국토의 (동쪽 , 서쪽) 끝에 위치하는 우리나라 사람들이 살고 있는 삶의 터전입니다.

1 ⊕ 11종 공통

다음 (   ) 안에 공통으로 들어갈 말을 쓰시오.

> (   )은/는 국민의 생활 공간이자 한 나라의 주권이 미치는 범위를 말합니다. (   )은/는 영토, 영해, 영공으로 이루어집니다.

(   )

2 ⊕ 11종 공통

영역의 구성에 대한 설명을 선으로 알맞게 연결하시오.

(1) 영토 •

(2) 영해 •

(3) 영공 •

• ㉠ 한 나라의 주권이 미치는 땅의 범위

• ㉡ 한 나라의 주권이 미치는 하늘의 범위

• ㉢ 한 나라의 주권이 미치는 바다의 범위

3 ⊕ 11종 공통

다음 지도의 ㉠~㉣은 우리나라 영토의 각 끝을 나타낸 것입니다. '제주특별자치도 서귀포시 마라도'의 위치를 찾아 기호를 쓰시오.

(   )

4 ⊕ 11종 공통

우리나라 영토의 북쪽 끝은 어디입니까? (   )

① 경상북도 울릉군 독도
② 함경북도 온성군 유원진
③ 평안북도 용천군 마안도
④ 인천광역시 옹진군 백령도
⑤ 제주특별자치도 서귀포시 마라도

5 ⊕ 11종 공통

우리나라의 영해에 대한 설명으로 알맞은 것을 두 가지 고르시오. (,   )

① 우리나라 바다의 영역이다.
② 한반도와 한반도에 속한 여러 섬이다.
③ 영해를 설정하는 기준선으로부터 2해리까지이다.
④ 동해안은 밀물일 때의 해안선을 기준으로 영해를 정한다.
⑤ 다른 나라의 배는 허가 없이 우리나라 영해에서 물고기를 잡을 수 없다.

6 서술형 ⊕ 11종 공통

우리나라 영해의 범위를 쓰시오.

_____

_____

7 ➕ 11종 공통

다음 빈칸에 들어갈 알맞은 말에 ○표 하시오.

서해안과 남해안은 섬이 많아서 가장 (바깥에 , 안에) 위치한 섬들을 직선으로 이은 선을 기준으로 영해를 설정합니다.

8 ➕ 11종 공통

다음 보기 에서 우리나라의 영공에 대한 설명으로 알맞은 것을 모두 골라 기호를 쓰시오.

보기 ●
㉠ 우리 주권이 미치는 범위이다.
㉡ 한반도와 한반도에 속한 여러 섬이다.
㉢ 다른 나라 비행기가 허가 없이 들어올 수 있다.
㉣ 우리나라의 영토와 영해 위에 있는 하늘의 범위이다.

(   )

9 ➕ 11종 공통

다음 (   ) 안에 들어갈 알맞은 말을 쓰시오.

(   )은/는 우리 국토의 동쪽 끝에 위치한 섬으로 우리나라 사람들이 살고 있는 삶의 터전입니다.

(   )

10 ➕ 11종 공통

독도에 대해 **잘못** 설명한 친구를 고르시오.

(   )

① 화산 활동으로 생겨났습니다.

② 우리나라의 영토에 해당하지 않습니다.

③ 수산 자원과 지하자원이 풍부합니다.

④ 우리나라는 섬 전체를 천연기념물로 보호하고 있습니다.

[11-12] 다음 글을 읽고, 물음에 답하시오.

이곳은 휴전선을 기준으로 남과 북에 각각 2km 내에 위치한 영역입니다. 이곳에서는 군인이나 무기를 원칙적으로 배치하지 않기로 하였습니다.

11 미래엔, 비상교육 외

윗글의 밑줄 친 '이곳'이 어디인지 쓰시오.

(   )

12 서술형 미래엔, 비상교육 외

위에서 설명하는 장소의 가치를 쓰시오.

_____

_____

1 우리 국토의 위치와 영역 (3)

1 우리 국토의 지역 구분

① **큰 산맥과 하천을 중심으로 한 지역 구분**: 남북으로 긴 우리나라는 큰 산맥과 하천을 중심으로 북부, 중부, 남부 지방으로 구분할 수 있습니다. ➕

② **자연환경에 따른 지역 구분**: 우리나라는 오래전부터 산이나 호수, 강, 바다, 제방 등의 자연환경을 기준으로 지역을 구분하였습니다.

▲ 의림지

▲ 금강

▲ 조령(문경 새재)

③ **전통적인 지역 구분** 자료 1

관서 지방	철령관을 기준으로 서쪽 지방을 말함.
관북 지방	철령관을 기준으로 북쪽 지방을 말함.
관동 지방	철령관을 기준으로 동쪽 지방을 말함. 관동 지방은 태백산맥을 기준으로 영동 지방과 영서 지방으로 나뉨.
해서 지방	바다인 경기만의 서쪽에 있어서 '해서'라고 함.
경기 지방	'경기'는 왕이 사는 도읍의 주변 지역을 뜻함.
호서 지방	의림지의 서쪽에 위치하고 금강(옛 이름 호강)의 서쪽에 있어서 '호서'라고 함.
호남 지방	금강(옛 이름 호강)의 남쪽에 있어서 '호남'이라고 함.
영남 지방	조령 고개의 남쪽에 있어서 '영남'이라고 함.

2 우리나라 행정 구역의 위치

① **행정 구역의 의미**: 나라를 효율적으로 관리하려고 나눈 지역을 말합니다.

② **우리나라의 행정 구역** 자료 2

• 우리나라는 북한 지역을 제외하면 특별시 1곳, 특별자치시 1곳, 광역시 6곳, 도 8곳, 특별자치도 1곳으로 이루어져 있습니다.

• 특별시, 특별자치시, 광역시에는 시청이 있고, 도와 특별자치도에는 도청이 있습니다. ┌─ 시청은 특별시와 특별자치시, 광역시의 행정 업무를 담당하는 곳이고, 도청은 도와 특별자치도의 행정 업무를 담당하는 곳이에요.

특별시(1곳)	서울특별시
특별자치시(1곳)	세종특별자치시
광역시(6곳)	인천광역시, 대전광역시, 대구광역시, 광주광역시, 울산광역시, 부산광역시
도(8곳)	경기도, 강원도, 충청북도, 충청남도, 전라북도, 전라남도, 경상북도, 경상남도 ➕
특별자치도(1곳)	제주특별자치도

➕ **북부, 중부, 남부 지방으로 구분하기**

북부 지방	지금의 북한 지역을 말함.
중부 지방	휴전선 남쪽부터 소백산맥과 금강 하류가 만나는 선까지임.
남부 지방	중부 지방의 남쪽 지역을 말함.

➕ **각 도의 이름이 정해지는 데 쓰인 지역의 중심 도시**

충청도	충주 + 청주
강원도	강릉 + 원주
경상도	경주 + 상주
전라도	전주 + 나주
황해도	황주 + 해주

용어 사전

● **산맥** 높은 산들이 길게 이어져 큰 줄기를 이루고 있는 지형.
● **철령관** 군사적으로 매우 중요한 고개인 철령에 외적의 침입을 막으려고 건설한 방어 시설.
● **도읍** 한 나라의 수도가 있는 곳으로, 당시에는 한양(지금의 서울)이었음.
● **의림지** 충청북도 제천시에 있는 저수지.

◆ **교과서 통합 대표 자료**

자료 1 우리나라의 전통적인 지역 구분

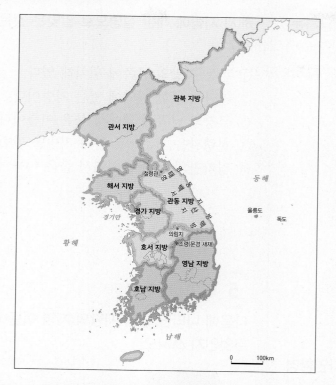

▶ 우리나라는 옛날부터 자연환경으로 지역을 구분하였습니다. 이와 같은 지역 구분은 오늘날 행정 구역을 정하는 기초가 되었습니다.

자료 2 우리나라의 행정 구역

▲ 우리나라의 행정 구역

▲ 우리나라의 행정 구역(남한)

▶ 지금 우리가 사용하는 행정 구역은 조선 시대 초기에 정해졌습니다. 조선 시대에는 전국을 8개의 도로 나누고, 각 도의 명칭을 정할 때는 대부분 그 지역의 중심 도시 이름을 따서 정했습니다.

기본 개념 문제

● 정답과 풀이 3쪽

1
단원

1

우리나라는 오래전부터 산이나 호수, 강, 바다 등의 (   ) 을/를 기준으로 지역을 구분하였습니다.

2

우리나라의 전통적인 지역 구분에서 (   ) 지방은 왕이 사는 도읍의 주변 지역을 뜻합니다.

3

경기만의 서쪽에 있는 지역을 해서 지방이라고 합니다.

(○ , ×)

4

영남 지방은 조령 고개의 동쪽에 있어서 붙여진 이름입니다.

(○ , ×)

5

우리나라는 북한 지역을 제외하면 특별시 1곳, (   ) 1곳, 광역시 6곳, 도 8곳과 특별자치도 1곳으로 이루어져 있습니다.

1 우리 국토의 위치와 영역 (3)

1 ➕ 11종 공통

우리 국토를 세 곳으로 나눌 때 북부 지방에 해당하는 지역은 어디입니까? (　　　)

① 휴전선 남쪽 지역
② 지금의 북한 지역
③ 중부 지방의 남쪽 지역
④ 소백산맥의 북쪽 지역
⑤ 휴전선 남쪽부터 금강 하류까지

2 ➕ 11종 공통

우리 국토의 지역을 구분할 때 기준이 되는 자연환경으로 알맞지 <u>않은</u> 것은 어느 것입니까? (　　　)

①
▲ 호수

②
▲ 산

③
▲ 다리

④
▲ 강

3 ➕ 11종 공통

다음 빈칸에 들어갈 알맞은 말에 ○표 하시오.

(경기 , 관서)는 왕이 사는 도읍의 주변 지역을 뜻합니다.

4 ➕ 11종 공통

해서 지방에 대한 설명으로 알맞은 것은 어느 것입니까? (　　　)

① 관동 지방의 동쪽에 위치해 있다.
② 지금의 남한 지역에 있는 지방이다.
③ 금강의 남쪽에 있어서 붙은 이름이다.
④ 철령관을 기준으로 북쪽 지방을 말한다.
⑤ 경기만의 서쪽에 있어서 붙은 이름이다.

5 서술형 ➕ 11종 공통

다음에 나타난 영남 지방의 지역 이름에 담긴 의미가 무엇인지 쓰시오.

영남 지방은 곳에 따라 비가 내리겠으며, 구름이 많겠습니다.

_____

_____

6 ➕ 11종 공통

우리나라의 전통적인 지역 구분에 대해 알맞게 말한 친구를 골라 이름을 쓰시오.

• 민성: 금강의 남쪽 지방을 관북 지방이라고 해.
• 은영: 철령관을 기준으로 서쪽 지방을 경기 지방이라고 해.
• 리나: 의림지의 서쪽에 위치하고 금강의 서쪽에 있는 지방을 호서 지방이라고 해.

(　　　　　　　　　)

7 ➕ 11종 공통

다음과 같이 나라를 효율적으로 관리하려고 나눈 지역을 무엇이라고 하는지 쓰시오.

(   )

8 미래엔, 천재교과서 외

도의 명칭에 담겨 있는 그 지역의 중심 도시 이름이 무엇인지 (   ) 안에 들어갈 말을 각각 쓰시오.

(1) 경상도 – 경주의 '경' 자와 (   )의 '상'자를 따서 정했습니다.

(2) 충청도 – 충주의 '충' 자와 (   )의 '청' 자를 따서 정했습니다.

9 서술형 미래엔, 비상교과서 외

강원도라는 명칭에 담긴 의미를 그 지역의 중심 도시 이름을 포함하여 쓰시오.

_____

_____

[10-12] 다음은 북한 지역을 제외한 우리나라의 행정 구역이 나타난 지도입니다. 물음에 답하시오.

10 ➕ 11종 공통

위 지도에 나타난 지역 중 특별시를 찾아 이름을 쓰시오.

(   )

11 ➕ 11종 공통

위 지도에 나타난 행정 구역 중 도와 도청이 있는 지역이 잘못 짝지어진 것은 무엇입니까? (   )

① 강원도 – 춘천   ② 전라남도 – 무안
③ 경기도 – 수원   ④ 경상북도 – 상주
⑤ 충청북도 – 청주

12 ➕ 11종 공통

위 지도를 보고 알 수 있는 내용으로 알맞지 않은 것은 어느 것입니까? (   )

① 특별시는 1곳이다.
② 전라북도의 도청은 전주에 있다.
③ 광역시는 6곳, 도는 8곳으로 이루어져 있다.
④ 특별시, 특별자치시, 광역시에는 시청이 있다.
⑤ 특별자치시는 2곳이며 세종특별자치시, 제주특별자치시이다.

2 우리 국토의 자연환경 (1)

1 우리나라의 지형

① **지형의 의미**: 우리가 살고 있는 땅의 다양한 생김새를 말합니다. ➕

② **우리나라에서 볼 수 있는 다양한 지형** 자료1

산지	높이 솟은 산들이 모여 이룬 지형으로, 하천과 평야의 발달에 영향을 줌.
하천	빗물과 지하수가 낮은 곳으로 흘러가면서 만든 크고 작은 물줄기를 말함.
평야	하천 주변에 넓고 평탄한 땅으로, 사람들이 모여 삶.
해안	바다와 육지가 만나는 곳으로, 갯벌이나 모래사장이 있음. ➕
섬	바다로 둘러싸인 땅으로, 우리나라에는 약 3,300여 개의 섬이 있음.

└ 사람들은 이러한 지형의 영향을 받아
다양한 모습으로 살아가고 있어요.

2 우리나라 산지, 하천, 평야의 모습 ➕

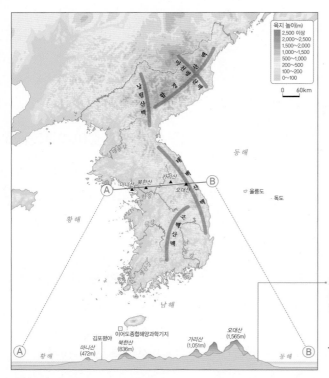

우리나라의 지형 단면도를 보면 우리나라는 대체로 동쪽이 높고 서쪽이 낮은 지형이라는 것을 알 수 있어요.

◀ **우리나라의 지형도(위)와 지형 단면도(아래)**

산지	국토의 약 70%가 산지이고, 높고 험한 산지는 대부분 북동쪽에 많음.
하천	큰 하천은 대부분 동쪽에서 서쪽으로 흘러감.
평야	비교적 낮은 평야는 서쪽에 발달함.

3 우리나라 해안의 특징과 이용 모습 자료2

동해안	길게 뻗은 모래사장이 펼쳐진 곳이 많아 해수욕장이 발달함.
서해안	• 밀물과 썰물의 차가 커서 갯벌이 발달함. • 갯벌에서 해산물이나 소금을 채취함.
남해안	크고 작은 섬이 많고, 물이 깨끗하며 파도가 잔잔해 양식업이 발달함.

➕ **우리나라에서 볼 수 있는 다양한 지형의 모습**

▲ 산지 　　　▲ 하천

▲ 해안 　　　▲ 섬

➕ **항구 도시(인천광역시)**

해안 지역의 항구 주변에는 사람들이 많이 모이고 교류가 활발하여 도시로 발달하기도 합니다.

➕ **우리나라 지형의 특징**

대체로 동쪽이 높고 서쪽이 낮은 동고서저의 지형임.

큰 하천은 대부분 동쪽에서 서쪽으로 흘러감.

비교적 낮은 평야가 서쪽에 발달함.

용어 사전

● **갯벌** 육지와 바다 사이에서 하루에 두 번씩 모습을 드러내는 바닷가의 땅.
● **양식업** 물고기나 김, 조개류 따위를 인공적으로 길러서 번식하게 하는 생산업.

자료 1 다양한 지형을 이용한 모습

└ 다목적 댐은 수력 발전, 홍수 조절, 농업용·공업용 물의 공급 등 여러 목적을 위해 지은 댐이에요.

| 사람들이 여가 생활을 즐길 수 있도록 높은 산지에 스키장이나 휴양 시설을 만듦. | 하천 중·상류에 다목적 댐을 건설해 홍수와 가뭄을 예방하고 전기를 생산함. | 하천 중·하류 주변의 넓은 평야에서는 사람들이 논농사를 많이 지음. | 하천 주변의 평야에는 옛날부터 많은 사람이 모여들어 큰 도시가 발달했음. |

자료 2 우리나라의 해안 지형

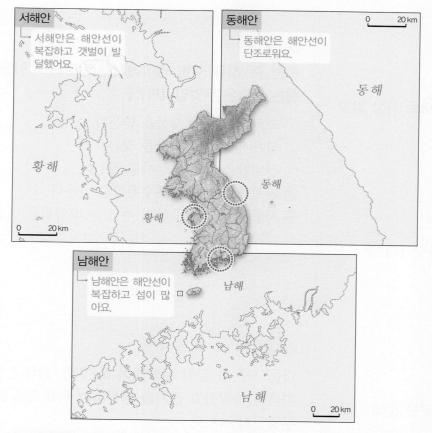

서해안
└ 서해안은 해안선이 복잡하고 갯벌이 발달했어요.

동해안
└ 동해안은 해안선이 단조로워요.

남해안
└ 남해안은 해안선이 복잡하고 섬이 많아요.

▲ 동해안의 해수욕장 (강원도 강릉시)

▲ 서해안의 갯벌 (충청남도 보령시)

▲ 남해안의 양식장 (경상남도 통영시)

● 정답과 풀이 4쪽

1

산지, 하천, 평야, 해안, 섬 등과 같은 땅의 생김새를 (   ) (이)라고 합니다.

2

우리나라는 국토의 약 30%가 산지입니다.

(○ , ×)

3

우리나라의 큰 하천은 대부분 동쪽에서 서쪽으로 흘러갑니다.

(○ , ×)

4

(하천 , 해안)은 바다와 육지가 만나는 곳으로, 갯벌이나 모래사장이 있습니다.

5

(동해안 , 서해안)은 해안선이 단조롭고, 해수욕장이 발달했습니다.

2 우리 국토의 자연환경 (1)

[1-2] 다음 지형의 모습을 보고, 물음에 답하시오.

▲ 산지　　　　▲ 평야　　　　▲ 섬

1 ⊕ 11종 공통

위 지형 중 다음 설명과 관련된 것을 찾아 쓰시오.

> 바다로 둘러싸인 땅으로, 우리나라에는 약 3,300여 개가 있습니다.

(　　　　　　　)

2 ⊕ 11종 공통

위 지형 중 산지와 관련된 땅의 생김새로 가장 알맞은 것은 어느 것입니까? (　　　)

① 바다와 육지가 만나는 곳
② 사방이 바다로 둘러싸인 땅
③ 하천 주변에 넓고 평탄한 땅
④ 높이 솟은 산들이 모여 이룬 지형
⑤ 하루에 두 번씩 모습을 드러내는 바닷가의 땅

3 ⊕ 11종 공통

우리나라의 지형에 대한 설명으로 알맞은 것에 ○표, 알맞지 <u>않은</u> 것에 ×표 하시오.

(1) 우리나라는 국토의 약 70%가 평야입니다.
(　　　)

(2) 높고 험한 산지는 대부분 북동쪽에 많습니다.
(　　　)

(3) 우리나라에는 태백산맥, 낭림산맥, 소백산맥 등의 산맥이 있습니다.
(　　　)

4 서술형 ⊕ 11종 공통

다음 사진과 같은 우리나라의 큰 하천이 동쪽에서 서쪽으로 흘러가는 까닭을 쓰시오.

_____

_____

5 ⊕ 11종 공통

하천 중·하류 주변 평야에서 사람들이 지형을 이용하는 모습은 무엇입니까? (　　　)

① 스키장과 휴양 시설을 만든다.
② 넓은 땅에서 논농사를 짓는다.
③ 산비탈을 깎아 밭농사를 짓는다.
④ 관광객들이 찾는 해수욕장을 만든다.
⑤ 사람들이 자연을 즐길 수 있는 휴양림을 만든다.

6 금성출판사, 천재교과서 외

다음 사진과 같이 사람들이 하천 중·상류에 홍수와 가뭄을 예방하고 전기를 생산하기 위해 건설한 것은 무엇인지 쓰시오.

(　　　　　　　)

7 ➕ 11종 공통

다음 보기 에서 사람들이 지형을 이용하는 모습으로 알맞은 것을 모두 골라 기호를 쓰시오.

> 보기
> ㉠ 산지에는 항구 도시나 공업 도시가 발달한다.
> ㉡ 서해안의 갯벌에서 해산물이나 소금을 채취한다.
> ㉢ 여가 생활을 즐길 수 있도록 높은 산지에 스키장이나 휴양 시설을 만든다.

( )

8 ➕ 11종 공통

다음 빈칸에 들어갈 알맞은 말에 ○표 하시오.

> 하천 주변의 (산지 , 평야 , 해안)에는 농사지을 땅이 넓게 나타나며, 사람들이 모여 사는 도시가 발달합니다.

9 ➕ 11종 공통

다음은 우리나라 해안선을 나타낸 것입니다. 동해안, 서해안, 남해안 중 이와 같은 해안선이 주로 나타나는 곳이 어디인지 쓰시오.

( )

10 ➕ 11종 공통

다음 보기 에서 우리나라의 서해안에 대한 설명으로 알맞은 것을 골라 기호를 쓰시오.

> 보기
> ㉠ 해안선이 복잡하다.
> ㉡ 동해안에 비해 섬이 많지 않다.
> ㉢ 갯벌보다 모래사장을 볼 수 있다.

( )

11 ➕ 11종 공통

사람들이 해안 지역을 이용하는 모습으로 알맞은 것을 모두 골라 ○표 하시오.

(1) ▲ 스키장 ( )
(2) ▲ 양식장 ( )
(3) ▲ 갯벌 ( )
(4) ▲ 논농사 ( )

12 서술형 지학사, 천재교육 외

우리나라의 해안 지역에 다음과 같은 도시가 발달한 까닭을 쓰시오.

▲ 항구 도시(인천광역시)

2 우리 국토의 자연환경 (2)

1 우리나라의 기후

① 기후의 의미: 오랜 기간 한 지역에서 나타나는 평균적인 대기 상태를 뜻합니다.

└→ 짧은 시간에 변하는 대기의 상태는 날씨라고 해요.

② 우리나라 기후의 특징
- 중위도에 위치해 사계절이 나타나며 계절별로 기온의 차이가 큽니다.
- 계절에 따라 불어오는 바람의 방향이 다릅니다. ➕

2 우리나라의 기온

① 우리나라 기온의 특징 [자료 1]

남쪽과 북쪽 지방의 기온 차이	• 우리나라는 남북으로 길게 뻗어 있기 때문에 남쪽 지방과 북쪽 지방의 기온 차이가 큼. • 대체로 남쪽으로 갈수록 기온이 높아져 더 따뜻하고, 북쪽으로 갈수록 기온이 낮아져 더 추움.
동쪽과 서쪽 지역의 기온 차이	동해안은 태백산맥이 차가운 북서풍을 막아 주고, 수심이 깊기 때문에 동해안이 서해안보다 겨울에 따뜻함.
해안과 내륙 지역의 기온 차이	대체로 비슷한 위도의 해안 지역이 내륙 지역보다 여름에 시원하고 겨울에 따뜻함.

② 기온에 따른 사람들의 생활 모습

의생활	• 여름: 바람이 잘 통하는 모시옷을 만들어 입음. • 겨울: 솜옷을 입어 몸을 따뜻하게 했음.
식생활	• 남쪽 지방: 기온이 높아 음식이 쉽게 상하기 때문에 소금과 젓갈이 많이 들어간 음식이 발달함. • 북쪽 지방: 싱거운 음식이 발달함.
주생활	• 여름: 시원하게 보내려고 대청을 만듦. • 겨울: 따뜻하게 보내려고 난방 시설인 온돌을 설치함. ➕

3 우리나라의 강수량 →우리나라의 연평균 강수량은 1,300mm 정도로 세계 평균인 880mm보다 많은 편이에요.

① 우리나라 강수량의 특징 [자료 2]
- 대체로 남부 지방은 강수량이 많고, 북부 지방은 강수량이 적습니다.
- 여름에 연평균 강수량의 절반 이상이 내릴 만큼 강수량이 많고, 계절에 따른 강수량의 차이가 큽니다.

② 강수량에 따른 사람들의 생활 모습

저수지	터돋움집	우데기	설피
하천이나 골짜기를 막아 평소에 물을 저장하여 가뭄 때 사용하려고 저수지를 만듦.	홍수 때 집이 물에 잠기는 것을 막으려고 집터를 주변보다 높여서 집을 지음.	눈이 집으로 들어오는 것을 막고 집 안에서 생활이 가능하도록 우데기라는 외벽을 설치함.	눈이 많이 내리는 지역에서 눈에 빠지거나 미끄러지지 않도록 설피를 신었음.

➕ 우리나라의 계절에 따라 불어오는 바람의 특징

▲ 여름에 불어오는 바람

▲ 겨울에 불어오는 바람

- 여름에는 남쪽 바다에서 덥고 습한 바람이 불어와 기온이 높고 비가 많이 내립니다.
- 겨울에는 북서쪽 대륙에서 차갑고 건조한 바람이 불어와 춥고 눈이 내립니다.

➕ 대청과 온돌

▲ 대청　　　　▲ 온돌

- 대청은 바람이 잘 통하도록 바닥과 사이를 띄우고 나무판지를 깔아 만든 공간입니다.
- 온돌은 아궁이에 불을 피워 방바닥을 데우는 난방 장치입니다.

용어 사전
- **중위도** 저위도와 고위도의 중간으로, 대략 위도 30°~60°를 말함.
- **난방** 집 안이나 건물 안의 온도를 높여 따뜻하게 하는 일.
- **가뭄** 비가 평소보다 적게 오거나 오랫동안 오지 않는 기간이 긴 날씨 상태를 말함.

자료 1 우리나라의 1월과 8월 평균 기온

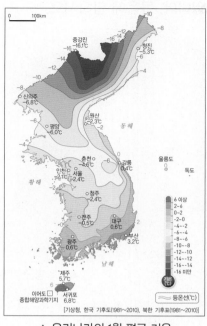

▲ 우리나라의 1월 평균 기온

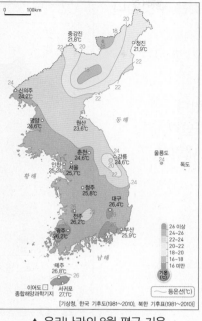

▲ 우리나라의 8월 평균 기온

▶ 우리나라는 대체로 남쪽으로 갈수록 기온이 높아지고 북쪽으로 갈수록 기온이 낮아집니다. 또한 겨울에는 동쪽 지역이 서쪽 지역보다 더 따뜻한 경우가 많습니다. 대체로 해안 지역이 내륙 지역보다 겨울에 더 따뜻합니다.

▶ 서울보다 강릉의 1월 평균 기온이 더 높은 까닭은 태백산맥이 차가운 북서풍을 막아 주고, 수심이 깊은 동해의 영향 때문입니다.

자료 2 우리나라의 연평균 강수량

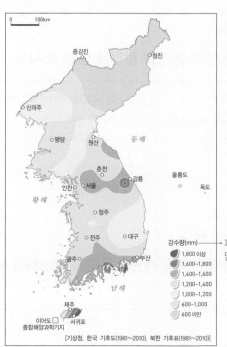

▶ 우리나라는 지역에 따라 강수량의 차이가 크며 대체로 북쪽에서 남쪽으로 갈수록 강수량이 많아집니다.

▶ 연평균 강수량이 1,400mm 이상인 지역은 서울, 강릉, 부산, 제주, 서귀포 등이며, 낙동강 중상류 지역은 상대적으로 비가 적게 옵니다.

파란색이 진할수록 비가 많이 오는 지역이에요.

1
(기후 , 날씨)는 오랜 기간 한 지역에서 나타나는 평균적인 대기 상태를 뜻합니다.

2
우리나라는 (여름 , 겨울)에 남쪽 바다에서 덥고 습한 바람이 불어옵니다.

3
우리나라는 (   )(으)로 길게 뻗어 있기 때문에 남쪽 지방과 북쪽 지방의 기온 차이가 큽니다.

4
계절에 따라 옷차림, 먹는 음식, 집의 형태, 사용하는 물건 등 사람들의 생활 모습이 다릅니다.

(○ , ×)

5
우리나라는 연평균 강수량의 절반 이상이 겨울에 집중될 만큼 계절에 따른 강수량의 차이가 큽니다.

(○ , ×)

1 ➕ 11종 공통

우리 지역의 기후에 대한 설명이 <u>아닌</u> 것은 무엇입니까? (   )

① 우리 지역은 여름에 비가 많이 온다.
② 우리 지역은 계절별로 기온차가 크다.
③ 우리 지역은 오늘 아침부터 비가 내린다.
④ 우리 지역은 사계절이 뚜렷하게 나타난다.
⑤ 우리 지역은 겨울에 춥고 눈이 많이 내린다.

2 ➕ 11종 공통

우리나라의 기후 특징을 알맞게 말한 친구를 골라 ○표 하시오.

(1) 중위도에 위치해 계절별로 기온 차이가 작습니다.

(2) 여름에는 덥고 비가 많이 오며, 겨울에는 춥고 눈이 내립니다.

(   )   (   )

3 ➕ 11종 공통

다음 ㉠, ㉡에 들어갈 알맞은 방위를 쓰시오.

• 여름에는 (㉠   )쪽 바다에서 덥고 습한 바람이 불어와 기온이 높고 비가 많이 내립니다.
• 겨울에는 (㉡   )쪽 대륙에서 차갑고 건조한 바람이 불어와 춥고 눈이 내립니다.

㉠ (   ), ㉡ (   )

[4-5] 다음은 우리나라의 1월과 8월 평균 기온을 나타낸 기후도입니다. 물음에 답하시오.

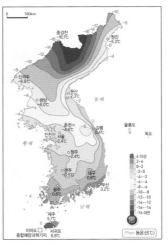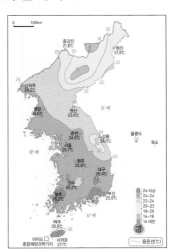

▲ 1월 평균 기온   ▲ 8월 평균 기온

4 ➕ 11종 공통

위 기후도를 보고 알 수 있는 우리나라 기온의 특징에 대한 설명으로 알맞은 것에 ○표, 알맞지 <u>않은</u> 것에 ×표 하시오.

(1) 대체로 내륙 지역이 해안 지역보다 겨울에 더 따뜻합니다.   (   )
(2) 대체로 남쪽으로 갈수록 기온이 높아져 더 따뜻하고, 북쪽으로 갈수록 기온이 낮아져 더 춥습니다.   (   )

5 ➕ 11종 공통

다음 (   ) 안에 들어갈 알맞은 말을 쓰시오.

우리나라는 (   )(으)로 길게 뻗어 있어 남쪽 지방과 북쪽 지방의 기온 차이가 큽니다.

(   )

6 서술형 ➕ 11종 공통

동해안과 서해안 겨울 기온의 특징을 비교하여 쓰시오.

_____

_____

7 김영사, 미래엔 외

다음 빈칸에 들어갈 알맞은 말에 ○표 하시오.

> 지역의 기온에 따라 옛날 사람들은 여름에는 바람이 잘 통하는 (솜옷 , 모시옷)을 만들어 입었습니다.

8 미래엔, 비상교과서 외

다음은 기온에 따른 옛날 사람들의 주생활 모습입니다. 여름과 겨울 중 관련있는 계절을 빈칸에 쓰시오.

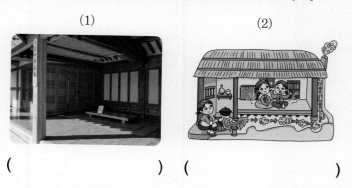

(1)   (2)

(   ) (   )

9 11종 공통

다음 보기 에서 우리나라 강수량의 특징에 대한 설명으로 알맞은 것을 골라 기호를 쓰시오.

보기
⊙ 지역에 따른 강수량 차이가 거의 없다.
⊙ 우리나라의 연평균 강수량은 세계 평균 강수량보다 많다.
⊙ 제주도, 울릉도와 남해안 지역은 겨울에도 강수량이 적은 편이다.

(   )

10 11종 공통

다음 (   ) 안에 들어갈 알맞은 계절을 쓰시오.

> 우리나라는 계절에 따른 강수량의 차이가 커서 연평균 강수량의 절반 이상이 (   )에 집중됩니다.

(   )

11 서술형 11종 공통

다음은 우리나라의 연평균 강수량 그래프입니다. 이를 보고 알 수 있는 남부 지방과 북부 지방 강수량의 특징을 비교하여 쓰시오.

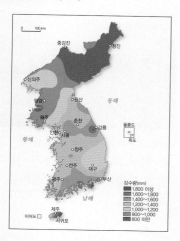

_____

_____

12 비상교육, 천재교과서 외

다음과 같은 생활 모습을 볼 수 있는 지역의 강수량 특징을 선으로 알맞게 연결하시오.

(1)   ·

▲ 우데기

· ⊙ 여름철에 비가 많이 옴.

(2)   ·

▲ 터돋움집

· ⊙ 겨울에 눈이 많이 내림.

1 우리나라의 자연재해

① **자연재해의 의미**: 황사, 가뭄, 홍수, 태풍, 지진 등 피할 수 없는 자연 현상으로 인해 일어나는 피해를 말합니다.

② **계절에 따라 발생하는 다양한 자연재해** ┐→ 자연재해는 자연환경의 영향을 많이 받기 때문에 매년 비슷한 시기에 반복되는 경우가 많아요.

황사(봄)	가뭄(봄)	폭염(여름)	홍수(여름)
중국이나 몽골의 사막에서 발생한 모래 먼지가 날아와 가라앉는 현상	오랫동안 비가 오지 않거나 적게 오는 기간이 지속되는 현상	하루 최고 기온이 33℃ 이상으로 올라가는 매우 심한 더위	비가 많이 내려 물이 흘러넘치고 도로나 건물 등이 물에 잠기는 현상

태풍(여름~초가을)	한파(겨울)	폭설(겨울)
많은 비와 강한 바람을 몰고 오는 자연 현상 자료 1	겨울철 기온이 갑자기 내려가면서 발생하는 추위	짧은 시간 동안 많은 양의 눈이 내리는 현상

③ **지진** 자료 2

의미	땅이 지구 내부의 힘을 받아 흔들리고 갈라지는 현상
피해	• 짧은 시간 동안 넓은 지역에 걸쳐 발생함. • 각종 시설이 파손되거나 붕괴되고 화재, •지진 해일, •산사태 등이 함께 발생해 인명과 재산에 막대한 피해를 입기도 함.

2 자연재해 피해를 줄이기 위한 노력 자료 3

① **정부와 지자체의 노력**

• 긴급 재난 문자, 기상청 누리집, 방송 매체 등을 통해 자연재해 정보를 안내합니다. ➕

• 호우 피해를 막기 위해 배수로를 정비하고, 폭염을 피할 수 있는 그늘막을 설치합니다. 폭설 시에는 제설 작업을 하고, 지진 발생 시 안전하게 대피할 수 있는 장소를 지정합니다.

② **개인의 노력**

• 평소에 행동 요령과 안전 수칙을 알고 실천하는 태도가 필요합니다.

• 재난 발생 시 방송 매체, 인터넷 등을 통해 실시간 기상 특보를 주의 깊게 살핍니다.

➕ **미세 먼지**

미세 먼지는 사람의 눈에 보이지 않는 작은 크기의 먼지로, 건강에 좋지 않은 영향을 끼칩니다. 미세 먼지는 자동차 배기가스, 공장 등에서 배출되는 매연 때문에 발생하므로 황사처럼 자연재해로 분류하지는 않습니다.

➕ **기상 특보**

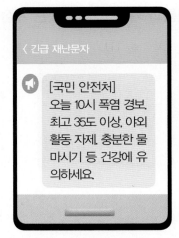

기상 특보는 자연재해가 예상될 때 미리 대처할 수 있도록 널리 알리는 것입니다. 행정안전부나 기상청 누리집, 휴대 전화의 긴급 재난 문자 등을 통해 확인할 수 있습니다.

용어 사전

● **지진 해일** 바닷속에서 지진으로 인해 갑자기 바닷물이 크게 일어나 육지로 넘쳐나는 현상.

● **산사태** 폭우나 지진, 화산 폭발 등으로 인해 산 중턱의 바윗돌이나 흙이 갑자기 무너져 내리는 현상.

● **긴급 재난 문자** 재난 발생 시 국민이 대피·대응할 수 있도록 긴급하게 보내는 문자 메시지.

● **호우** 줄기차게 내리는 크고 많은 비.

● **제설** 쌓인 눈을 치움.

자료 1 · 태풍이 가져오는 좋은 점

▶ 태풍은 피해를 주기도 하지만 사람들에게 도움을 주기도 합니다. 가뭄으로 생긴 물 부족 문제를 해결하기도 하고, 대기 중 미세 먼지나 오염 물질을 씻어 내기도 합니다. 또한 저위도 지역의 열을 고위도 지역으로 분산하여 지구 온도의 균형을 맞추고, 거센 바람으로 바닷물이 위아래로 잘 섞이도록 합니다.

자료 2 · 지진의 발생 원인과 피해

▲ 지진으로 무너진 건물 기둥　　▲ 지진으로 기울어진 첨성대

▶ 우리나라는 기후와 관련된 자연재해뿐만 아니라 지형과 관련된 자연 재해가 발생하기도 합니다. 지진은 땅속의 갑작스러운 변화로 땅이 흔들리고 갈라지는 현상입니다. 지진이 일어나면 건물이나 다리 등 각종 시설물이 무너지고 화재가 발생하기도 합니다.

자료 3 · 자연재해의 피해를 줄이기 위한 노력

황사	• 황사가 실내로 들어오지 않도록 창문을 닫고, 가능한 한 외출을 줄이며 외출할 때는 마스크를 꼭 씁니다. • 외출 후에는 손과 얼굴을 깨끗이 씻습니다.
가뭄	필요한 물만 아껴 사용하고, 저수지와 다목적 댐을 건설합니다.
폭염	일기 예보를 수시로 확인하고 물을 자주 마십니다.
홍수	높은 곳으로 빨리 대피해 구조를 기다립니다.
태풍	문과 창문을 닫고, 외출하지 않습니다.
한파	체온 유지를 위해 외출할 때는 장갑, 모자, 목도리 등을 착용합니다.
폭설	• 눈이 쌓이지 않도록 수시로 치웁니다. • 눈이 쌓인 지붕이나 고드름이 있는 곳에 접근하지 않습니다.
지진	책상 아래로 들어가 몸을 보호하며, 진동이 멈추면 계단을 이용해 건물 밖으로 나가서 넓은 곳으로 대피합니다.

● 정답과 풀이 6쪽

1

홍수, 가뭄, 태풍, 지진, 황사 등 피할 수 없는 자연 현상으로 인해 일어나는 피해를 (　　　　　)(이)라고 합니다.

2

(폭설 , 폭염)은 하루 최고 기온이 33℃ 이상으로 올라가는 매우 심한 더위입니다.

3

(　　　　)은/는 오랫동안 비가 오지 않거나 적게 오는 기간이 지속되는 현상입니다.

4

(　　　　)은/는 땅이 지구 내부의 힘을 받아 흔들리고 갈라지는 현상입니다.

5

기상 특보를 주의 깊게 살피면서 재해 상황에 어떻게 대처하는지를 잘 알아 두어야 피해를 예방할 수 있습니다.

(○ , ×)

2 우리 국토의 자연환경 (3)

1 ➕ 11종 공통

우리나라에서 일어나는 자연재해의 모습을 선으로 알맞게 연결하시오.

(1) 홍수 •

(2) 황사 •

• ㉠

• ㉡

2 ➕ 11종 공통

다음 보기 에서 자연재해에 대한 설명으로 알맞은 것을 모두 골라 기호를 쓰시오.

보기

㉠ 봄에는 홍수, 태풍 등이 주로 발생한다.
㉡ 자연 현상으로 인해 일어나는 피해를 말한다.
㉢ 자연환경의 영향을 많이 받기 때문에 매년 비슷한 시기에 반복되는 경우가 많다.

(   )

3 ➕ 11종 공통

다음에서 설명하는 자연재해가 무엇인지 쓰시오.

• 여름부터 초가을 사이에 발생하여 우리나라에 영향을 주는 자연재해입니다.
• 많은 비가 내리고 강한 바람이 불기 때문에 큰 피해를 줍니다.

(   )

4 ➕ 11종 공통

우리나라의 겨울에 주로 발생하는 자연재해를 두 가지 고르시오. (,   )

① 폭염   ② 태풍   ③ 홍수
④ 폭설   ⑤ 한파

5 ➕ 11종 공통

자연재해에 대해 알맞게 설명한 친구를 골라 ○표 하시오.

(1)
여름철에 발생하는 자연재해에는 홍수와 폭염이 있어.

(   )

(2)
가뭄은 겨울철에 기온이 갑자기 내려가면서 발생하는 추위를 말해.

(   )

6 서술형 ➕ 11종 공통

다음에서 설명하는 자연재해의 발생 특징을 쓰시오.

땅이 지구 내부의 힘을 받아 흔들리고 갈라지는 현상입니다. 각종 시설이 파손되거나 붕괴되고 화재 등이 함께 발생합니다.

_____

_____

7 김영사, 비상교육 외

미세 먼지에 대한 설명으로 알맞은 것에 ○표, 알맞지 않은 것에 ×표 하시오.

(1) 미세 먼지는 주로 봄에 발생하는 자연재해입니다.

( )

(2) 미세 먼지는 사람의 눈에 보이지 않는 작은 크기의 먼지입니다.

( )

8 서술형 ➕ 11종 공통

다음 친구들의 대화를 보고 빈칸에 알맞은 답변을 쓰시오.

• 동훈: 어제 저녁에 황사와 관련한 뉴스를 봤어.
• 보나: 정말 조심해야겠어. 황사로 인한 피해를 줄이기 위해서는 어떤 노력을 하면 좋을까?
• 동훈: _____

_____

_____

9 ➕ 11종 공통

지진 발생 시 행동 요령과 관련해 빈칸에 들어갈 알맞은 말에 ○표 하시오.

집 안에서는 책상 (위로 올라가, 아래로 들어가) 몸을 보호하며, 진동이 멈추면 계단을 이용해 건물 밖으로 나가서 넓은 곳으로 대피합니다.

10 ➕ 11종 공통

자연재해와 자연재해 발생 시 행동 요령이 잘못 연결된 것은 어느 것입니까? ( )

① 홍수 – 낮은 곳으로 빨리 대피한다.
② 태풍 – 문과 창문을 닫고 외출하지 않는다.
③ 폭설 – 눈이 쌓이지 않도록 수시로 치운다.
④ 폭염 – 야외 활동을 자제하고 물을 충분히 마신다.
⑤ 한파 – 외출할 때 장갑이나 목도리 등을 착용한다.

11 ➕ 11종 공통

다음 보기 에서 가뭄의 피해를 줄이기 위한 노력으로 알맞은 것을 골라 기호를 쓰시오.

보기

㉠ 물 자주 마시기
㉡ 외출할 때 마스크 쓰기
㉢ 저수지와 다목적 댐 만들기
㉣ 외출 시 장갑, 모자 등 착용하기

( )

12 ➕ 11종 공통

자연재해의 피해를 줄이기 위한 노력을 알맞게 말한 친구를 모두 골라 이름을 쓰시오.

• 용성: 호우 피해를 막기 위해 배수로를 정비합니다.
• 민지: 평소에는 행동 요령과 안전 수칙에 관심을 가질 필요가 없습니다.
• 해린: 휴대 전화의 긴급 재난 문자, 방송 매체, 행정안전부나 기상청 누리집 등에서 기상 특보를 확인합니다.

( )

3 우리 국토의 인문환경 (1)

1 우리나라의 인구 분포

① 우리나라의 인구 분포 변화 [자료 1]

1960년대 이전	• 우리나라는 벼농사 중심의 농업 사회로, 인구 분포는 자연환경의 영향을 많이 받았음. • 기후가 온화하고 평야가 발달하여 벼농사에 유리한 남서쪽 지역에 인구가 많았음. • 춥고 산지가 많은 북동쪽 지역에는 인구가 적었음.
1960년대 이후	• 인구 분포는 일자리, 교통 등 인문환경의 영향을 많이 받음. • 도시가 발달하면서 촌락에 사는 사람들이 일자리를 찾아 도시로 이동함. → 서울을 중심으로 한 수도권이나 공업이 발달한 부산 등의 도시에 인구가 늘어남. • 촌락 지역의 인구는 점점 줄어듦.

② 오늘날 우리나라의 인구 분포 특징

• 수도권에는 우리나라 인구의 절반 정도가 살고 있습니다. 그 밖에 부산, 대구, 광주, 대전, 울산 등의 대도시에 인구가 집중되어 있습니다. ➕

• 농어촌 지역과 산지 지역은 인구 밀도가 낮습니다.

2 우리나라의 인구 구성

① 우리나라의 연령별 인구 구성 변화 [자료 2]

> 연령별 인구 구성은 크게 14세 이하의 유소년층, 15~64세의 청장년층, 65세 이상의 노년층으로 나눌 수 있어요.

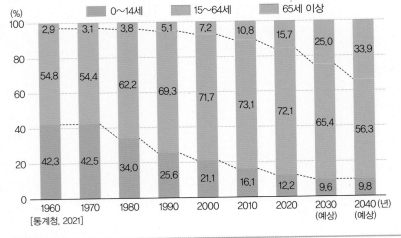

[통계청, 2021]

1960년대	14세 이하의 유소년층 인구 비율은 높은 반면 65세 이상의 노년층 인구 비율은 낮았음.
1990년대 이후	노년층의 인구 비율이 꾸준히 높아지는 저출산·고령화 현상이 빠르게 진행되고 있음.

② 오늘날 우리나라의 연령별 인구 구성 특징

• 유소년층 인구 비율이 낮아지고, 노년층 인구 비율이 높아지는 저출산·고령 사회의 모습이 나타납니다. ➕

• 저출산으로 새로 태어나는 아기의 수는 점점 줄어들고, 의료 기술의 발달로 평균 수명이 길어지면서 전체 인구에서 노인이 차지하는 비율이 증가하고 있습니다.

➕ **인구 분포로 인해 발생하는 지역별 문제**

많은 인구가 모여 사는 도시	주택 부족, 교통 혼잡, 환경 오염 등의 문제
인구가 줄어드는 촌락	일손 부족, 교육 시설 부족, 의료 시설 부족 등의 문제

➕ **65세 이상 인구의 비율 변화**

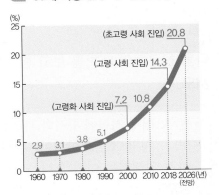

평균 수명이 길어지고 노인 인구가 늘어나면서 우리나라는 지난 2000년에 고령화 사회로 진입했으며, 2018년에는 노인 인구 비율이 14%를 넘어 고령 사회에 도달했습니다.

용어 사전

● **인구** 한 나라 또는 일정한 지역에 사는 사람의 수.

● **인구 밀도** 일정한 넓이(1㎢) 안의 인구 수로 인구가 모여 있는 정도를 나타냄.

● **인구 구성** 일정한 지역 안의 인구를 성, 연령 등의 기준으로 나누어 본 짜임새.

● **고령 사회** 65세 이상 인구가 전체 인구의 7%를 넘으면 고령화 사회, 14%를 넘으면 고령 사회, 20%를 넘으면 초고령 사회로 구분함.

자료 1 우리나라의 인구 분포 변화

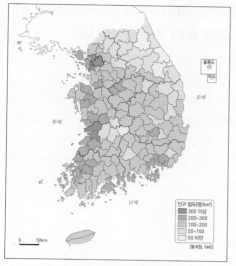

▲ 1940년의 인구 분포

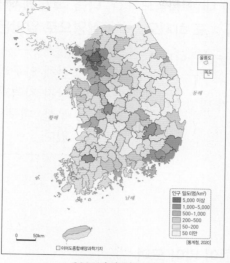

▲ 2020년의 인구 분포

▶ 우리나라에서 평야가 발달한 곳은 남서쪽 지역이며, 산지가 많은 곳은 북동쪽 지역입니다. 1940년에 우리나라에서 인구 밀도가 높은 곳은 기후가 온화하고 벼농사에 유리한 남서쪽 지역입니다.

▶ 오늘날에 우리나라에서 인구 밀도가 높은 곳은 서울, 부산과 같은 대도시입니다.

자료 2 우리나라의 인구 피라미드 변화

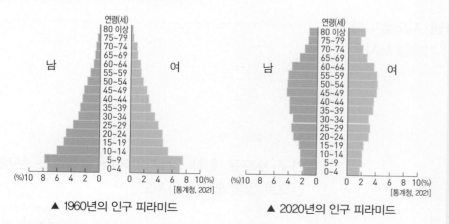

▲ 1960년의 인구 피라미드   ▲ 2020년의 인구 피라미드

인구 피라미드의 의미	한 나라 또는 일정한 지역의 인구를 성별, 연령별로 나누어 피라미드 모양으로 나타낸 그래프
인구 피라미드 읽는 방법	• 가로축과 세로축이 나타내는 것을 확인함. • 막대의 길이로 비율을 확인함. • 성별, 연령별 인구 구조를 분석함.

▶ 1960년에 비해 2020년에는 14세 이하의 유소년층 인구 비율이 줄어들었고, 65세 이상의 노년층 인구 비율은 늘어났습니다.

기본 개념 문제

● 정답과 풀이 7쪽

1

한 나라 또는 일정한 지역에 사는 사람의 수를 (   )(이)라고 합니다.

2

1960년대 이후에는 도시가 발달하면서 촌락에 사는 사람들이 (   )을/를 찾아 도시로 이동했습니다.

3

오늘날 우리나라에서 인구가 가장 밀집한 지역은 서울을 중심으로 한 (   )입니다.

4

아이를 적게 낳는 가정이 늘면서 새로 태어나는 아기의 수가 점점 줄어드는 (고령화 , 저출산)이/가 나타나고 있습니다.

5

오늘날 우리나라는 노년층 인구 비율이 낮아지고 있습니다.

(○ , ×)

1 ✚ 11종 공통

1960년대 이전 우리나라의 인구 분포에 대한 설명으로 알맞은 것에 ○표, 알맞지 <u>않은</u> 것에 ×표 하시오.

(1) 평야가 발달한 지역의 인구 밀도가 높았습니다.
( )

(2) 춥고 산지가 많은 북동쪽 지역에 인구가 많았습니다.
( )

2 ✚ 11종 공통

1960년대 이전에 남서쪽 지역에 사람들이 많이 모여 살았던 까닭은 무엇입니까? ( )

① 벼농사 중심의 농업 사회였기 때문에
② 농사짓는 사람들이 줄어들었기 때문에
③ 사람들의 이동이 편리한 곳이기 때문에
④ 공장에서 일할 사람들이 필요했기 때문에
⑤ 사람들이 살기 힘든 기후가 나타났기 때문에

3 ✚ 11종 공통

다음은 2020년의 인구 분포를 나타낸 지도입니다. ㉠, ㉡ 중 인구 밀도가 높은 지역을 골라 기호를 쓰시오.

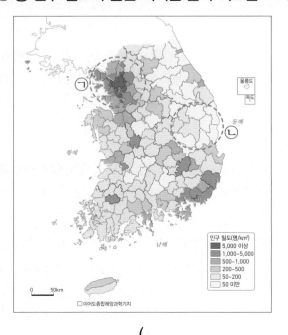

( )

4 ✚ 11종 공통

다음 보기 에서 오늘날 우리나라의 인구 분포에 대한 설명으로 알맞은 것을 골라 기호를 쓰시오.

보기

㉠ 전체 인구의 약 30%가 수도권에 살고 있다.
㉡ 산지 지역과 농어촌 지역의 인구 밀도가 높다.
㉢ 부산, 대구, 광주 등의 대도시에 인구가 집중되어 있다.

( )

5 서술형 ✚ 11종 공통

다음 빈칸에 들어갈 알맞은 말을 쓰시오.

1960년대 이후 우리나라의 인구 분포는 인문환경의 영향을 많이 받았습니다. 그 결과 오늘날 우리나라 인구의 절반 정도는 _____

_____

_____

6 동아출판, 지학사 외

인구 분포로 인해 각 지역에서 발생하는 문제점을 선으로 알맞게 연결하시오.

• ㉠ 교통 혼잡

(1) 촌락 •
• ㉡ 일손 부족

• ㉢ 주택 부족

(2) 도시 •
• ㉣ 의료 시설 부족

7 ➕ 11종 공통

다음 (   ) 안에 공통으로 들어갈 말을 쓰시오.

(   )은/는 한 나라 또는 일정한 지역에 사는 사람의 수를 말합니다. (   ) 구성은 일정한 지역 안의 인구를 성, 연령 등을 기준으로 나누어 본 짜임새를 말합니다.

(   )

8 ➕ 11종 공통

다음은 우리나라의 1960년 인구 피라미드입니다. 이와 관련해 ㉠, ㉡에 들어갈 알맞은 말을 보기 에서 골라 쓰시오.

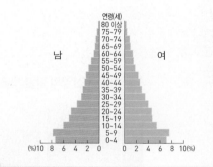

보기
• 유소년층　　• 청장년층　　• 노년층

(㉠)의 인구 비율이 높은 반면 (㉡)의 인구 비율은 낮습니다.

㉠ (   ), ㉡ (   )

9 ➕ 11종 공통

다음 (   ) 안에 들어갈 알맞은 말을 고르시오.

(   )

우리나라는 2018년에는 노인 인구 비율이 14%를 넘어 (   ) 사회에 도달했습니다.

① 고령　　　　　　② 현대
③ 고령화　　　　　④ 저출산
⑤ 초고령

[10-11] 다음은 우리나라의 연령별 인구 구성의 변화 그래프입니다. 물음에 답하시오.

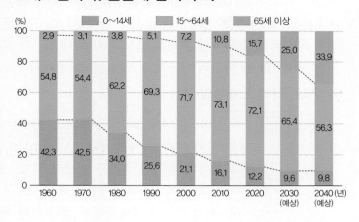

10 ➕ 11종 공통

위 그래프와 관련해 빈칸에 들어갈 알맞은 말에 ○표 하시오.

우리나라는 1960년에 비해 2020년에 (14세 이하 , 65세 이상)의 인구 비율이 늘어났습니다.

11 서술형 ➕ 11종 공통

위 **10**번과 같은 현상이 나타나는 까닭을 쓰시오.

_____

_____

12 ➕ 11종 공통

오늘날 우리나라의 인구 구성에 대한 설명으로 알맞은 것은 어느 것입니까? (   )

① 노년층 인구 비율이 낮아지고 있다.
② 유소년층 인구 비율이 높아지고 있다.
③ 저출산·고령 사회의 모습이 나타난다.
④ 새로 태어나는 아기의 수가 늘어나고 있다.
⑤ 우리나라로 들어오는 외국인이 줄어들고 있다.

3 우리 국토의 인문환경 (2)

개념 강의

1 우리나라의 도시 발달 모습

① 우리나라의 도시와 도시 인구 변화 _{자료 1}

* 1960년에 비해 2020년에는 도시 수와 도시 인구가 크게 늘어났습니다. 특히 수도권과 남동쪽 해안 지역의 도시 수와 도시 인구가 크게 증가했습니다.
* 인구 100만 명 이상의 대도시가 크게 늘어났습니다.

② 우리나라의 도시 발달 과정

1960년대	사람들이 일자리를 찾아 도시로 이동하면서 서울, 인천, 부산, 대구 등의 인구가 급속히 증가함. ┌ 1960년대 이후 공업이 발달하면서 본격적으로 도시가 발달하기 시작했어요.
1970년대	대도시의 지속적인 성장과 더불어 포항, 울산, 마산, 창원 등이 새로운 공업 도시로 성장하면서 도시 인구가 크게 증가함.
1980년대 이후	• 대도시에 인구가 집중하면서 생긴 여러 가지 문제를 해결하려고 대도시 주변 지역에 신도시를 건설해 인구와 기능을 분산했음. 예   ▲ 아파트 주거 단지(고양시)　▲ 반월 공업 단지(안산시) • 국토를 균형적으로 발전시키려고 수도권에 있는 공공 기관, 연구소 등을 지방으로 옮겼음. 예 정부 세종 청사(세종특별자치시) ➕

2 우리나라의 산업 발달 모습

① 우리나라의 산업 발달 과정 _{자료 2}

1960년대 이전	생산 활동에 적합한 자연환경을 갖춘 곳에서 농업, 어업, 임업이 주로 발달함.
1960년대	풍부한 노동력을 바탕으로 섬유, 신발, 의류 등과 같이 가벼운 물건을 만드는 산업이 대도시를 중심으로 발달함.
1970~ 1980년대	• 철강, 배, 자동차 등과 관련된 산업이 발달함. • 원료를 수입하고 완성된 제품을 수출하기 편리한 남동 해안 지역에 중화학 공업이 발달함.
1990년대	컴퓨터와 반도체 등 정보 통신 산업이 크게 성장함.
오늘날	로봇, 항공, 우주와 관련된 첨단 산업이 발달하고 있음.

② 다양한 산업의 발달 모습 ➕ 자연환경과 인문환경의 차이에 따라 지역별로 각기 다른 산업이 발달했어요.

수도권	편리한 교통, 넓은 소비 시장을 바탕으로 다양한 산업이 발달함.
대전	연구소와 대학교가 협력해 첨단 산업이 성장함.
광주	자동차 산업이 발달했으며 이와 관련된 여러 가지 시설을 볼 수 있음.
동해	시멘트의 주원료인 석회석이 풍부해 시멘트 산업이 발달함.
대구	풍부한 노동력을 바탕으로 섬유와 패션 산업이 성장함.
부산	원료 수입과 제품 수출을 하기 좋은 해안가에 물류 산업이 발달함.
제주	독특하고 아름다운 자연환경 덕분에 관광 산업이 발달함.

➕ 공공 기관이 이전하는 이유

공공 기관을 지방으로 옮기는 까닭은 국토를 균형 있게 발전시키려고 하기 때문입니다. 정부 종합 청사에 있었던 정부의 여러 기관을 세종특별자치시로 이전하여 수도권에 집중된 인구와 기능을 분산합니다.

▲ 정부 세종 청사(세종특별자치시)

➕ 다양한 산업의 발달 모습

▲ 첨단 산업(대전)　▲ 시멘트 산업(동해)

▲ 물류 산업(부산)　▲ 관광 산업(제주)

용어 사전

* **중화학 공업** 중공업과 화학 공업을 함께 이르는 말.
* **첨단 산업** 반도체, 생명 공학, 우주 항공, 컴퓨터, 신물질 등을 다루는 산업으로, 기술로 인한 영향력과 부가 가치가 큼.
* **물류** 생산자가 만든 상품을 소비자에게 수송, 운반, 보관하는 과정.

교과서 통합 대표 자료

자료 1 우리나라의 도시 수와 도시 인구 변화

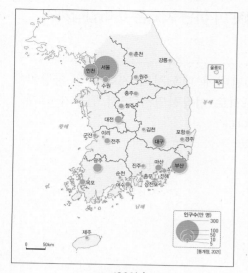

▲ 1960년

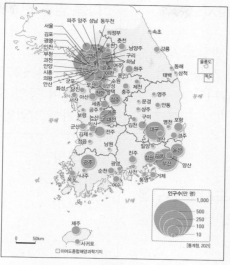

▲ 2020년

> 1960년에 인구가 100만 명 이상인 도시는 서울, 부산입니다. 2020년에 인구가 100만 명 이상인 도시는 서울, 부산, 인천, 대구, 대전, 광주, 울산, 수원, 용인, 고양, 창원입니다.

자료 2 우리나라의 주요 공업 지역

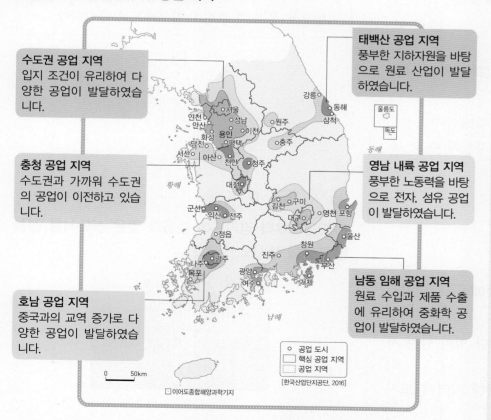

수도권 공업 지역
입지 조건이 유리하여 다양한 공업이 발달하였습니다.

충청 공업 지역
수도권과 가까워 수도권의 공업이 이전하고 있습니다.

호남 공업 지역
중국과의 교역 증가로 다양한 공업이 발달하였습니다.

태백산 공업 지역
풍부한 지하자원을 바탕으로 원료 산업이 발달하였습니다.

영남 내륙 공업 지역
풍부한 노동력을 바탕으로 전자, 섬유 공업이 발달하였습니다.

남동 임해 공업 지역
원료 수입과 제품 수출에 유리하여 중화학 공업이 발달하였습니다.

> 우리나라는 각 지역의 특성에 따라 다양한 공업이 발달했습니다. 오늘날에는 수도권과 남동 임해 지역에 공업이 많이 발달했습니다.

1

1960년대에는 사람들이 일자리를 찾아 촌락으로 이동하면서 서울, 인천의 인구가 감소했습니다.

(○ , ×)

2

1970년대에는 대도시의 지속적인 성장과 더불어 포항, 울산, 마산, 창원 등이 새로운 (공업 , 행정) 도시로 성장했습니다.

3

(   )은/는 대도시에 인구가 집중하면서 생긴 여러 가지 문제를 해결하려고 1980년대부터 대도시 주변 지역에 건설한 도시입니다.

4

1960년대에는 풍부한 (   )을/를 바탕으로 섬유, 신발, 의류 등을 만드는 산업이 발달했습니다.

5

자연환경과 인문환경의 차이에 따라 지역별로 각기 다른 산업이 발달했습니다.

(○ , ×)

3 우리 국토의 인문환경 (2)

1 ⊕ 11종 공통

다음 빈칸에 들어갈 알맞은 말에 ○표 하시오.

> 1960년대 이후 (공업 , 서비스업)의 발달로 사람들이 일자리를 찾아 도시로 이동하면서 서울, 인천, 부산, 대구 등의 인구가 급속히 증가했습니다.

[2-3] 다음은 우리나라의 도시 수와 도시별 인구를 나타낸 그래프입니다. 물음에 답하시오.

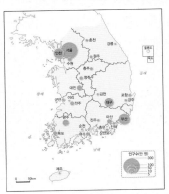
▲ 1960년

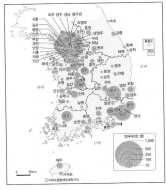
▲ 2020년

2 ⊕ 11종 공통

위 그래프에 나타난 원의 크기가 의미하는 것은 무엇입니까? (   )

① 도시의 넓이　　　② 도시의 주택 수
③ 도시에 사는 인구　④ 도시의 자동차 수
⑤ 도시의 일자리 수

3 ⊕ 11종 공통

위 그래프에 대한 설명으로 알맞은 것에 ○표, 알맞지 않은 것에 ×표 하시오.

(1) 1960년대에는 서울과 부산에 100만 명이 넘는 사람이 살았습니다. (   )

(2) 2020년에는 수도권과 남동쪽 해안 지역에 도시 수와 도시 인구가 많습니다. (   )

(3) 1960년과 비교해 2020년에 우리나라 도시 수는 늘어났지만 도시 인구는 줄었습니다. (   )

4 ⊕ 11종 공통

다음 밑줄 친 '이곳'이 <u>아닌</u> 지역은 어디입니까? (   )

> <u>이곳</u>은 1970년대에 대도시의 지속적인 성장과 더불어 공업 도시로 성장하면서 도시 인구가 크게 증가한 지역입니다.

① 고양　　　　　② 마산
③ 울산　　　　　④ 창원
⑤ 포항

5 ⊕ 11종 공통

다음 (   ) 안에 들어갈 알맞은 말을 쓰시오.

> 1980년대 이후 국토를 균형적으로 발전시키려고 (   )에 집중되어 있는 공공 기관, 연구소 등을 지방으로 옮겨 그 주변이 발전하도록 했습니다.

(   )

6 서술형 ⊕ 11종 공통

1980년대부터 경기도에 다음과 같은 신도시를 건설한 까닭을 쓰시오.

_____

_____

7 ➕ 11종 공통

우리나라의 산업 발달 모습에 대해 알맞게 말한 친구를 골라 ○표 하시오.

(1)

1960년대에는 풍부한 노동력을 바탕으로 가벼운 물건을 만드는 산업이 발달했습니다.

(2)

오늘날에는 생산 활동에 적합한 자연환경을 갖춘 곳에서 농업, 어업, 임업이 주로 발달했습니다.

( )   ( )

8 ➕ 11종 공통

다음에서 설명하는 산업이 무엇인지 쓰시오.

- 철강, 배 등 비교적 무거운 물건을 만들거나 원유를 이용해 다양한 물건을 만드는 산업입니다.
- 원료를 수입하고 완성된 제품을 수출하기 편리한 남동 해안 지역에 발달했습니다.

(   )

9 ➕ 11종 공통

석회석이 풍부해 시멘트 산업이 발달한 지역은 어디입니까? (   )

① 대구   ② 대전
③ 동해   ④ 서울
⑤ 제주

10 아이스크림, 천재교육 외

자연환경과 인문환경의 차이에 따라 지역에 발달한 산업을 선으로 알맞게 연결하시오.

(1) 대구 •

(2) 수도권 •

• ㉠ 풍부한 노동력을 바탕으로 섬유와 패션 산업이 성장함.

• ㉡ 편리한 교통, 넓은 소비 시장을 바탕으로 다양한 산업이 발달함.

11 비상교과서, 천재교육 외

다음 사진과 같이 독특하고 아름다운 자연환경 덕분에 제주도에 발달한 산업은 무엇입니까? (   )

① 관광 산업   ② 물류 산업
③ 첨단 산업   ④ 자동차 산업
⑤ 항공기 산업

12 서술형 ➕ 11종 공통

다음 사진과 같이 부산에 물류 산업이 발달한 까닭을 한 가지만 쓰시오.

_____

_____

3 우리 국토의 인문환경 (3)

개념 강의

1 우리나라의 교통 발달 모습

① 우리나라의 교통도 변화 [자료1]

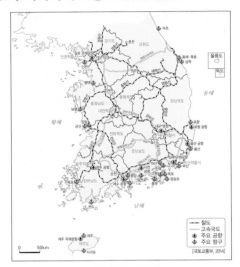

▲ 1980년의 교통도 　　　　　　▲ 2020년의 교통도

- 산업과 도시의 발달에 따라 지역과 지역을 잇는 교통망은 더욱 세밀해졌습니다.
- 1980년보다 2020년에는 철도, 고속 국도가 복잡해졌습니다.
- 1980년에는 없고 2020년에는 있는 교통 시설은 고속 철도입니다.

② 우리나라의 교통 발달과 생활 모습의 변화 ➕

- 1960년대 말부터 여러 고속 국도가 건설되면서 사람들이 주요 도시를 빠르게 이동할 수 있게 되었습니다. ➕
- 2004년부터 고속 철도가 개통되면서 사람들의 생활권이 넓어졌습니다. ➕

2 인문환경의 변화에 따라 달라진 국토의 모습 [자료2]

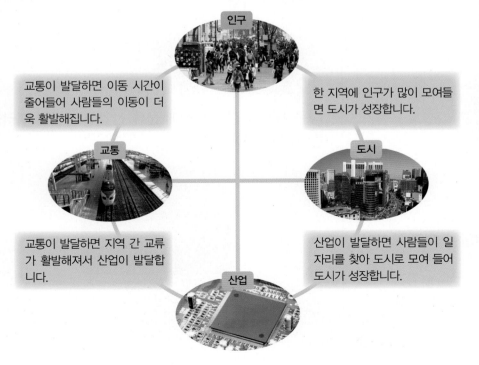

교통이 발달하면 이동 시간이 줄어들어 사람들의 이동이 더욱 활발해집니다.

한 지역에 인구가 많이 모여들면 도시가 성장합니다.

교통이 발달하면 지역 간 교류가 활발해져서 산업이 발달합니다.

산업이 발달하면 사람들이 일자리를 찾아 도시로 모여 들어 도시가 성장합니다.

➕ **교통의 발달로 달라진 사람들의 생활 모습**

- 비행기를 이용해 하루 안에 전국 어디나 왕복할 수 있습니다.
- 교통이 발달한 곳을 중심으로 일자리가 늘어나고 인구가 많아져 도시가 성장했습니다.
- 제품 생산에 필요한 원료를 쉽고 빠르게 운반할 수 있어서 산업 발달에 도움이 되었습니다.

➕ **경부 고속 국도**

1970년 서울과 부산을 잇는 경부 고속 국도가 완공되었습니다.

➕ **고속 철도(KTX)**

고속 철도는 시속 약 200km 이상으로 운행되는 철도로, 오늘날 우리 국토 곳곳을 연결하고 있습니다.

용어 사전

- **교통도** 도로, 철도, 항구, 공항 등을 나타낸 교통 지도.
- **개통** 길, 다리, 철도, 통신 등이 완성되어 연결됨.
- **생활권** 통학, 통근 등 사람이 일상생활을 할 때 활동하는 범위.

자료 1 과거와 오늘날 교통의 발달 모습

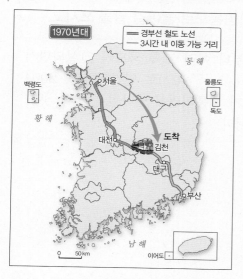

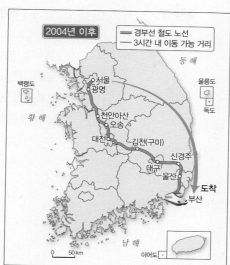

▶ 1970년대에는 새마을호를 타면 서울에서 부산까지 약 5시간이 걸렸습니다. 그러나 오늘날에는 고속 철도를 타면 약 2시간 40분 만에 서울에서 부산까지 갈 수 있습니다. 지역을 이동하는 시간이 줄어들면서 지역 간 거리가 더욱 가깝게 느껴지고 있습니다.

자료 2 인구, 도시, 산업, 교통의 변화에 따라 달라진 국토의 모습

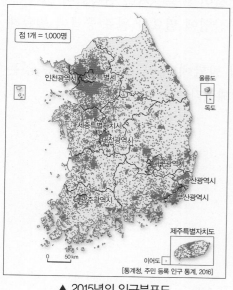

▲ 2015년의 인구분포도

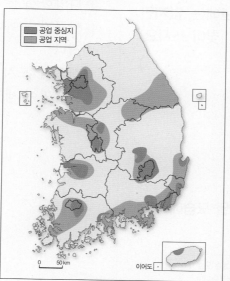

▲ 주요 공업 지역 분포도

▶ 인구가 많은 지역에 주요 도시가 분포하고 있습니다. 주요 공업 중심지와 공업 지역에 인구가 많습니다. 교통이 발달한 곳에 사람들이 많이 모여 살고 있습니다.

▶ 인구, 도시, 산업, 교통은 서로 영향을 주고받으며 변화합니다. 인문 환경에 따라 우리 국토의 모습은 꾸준히 변하고 있습니다.

● 정답과 풀이 9쪽

기본 개념 문제

1

(   )은/는 도로, 철도, 항구, 공항 등을 나타낸 지도입니다.

2

오늘날은 과거에 비해 철도, 고속 국도가 (단순 , 복잡)해졌습니다.

3

(   )은/는 통학, 통근 등 사람이 일상생활을 할 때 활동하는 범위입니다.

4

교통의 발달로 지역 간의 이동 시간이 짧아지면서 사람들의 이동이 더욱 줄어듭니다.

(○ , ×)

5

교통의 발달로 원료를 빠르게 운반할 수 있어서 (   )이/가 발달합니다.

[1-3] 다음 교통도를 보고, 물음에 답하시오.

▲ 1980년의 교통도

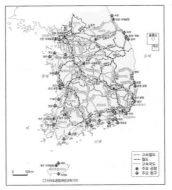

▲ 2020년의 교통도

1 ➕ 11종 공통

위 교통도에서 알 수 있는 정보가 아닌 것은 무엇입니까? (   )

① 철도   ② 지하철   ③ 고속 국도
④ 주요 항구   ⑤ 주요 공항

2 ➕ 11종 공통

위 교통도의 범례를 비교하여 1980년에는 없지만 2020년에는 있는 교통 시설이 무엇인지 찾아 쓰시오.

(   )

3 ➕ 11종 공통

위 교통도와 관련해 우리나라의 교통 발달 모습에 대해 알맞게 말한 친구를 골라 ○표 하시오.

(1) 주요 항구의 수가 줄어들었습니다.

(   )

(2) 철도와 고속 국도가 복잡해졌습니다.

(   )

4 ➕ 11종 공통

다음 (   ) 안에 공통으로 들어갈 말을 쓰시오.

> 1960년대 말부터 여러 고속 국도가 건설되면서 전 국토가 1일 (   )(으)로 연결되었고, 2004년에 고속 철도가 개통되면서 반나절 (   )이/가 가능해졌습니다.

(   )

5 ➕ 11종 공통

오늘날의 교통 발달에 대한 설명으로 옳지 않은 것은 어느 것입니까? (   )

① 사람과 물자의 이동이 더욱 활발해졌다.
② 공항이 줄어들어 지역 간 교류가 감소했다.
③ 다양한 교통 시설이 그물망처럼 연결되어 있다.
④ 항구가 늘어나 산업에 필요한 원료 공급이 원활해졌다.
⑤ 산업과 도시의 발달에 따라 지역과 지역을 잇는 교통망이 세밀해졌다.

6 서술형 ➕ 11종 공통

교통의 발달로 달라진 사람들의 생활 모습을 두 가지 쓰시오.

_____

_____

7 ➕ 11종 공통

다음 빈칸에 들어갈 알맞은 말에 ○표 하시오.

교통의 발달로 사람과 물자의 이동이 더욱 활발해지고 지역을 이동하는 시간이 줄면서 지역 간 거리는 더욱 (멀게 , 가깝게) 느껴지고 있습니다.

8 ➕ 11종 공통

다음 ( ) 안에 들어갈 알맞은 말을 보기 에서 골라 쓰시오.

> **보기**
> • 도시   • 산업   • 인구   • 교통

(1) 교통이 발달하면 지역 간의 교류가 활발해져서 ( )이/가 발달합니다.

(2) 사람들이 일자리를 찾아 ( )(으)로 이동하면 도시의 교통과 산업은 더욱 발달합니다.

9 동아출판, 비상교과서 외

다음 두 지도를 보고, 빈칸에 들어갈 알맞은 말에 ○표 하시오.

▲ 2015년의 인구분포도

▲ 주요 공업 지역 분포도

두 지도를 보면 산업이 발달한 지역에 인구가 (적다는 , 많다는) 것을 알 수 있습니다.

[10-11] 다음 두 지도를 보고, 물음에 답하시오.

▲ 2015년의 인구분포도

▲ 2020년의 교통도

10 ➕ 11종 공통

위 교통도에 표시한 ㉠, ㉡ 중 교통이 더 발달한 지역을 골라 기호를 쓰시오.

( )

11 서술형 ➕ 11종 공통

위 지도를 통해 알 수 있는 인구와 교통의 관계를 쓰시오.

_____

_____

12 ➕ 11종 공통

인문환경의 변화에 따라 달라진 국토의 모습에 대해 알맞게 말한 친구를 골라 이름을 쓰시오.

• 다인: 교통의 발달로 다양한 산업이 성장했어요.
• 신애: 인구가 적은 지역을 중심으로 교통망이 발달했어요.
• 원석: 도시의 성장은 교통과 산업이 발달하는 것을 방해해요.

( )

1. 국토와 우리 생활

1 우리 국토의 위치와 영역

1. 우리 국토의 위치와 특징

우리 국토는 삼면이 바다로 둘러싸이고 한 면은 육지와 연결된 반도로 대륙과 해양으로 나아가기에 유리한 특징을 가지고 있습니다.

위치	• ❶ [　　　　] 대륙의 동쪽에 위치한 반도임. • 북위 33°~43°, 동경 124°~132° 사이에 위치함. • 주변에 중국, 러시아, 몽골, 일본 등의 나라가 있음.
특징	• 도로나 철도를 이용해 대륙으로 나아가기 유리함. • 삼면이 바다와 맞닿아 있어 해양으로 나아가기에도 좋음.

2. 우리나라의 영역

① 영역: 한 나라의 ❷ [　　　　]이 미치는 범위를 말합니다.

② 우리나라의 영역

• 영토: 한반도와 한반도에 속한 여러 섬입니다.
• 영해: 우리나라 영토 주변의 바다입니다.
• 영공: 우리나라 영토와 영해 위에 있는 하늘의 범위입니다.

3. 우리 국토의 지역 구분

★ 우리나라의 행정 구역

나라를 효율적으로 관리하기 위해 행정 구역으로 나눕니다.

큰 산맥과 하천을 중심으로 한 지역 구분	남북으로 긴 우리나라는 큰 산맥과 하천을 중심으로 북부, 중부, 남부 지방으로 구분함.
자연환경에 따른 지역 구분	산이나 호수, 강, 바다, 제방 등의 ❸ [　　　　]을 기준으로 지역을 구분함. → 오늘날 행정 구역을 정하는 기초가 됨.
우리나라의 행정 구역	북한 지역을 제외하면 특별시 1곳, 특별자치시 1곳, 광역시 6곳, 도 8곳, 특별자치도 1곳으로 이루어져 있음.

2 우리 국토의 자연환경

1. 우리나라의 지형과 사람들의 생활 모습

★ 다양한 지형을 이용한 모습

▲ 스키장

▲ 다목적 댐

▲ 논농사

▲ 양식장

사람들은 지형을 이용해 살아가거나 더 나은 생활을 하려고 지형을 개발하기도 합니다.

산지	• 높고 험한 산지는 대부분 북동쪽에 많음. • 사람들이 여가 생활을 즐길 수 있도록 높은 산지에 스키장과 휴양 시설을 만듦.
하천과 평야	• 큰 하천은 대부분 동쪽에서 서쪽으로 흘러감. • 비교적 낮은 평야는 서쪽에 발달함. • 하천 중·상류에 다목적 댐을 건설함. 하천 중·하류 주변 평야에서는 ❹ [　　　　]를 지으며, 도시가 발달함.
해안	• 동해안은 해안선이 단조롭고, 길게 뻗은 모래사장이 펼쳐진 곳이 많아 해수욕장이 발달함. • 서해안은 해안선이 복잡하고, 갯벌에서 해산물이나 소금을 채취함. • 남해안은 해안선이 복잡하고 섬이 많으며, ❺ [　　　　]이 발달함.

2. 우리나라의 기후

기온	• 남쪽 지방과 북쪽 지방의 기온 차이가 큼. • 동해안이 서해안보다 겨울에 따뜻함. • 해안 지역이 내륙 지역보다 겨울에 따뜻함.
강수량	• 대체로 남부 지방은 강수량이 많고, 북부 지방은 강수량이 적음. • 연평균 강수량의 절반 이상이 ⑥[　　　]에 집중됨.

3. 우리나라의 자연재해

① **자연재해**: 홍수, 가뭄, 태풍, 지진, 황사 등 피할 수 없는 자연 현상으로 일어나는 피해를 말합니다.

② 봄에는 주로 황사나 가뭄이, 여름에는 주로 폭염이나 홍수가 발생합니다. 여름에서 초가을 사이에는 태풍이, 겨울에는 한파나 폭설이 발생합니다.

③ **자연재해의 피해를 줄이기 위한 노력**: 행정안전부와 기상청은 자연재해가 예상될 때 ⑦[　　　]를 통해 자연재해 정보를 안내합니다.

③ 우리 국토의 인문환경

1. 우리나라의 인구 분포와 인구 구성

인구 분포	1960년대 이후 수도권과 부산, 대구 등 대도시의 인구 밀도는 높아졌지만 산지 지역과 농어촌 지역의 인구 밀도는 낮아졌음.
인구 구성	아이를 적게 낳는 가정이 늘면서 새로 태어나는 아기의 수는 점점 줄고, 전체 인구에서 ⑧[　　　]이 차지하는 비율은 늘고 있음.

2. 우리나라의 도시 발달

1960년대	사람들이 일자리를 찾아 도시로 이동하면서 서울, 인천, 부산, 대구 등의 인구가 급속히 증가함.
1970년대	포항, 울산, 마산, 창원 등이 새로운 공업 도시로 성장하면서 도시 인구가 크게 증가함.
1980년대 이후	대도시 주변 지역에 신도시를 건설하고, 수도권에 있는 공공기관, 연구소 등을 지방으로 옮김.

3. 우리나라의 산업 발달과 교통 발달

산업 발달	농업, 어업, 임업이 발달함. → 섬유, 신발 등을 만드는 산업 발달함. → 남동 해안 지역에 중화학 공업이 발달함. → 과학과 기술이 발달하면서 정보 통신 산업이 성장함. → 첨단 산업이 발달함.
교통 발달	• 지역과 지역을 잇는 교통망은 더욱 세밀해짐. • 교통수단과 교통 시설이 발달하면서 사람과 물건의 이동이 빨라짐.

★ **우리나라의 계절에 따라 불어오는 바람의 특징**

▲ 여름　　　　▲ 겨울

• 여름에는 남쪽에서 덥고 습한 바람이 불어와 기온이 높고 비가 많이 내립니다.
• 겨울에는 북서쪽에서 차갑고 건조한 바람이 불어와 춥고 눈이 내립니다.

★ **우리나라의 연령별 인구 구성**

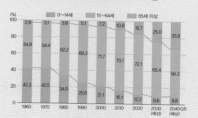

우리나라는 유소년층 인구 비율이 낮아지고, 노년층 인구 비율이 높아지는 저출산·고령 사회의 모습이 나타납니다.

★ **다양한 산업의 발달 모습**

▲ 첨단 산업　　▲ 시멘트 산업
　(대전)　　　　(동해)

▲ 물류 산업　　▲ 관광 산업
　(부산)　　　　(제주)

1 ➕ 11종 공통

우리 국토에 대한 설명으로 알맞은 것을 두 가지 고르시오. (,   )

① 몽골과 러시아 사이에 있다.
② 아시아 대륙의 동쪽에 위치한다.
③ 주변에는 영국, 미국 등의 나라가 있다.
④ 남위 33°~43°, 서경 124°~132° 사이에 위치해 있다.
⑤ 땅의 모습이 대륙에서 바다 쪽으로 길게 내민 반도이다.

2 ➕ 11종 공통

다음 보기 에서 우리나라 위치의 특징으로 알맞은 것을 모두 골라 기호를 쓰시오.

보기
ㄱ 도로나 철도를 이용해 대륙으로 나아가기 불리하다.
ㄴ 삼면이 바다와 맞닿아 있어 해양으로 나아가기 편리하다.
ㄷ 위치가 갖는 장점을 이용해 세계 여러 나라와 교류하고 있다.

(   )

3 서술형 ➕ 11종 공통

우리나라의 주권이 미치는 영토의 범위는 어디까지인지 쓰시오.

_____

_____

4 ➕ 11종 공통

전통적인 지역 구분과 관련해 다음 사진에 나타난 고개의 남쪽에 있어서 붙여진 지역의 이름을 쓰시오.

▲ 조령(문경 새재)

(   )

5 ➕ 11종 공통

다음 지도를 보고, 행정 구역에 대한 설명으로 알맞은 것을 두 가지 고르시오. (,   )

① 광역시는 모두 5곳이 있다.
② 도와 특별자치도에는 시청이 있다.
③ 특별시 1곳과 특별자치시 1곳이 있다.
④ 세종특별자치시는 서울특별시의 북쪽에 있다.
⑤ 시청과 도청은 대부분 시·도의 중심에 위치하고 있다.

6 ➕ 11종 공통

다음에서 설명하는 지형의 모습으로 알맞은 것은 어느 것입니까? (　　　)

> 바다와 육지가 만나는 곳으로, 모래사장이나 갯벌이 있습니다.

① ▲ 섬
② ▲ 하천
③ ▲ 해안
④ ▲ 산지

7 ➕ 11종 공통

다음은 우리나라의 지형도와 지형 단면도입니다. 이를 보고 ㉠, ㉡에 들어갈 알맞은 방위를 쓰시오.

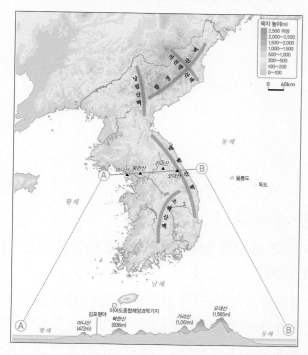

> 우리나라는 대체로 (　㉠　)쪽이 높고, (　㉡　) 쪽이 낮은 지형이 나타납니다.

㉠ (　　　　　　　), ㉡ (　　　　　　　)

8 서술형 ➕ 11종 공통

우리나라의 여름과 겨울에 불어오는 바람의 특징을 각각 쓰시오.

_____

_____

9 ➕ 11종 공통

기온에 따른 옛날 사람들의 생활 모습에 대한 설명으로 알맞은 것은 어느 것입니까? (　　　)

① 집의 구조는 지역별로 다르지 않았다.
② 남쪽 지방에서는 싱거운 음식이 발달했다.
③ 여름에는 솜옷을 입어 몸을 따뜻하게 했다.
④ 겨울을 따뜻하게 보내려고 난방 시설인 온돌을 설치했다.
⑤ 북쪽 지방에서는 소금과 젓갈이 많이 들어간 음식이 발달했다.

10 비상교육, 천재교과서 외

다음 (　　　) 안에 들어갈 알맞은 말을 쓰시오.

> 겨울에 눈이 많이 내리는 울릉도에서는 눈이 집으로 들어오는 것을 막고 집 안에서 생활이 가능하도록 (　　　　)(이)라는 외벽을 설치했습니다.

(　　　　　　　　　　　　　)

11 🟢 11종 공통

우리나라의 인구 분포와 관련해 ㉠, ㉡에 들어갈 알맞은 말에 ◯표 하시오.

> 1960년대 이전 우리나라는 벼농사 중심의 농업 사회로 농사지을 땅이 넓은 ㉠ (북동쪽 , 남서쪽)의 평야 지역에 많은 사람이 모여 살았습니다. 반면 ㉡ (북동쪽 , 남서쪽)의 산지 지역에는 지형의 영향으로 상대적으로 인구가 적었습니다.

12 🟢 11종 공통

1960년대 이후 우리나라 인구 분포의 변화에 대한 설명으로 알맞은 것을 두 가지 고르시오. (　 ,　)

① 지역마다 인구 밀도가 비슷해졌다.
② 수도권의 인구 밀도가 매우 높아졌다.
③ 농업이 발달한 곳의 인구 밀도가 높아졌다.
④ 산업이 발달한 대도시 지역의 인구 밀도가 높아졌다.
⑤ 산지 지역과 농어촌 지역의 인구 밀도가 함께 높아졌다.

13 🟢 11종 공통

1970년대 공업 도시로 성장하면서 인구가 크게 증가한 도시가 <u>아닌</u> 곳은 어디입니까? (　　)

① 강릉　　② 마산　　③ 울산
④ 창원　　⑤ 포항

14 서술형 🟢 11종 공통

다음은 우리나라의 주요 공업 지역이 나타난 지도입니다. ◯ 표시된 곳에 중화학 공업 단지가 생긴 까닭을 쓰시오.

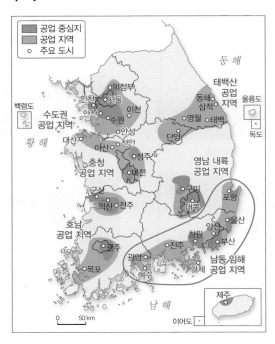

15 🟢 11종 공통

우리나라의 교통 발달 모습으로 옳지 <u>않은</u> 것은 어느 것입니까? (　　)

① 항구의 수가 늘면서 물건의 이동이 증가했다.
② 공항의 수가 늘면서 사람들의 이동이 활발해졌다.
③ 고속 철도가 개통되어 사람들의 생활권이 넓어졌다.
④ 교통의 발달로 사람과 물자의 이동이 더욱 줄어들었다.
⑤ 고속 국도가 건설되어 사람들이 주요 도시를 빠르게 이동할 수 있게 되었다.

1. 국토와 우리 생활

● 정답과 풀이 11쪽

1 ⊕ 11종 공통

다음 보기 에서 우리나라의 위치에 대한 설명으로 알맞은 것을 모두 골라 기호를 쓰시오.

보기

㉠ 일본과 중국 사이에 위치한다.
㉡ 아시아 대륙의 동쪽에 위치한다.
㉢ 서경 124°~132° 사이에 위치한다.
㉣ 적도를 기준으로 북쪽에 위치한다.

(   )

2 ⊕ 11종 공통

다음 ㉠, ㉡에 들어갈 알맞은 말을 쓰시오.

우리 국토는 도로나 철도를 이용하여 (㉠)(으)로 나아가기에 유리합니다. 또 삼면이 바다와 맞닿아 있어 (㉡)(으)로 나아가기에도 좋은 위치에 있습니다.

㉠ (   ), ㉡ (   )

3 ⊕ 11종 공통

우리나라의 영해에 대해 **잘못** 설명한 친구를 골라 이름을 쓰시오.

• 나라: 우리 주권이 미치는 바다의 영역입니다.
• 용훈: 동해안은 밀물일 때의 해안선을 기준으로 합니다.
• 다빈: 영해를 설정하는 기준선으로부터 12해리까지입니다.
• 윤수: 다른 나라 배가 우리나라의 영해에 들어오려면 허가를 받아야 합니다.

(   )

4 미래엔, 아이스크림 외

다음 사진에 나타난 장소에 대해 조사한 내용으로 옳지 <u>않은</u> 것은 어느 것입니까? (   )

▲ 비무장 지대

① 우리나라 국토의 북쪽 끝에 해당한다.
② 군인이나 무기를 원칙적으로 배치할 수 없다.
③ 휴전선을 기준으로 남과 북에 위치한 영역이다.
④ 비무장 지대 근처에는 민간인 통제 구역이 있다.
⑤ 오랫동안 사람들의 발길이 닿지 않아 생태계가 보존되었다.

5 서술형 ⊕ 11종 공통

다음 사진에 나타난 섬의 특징을 두 가지 쓰시오.

▲ 독도

_____

_____

단원 평가 2회

6 ⊕ 11종 공통

우리나라 지형의 특징에 대한 설명으로 알맞은 것은 어느 것입니까? (   )

① 국토의 약 70%가 하천이다.
② 비교적 낮은 평야는 동쪽에 발달했다.
③ 높고 험한 산은 대부분 남쪽과 서쪽에 많다.
④ 큰 하천은 대부분 동쪽에서 서쪽으로 흘러간다.
⑤ 산지에는 농사지을 땅이 나타나며 도시가 발달했다.

7 ⊕ 11종 공통

다음 ㉠, ㉡에 들어갈 알맞은 말을 쓰시오.

> 우리나라는 차가운 북서풍을 막아 주는 (㉠)와/과 수심이 깊은 동해의 영향으로 (㉡)의 겨울 기온은 서해안보다 높은 편입니다.

㉠ (   ), ㉡ (   )

8 ⊕ 11종 공통

다음 지도에서 연평균 강수량이 1,000mm 미만인 지역은 어디입니까? (   )

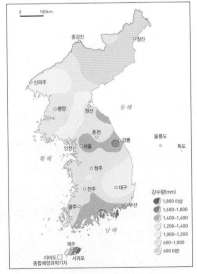
▲ 우리나라의 연평균 강수량

① 강릉   ② 부산
③ 중강진   ④ 울릉도
⑤ 서귀포

9 ⊕ 11종 공통

우리나라에서 발생하는 자연재해에 대해 알맞게 말한 친구를 고르시오. (   )

① 한파가 발생하면 매우 심한 더위가 나타나.

② 가뭄이 발생하면 물이 부족해 농작물이 피해를 입기도 해.

③ 황사는 자동차의 배기가스, 공장 등에서 배출하는 매연 때문에 발생해.

④ 홍수는 한꺼번에 눈이 많이 내리는 현상이야.

10 서술형 ⊕ 11종 공통

다음 사진에 나타난 자연재해의 의미를 쓰시오.

▲ 폭설

11 ➕ 11종 공통

다음은 우리나라의 연령별 인구 구성의 변화 그래프입니다. 이를 보고 알 수 있는 내용으로 알맞은 것은 어느 것입니까? (   )

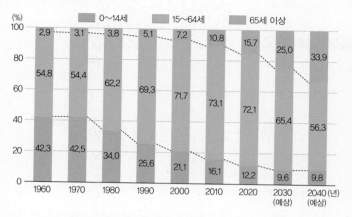

① 노년층의 비율은 점점 줄고 있다.
② 유소년층의 비율은 점점 늘고 있다.
③ 1970년에는 노년층이 42.5%를 차지했다.
④ 2020년에는 유소년층이 15.7%를 차지했다.
⑤ 2020년에는 유소년층 인구보다 노년층 인구가 차지하는 비율이 더 높다.

12 ➕ 11종 공통

다음 우리나라 도시 발달의 과정을 순서대로 알맞게 기호를 쓰시오.

┌─────────────────────────────────────┐
│ ㉠ 서울, 인천, 부산, 대구 등의 인구가 급속히 증 │
│   가했다. │
│ ㉡ 포항, 울산, 마산, 창원 등이 새로운 공업 도시 │
│   로 성장했다. │
│ ㉢ 대도시 주변 지역에 신도시를 건설하고, 공공 │
│   기관 등을 지방으로 옮겼다. │
└─────────────────────────────────────┘

(   ) → (   ) → (   )

13 비상교과서, 천재교육 외

다음에서 설명하는 지역으로 알맞은 곳은 어디입니까? (   )

┌─────────────────────────────────────┐
│   연구소와 대학교가 협력해 첨단 산업이 성장했 │
│ 습니다. │
└─────────────────────────────────────┘

① 광주   ② 대구   ③ 대전
④ 동해   ⑤ 서울

14 서술형 ➕ 11종 공통

다음 두 교통도를 보고, 우리나라의 교통 발달 모습에 대해 쓰시오.

▲ 1980년의 교통도   ▲ 2020년의 교통도

_____

_____

15 ➕ 11종 공통

다음 보기 에서 인구, 도시, 산업, 교통 간의 관계에 대한 설명으로 알맞은 것을 모두 골라 기호를 쓰시오.

┌─────────────────────────────────────┐
│ 보기 │
│ ㉠ 주요 공업 지역에 인구가 많다. │
│ ㉡ 인구가 적은 지역에 주요 도시가 분포하고 있다. │
│ ㉢ 교통이 발달한 곳에 사람들이 많이 모여 살고 있다. │
└─────────────────────────────────────┘

(   )

평가 주제	우리나라의 영역 살펴보기
평가 목표	우리나라 영역의 구성을 설명할 수 있다.

[1-2] 다음은 우리나라의 영역을 나타낸 지도입니다. 물음에 답하시오.

영토	• 한 나라의 주권이 미치는 땅으로 영해와 영공을 정하는 기준이 됨. • (㉠)와/과 (㉠)에 속한 여러 섬을 말함.
영해	우리나라 영토 주변의 바다로, 영해를 설정하는 기준선으로부터 (㉡)까지임.
영공	㉢

1 위 표의 ㉠, ㉡에 들어갈 알맞은 말을 쓰시오.

㉠ (   ), ㉡ (   )

도움 영토는 땅, 영해는 바다, 영공은 하늘에서의 영역입니다.

2 위 표의 ㉢에 들어갈 알맞은 내용을 쓰시오.

도움 우리나라의 영역에는 다른 나라가 함부로 들어올 수 없습니다.

평가 주제	우리나라 산지, 하천, 평야의 모습 살펴보기
평가 목표	우리 국토의 지형과 이를 이용하는 사람들의 모습을 설명할 수 있다.

[1-2] 다음은 우리나라의 지형도와 지형 단면도입니다. 물음에 답하시오.

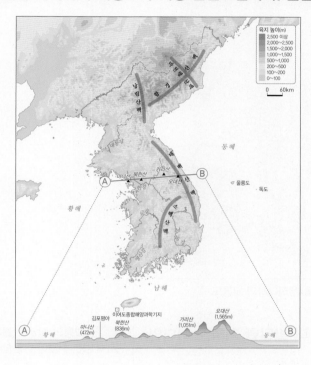

1 위 지도에 나타난 우리나라 지형의 특징을 살펴보고, ㉠~㉣에 들어갈 알맞은 말을 쓰시오.

산지	높고 험한 산지는 대부분 (㉠)에 많음.
하천	큰 하천은 대부분 (㉡)에서 (㉢)으로 흘러감.
평야	비교적 낮은 평야는 (㉣)에 발달함.

> 도움 우리나라는 국토의 약 70%가 산지입니다. 우리나라는 대체로 동쪽이 높고 서쪽이 낮은 지형이 나타납니다.

2 사람들이 위와 같은 산지 지형을 이용하는 모습을 쓰시오.

_____

_____

> 도움 사람들은 지형을 이용해 살아가거나 더 나은 생활을 하려고 지형을 개발하기도 합니다.

1. 국토와 우리 생활

● 정답과 풀이 12쪽

평가 주제	인문환경의 변화에 따른 국토 모습 파악하기
평가 목표	주요 공업 지역 지도와 교통도를 보고 우리 국토의 인문환경을 설명할 수 있다.

[1-3] 다음 두 지도를 보고, 물음에 답하시오.

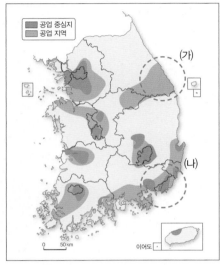

▲ 우리나라의 주요 공업 지역

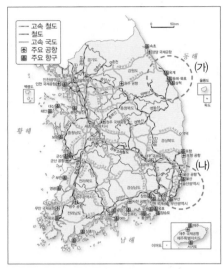

▲ 우리나라의 교통도

1 위 지도에 표시된 ㈎와 ㈏ 중 산업과 교통이 더 발달한 지역은 어디인지 쓰시오.

(   )

도움 교통의 발달로 물자의 이동이 쉬워져 다양한 산업이 발달합니다.

2 ㈎ 지역에 발달한 산업은 무엇인지 쓰시오.

(   ) 산업

도움 태백산 공업 지역은 풍부한 지하자원을 바탕으로 원료 산업이 발달했습니다.

3 위 지도에 표시된 ㈏ 지역에 항구가 많은 까닭을 쓰시오.

_____

_____

도움 다양한 교통 시설이 발달하면 사람과 물건의 이동이 편리해지고 산업이 더욱 성장할 수 있습니다.

2 인권 존중과 정의로운 사회

① 인권을 존중하는 삶

② 인권 보장과 헌법

③ 법의 의미와 역할

▶ 단원별 학습 내용과 교과서별 해당 쪽수를 확인해 보세요.

[단원명이 다른 교과서]

② 단원: 천재교과서(인권 보장을 위한 헌법)

1 인권을 존중하는 삶 (1)

1 인권의 의미와 특성

① **인권의 의미**: 모든 사람이 인간다운 삶을 살아가기 위해 당연히 누려야 할 기본적인 권리를 말합니다.

② **인권의 특성** [자료 1]
- 모든 사람은 태어나면서부터 인간답게 살 권리가 있습니다.
- 인종, 국적, 성별, 종교, 언어, 나이, 신체적 특징 등과 관계없이 누구나 동등하게 누려야 하는 권리입니다.
- 인권이 보장될 때 우리는 인간으로서 존엄을 지키고 행복하게 살 수 있습니다.

2 생활 속에서 인권이 존중되는 모습

어린이가 안전하게 등하교할 수 있도록 학교 앞에 어린이 보호 구역을 지정함.

몸이 불편한 사람도 대중교통을 이용할 수 있도록 저상 버스를 운영함.

장애인이 편리하게 이동할 수 있도록 장애인 전용 주차 구역을 만듦.

임산부가 편하게 이동할 수 있도록 지하철이나 버스에 임산부 배려석을 설치함.

└ 신호등에 시각 장애인용 청각 신호기를 설치하기도 해요.

3 인권을 지키기 위한 우리의 노력과 태도

① 인권은 태어날 때부터 모든 사람에게 평등하게 보장되는 것이며 다른 사람이 힘이나 권력으로 함부로 빼앗을 수 없습니다.
  → 우리는 누구나 안전하게 행복을 누리며 살아갈 권리가 있습니다.

② 모든 사람은 나와 똑같은 권리가 있으므로 다른 사람의 권리를 존중하는 태도가 중요합니다.

③ 인권을 보장받지 못하는 사람에게 지속적인 관심을 가집니다.

4 내가 생각하는 인권이란 무엇인지 이야기해 보기 [자료 2]

- 서로의 차이를 인정하고 배려하는 것입니다.
- 다른 사람의 개성과 생각을 존중해 주는 것입니다.
- 나와 다른 사람을 배려하고 인격적으로 대해 주는 것입니다.
- 외국인이나 몸이 불편한 사람에게 친절을 베푸는 것입니다.
- 깨끗한 환경에서 생활하고 깨끗한 음식을 먹을 권리입니다.

일상생활에서 누리고 있는 권리

인권에는 의식주와 같이 살아가는 데 꼭 필요한 것들과 관련된 권리만 있는 것이 아닙니다. 차별받지 않을 권리, 교육받을 권리 등 인간다운 삶을 살아가는 데 필요한 다양한 권리가 포함되어 있습니다.

국제 연합(UN) 아동 권리 선언

- 인종, 종교, 성별 등으로 인한 차별을 받지 않을 권리
- 신체적·정신적으로 올바르게 성장할 기회를 가질 권리
- 이름과 국적을 가질 권리
- 적절한 영양 섭취, 주거 시설, 의료 서비스를 받을 권리
- 장애를 지닌 아동이 특별한 치료와 교육 및 보살핌을 받을 권리

국제 연합(UN) 아동 권리 선언은 모든 18세 미만 아동의 권리를 담은 국제적 약속입니다. 이 협약에는 어린이라면 누구나 마땅히 누려야 할 생존·보호·발달·참여의 권리가 담겨 있습니다.

용어 사전
- **권리** 어떤 일을 하거나 다른 사람에 대해 당연히 요구할 수 있는 힘이나 자격.
- **동등** 등급이나 정도가 같음. 또는 그런 등급이나 정도.
- **저상 버스** 장애인들이 휠체어를 탄 채 버스에 쉽게 오를 수 있도록 바닥이 낮고 출입구에 경사판을 설치한 버스.
- **권력** 남을 자신의 뜻대로 움직이거나 지배할 수 있는 힘.

자료1 **세계 인권 선언**

> 제1조 모든 사람은 태어날 때부터 자유롭고, 존엄하며, 평등하다.
> 제2조 모든 사람은 인종, 피부색, 성, 언어, 종교 등 어떤 이유로도 차별받지 않는다.
> 제3조 모든 사람은 생명과 신체의 자유와 안전에 대한 권리를 가진다.
> 제4조 어느 누구도 노예 상태 또는 예속 상태에 놓이지 아니한다.
> 제5조 어느 누구도 고문이나 잔인하고 비인도적이며 굴욕적인 처우 또는 형벌을 받지 아니한다.
> 제6조 모든 사람은 어디에서나 법 앞에서 한 인간으로서 인정받을 권리를 가진다.
> 제7조 모든 사람은 법 앞에 평등하고, 법의 보호를 받을 권리를 가진다.
> 제8조 모든 사람은 헌법이나 법률이 부여한 기본권의 침해에 대해 국내 법정에서 구제받을 권리가 있다.
> 제9조 어느 누구도 자의적으로 체포, 구금 또는 추방당하지 아니한다.
> 제10조 모든 사람은 독립적이고 공평한 법정에서 공정하고 공개적인 재판을 받을 권리를 가진다.
>
> ...

▶ 제2차 세계 대전 이후 전 세계적으로 인권을 보호해야 한다는 생각이 퍼졌습니다. 세계 인권 선언은 1948년에 국제 연합(UN) 총회에서 발표했습니다. 이 선언은 인권의 의미와 내용이 담긴 30개의 조항으로 구성되어 있습니다.

자료2 **인권 포스터**

▶ 인권 포스터를 보면 피부색, 나이, 출신 국가, 성별, 장애의 유무 등에 관계없이 모든 사람이 사람답게 사는 세상을 홍보하는 내용입니다. 또한 사람마다 생김새와 특성이 다르지만 모두 똑같은 사람이라는 내용을 담고 있습니다.

기본 개념 문제

● 정답과 풀이 13쪽

1
(   )은/는 모든 사람이 인간다운 삶을 살아가기 위해 당연히 누려야 할 기본적인 권리를 말합니다.

2
인권은 태어날 때부터 모든 사람에게 (평등하게 , 다르게) 보장되는 것입니다.

3
모든 사람은 나와 똑같은 권리가 있으므로 우리는 다른 사람의 권리를 (   )하는 태도가 중요합니다.

4
인간답게 살 권리를 다른 사람이 힘이나 권력으로 함부로 빼앗을 수 없습니다.

(○ , ×)

5
(   ) 아동 권리 선언은 모든 18세 미만 아동의 권리를 담은 국제적 약속입니다.

1 인권을 존중하는 삶 (1)

1 ✚ 11종 공통

다음에서 설명하는 것이 무엇인지 쓰시오.

> 모든 사람이 인간다운 삶을 살아가기 위해 당연히 누려야 할 기본적인 권리를 말합니다.

( )

2 ✚ 11종 공통

인권에 대한 설명으로 알맞지 <u>않은</u> 것은 어느 것입니까? ( )

① 어떤 이유로도 침해당해서는 안 된다.
② 사람이기 때문에 당연히 누리는 권리이다.
③ 누구나 안전하게 행복을 누리며 살아갈 권리이다.
④ 성인이 된 모든 사람에게 평등하게 보장되는 것이다.
⑤ 다른 사람이 힘이나 권력으로 함부로 빼앗을 수 없다.

3 ✚ 11종 공통

인권에 대해 알맞게 말한 친구를 골라 ○표 하시오.

(1) 의식주와 관련된 권리만 인권에 해당합니다.

(2) 차별받지 않을 권리, 교육받을 권리도 인권에 해당합니다.

( )　　　　( )

4 ✚ 11종 공통

다음 보기 에서 인권을 존중하는 모습으로 알맞은 것을 모두 골라 기호를 쓰시오.

> 보기
> ㉠ 서로의 개성과 생각을 존중한다.
> ㉡ 인종, 국적, 성별에 따라 다르게 대한다.
> ㉢ 나와 다른 사람을 배려하고 인격적으로 대한다.

( )

5 ✚ 11종 공통

임산부의 인권을 존중하는 모습으로 알맞은 것은 어느 것입니까? ( )

①  ②

③  ④

6 서술형 ✚ 11종 공통

생활 속에서 어린이의 인권을 존중하는 모습을 한 가지만 쓰시오.

_____

_____

7 ➕ 11종 공통

다음 빈칸에 들어갈 알맞은 말에 ○표 하시오.

(고속 버스 , 저상 버스)는 바닥이 낮고 출입구에 경사판을 설치한 버스로, 몸이 불편한 사람도 대중교통을 이용할 수 있도록 운영하는 버스입니다.

8 서술형 ➕ 11종 공통

다음 사진과 같은 시설을 만드는 까닭을 쓰시오.

_____

_____

9 동아출판, 천재교육 외

다음 ( ) 안에 들어갈 알맞은 말을 쓰시오.

( ) 아동 권리 선언은 모든 18세 미만 아동의 권리를 담은 국제적 약속입니다. 이 협약에는 어린이라면 누구나 마땅히 누려야 할 생존·보호·발달·참여의 권리가 담겨 있습니다.

( )

10 미래엔, 아이스크림 외

다음 밑줄 친 '이 선언'이 무엇인지 쓰시오.

이 선언은 1948년에 국제 연합(UN) 총회에서 발표했습니다. 이 선언은 인권의 의미와 내용이 담긴 30개의 조항으로 구성되어 있습니다.

제1조 모든 사람은 태어날 때부터 자유롭고, 존엄하며, 평등하다.
제2조 모든 사람은 인종, 피부색, 성, 언어, 종교 등 어떤 이유로도 차별받지 않는다.
제3조 모든 사람은 생명과 신체의 자유와 안전에 대한 권리를 가진다.
                                  …

( ) 선언

11 ➕ 11종 공통

다른 사람의 권리를 존중해야 하는 까닭을 알맞게 말한 친구를 골라 이름을 쓰시오.

• 지원: 사람마다 보장된 권리가 다르기 때문이야.
• 한빛: 모든 사람은 나와 똑같은 권리가 있기 때문이야.
• 은우: 인권은 다른 사람이 힘으로 빼앗을 수 있기 때문이야.
• 채영: 나의 권리보다 다른 사람의 권리가 더 중요하기 때문이야.

( )

12 ➕ 11종 공통

인권을 지키기 위한 우리의 태도로 알맞은 것은 어느 것입니까? ( )

① 다른 사람의 권리를 존중한다.
② 나의 편리함만을 먼저 생각한다.
③ 몸이 불편한 사람을 봐도 모른 척한다.
④ 우리와 피부색이 다른 사람을 차별한다.
⑤ 나와 생각이 다른 사람과는 어울리지 않는다.

1 인권을 존중하는 삶 (2)

 개념 강의

1 인권 신장을 위해 노력했던 옛사람들의 활동

① 인권 신장을 위해 노력한 우리나라의 인물과 그 활동 ➕

허균	• 『홍길동전』에서 신분에 따라 차별하는 당시의 사회 제도를 비판함. 자료1 • 허균은 양반 신분이지만 가난한 백성의 편에 서서 신분 제도의 잘못된 점을 주장함.
방정환	• 아이들을 '어린이'로 부르며 어린이의 인격을 어른과 동등하게 존중하자고 주장함. • 어린이를 위한 잡지와 어린이날을 만드는 등 어린이의 인권 신장을 위해 노력함. 자료2
박두성	• 시각 장애인이 손으로 읽을 수 있는 한글 점자인 '훈맹정음'을 만들었음. • 시각 장애인 교육에 힘쓰며 한글 점자책을 만들어 배포하고, 한글 점자 투표를 시행할 수 있도록 노력함.
이태영	• 우리나라 최초의 여성 변호사로, 억울한 일을 당한 여성들의 법률 상담을 무료로 해 줌. • 여성의 인권을 차별하는 가족법을 바꾸는 일에 앞장섬.

② 인권 신장을 위해 노력한 다른 나라의 인물과 그 활동

테레사 수녀	• 가난하고 아픈 사람들을 위해 평생을 바침. • 버림받은 아이도 존중해야 한다고 생각함.
마틴 루서 킹	• 백인에게 차별받는 흑인의 인권을 신장하려고 노력함. • 흑인도 백인과 똑같은 인간으로서 존엄성을 가지며 동일하게 대우해야 한다고 연설함.

➕ **인권 신장을 위해 노력한 인물**
• 전태일: 노동자들의 어려운 상황을 알리고 「근로 기준법」을 지킬 것을 호소했습니다.
• 이효재: 가족 내 남성과 여성의 평등한 관계를 주장하고 여성 단체를 만드는 등 여성의 인권 신장을 위해 노력했습니다.

➕ **조선 시대에 억울한 일을 해결했던 방법**
• 신분이 높은 사람: 상소를 올리거나 나라의 여러 기관에 자신의 억울함을 말할 수 있었습니다.
• 일반 백성: 원통하고 억울한 일을 당해도 하소연하기 어려웠습니다.

2 인권 신장을 위한 옛날의 여러 제도 ➕ 자료3

① **격쟁**: 억울한 일을 당한 사람이 임금의 행차 때 징이나 꽹과리를 쳐서 임금에게 억울함을 호소할 수 있었습니다.

② **신문고 제도**: 백성들은 억울한 일이 있을 때 대궐 밖에 설치된 북을 쳐서 임금에게 알릴 수 있었습니다.

③ **상언 제도**: 신분과 관계없이 억울한 일을 문서에 써서 임금에게 호소할 수 있었습니다.

④ **삼복제**: 사형과 같은 무거운 형벌을 내릴 때는 신분과 관계없이 세 번의 재판을 거치도록 하여 억울하게 벌을 받지 않도록 했습니다.

용어 사전
• **신장** 사람이나 일의 세력이나 권리 등을 전보다 더 커지거나 늘어나게 함.
• **점자** 손가락으로 더듬어 읽도록 만든 시각 장애인용 문자.
• **호소** 억울하고 원통한 사정을 남에게 강한 주장이나 표현으로 하소연함.
• **상소** 임금에게 글을 올리던 일.

| 격쟁 | 신문고 제도 | 상언 제도 | 삼복제 |

재판을 세 번까지 할 수 있는 제도는 오늘날까지 이어지고 있어요.

● 정답과 풀이 14쪽

자료 1 『홍길동전』

어디서 감히 아버지라고 하느냐!

어찌하여 아버지를 아버지라고 부르지 못하는지요?

홍길동은 어려서부터 무예와 학문을 익혀 능력이 뛰어났다. 하지만 어머니가 노비 신분이라는 이유로 무시당하고 자신의 능력을 펼칠 기회조차 얻지 못한다. 차별을 견디지 못하고 집을 떠난 홍길동은 의적이 되어 백성들을 괴롭히는 관리를 벌하고 가난한 백성들을 돕는다. 그 후 홍길동은 조선을 떠나 신분 차별이 없는 율도국이라는 나라를 세운다.

▶ 허균은 서얼 출신인 홍길동을 주인공으로 내세워 신분으로 차별받는 사람들의 인권을 다루었습니다.

자료 2 1923년 제1회 어린이날 선전문

• 어린이를 내려다보지 마시고 쳐다 보아 주시오.
• 어린이에게 경어를 쓰시되 부드럽게 하여 주시오.
• 잠자는 것과 운동하는 것을 충분히 하게 하여 주시오.
• 어린이를 책망하실 때에는 성만 내지 마시고 자세히 타일러 주시오.
• 어린이들이 즐겁게 놀 만한 놀이터와 기관 같은 것을 지어 주시오.

▶ 방정환은 어린이가 바르게 자라야 나라의 미래가 있다고 생각하여 어린이가 차별받지 않도록 노력했습니다.

자료 3 『경국대전』에 나타난 인권 신장에 관한 내용

• 가난하여 약을 살 수 없는 사람에게는 관청에서 약을 준다.
• 굶주림과 추위 속에서 얻어 먹으며 다니는 사람과 돌봐 줄 사람이 없는 노인에게는 옷과 먹을 것을 내준다.
• 출산을 앞둔 여자 노비는 출산 전에 한 달, 출산 후에 50일의 휴가를 준다. 그 남편도 출산 후에 15일의 휴가를 준다.

▶ 조선 시대에 나라를 다스리는 기준이 된 법전인 『경국대전』에는 인권 신장에 관한 내용이 나타나 있습니다.

1

(   )은/는 모든 어린이가 꿈과 희망을 품고 행복하게 자라기를 바라는 마음으로 어린이날을 만들었습니다.

2

(전태일 , 이태영)은 노동자들의 어려운 상황을 알리고 「근로 기준법」을 지킬 것을 호소했습니다.

3

(   )은/는 『홍길동전』을 지어 신분이 천하다는 이유로 능력을 펼칠 기회조차 주지 않는 당시의 사회 제도를 비판하였습니다.

4

사형과 같은 무거운 형벌을 내릴 때는 신분과 관계없이 두 번의 재판을 거치도록 했습니다.

(○ , ×)

5

백성들은 억울한 일이 있을 때 대궐 밖에 설치된 북을 쳐서 임금에게 알리던 것을 (   ) 제도라고 합니다.

1 인권을 존중하는 삶 (2)

1 ⊕ 11종 공통

다음 밑줄 친 '이 사람'이 누구인지 쓰시오.

> • 이 사람이 쓴 『홍길동전』은 신분으로 차별 받는 사람들의 인권을 다루고 있습니다.
> • 이 사람은 신분이 천하다는 이유로 능력을 펼칠 기회조차 주지 않는 당시의 사회 제도를 고쳐야 한다고 주장했습니다.

(   )

2 ⊕ 11종 공통

다음 ㉠, ㉡에 들어갈 말을 알맞게 짝지은 것은 어느 것입니까? (   )

> (㉠)은/는 모든 어린이가 꿈과 희망을 품고 행복하게 자라기를 바라는 마음으로 (㉡)을 만들었습니다.

	㉠	㉡
①	허균	어버이날
②	방정환	어린이날
③	방정환	어버이날
④	전태일	어린이날
⑤	전태일	어버이날

3 비상교과서, 천재교과서 외

다음에서 설명하는 사람은 누구인지 쓰시오.

> 백인에게 차별받는 흑인의 인권을 신장하고자 노력했으며 비폭력적인 방법으로 흑인 차별 반대 운동을 이끌어 승리했습니다.

(   )

4 금성출판사, 비상교과서 외

다음 ( ) 안에 공통으로 들어갈 사람은 누구입니까? (   )

> ### 인권상 수상 후보자 추천서
>
> 대상자: (   )
>
>   귀하는 평소 인권 신장을 위해 가난하고 아픈 사람들을 도와주고 보살펴 주는 일을 몸소 실천했습니다. 이에 귀하 (   )을/를 올해의 인권상 수상자로 적극 추천하는 바입니다.

① 박두성   ② 이태영
③ 이효재   ④ 테레사 수녀
⑤ 마틴 루서 킹

5 ⊕ 11종 공통

다음 보기 에서 삼복제에 대한 설명으로 알맞은 것을 모두 고른 것은 어느 것입니까? (   )

> **보기**
> ㉠ 신분이 높은 사람에게만 적용됐다.
> ㉡ 오늘날에는 찾아볼 수 없는 제도이다.
> ㉢ 세 번의 재판을 거치도록 한 제도이다.
> ㉣ 사형과 같은 무거운 형벌을 내릴 때 적용한 제도이다.

① ㉠, ㉡   ② ㉠, ㉣
③ ㉡, ㉢   ④ ㉡, ㉣
⑤ ㉢, ㉣

6 서술형 ⊕ 11종 공통

옛날에 무거운 형벌을 내릴 때 세 번의 재판을 거치도록 한 까닭을 쓰시오.

_____

_____

[7-8] 다음 그림을 보고, 물음에 답하시오.

7 지학사, 천재교과서 외

위 그림에 나타난 인권 신장을 위한 옛날의 제도는 무엇인지 쓰시오.

(   )

8 지학사, 천재교과서 외

옛날에 백성들이 위와 같은 행동을 했던 까닭은 무엇입니까? (   )

① 재판을 하지 않기 위해서
② 나랏일에 참여하고 싶어서
③ 재판을 빨리 끝내기 위해서
③ 죄지은 사람을 직접 벌주기 위해서
⑤ 임금에게 억울한 일을 호소하기 위해서

9 ➕ 11종 공통

다음 (   ) 안에 들어갈 알맞은 제도를 쓰시오.

조선 시대에 신분이 높은 사람은 (   )을/를 올리거나 나라의 여러 기관에 자신의 억울함을 말할 수 있었습니다.

(   )

10 ➕ 11종 공통

다음 빈칸에 들어갈 알맞은 제도에 ◯표 하시오.

신분과 관계없이 억울한 일을 문서에 써서 누구든지 임금에게 자신의 사정을 알릴 수 있었던 것을 (상언 , 신문고) 제도라고 합니다.

[11-12] 다음은 신문고 제도에 대해 정리한 표입니다. 물음에 답하시오.

왜 했나요?	㉠
무엇을 했나요?	대궐 밖에 설치된 (㉡)을/를 쳤습니다.
누가 했나요?	관리, 일반 백성 등이 했습니다.

11 서술형 ➕ 11종 공통

위 표의 ㉠에 들어갈 알맞은 내용을 쓰시오.

_____

_____

12 ➕ 11종 공통

위 표의 ㉡에 들어갈 알맞은 말을 쓰시오.

(   )

1 인권을 존중하는 삶 (3)

 개념 강의

1 생활 속에서 인권 보장이 필요한 사례 +

남자가 무슨 공기놀이를 해!

피부색이 다른 친구는 대화가 통하지 않을 거라는 편견을 가지고 있음.

남자는 공기놀이를 하면 안 된다고 생각하는 편견을 가지고 있음.

친구가 허락 없이 자신의 사진을 누리 소통망 서비스(SNS)에 올림.

망가진 놀이터가 고쳐지지 않고 방치되어 어린이의 놀 권리가 침해받음.

몸이 불편한 사람이 계단을 오르지 못해 원하는 곳에 갈 수 없음.

일자리를 구하려고 하지만 나이가 많다는 이유로 취업을 할 수 없음.

2 인권 보장을 위한 노력 알아보기 자료1

인권 관련 법 시행	국가는 장애, 성별 등에 따라 불합리한 차별이 발생하지 않도록 법을 만들어 시행함.
인권 교육 활동 실시	학교에서는 자신의 권리를 알고, 다른 사람의 인권을 존중할 수 있도록 인권 교육을 실시함.
인권 관련 국가 기관 설치	국가는 국가 인권 위원회와 같은 인권 보장을 위한 국가 기관을 세움. 인권 침해를 당한 사람들은 이곳에 보호와 도움을 요청할 수 있음. 자료2
공공 편의 시설 설치	국가와 지방 자치 단체는 모든 사람이 안전하고 편리할 수 있도록 다양한 공공 편의 시설을 설치하여 운영함. 자료3
사회 보장 제도 시행	국가와 지방 자치 단체에서는 국민이 빈곤, 질병, 생활 불안 등에서 벗어나 안정적으로 살 수 있도록 다양한 사회 보장 제도를 만들어 시행함. 예 무료 예방 접종

└ 인권 보장은 시민들의 힘만으로는 할 수 없는 일도 있기 때문이에요.

3 생활 속에서 인권 보호를 실천하는 방법

- 인권 캠페인 활동하기, 인권을 주제로 한 작품 만들기, 인권 개선을 요구하는 편지 쓰기 등의 방법으로 인권 보호를 실천할 수 있습니다. +
- 다양성을 인정하는 태도를 지니고 상대방을 존중하는 말과 행동을 함으로써 다른 사람의 인권을 지킬 수 있습니다.

+ 장애인의 인권 보장이 필요한 사례

법에 따르면 장애인 보조견 표지를 붙인 장애인 보조견의 대중교통 이용 및 공공장소, 숙박 시설 등의 출입을 정당한 이유 없이 거부해서는 안 됩니다.

하지만 최근 장애인 보조견의 출입을 거부하는 사례가 있어 시각 장애인들이 불편을 겪고 있습니다.

국가에서는 인권 보장을 위한 법이 제대로 시행되고 있는지 관리하고 감독해야 합니다.

+ 우리가 할 수 있는 인권 보호 실천 방법

인권 캠페인하기	인권의 소중함이나 인권 보장하는 방법 등을 홍보하는 캠페인을 함.
인권 표어, 동영상 만들기	인권을 보장받지 못한 사례나 인권을 보장하는 방법 등을 알리는 표어나 동영상을 만듦.
인권 개선 편지 쓰기	인권 관련 기관에 인권 개선을 요구하는 편지를 써서 보냄.

용어 사전

- **편견** 한쪽으로 치우친 공정하지 못한 생각이나 견해.
- **침해** 남의 권리나 재산 등을 함부로 침범하여 손해를 끼침.
- **사회 보장 제도** 질병, 실업, 장애, 노령, 빈곤 등으로 어려움에 처한 사람들을 돕고, 모든 국민의 인간다운 생활을 보장하기 위한 제도.

자료 1 인권 보장을 위한 다양한 노력

▲ 다문화 이해 교육

▲ 무료 예방 접종

▶ 인권을 보호하려면 국가 기관이나 단체뿐만 아니라 우리 모두의 관심과 노력이 필요합니다. 작은 일에서부터 인권을 존중하기 위해 노력하고, 인권 침해 문제를 해결하려는 태도를 가지면 모든 사람의 인권을 존중하는 사회를 만들 수 있습니다.

자료 2 국가 인권 위원회가 하는 일

▶ 국가 인권 위원회는 모든 개인의 기본적 인권을 보호하고 향상함으로써 인간으로서의 존엄과 가치를 실현하려고 만들어졌습니다. 국가 인권 위원회는 인권 침해 사건을 조사하고 인권 침해를 당한 사람을 도와줍니다. 또한 인권 교육과 홍보 활동을 벌입니다.

자료 3 장애인을 위한 공공 편의 시설

시각 장애인용 점자 안내도	시각 장애인에게 건물의 기본적인 위치와 구조에 관한 정보를 제공하는 안내판
점자 블록	시각 장애인이 안전하게 다닐 수 있도록 건물의 바닥이나 도로에 깐 블록
시각 장애인용 음향 신호기	횡단보도에서 시각 장애인에게 소리와 울림으로 신호가 바뀌었음을 알려주는 기기

▲ 시각 장애인용 점자 안내도

▲ 점자 블록

▲ 시각 장애인용 음향 신호기

기본 개념 문제

● 정답과 풀이 15쪽

1

사생활 침해, 편견이나 차별 등을 포함한 학교 폭력은 생활 속에서 (   ) 보장이 필요한 사례입니다.

2

모든 사람이 행복하게 살아가려면 인권 침해를 당하는 사람에 대한 관심을 줄여야 합니다.

(○ , ×)

3

학교에서는 자신의 권리를 알고, 다른 사람의 인권을 존중할 수 있도록 인권 (   )을/를 실시합니다.

4

국가, 지방 자치 단체와 시민 등의 사회 구성원들이 인권 보장을 위해 많은 노력을 하고 있습니다.

(○ , ×)

5

다양성을 인정하는 태도를 지니고 상대방을 존중함으로써 다른 사람의 인권을 지킬 수 있습니다.

(○ , ×)

1 비상교육, 천재교과서 외

장애인이 겪을 수 있는 인권 침해 사례에 해당하는 것을 두 가지 고르시오. (,   )

① 놀이터가 고쳐지지 않아 놀 곳이 없다.
② 피부색이 달라 친구들의 놀림을 받는다.
③ 점자 안내도가 없어서 건물의 위치를 찾을 수 없다.
④ 임산부 배려석이 없어서 대중교통 이용이 힘들다.
⑤ 건물에 점자 블록이 설치되어 있지 않아 시설을 이용하기 어렵다.

2 ➕ 11종 공통

다음과 같은 상황에서 인권 침해를 받는 사람을 고르시오. (   )

일자리를 구하려고 하지만 나이가 많다는 이유로 취업을 할 수 없습니다.

① 노인   ② 어린이
③ 장애인   ④ 임산부
⑤ 다문화 가족

3 ➕ 11종 공통

인권 보장을 위한 우리 사회의 노력을 선으로 알맞게 연결하시오.

(1) 국가 •

(2) 학교 •

• ㉠ 인권을 존중할 수 있도록 인권 교육을 실시함.

• ㉡ 불합리한 차별이 발생하지 않도록 법을 만들어 시행함.

[4-5] 다음 사진을 보고, 물음에 답하시오.

▲ 시각 장애인용 점자 안내도

▲ 점자 블록

4 미래엔, 비상교과서 외

위 사진과 같은 공공 편의 시설을 설치하는 기관을 두 곳 고르시오. (,   )

① 식당   ② 기업
③ 국가   ④ 학교
⑤ 지방 자치 단체

5 미래엔, 비상교과서 외

위 사진과 같은 시설을 설치하는 까닭을 알맞게 말한 친구를 골라 이름을 쓰시오.

• 세희: 학교 폭력을 없애기 위해서야.
• 민현: 다문화 가족에 대한 편견을 없애기 위해서야.
• 승기: 시각 장애인이 편리하고 안전하게 이동할 수 있게 하기 위해서야.

(   )

6 서술형 ➕ 11종 공통

다음 사례와 같은 문제를 해결하기 위해 국가가 해야 하는 일을 쓰시오.

법에 따르면 장애인 보조견 표지를 붙인 장애인 보조견의 대중교통 이용 및 공공장소 등의 출입을 정당한 이유 없이 거부해서는 안 된다. 하지만 장애인 보조견의 출입을 거부하는 사례가 있어 시각 장애인들이 불편을 겪고 있다.

_____

_____

7 ● 11종 공통

다음과 같은 일을 하는 우리나라의 국가 기관이 어디 인지 쓰시오.

> • 우리나라의 국가 기관 중 모든 개인의 기본적 인권 을 보호하고 향상함으로써 인간으로서의 존엄과 가치를 실현하려고 만들어졌습니다.
> • 인권 침해가 발생하면 이를 조사하고 인권 침해를 당한 사람을 도와주고 있습니다.

( )

[8~9] 다음 글을 읽고, 물음에 답하시오.

> 국가와 지방 자치 단체에서는 국민이 빈곤, 질병, 생활 불안 등에서 벗어나 안정적으로 살 수 있도록 다양한 ( )을/를 만들어 시행합니다.

8 ● 11종 공통

위 ( ) 안에 들어갈 알맞은 말을 쓰시오.

( )

9 서술형 ● 11종 공통

국가와 지방 자치 단체가 위 **8**번 답과 같은 제도를 만든 까닭을 쓰시오.

_____

_____

10 ● 11종 공통

어린이들이 할 수 있는 인권 보호를 실천하는 방법에 해당하지 <u>않는</u> 것은 어느 것입니까? ( )

① 인권 표어 만들기
② 인권 동영상 만들기
③ 인권 개선 편지 쓰기
④ 인권 캠페인 활동하기
⑤ 인권 관련 법 시행하기

11 ● 11종 공통

인권을 존중하는 말에 해당하지 <u>않는</u> 것은 어느 것입니까? ( )

① 차별하지 않는 말
② 외모를 놀리는 말
③ 차이를 인정해 주는 말
④ 다른 사람을 배려하는 말
⑤ 나와 다른 생각을 존중하는 말

12 ● 11종 공통

인권에 대한 설명으로 알맞은 것에 ○표, 알맞지 않은 것에 ×표 하시오.

⑴ 상대방을 존중하는 말과 행동을 함으로써 나의 인 권만 지킬 수 있습니다. ( )

⑵ 어린이, 다문화 가족, 노인의 인권 보장을 위해 사회 구성원들이 다양한 노력을 하고 있습니다. ( )

2 인권 보장과 헌법 (1)

1 헌법의 의미와 중요성

① **헌법**: 법 중에서 가장 기본이 되는 법으로, 우리나라 최고의 법입니다.

② **헌법에 담긴 내용** ➕
┌ 헌법의 내용을 새로 정하거나 고칠 때는 국민 투표를 해야 해요.
* 대한민국 국민이 누려야 할 권리와 지켜야 할 의무가 나타나 있습니다.
* 모든 국민이 존중받고 행복한 삶을 살아가는 데 필요한 내용을 담고 있습니다.
* 국민의 권리를 보장하고자 국가 기관을 조직하고 운영하는 기본 원칙을 제시하고 있습니다.

③ **인권 보장을 위한 헌법의 역할** 자료1
┌ 헌법을 바탕으로 여러 가지 법이 만들어져요.
* 헌법은 새로운 법을 만들 때 그 법이 국민의 인권을 침해하지 못하도록 합니다.
* 헌법은 국민의 인권을 보장하는 역할을 하며, 법이 인권을 침해하지 않는지 등을 판단하는 기준을 제공합니다. ➕
* 법률이 국민의 인권을 침해한다면 국민 누구나 헌법 재판을 요청할 수 있습니다.

2 헌법에 나타난 국민의 기본권

① **기본권**: 헌법으로 보장되는 국민의 기본적인 권리를 말합니다.

② **국민의 기본권의 종류** 자료2

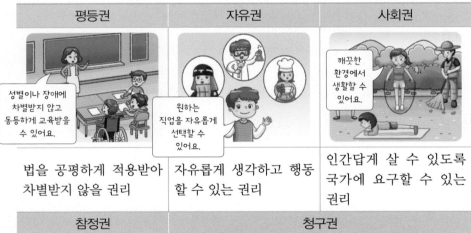

평등권	자유권	사회권
성별이나 장애에 차별받지 않고 동등하게 교육받을 수 있어요.	원하는 직업을 자유롭게 선택할 수 있어요.	깨끗한 환경에서 생활할 수 있어요.
법을 공평하게 적용받아 차별받지 않을 권리	자유롭게 생각하고 행동할 수 있는 권리	인간답게 살 수 있도록 국가에 요구할 수 있는 권리

참정권	청구권
국민이 선거의 후보자로 출마할 수 있어요.	억울한 일을 당하면 재판을 청구할 수 있어요. / 구청에 민원을 제기할 수 있어요.
국가의 정치 의사 형성 과정에 참여할 수 있는 권리	기본권이 침해되었을 때 국가에 어떤 일을 해 달라고 요구할 수 있는 권리

③ **기본권이 제한되는 때**: 국가의 안전 보장, 공공의 이익, 사회 질서 유지 등을 위해 필요한 경우 법률에 따라 제한될 수도 있습니다.

➕ **헌법이 중요한 까닭**

대한민국 헌법
제1조 ① 대한민국은 민주공화국이다.   ② 대한민국의 주권은 국민에게 있고, 모든 권력은 국민으로부터 나온다.   제10조 모든 국민은 인간으로서의 존엄과 가치를 가지며, 행복을 추구할 권리를 가진다. 국가는 개인이 가지는 불가침의 기본적 인권을 확인하고 이를 보장할 의무를 진다.

헌법에는 국민의 자유와 권리가 보장되어 있으며, 헌법의 내용에 따라 나라가 운영되기 때문에 헌법은 중요합니다.

➕ **헌법 재판소**

법이 헌법에 어긋나는지, 국가 권력이 국민의 권리를 침해하는지 등을 심판하는 곳입니다.

용어 사전

● **불가침** 침범해서는 안 됨.
● **거주** 사람이 일정한 곳에 머물러 사는 것.
● **이전** 장소나 주소를 다른 데로 옮김.
● **공무** 공적인 일.

자료 1 헌법 재판의 사례 예 인터넷 실명제

1 헌법 재판소에서는 법률이 국민의 인권을 침해하는지 헌법을 기준으로 판단합니다.
→ 인터넷 실명제는 사이버 범죄 예방에 도움이 될 수 있지만, 표현의 자유를 침해할 수도 있습니다.

○○신문   20△△년 △△월 △△일

인터넷 실명제, 헌법 재판소 간다.

'인터넷 실명제'는 인터넷 게시판에 글이나 댓글을 쓰려면 본인 확인 절차를 거치도록 하는 제도이다. 이 제도는 악성 댓글을 막고 성숙한 인터넷 문화를 만들기 위해 시행되었다. 그러나 인터넷 실명제에 반대하는 사람들은 이 제도가 표현의 자유를 침해한다며 헌법 재판소에 판단을 요청하였다.

↓

2 헌법 재판소에서 법률이 국민의 인권을 침해한다고 결정하면 그 법률은 개정되거나 폐지됩니다.

헌법 재판소의 결정 내용

인터넷 실명제는 개인 표현의 자유를 침해하였고, 제도가 시행된 뒤에 사이버 범죄가 줄어들지 않았다. 또한 인터넷 실명제를 시행하여 개인 정보 유출 가능성이 늘어나게 되었다. 따라서 이 법은 헌법에 위반된다.

자료 2 국민의 기본권이 나타난 헌법 조항

	헌법 조항
평등권	제11조 ① 모든 국민은 법 앞에 평등하다.
자유권	제14조 모든 국민은 거주·이전의 자유를 가진다. 제15조 모든 국민은 직업 선택의 자유를 가진다.
사회권	제31조 ① 모든 국민은 능력에 따라 균등하게 교육을 받을 권리가 있다. 제35조 ① 모든 국민은 건강하고 쾌적한 환경에서 생활할 권리를 가진다.
참정권	제24조 모든 국민은 법률이 정하는 바에 의하여 선거권을 가진다. 제25조 모든 국민은 법률이 정하는 바에 의하여 공무 담임권을 가진다.
청구권	제26조 ① 모든 국민은 법률이 정하는 바에 의하여 국가 기관에 문서로 청원할 권리를 가진다. 제27조 ① 모든 국민은 헌법과 법률이 정한 법관에 의하여 법률에 의한 재판을 받을 권리를 가진다.

1
(   )은/는 법 중에서 가장 기본이 되는 법으로, 우리나라 최고의 법입니다.

2
헌법에는 대한민국 국민이 누려야 할 (   )와/과 지켜야 할 의무가 나타나 있습니다.

3
헌법이 중요한 까닭은 헌법에 국민의 자유와 권리가 보장되어 있기 때문입니다.

(○ , ×)

4
(   )(이)란 헌법으로 보장되는 국민의 기본적인 권리를 말합니다.

5
(사회권 , 청구권)은 기본권이 침해되었을 때 국가에 어떤 일을 해 달라고 요구할 수 있는 권리를 말합니다.

2 인권 보장과 헌법 (1)

[1-2] 다음 자료를 보고, 물음에 답하시오.

> **대한민국 (   )**
>
> 제1조　① 대한민국은 민주공화국이다.
> 　　　　② 대한민국의 주권은 국민에게 있고, 모든 권력은 국민으로부터 나온다.
> 제10조　모든 국민은 인간으로서의 존엄과 가치를 가지며, 행복을 추구할 권리를 가진다. 국가는 개인이 가지는 불가침의 기본적 인권을 확인하고 이를 보장할 의무를 진다.

1 ➕ 11종 공통

우리나라 최고의 법으로, 위 (   ) 안에 들어갈 알맞은 말을 쓰시오.

(　　　　　　　　)

2 ➕ 11종 공통

위와 같은 법에 담겨 있는 내용을 보기 에서 모두 골라 기호를 쓰시오.

> **보기**
> ㉠ 국가 기관을 조직하고 운영하는 기본 원칙을 제시하고 있다.
> ㉡ 대한민국 국민이 누려야 할 권리와 지켜야 할 의무가 나타나 있다.
> ㉢ 모든 국민이 존중받고 행복한 삶을 살아가는 데 필요한 내용을 담고 있다.
> ㉣ 우리 사회에서 오랫동안 지켜 내려와 그 사회 구성원들이 널리 인정하는 질서나 풍습을 모두 담고 있다.

(　　　　　　　　)

3 서술형 ➕ 11종 공통

헌법의 내용을 새로 정하거나 고칠 때는 어떻게 해야 하는지 쓰시오.

_____

_____

4 ➕ 11종 공통

헌법에서 인간 존엄을 위해 보장하고 있는 것이 <u>아닌</u> 것은 어느 것입니까? (　　　)

① 개인 존중　　　　② 행복한 삶
③ 인간다운 생활　　④ 직업 선택의 제한
⑤ 국민의 자유와 권리

5 비상교과서, 천재교육 외

다음 신문 기사를 통해 알 수 있는 헌법의 역할은 무엇입니까? (　　　)

> ○○신문　　　　　　　20△△년 △△월 △△일
>
> **인터넷 실명제, 헌법 재판소 간다.**
>
> '인터넷 실명제'는 인터넷 게시판에 글이나 댓글을 쓰려면 본인 확인 절차를 거치도록 하는 제도이다. 이 제도는 악성 댓글을 막고 성숙한 인터넷 문화를 만들기 위해 시행되었다. 그러나 인터넷 실명제에 반대하는 사람들은 이 제도가 표현의 자유를 침해한다며 헌법 재판소에 판단을 요청하였다.

① 개인의 인권을 보장한다.
② 개인이 가진 인권을 억압한다.
③ 청소년의 인권은 확인하지 않는다.
④ 부모보다 자녀의 인권을 더 중시한다.
⑤ 국민의 인권이 신장되지 못하도록 한다.

6 ➕ 11종 공통

다음과 같은 일을 하는 곳은 어디인지 쓰시오.

> 법이 헌법에 어긋나는지, 국가 권력이 국민의 권리를 침해하는지 등을 심판합니다.

(　　　　　　　　)

7 ➕ 11종 공통

다음 ( ) 안에 들어갈 알맞은 말에 ○표 하시오.

> (의무 , 기본권)(이)란 헌법으로 보장되는 국민의 기본적인 권리를 말합니다.

[8-9] 다음 보기 를 보고, 물음에 답하시오.

> 보기 ●
>
> ㉠ 자유권　　㉡ 사회권　　㉢ 참정권
> ㉣ 청구권　　㉤ 평등권

8 ➕ 11종 공통

법을 공평하게 적용받아 차별받지 않을 수 있는 기본권의 종류를 보기 에서 골라 기호를 쓰시오.

(　　　　　)

9 ➕ 11종 공통

다음 헌법 조항과 관련 있는 기본권의 종류를 보기 에서 골라 기호를 쓰시오.

> 제14조 모든 국민은 거주 이전의 자유를 가진다.
> 제15조 모든 국민은 직업 선택의 자유를 가진다.

(　　　　　)

10 ➕ 11종 공통

다음 그림의 내용과 관련된 기본권을 쓰시오.

(1)
▲ 정치에 참여할 권리

(2)
▲ 재판을 받을 권리

(　　　　) (　　　　　)

11 ➕ 11종 공통

사회권이 생활에서 보장되는 사례를 두 가지 고르시오. (　 , 　)

① 교육을 받을 수 있다.
② 대통령 선거 날에 투표를 한다.
③ 쾌적한 환경에서 생활할 수 있다.
④ 억울한 일이 있을 때 재판을 받을 수 있다.
⑤ 성별이나 장애에 차별받지 않고 동등하게 일을 할 수 있다.

12 서술형 ➕ 11종 공통

헌법에서 보장하는 기본권이 제한되는 때를 두 가지 쓰시오.

_____

_____

2 인권 보장과 헌법 (2)

1 헌법에 나타난 국민의 의무

① 국민의 의무의 종류 ➕ 자료1

국방의 의무	납세의 의무	근로의 의무
모든 국민은 나와 가족, 우리 모두의 안전을 위해 나라를 지킬 의무가 있음.	모든 국민은 세금을 내야 할 의무가 있음.	모든 국민은 개인과 나라의 발전을 위해 일할 의무가 있음.

교육의 의무	환경 보전의 의무
모든 국민은 자녀가 잘 성장할 수 있도록 교육을 받게 할 의무가 있음.	모든 국민, 기업, 국가는 환경을 보전하기 위해 노력해야 할 의무가 있음.

> 우리가 학교에서 공부할 수 있는 것은 교육을 받을 수 있는 권리, 교육의 의무 둘 다 관련이 있어요.

② 국민의 의무의 특징
- 자신과 타인의 기본권 보호를 위해서는 그에 따른 책임과 의무가 따릅니다.
- 의무 실천은 나뿐만 아니라 다른 사람의 기본권을 보장해 주는 바탕이 됩니다.

2 권리와 의무의 관계

① 권리와 의무가 충돌했을 때 해결 과정 자료2

1 문제 상황	자신의 땅을 개발하고 싶은 사람과 생태 보호 지역으로 지정해야 한다고 주장하는 ○○시의 의견이 대립하고 있음.

⬇

2 문제 원인	자신의 재산을 자유롭게 사용할 수 있는 권리와 환경을 보호해야 하는 의무 간에 충돌이 생겼음.

⬇

3 문제 해결 방안	• 바람직한 자세: 권리와 의무를 조화시킬 수 있는 합리적인 해결 방안을 생각해야 함. • 적절한 해결 방안: 예 땅 주인이 의무를 실행하기 위해 스스로 양보한 권리에 대해 충분한 보상이 이루어질 수 있도록 해야 함.

② 권리와 의무를 대하는 바람직한 태도 ➕
- 우리가 행복하게 살아가려면 헌법에 나타난 권리를 보장하고 의무를 실천하는 것이 모두 필요합니다.
- 권리와 의무 중 어느 하나만을 강조하는 것이 아니라 서로의 입장을 이해하고 공감하면서 권리와 의무의 조화를 추구하는 태도가 필요합니다.

➕ **국민의 의무와 관련된 생활 모습**
- 교육의 의무: 부모님께서 자녀들을 학교에 보내 교육을 받게 하고 있습니다.
- 납세의 의무: 부모님께서 세금을 납부하십니다.
- 근로의 의무: 부모님, 삼촌, 고모 모두 열심히 일하고 계십니다.
- 국방의 의무: 사촌 오빠가 군대에 입대했습니다.
- 환경 보전의 의무: 쓰레기 분리수거를 합니다.

➕ **권리와 의무가 충돌할 때 생각해야 할 점**
- 개인의 권리가 중요하다고 해서 자신의 뜻대로 하거나, 공공의 이익이 중요하다고 해서 한 사람에게만 권리를 포기하라고 하는 것이 옳은 일인지 생각해 봅니다.
- 더 많은 사람이 만족할 수 있고 행복할 수 있는 방법을 생각해 봅니다.

용어 사전
- ● **국방** 다른 나라의 침입이나 위협으로부터 나라를 안전하게 지키는 일.
- ● **납세** 세금을 냄.
- ● **보전** 변하는 것이 없도록 잘 지키고 유지함.

자료1 국민의 의무가 나타난 헌법 조항

국방의 의무	제39조 ① 모든 국민은 법률이 정하는 바에 의하여 국방의 의무를 진다.
납세의 의무	제38조 모든 국민은 법률이 정하는 바에 의하여 납세의 의무를 진다.
근로의 의무	제32조 ② 모든 국민은 근로의 의무를 진다. 국가는 근로의 의무의 내용과 조건을 민주주의의 원칙에 따라 법률로 정한다.
교육의 의무	제31조 ② 모든 국민은 그 보호하는 자녀에게 적어도 초등 교육과 법률이 정하는 교육을 받게 할 의무를 진다.
환경 보전의 의무	제35조 ① 모든 국민은 건강하고 쾌적한 환경에서 생활할 권리를 가지며, 국가와 국민은 환경 보전을 위하여 노력하여야 한다.

▶ 헌법은 국민의 기본권을 보장하는 동시에 국민으로서 가져야 하는 의무도 정해 놓았습니다.

자료2 권리와 의무가 충돌한 사례

문제 상황

○○시는 멸종 위기종이 발견된 지역을 생태 보호 지역으로 지정할 계획을 세우고 그 인근의 땅을 개발하지 못하도록 제한했습니다. 이 과정에서 땅 주인과 ○○시 사이에 의견이 충돌하고 있습니다.

땅 주인

이곳은 제 땅입니다. 개인의 땅을 개발하지 못하게 하는 것은 자유권을 침해한다고 생각해요.

○○시 관계자

환경을 지켜야 할 책임과 의무는 우리 모두에게 있어요. 멸종 위기에 처한 동물을 보호하려면 이 지역을 생태 보호 지역으로 지정해야 해요.

땅 주인이 자신의 권리만 주장할 경우	그 지역에 살고 있는 멸종 위기 동물이 사라질 위험에 처하게 될 것임.
○○시가 땅 주인에게 의무만 주장할 경우	• 땅 주인은 자신의 재산을 사용할 수 있는 권리를 침해받게 될 것임. • 땅 주인은 행복한 삶을 누리지 못할 수도 있음.

● 정답과 풀이 17쪽

1

(국방 , 환경 보전)의 의무는 모든 국민이 나와 가족, 우리 모두의 안전을 위해 나라를 지킬 의무가 있다는 내용입니다.

2

(   )을/를 내야 할 의무가 있다는 것은 납세의 의무입니다.

3

자신과 타인의 기본권 보호를 위해서는 그에 따른 (   )와/과 의무가 따릅니다.

4

우리가 행복하게 살아가려면 헌법에 나타난 권리를 보장하고 (   )을/를 실천하는 것이 모두 필요합니다.

5

헌법에 나타난 권리만을 강조하는 것이 바람직한 태도입니다.

(○ , ×)

2 인권 보장과 헌법 (2)

[1-2] 다음 보기 를 보고, 물음에 답하시오.

보기
㉠ 국방의 의무
㉡ 근로의 의무
㉢ 납세의 의무
㉣ 환경 보전의 의무

1 ● 11종 공통

다음 내용에 해당하는 의무의 종류를 보기 에서 골라 기호를 쓰시오.

• 부모님이 세금을 납부하십니다.
• 세금으로 학교, 지하철 등을 만들고 유지합니다.

(   )

2 ● 11종 공통

다음에서 설명하는 의무의 종류를 보기 에서 골라 기호를 쓰시오.

모든 국민은 개인과 나라의 발전을 위해 일할 의무가 있습니다.

(   )

3 ● 11종 공통

다음 사진과 관련된 의무의 종류를 보기 에서 골라 기호를 쓰시오.

나와 가족, 우리 모두의 안전을 위해 나라를 지켜요.

(   )

4 ● 11종 공통

다음 헌법 조항과 관련된 국민의 의무는 무엇인지 쓰시오.

제31조 ② 모든 국민은 그 보호하는 자녀에게 적어도 초등 교육과 법률이 정하는 교육을 받게 할 의무를 진다.

(   )

5 ● 11종 공통

일상생활에서 환경 보전의 의무를 실천하는 모습은 어느 것입니까? (   )

① 일터에 일을 하러 가요.

② 나라를 지켜요.

③ ○○세무서
세금을 내러 가요.

④ 우리 고장을 깨끗하게 청소해요.

6 ● 11종 공통

다음 (   ) 안에 공통으로 들어갈 말을 쓰시오.

• 자신과 타인의 기본권 보호를 위해서는 그에 따른 책임과 (   )이/가 따릅니다.
• (   )을/를 실천하는 일은 나뿐만 아니라 다른 사람의 기본권을 보장해 주는 바탕이 됩니다.

(   )

[7-8] 다음 글을 읽고, 물음에 답하시오.

> 다양한 사람들이 함께 살아가는 사회에서 (㉠)와/과 (㉡)은/는 서로의 입장에 따라 종종 충돌할 때가 있습니다. 우리가 행복하게 살아가려면 헌법에 나타난 (㉠)을/를 보장하고 (㉡)을/를 실천하는 것이 모두 필요합니다.

7 ➕ 11종 공통

위의 ㉠, ㉡에 들어갈 알맞은 말을 각각 쓰시오.

㉠ (   ), ㉡ (   )

8 서술형 ➕ 11종 공통

위의 ㉠과 ㉡이 충돌할 때 문제를 해결하기 위한 바람직한 태도는 무엇인지 쓰시오.

_____

_____

9 ➕ 11종 공통

다음 글을 읽고, 인터넷 게임 셧다운제를 찬성하는 입장에서 강조하는 권리를 골라 ○표 하시오.

> ○○신문   20△△년 △△월 △△일
>
> 인터넷 이용이 보편화되면서 인터넷 게임 중독이 사회적으로 문제가 되고 있다. 우리나라는 청소년이 건강하게 성장할 권리를 보호하려고 인터넷 게임 셧다운제를 시행하고 있다. 이것은 16세 미만의 청소년이 오전 0시부터 오전 6시까지 인터넷 게임을 할 수 없게 금지하는 제도이다.

(1) 청소년이 건강하게 성장할 권리   (   )

(2) 청소년이 자유롭게 행동할 권리   (   )

[10-12] 다음 글을 읽고, 물음에 답하시오.

> ○○시는 멸종 위기종이 발견된 지역을 생태 보호 지역으로 지정할 계획을 세우고 그 인근의 땅을 개발하지 못하도록 제한했습니다. 이 과정에서 땅 주인과 ○○시 사이에 의견이 충돌하고 있습니다.

10 아이스크림, 천재교육 외

윗글에서 땅 주인과 ○○시 관계자가 각각 주장하고 있는 것을 선으로 알맞게 연결하시오.

(1) | 땅 주인 | •   • ㉠ | 환경을 보호해야 하는 의무 |

(2) | ○○시 관계자 | •   • ㉡ | 자신의 재산을 자유롭게 사용할 수 있는 권리 |

11 아이스크림, 천재교육 외

위와 같이 땅 주인과 ○○시의 의견이 서로 충돌하는 까닭을 알맞게 말한 사람을 골라 ○표 하시오.

(1) 권리와 의무가 서로의 입장에 따라 어긋나고 있기 때문이에요.

(2) ○○시가 자유권과 평등권을 양보했기 때문이에요.

(   )   (   )

12 서술형 아이스크림, 천재교육 외

땅 주인에게 ○○시가 의무만을 주장할 경우의 문제점을 쓰시오.

_____

_____

3 법의 의미와 역할 (1)

1 법의 의미 알아보기

① **사회 규범**: 사람들이 더불어 살아가기 위해 서로 지켜야 할 약속이나 규칙입니다. ➕→ 사회 규범에는 도덕, 법 등이 있어요.

② **법의 의미와 특징**

의미	사회 질서를 유지하고 정의를 실현하기 위해 국가가 만든 사회 규범 ➕
특징	• 법은 모든 사회 구성원이 반드시 따라야 하는 강제성이 있어서 법을 어겼을 때는 제재를 받음. • 법은 사람들이 사회생활에서 지켜야 할 행동 기준으로 일상생활과 밀접하게 관련되어 있음. 자료 1 • 법이 사회의 변화에 맞지 않거나 인권을 침해할 때는 법을 바꾸거나 다시 만들 수 있음. 자료 2

2 다른 규범과 법 비교하기

① **도덕**: 사람들이 양심에 따라 마땅히 지켜야 할 사회 규범입니다.

② **도덕과 법의 성격** 자료 3 → 법은 지키지 않았을 때 제재를 받는다는 점에서 사람들이 자율적으로 지키는 도덕과 구별돼요.

도덕	• 도덕을 지키지 않으면 주위 사람들의 따가운 시선을 받지만 벌을 받지는 않음. • 도덕은 양심상 자율적으로 지키는 것임.
법	• 법을 지키지 않았을 때 제재를 받음. • 법은 누구나 무조건 지켜야 하는 강제성이 있음.

③ **법으로 제재를 받는 상황과 그렇지 않은 상황**

법으로 제재를 받는 상황	• 교통 신호를 지키지 않는 것 • 돈을 내지 않고 가게의 물건을 가져가는 것 • 인터넷에서 악성 댓글을 쓰는 것 • 다른 사람의 돈을 빌려 가서 갚지 않는 것 • 인터넷에서 허락 없이 사진이나 프로그램을 내려받는 것 ➡ 벌금을 내거나 사회 봉사를 하고, 경찰에 잡혀갈 수도 있음.
법으로 제재를 받지 않는 상황	• 이웃 어른을 보고 인사하지 않는 것 • 형제나 남매끼리 다투는 것 • 버스에서 노약자에게 자리를 양보하지 않는 것 • 도서관에서 시끄럽게 떠드는 것 • 친구와의 약속 시간을 지키지 않는 것 ➡ 주위 사람들의 따가운 시선을 받지만 벌을 받지는 않음.

몰래 가져가야지.

불법 다운로드

자는 척 해야지.

▲ 법으로 제재를 받는 상황   ▲ 법으로 제재를 받지 않는 상황

➕ **도로 위에서 지켜야 할 규칙**

• 지켜야 할 규칙: 안전띠 매기, 횡단보도에서는 자전거에서 내려 걷기, 초록불일 때 횡단보도 건너기 등
• 규칙을 지키지 않을 때: 도로가 혼란스러워지고 교통사고 등 위험이 발생할 수 있습니다. 자동차들이 운행하는 데 불편을 겪을 수 있습니다.

➕ **국가에서 법을 만든 까닭**

• 사회의 질서를 유지하기 위해서입니다.
• 국가에 속한 사람들의 안전을 지키기 위해서입니다.

용어 사전

● **강제성** 본인의 의사와는 관계없이 권력이나 힘을 이용해 원하지 않는 일을 억지로 시키는 것.
● **제재** 일정한 규칙이나 관습의 위반에 대하여 제한하거나 금지함.
● **악성 댓글** 인터넷 게시판에 올려진 내용에 대해 악의적인 평가를 하여 쓴 댓글.
● **벌금** 규칙을 지키지 않았을 때 벌로 내게 하는 돈.

● 정답과 풀이 18쪽

자료 1 우리 생활 속에서 법을 지키는 모습

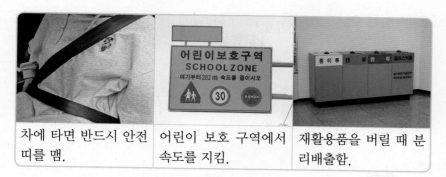

| 차에 타면 반드시 안전띠를 맴. | 어린이 보호 구역에서 속도를 지킴. | 재활용품을 버릴 때 분리배출함. |

1

(   )은/는 국가가 만든 강제성이 있는 사회 규범입니다.

자료 2 변화하는 법의 모습

전동 킥보드를 타는 사람들이 많아지고, 전동 킥보드 사고가 늘어났습니다.

전동 킥보드를 탈 때는 안전모를 쓰고 혼자 타야 하고, 면허가 있어야 탈 수 있도록 법이 바뀌었습니다.

▶ 전동 킥보드를 타는 사람이 많아지고, 사고도 늘어서 이와 관련하여 법이 바뀌었습니다. 이렇게 법은 고정된 것이 아니라 사회 변화에 따라 새로운 법이 생길 수도 있고, 원래 있던 법이 바뀌거나 없어질 수도 있습니다.

2

법을 어겼을 때에는 (   )을/를 받습니다.

3

법이 사회의 변화에 맞지 않거나 인권을 침해할 때는 법을 바꾸거나 다시 만들 수 있습니다.

(○ , ×)

자료 3 도덕과 법의 구분

| 도덕 | 지하철에서 임산부 배려석을 임산부에게 양보하는 것 | 무거운 짐을 들고 있는 사람을 도와 짐을 함께 들어 주는 것 |
| 법 | 신호등이 초록불일 때 횡단보도를 건너는 것 | 외출 시에 반려견에 목줄을 하는 것 |

4

사람들이 양심에 따라 마땅히 지켜야 할 사회 규범을 (   )(이)라고 합니다.

5

도덕을 지키지 않았을 때에는 벌금을 내거나 벌을 받을 수 있습니다.

(○ , ×)

3 법의 의미와 역할 (1)

1 아이스크림, 천재교육 외

도로에서 지켜야 하는 규칙으로 알맞지 <u>않은</u> 것은 어느 것입니까? (   )

① 안전띠 매기
② 자동차는 정지선 지키기
③ 초록불일 때 횡단보도 건너기
④ 차도에 내려가 택시 기다리기
⑤ 횡단보도에서는 자전거에서 내려서 걷기

2 아이스크림, 천재교육 외

사람들이 위 **1**번과 같은 규칙을 지키지 않을 때 벌어질 수 있는 일에 모두 ○표 하시오.

(1) 목적지까지 빠르고 안전하게 갈 수 있습니다.
(   )

(2) 자동차들이 운행하는 데 불편을 겪을 수 있습니다.
(   )

(3) 도로가 혼란스러워지고 교통사고 등의 위험이 발생할 수 있습니다.
(   )

3 ➕ 11종 공통

다음에서 설명하는 것은 무엇인지 쓰시오.

> 사회 질서를 유지하고 정의를 실현하기 위해 국가가 만든 강제성이 있는 규칙입니다.

(   )

4 ➕ 11종 공통

다음 보기 에서 법에 대한 설명으로 옳은 것을 모두 골라 기호를 쓰시오.

> 보기
> ㉠ 어겼을 때는 제재를 받는다.
> ㉡ 법을 바꾸거나 다시 만들 수도 있다.
> ㉢ 학교에서 만든 강제성이 있는 규칙이다.
> ㉣ 사람들이 사회생활에서 지켜야 할 행동 기준이다.

(   )

5 서술형 ➕ 11종 공통

법을 바꾸거나 다시 만들 수 있는 경우를 쓰시오.

_____

_____

6 ➕ 11종 공통

우리 생활 속에서 법을 잘 지키고 있는 친구를 골라 ○표 하시오.

(1) 차에 타면 안전띠를 매.

(2) 친구의 물건을 몰래 가져왔어.

(   )   (   )

7 ➕ 11종 공통

법을 어겼을 때 제재를 받는 까닭을 알맞게 설명한 친구를 두 명 고르시오. (　　,　　)

① 소이: 자율적으로 지키는 것이기 때문이야.
② 나영: 양심상 지켜야 하는 것이기 때문이야.
③ 세정: 누구나 무조건 지켜야 하는 것이기 때문이야.
④ 해빈: 지키지 않아도 다른 사람들에게 피해를 주지 않기 때문이야.
⑤ 미나: 모든 사회 구성원들이 반드시 따라야 하는 강제성이 있기 때문이야.

8 ➕ 11종 공통

다음에서 설명하는 것은 무엇인지 쓰시오.

사회의 구성원들이 양심에 비추어 스스로 마땅히 지켜야 할 사회 규범입니다.

(　　　　　　　　)

9 ➕ 11종 공통

다음 ㉠, ㉡에 들어갈 알맞은 말에 ○표 하시오.

㉠ (법 , 도덕)은 지키지 않았을 때 제재를 받지만 ㉡ (법 , 도덕)은 지키지 않아도 달리 제재를 받지 않습니다.

10 ➕ 11종 공통

법이 도덕과 같은 다른 사회 규범과 구별되는 점으로 알맞은 것은 어느 것입니까? (　　　　)

① 자연적으로 생겨났다.
② 사람들이 자율적으로 지킨다.
③ 사회 질서를 혼란스럽게 한다.
④ 지키지 않았을 때 제재를 받는다.
⑤ 모든 사회 구성원에게 적용되지 않는다.

11 금성출판사, 아이스크림 외

다음 보기 를 법으로 제재를 받는 상황과 받지 않는 상황으로 구분하여 각각 기호를 쓰시오.

보기
㉠ ▲ 이웃 어른을 보고 인사를 하지 않는 것
㉡ ▲ 돈을 내지 않고 가게의 물건을 가져가는 것
㉢ ▲ 버스에서 노약자에게 자리를 양보하지 않는 것
㉣ ▲ 허락받지 않은 프로그램을 내려받는 것

(1) 법으로 제재를 받는 상황:
(　　　　　　　　)
(2) 법으로 제재를 받지 않는 상황:
(　　　　　　　　)

12 서술형 ➕ 11종 공통

위 11번에서 제시된 상황 이외에 일상생활에서 법으로 제재를 받는 상황을 한 가지만 쓰시오.

_____

_____

3 법의 의미와 역할 (2)

1 우리 생활 속의 법

① 일상생활과 법 ➕

- 법은 가정과 학교 등을 비롯해 일상생활 곳곳에서 적용되고 있으며, 우리 사회의 많은 일들이 법에 따라 이루어지고 있습니다.
- 법은 우리의 권리를 보호해 주면서 사람들이 안심하고 살 수 있도록 도와줍니다.

② 우리 생활에 적용되는 법 [자료1] → 우리는 일상생활에서 법을 지키고 법의 보호를 받아요.

「저작권법」	음악, 영화, 출판물 등 창작물을 만든 사람의 저작권을 보호하는 법
「어린이 놀이 시설 안전 관리법」	어린이가 안전하게 놀 수 있도록 놀이 시설을 정기적으로 관리함.
「도로 교통법」	도로에서 안전하게 다닐 수 있도록 만든 법
「초·중등 교육법」	모든 국민은 일정한 나이가 되면 초등학교에 다니도록 정함.
「학교 급식법」	학생들의 건강과 성장을 위해 안전하고 영양가 높은 음식 재료를 사용하도록 보장함.
「어린이 식생활 안전 관리 특별법」	학교와 학교 주변에서 어린이의 건강을 해치는 식품과 불량 식품 등의 판매를 금지하는 법
「학교 폭력 예방 및 대책에 관한 법률」	학생들 사이에 발생하는 폭력을 예방하며 그 피해를 해결해 주는 법
「소비자 기본법」	소비자의 권리와 이익을 보호하려고 만든 법
「자연환경 보전법」	자연환경을 깨끗이 보전하여 국민의 건강한 생활을 보장하기 위한 법

▲ 「저작권법」

▲ 「어린이 놀이 시설 안전 관리법」

▲ 「어린이 식생활 안전 관리 특별법」

2 법의 역할 알아보기

① 법의 필요성 ➕

- 개인의 권리를 보호하고, 사회 질서를 유지하기 위해서입니다.
- 문제가 발생했을 때 옳고 그름을 판단하는 기준이 필요하기 때문입니다.

② 법의 역할 [자료2]

개인의 권리 보호	• 개인의 생명과 재산을 보호해 안정된 삶을 살 수 있게 함. • 분쟁을 해결하고, 권리가 침해되었을 때 구제받을 수 있도록 함.
사회 질서 유지	• 사고나 범죄로부터 사람들을 보호하고 안전하게 지켜 줌. • 사람들이 안전하고 쾌적한 환경에서 살아갈 수 있게 해 줌.

➕ 일상생활에서 받는 법의 보호 예 태어나면서 학교에 갈 때까지

아이가 태어나면 출생 신고를 합니다.

⬇

법에 따라 무료로 예방 접종을 받습니다.

⬇

국가의 지원을 받아 어린이집이나 유치원을 다닙니다.

⬇

학교에 입학하여 안전한 환경에서 공부를 합니다.

➕ 법이 없다면 발생할 수 있는 일

- 개인의 생명이나 재산을 보호해 주는 법이 없다면: 불이 나서 사람이 다치거나 죽어도 도움을 받기 어렵습니다.
- 개인 정보를 보호해 주는 법이 없다면: 나의 개인 정보가 다른 사람에게 함부로 알려질 수 있습니다.

용어 사전

- **저작권** 생각과 감정을 표현한 창작물에 대하여 그것을 만든 사람이 가지는 권리.
- **분쟁** 말썽을 일으키어 시끄럽고 복잡하게 다툼.
- **구제** 자연재해나 사회적인 피해를 당하여 어려운 처지에 있는 사람을 도와줌.

자료 1 일상생활 곳곳에서 적용되는 법의 사례

「초·중등 교육법」 학교에 가서 수업을 듣습니다.

「학교 급식법」 점심 시간에 건강한 음식 재료로 만든 급식을 먹습니다.

「도로 교통법」 교통사고의 위험 없이 안전하게 집으로 갑니다.

「저작권법」 좋아하는 만화 영화를 합법적으로 내려받아 봅니다.

자료 2 법의 역할

[개인의 권리 보호]

화재 등 위험으로부터 개인의 생명과 재산을 보호해 줌.

자유와 권리가 침해되지 않도록 개인 정보를 보호해 줌.

개인 간에 발생한 분쟁을 재판으로 해결해 줌.

[사회 질서 유지]

도로의 교통질서를 유지하여 교통사고를 예방해 줌.

사건 사고나 범죄로부터 안전하게 지켜 줌.

깨끗한 환경에서 살 수 있도록 환경을 보호해 줌.

1

법은 가정, 학교 등 일상생활 곳곳에 적용됩니다.

(○ , ×)

2

「도로 교통법」은 (   )에서 안전하게 다닐 수 있도록 만든 법입니다.

3

「소비자 기본법」은 음악, 영화, 출판물 등 창작물을 만든 사람의 저작권을 보호하는 법입니다.

(○ , ×)

4

법은 생명과 재산 등을 보호하여 개인의 (   )을/를 보호하는 역할을 합니다.

5

법은 사고나 범죄로부터 사람들을 (보호 , 방치)하고 안전하게 살아갈 수 있게 해 줍니다.

3 법의 의미와 역할 (2)

1 아이스크림, 지학사 등

다음 보기 에서 우리 생활에 적용되는 법의 사례가 아닌 것을 골라 기호를 쓰시오.

> **보기**
> ㉠ 아이가 태어나면 출생 신고를 하는 것
> ㉡ 일정한 나이가 되면 학교에 입학하는 것
> ㉢ 동생과 말다툼을 한 후 서로 화해를 하는 것

(   )

2 아이스크림, 천재교육 외

음악, 영화, 출판물 등 창작물을 만든 사람의 권리를 보호하기 위한 법은 어느 것입니까? (   )

① 「저작권법」
② 「장애인 차별 금지법」
③ 「어린이 놀이 시설 안전 관리법」
④ 「어린이 식생활 안전 관리 특별법」
⑤ 「학교 폭력 예방 및 대책에 관한 법률」

3 미래엔, 아이스크림 외

다음 법에 대한 설명을 선으로 알맞게 연결하시오.

(1) 「도로 교통법」 ・

・ ㉠ 어린이 놀이 시설을 정기적으로 관리하는 법

(2) 「어린이 놀이 시설 안전 관리법」 ・

・ ㉡ 도로에서 안전하게 다닐 수 있도록 만든 법

4 금성출판사, 천재교육 외

다음 일생생활 모습과 관련된 법을 보기 에서 골라 기호를 쓰시오.

일정한 나이가 되면 학교에 다녀요.

> **보기**
> ㉠ 「학교 급식법」   ㉡ 「소비자 기본법」
> ㉢ 「초・중등 교육법」   ㉣ 「자연환경 보전법」

(   )

5 ➕ 11종 공통

다음은 우리 생활에 적용되는 다양한 법에 대한 설명입니다. 알맞지 않은 것을 골라 기호를 쓰시오.

> 법은 ㉠ 가정과 학교 등을 비롯해 일상생활 곳곳에서 적용되고 있으며, ㉡ 우리 사회의 많은 일들이 법에 따라 이루어지고 있습니다. 법은 ㉢ 사람들이 안심하고 살 수 있도록 도와주지만 ㉣ 우리의 권리를 침해해 피해를 주기도 합니다.

(   )

6 ➕ 11종 공통

우리 생활에서 법이 필요한 까닭으로 옳지 않은 것은 어느 것입니까? (   )

① 사회 질서를 유지하기 위해서
② 범죄를 저지르지 못하게 하기 위해서
③ 개인의 생명이나 재산을 보호하기 위해서
④ 경제적으로 어려운 사람에게 더 적은 돈을 주기 위해서
⑤ 환경을 보호하고 쾌적한 환경에서 살아갈 수 있게 하기 위해서

7 ✚ 11종 공통

다음과 같은 법이 없을 때 발생할 수 있는 일에 ◯표 하시오.

> 소방관이 위험에 처한 사람을 구조해 줍니다.

(1) 우리가 살아가는 환경이 오염되고 불쾌함을 느낄 수 있습니다. ( )

(2) 불이 나서 사람이 다치거나 죽어도 도움을 받기 어렵습니다. ( )

(3) 나의 개인 정보가 다른 사람에게 알려져 범죄에 이용될 수 있습니다. ( )

8 ✚ 11종 공통

다음 ( ) 안에 들어갈 알맞은 말을 쓰시오.

> 우리는 살아가면서 개인의 권리를 제대로 보호받지 못하는 경우가 있습니다. 이때 ( )이/가 생명이나 재산 등을 보호해 우리는 안정된 삶을 살 수 있습니다.

( )

9 서술형 ✚ 11종 공통

다음과 같은 상황에서 종업원이 정당한 대가를 받기 위해서 할 일을 법과 관련하여 쓰시오.

장사가 잘 안 되었으니 이 정도만 받아.

약속한 만큼이 아니잖아요.

음식점 주인 ← → 음식점 종업원

10 ✚ 11종 공통

다음 보기 에서 법이 개인의 권리를 보호하고 있음을 보여 주는 사례가 <u>아닌</u> 것을 골라 기호를 쓰시오.

> 보기 ●
> ㉠ 개인 정보를 보호해 준다.
> ㉡ 급할 경우에 무단 횡단을 할 수 있는 권리를 보호한다.
> ㉢ 위험에 처한 사람을 구조하여 개인의 생명을 보호해 준다.

( )

11 비상교육, 천재교서 외

오른쪽 사진을 통해 알 수 있는 법의 역할로 알맞은 것은 어느 것입니까? ( )

① 환경을 보호한다.
② 교통질서를 유지해 준다.
③ 범죄로부터 사람들을 보호한다.
④ 개인의 재산을 안전하게 지켜 준다.
⑤ 개인 간에 발생한 분쟁을 해결해 준다.

12 서술형 ✚ 11종 공통

다음 일기를 통해 알 수 있는 법의 역할을 쓰시오.

> 20◯◯년 ◯◯월 ◯◯일 　　　　날씨: 맑음
>
> 　엄마와 함께 시장 나들이를 갔다. 시장 구경을 하던 중 갑자기 어떤 사람이 다가와 엄마의 가방을 훔쳐서 달아났다. 다행히 근처에 계시던 경찰관 아저씨가 달려가서 가방을 찾아 주셨다. 경찰관 아저씨는 가방을 훔친 사람은 법에 따라 벌을 받을 것이라고 하셨다.

3 법의 의미와 역할 (3)

1 법을 지키지 않을 때 일어날 문제점

① **법을 어기는 행동이 미치는 영향**: 다른 사람에게 피해를 주고 다른 사람의 권리를 침해하여 사람들 간의 갈등을 유발합니다.

② **법을 지키지 않을 때 발생할 수 있는 문제점**

법을 어기는 행동	발생할 수 있는 문제점
 소방차 전용 주차 구역에 불법 주차를 함.	 불이 났을 때 소방차가 들어오지 못해 피해가 커짐.
 반려견이 길에서 용변을 보았는데 치우지 않고 모른 척함.	 냄새가 나고, 배설물을 밟아 넘어질 수 있음.
 폐수 처리 비용을 아끼려고 공장의 폐수를 몰래 인근 하수구에 흘려보냄.	 하천의 동식물이 죽고 생태계가 파괴됨.

③ **법을 어긴 행동에 대해서 재판하기** ➕ 자료 1

- 법은 개인의 권리를 보호하지만, 법을 지키지 않아 타인에게 피해를 준 사람에게는 재판을 통해 그 권리를 제한하기도 합니다.
- 재판을 하는 까닭: 그 사람이 정말로 죄를 지었는지 확인하고, 법을 어긴 행동에 맞는 책임을 지게 하기 위해서입니다.

2 법을 잘 지켜야 하는 까닭 ➕ 자료 2

① 법을 어기면 다른 사람의 권리를 침해하기 때문입니다.

② 개인의 권리를 보호하고 사회 질서를 유지하기 위해서입니다.

③ 법을 지키지 않으면 사회 질서가 유지될 수 없기 때문입니다.

④ 법을 지키면 다른 사람의 권리를 보호하고 나의 권리도 보호하기 때문입니다.

➕ **재판에 참여하는 사람들의 역할**

판사	재판을 진행하고 법에 따라 판결을 내리는 사람
피고인	범죄를 저지른 것으로 의심이 되어 재판을 받는 사람
검사	법을 위반한 점에 대해 심판을 요청하는 사람
변호인	피고인을 대신해 권리를 주장하는 사람

➕ **법을 잘 지키기 위해 지녀야 하는 바람직한 태도**

- 나만 생각하지 않고 다른 사람을 배려합니다.
- 사소한 규칙이라도 잘 지키려고 노력합니다.
- 법을 잘 알고 지킬 수 있도록 관심을 기울입니다.

용어 사전

- **폐수** 공장 등에서 쓰고 난 뒤에 버리는 더러운 물.
- **생태계** 생물이 살아가는 세계.
- **재판** 법적으로 옳고 그름을 따져 법관이 판단을 내리는 일.
- **위반** 법률에서 범죄를 저질렀을 가능이 있다고 봄. 또는 그런 가능성.

자료 1 법을 어긴 사례의 모의재판 예 인터넷 만화 불법 유포 사건

[사례]

김만화씨는 ○○○ 누리집과 계약을 맺고 만화를 연재했습니다. 김불법씨는 인터넷에 올라와 있는 김만화씨의 만화를 불법으로 △△△ 누리집에 올렸습니다. 이 때문에 ○○○ 누리집 김만화씨의 조회 수가 낮았고 김만화씨의 수입도 줄어들었습니다.

[모의재판하기]

- 판사: 지금부터 피고인 김불법씨에 대한 재판을 시작하겠습니다.
- 검사: 피고인 김불법씨는 202◇년 ◇◇월 ◇◇일에 김만화씨의 만화를 불법으로 △△△ 누리집에 올려 김만화씨의 저작권을 침해했습니다.
- 변호인: 이 만화는 김불법씨가 유포하기 전에 이미 여러 누리집에 올라와 있었습니다. 김만화씨의 피해가 전부 피고인 때문은 아닙니다.
- 검사: 피고인이 활동한 누리집은 국내 최대 규모이며, 이곳에서 불법 다운로드가 가장 많이 이루어졌습니다. △△△ 누리집 방문자 수 등이 담긴 자료를 증거로 제출합니다.
- 판사: 마지막으로 검사와 변호인 측은 최종 의견을 말씀해 주십시오.
- 검사: 피고인을 벌금 1,000만 원에 처해 주시기 바랍니다.
- 변호인: 판사님, 피고인이 자신의 잘못을 진지하게 반성하고 있으니 이점을 고려해 주시기 바랍니다.

[최종 판결]

검사가 제출한 증거에 비추어 보면, 피고인이 △△△ 누리집에 만화를 불법으로 올린 행동은 김만화씨의 저작권을 침해한 것이므로 유죄임을 인정한다. 그러나 피고인이 잘못을 반성하고 있는 점을 고려해 피고인을 벌금 500만 원에 처한다.

자료 2 법을 잘 지키고 있는지 나의 생활 되돌아보기

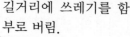

길거리에 쓰레기를 함부로 버림.

다른 사람의 물건을 몰래 가져감.

인터넷에서 남을 비하하는 댓글을 남김.

▶ 위의 행동은 모두 법을 어긴 행동입니다. 이러한 행동을 했다면 반성하고, 법을 잘 지키는 준법 생활을 실천하도록 해야 합니다.

● 정답과 풀이 20쪽

1

법을 어기는 행동은 사람들 간의 (갈등 , 화합)을 유발합니다.

2

소방차 전용 구역에 불법 주차를 해도 불이 났을 때 피해가 생기지 않습니다.

(○ , ×)

3

법을 어겼을 때 (   )을/를 해 타인에게 피해를 준 사람의 권리를 제한하기도 합니다.

4

법을 어기면 다른 사람의 권리를 침해할 수 있습니다.

(○ , ×)

5

법을 (지키면 , 지키지 않으면) 사회 질서가 유지될 수 없습니다.

1 ➕ 11종 공통

법을 지키지 않을 때 우리 생활에 발생하는 문제점으로 옳으면 ○표, 옳지 않으면 ×표 하시오.

(1) 사람들 간의 갈등을 유발합니다. ( )
(2) 나와 다른 사람의 권리를 보장합니다. ( )

2 아이스크림, 천재교육 외

다음과 같은 행동으로 발생할 수 있는 문제점을 두 가지 고르시오. (,)

> 반려견이 길에서 용변을 보았는데 모른 척하고 지나갔습니다.

① 교통 체증이 발생한다.
② 교통사고가 늘어나게 된다.
③ 배설물 때문에 냄새가 난다.
④ 소음으로 이웃 간 다툼이 발생한다.
⑤ 지나가는 사람이 배설물을 밟고 넘어져 다칠 수 있다.

3 미래엔, 비상교육 외

다음과 같은 행동으로 인해 생길 수 있는 일을 보기 에서 골라 기호를 쓰시오.

보기

> ㉠ 주차할 공간이 많아질 것이다.
> ㉡ 골목을 지나다니기가 편리해질 것이다.
> ㉢ 위급한 상황이 생겨 구급차나 소방차가 출동할 때 방해가 되어 제대로 된 구조 활동을 벌일 수 없을 것이다.

( )

4 서술형 　비상교육, 아이스크림 외

다음과 같은 행동을 했을 때 일어날 수 있는 일을 쓰시오.

_____

_____

5 ➕ 11종 공통

다음 ( ) 안에 들어갈 알맞은 말은 어느 것입니까? ( )

> 법은 개인의 권리를 보장해 주지만 법을 지키지 않을 때는 ( )을/를 통해 타인에게 피해를 준 사람의 권리를 제한하기도 합니다.

① 타협　　② 재판　　③ 설득
④ 대화　　⑤ 토론

6 ➕ 11종 공통

법을 어긴 사람을 재판하는 까닭을 옳게 말한 친구를 모두 골라 이름을 쓰시오.

> • 새롬: 자신의 행동에 맞는 책임을 지게 하기 위해서야.
> • 지원: 그 사람이 정말로 죄를 지었는지 확인하기 위해서야.
> • 재환: 법을 어긴 사람의 자유와 권리를 보장해 주기 위해서야.

( )

7 미래엔, 아이스크림 외

재판에 참여하는 사람과 그 역할을 선으로 알맞게 연결하시오.

(1) 검사 •

(2) 변호인 •

• ㉠ 피고인을 대신해 권리를 주장함.

• ㉡ 법을 위반한 점에 대한 심판을 요청함.

[8-9] 다음은 모의재판의 일부입니다. 물음에 답하시오.

- 판사: 지금부터 피고인 김불법씨에 대한 재판을 시작하겠습니다.
- 검사: 피고인 김불법씨는 202◇년 ◇◇월 ◇◇일에 김만화씨의 만화를 불법으로 △△△ 누리집에 올려 김만화씨의 저작권을 침해했습니다.
- 변호인: 이 만화는 김불법씨가 유포하기 전에 이미 여러 누리집에 올라와 있었습니다.

8 미래엔, 천재교과서 외

위 모의재판에서 김불법씨가 어긴 법은 무엇입니까?
(   )

① 「저작권법」   ② 「도로 교통법」
③ 「학교 급식법」   ④ 「장애인 차별 금지법」
⑤ 「어린이 식생활 안전 관리 특별법」

9 미래엔, 천재교과서 외

위 모의재판에 대한 설명으로 옳은 것을 보기 에서 골라 기호를 쓰시오.

보기

㉠ 재판에서 피고인은 김만화씨이다.
㉡ 변호사는 김만화씨의 권리를 대신하여 주장하고 있다.
㉢ 김불법씨가 정말로 법을 어겼는지 재판을 통해 가려내고 있다.

(   )

[10-11] 다음 그림을 보고, 물음에 답하시오.

㉠

아무 데나 버려야지.

㉡

초록불에 건너야지.

10 동아출판, 비상교육 외

위에서 법을 지키지 않는 모습을 골라 기호를 쓰시오.
(   )

11 서술형   동아출판, 비상교육 외

위 10번 답을 법을 지키는 모습으로 바꾸려면 어떻게 해야 하는지 쓰시오.

_____

_____

12 ➕ 11종 공통

법을 지켜야 하는 까닭으로 옳지 않은 것은 어느 것입니까? (   )

① 사회 질서를 유지하기 위해서
② 개인의 권리를 제한하기 위해서
③ 법을 지키지 않으면 벌을 받기 때문에
④ 다른 사람의 권리를 침해하지 않기 위해서
⑤ 많은 사람이 다 함께 행복하게 살기 위해서

2. 인권 존중과 정의로운 사회

★ 생활 속에서 인권이 존중되는 모습

어린이가 안전하게 등하교할 수 있도록 학교 앞에 어린이 보호 구역을 지정합니다.

장애인이 편리하게 이동할 수 있도록 장애인 전용 주차 구역을 만듭니다.

임산부가 편하게 이동할 수 있도록 지하철이나 버스에 임산부 배려석을 설치합니다.

❶ 인권을 존중하는 삶

1. 인권의 의미와 특성

① **인권의 의미**: 모든 사람이 인간다운 삶을 살아가기 위해 당연히 누려야 할 기본적 [❶⃞]를 말합니다.

② **인권의 특성**
- 모든 사람은 태어나면서부터 인간답게 살 권리가 있습니다.
- 인종, 국적, 성별, 종교 등과 관계없이 누구나 동등하게 누려야 하는 권리입니다.

2. 인권을 지키기 위한 우리의 노력과 태도

① 인권은 태어날 때부터 모든 사람에게 평등하게 보장되는 것이며 다른 사람이 힘이나 권력으로 함부로 빼앗을 수 없습니다.

② 모든 사람은 나와 똑같은 권리가 있으므로 다른 사람의 권리를 존중하는 태도가 중요합니다.

3. 인권 신장을 위해 노력했던 옛사람들의 활동

① **인권 신장을 위해 노력한 우리나라의 인물과 그 활동**

허균	허균은 양반 신분이지만 가난한 백성의 편에 서서 신분 제도의 잘못된 점을 주장했음.
방정환	어린이를 위한 잡지와 [❷⃞]을 만드는 등 어린이의 인권 신장을 위해 노력함.

② **인권 신장을 위해 노력한 다른 나라의 인물과 그 활동**

테레사 수녀	가난하고 아픈 사람들을 위해 평생을 바쳤으며, 버림받은 아이도 존중해야 한다고 생각했음.
[❸⃞]	백인에게 차별받는 흑인의 인권을 신장하고자 노력했음.

4. 인권 보장을 위한 국가와 지방 자치 단체의 노력

공공 편의 시설 설치	국가와 지방 자치 단체는 모든 사람이 안전하고 편리할 수 있도록 다양한 공공 편의 시설을 설치하여 운영함.
사회 보장 제도 시행	국민이 빈곤, 질병, 생활 불안 등에서 벗어나 안정적으로 살 수 있도록 사회 보장 제도를 만들어 시행함.

★ 인권 신장을 위한 옛날의 여러 제도

▲ 격쟁

▲ 신문고 제도

▲ 상언 제도

▲ 삼복제

❷ 인권 보장과 헌법

1. 헌법의 의미와 중요성

① [❹⃞]**의 의미**: 법 중에서 가장 기본이 되는 법으로, 우리나라 최고의 법입니다.

② **헌법에 담긴 내용**: 모든 국민이 존중받고 행복한 삶을 살아가는 데 필요한 내용을 담고 있습니다.

2. 헌법에 나타난 국민의 기본권

종류	의미
평등권	법을 공평하게 적용받아 차별받지 않을 권리
자유권	자유롭게 생각하고 행동할 수 있는 권리
사회권	인간답게 살 수 있도록 국가에 요구할 수 있는 권리
참정권	국가의 정치 의사 형성 과정에 참여할 수 있는 권리
❺	기본권이 침해되었을 때 국가에 어떤 일을 해 달라고 요구할 수 있는 권리

3. 헌법에 나타난 국민의 의무

국방의 의무	모든 국민은 나와 가족, 우리 모두의 안전을 위해 나라를 지킬 의무가 있음.
❻ 의 의무	모든 국민은 세금을 내야 할 의무가 있음.
근로의 의무	모든 국민은 개인과 나라의 발전을 위해 일할 의무가 있음.
교육의 의무	모든 국민은 자녀가 잘 성장할 수 있도록 교육을 받게 할 의무가 있음.
환경 보전의 의무	모든 국민, 기업, 국가는 환경을 보전하기 위해 노력해야 할 의무가 있음.

❸ 법의 의미와 역할

1. 법의 의미와 특징

의미	사회 질서를 유지하고 정의를 실현하기 위해 ❼ 가 만든 사회 규범
특징	• 법은 반드시 지켜야 하며, 이를 어겼을 때는 제재를 받음. • 법이 사회의 변화에 맞지 않거나 인권을 침해할 때는 법을 바꾸거나 다시 만들 수 있음.

2. 도덕과 법 비교하기

도덕	도덕을 지키지 않으면 주위 사람들의 따가운 시선을 받지만 벌을 받지는 않음.
법	법을 지키지 않았을 때 제재를 받으며, 강제성이 있음.

3. 법의 역할

개인의 권리 보장	• 개인의 생명과 재산 등을 보호해 안정된 삶을 살 수 있게 함. • 개인의 권리가 침해되었을 때 법을 통해 구제받을 수 있도록 함.
사회 질서 유지	• 사고나 범죄로부터 사람들을 보호하고 안전하게 지켜 줌. • 사람들이 안전하고 쾌적한 환경에서 살아갈 수 있게 해 줌.

★ 국민의 기본권이 보장되는 모습

성별이나 장애에 차별 받지 않고 동등하게 교육받을 수 있어요.

▲ 평등권

원하는 직업을 자유롭게 선택할 수 있어요!

▲ 자유권

국민이 선거의 후보자로 출마할 수 있어요.

▲ 참정권

★ 도덕과 법의 구분

도덕

지하철에서 임산부 배려석을 임산부에게 양보합니다.

법

신호등이 초록불일 때 횡단보도를 건넙니다.

1 미래엔, 아이스크림 외

다음 (　) 안에 공통으로 들어갈 말을 쓰시오.

> 제1조　모든 사람은 태어날 때부터 자유롭고, 존엄하며, 평등하다.
> 제2조　모든 사람은 인종, 피부색, 성, 언어, 종교 등 어떤 이유로도 차별받지 않는다.
> 　　　　…
> 제10조　모든 사람은 독립적이고 공평한 법정에서 공정하고 공개적인 재판을 받을 권리를 가진다.

- (　　　)은/는 1948년에 국제 연합(UN) 총회에서 발표했습니다.
- (　　　)은/는 인권의 의미와 내용이 담긴 30개의 조항으로 구성되어 있습니다.

(　　　　　　　　　　　)

2 서술형 ⊕ 11종 공통

생활 속에서 인권이 존중되는 모습을 두 가지 쓰시오.

_____

_____

3 ⊕ 11종 공통

허균이 쓴 책으로 신분에 따라 차별하는 당시의 사회 제도를 비판한 책은 무엇입니까? (　　　)

① 『심청전』　　　　　② 『춘향전』
③ 『허생전』　　　　　④ 『홍길동전』
⑤ 『장화홍련전』

4 ⊕ 11종 공통

다음에서 설명하는 인권 신장을 위한 옛날의 제도는 무엇인지 쓰시오.

> 억울한 일을 당한 사람이 임금의 행차 때 징이나 꽹과리를 쳐서 임금에게 억울함을 호소할 수 있었습니다.

(　　　　　　　　　　　)

5 ⊕ 11종 공통

다음은 어떤 사람들을 위해 설치한 공공 편의 시설입니까? (　　　)

▲ 점자 안내도

▲ 점자 블록

① 노인　　　　　　② 어린이
③ 외국인　　　　　④ 시각 장애인
⑤ 청각 장애인

6 ⊕ 11종 공통

다음 중 헌법에 담긴 내용이 <u>아닌</u> 것은 어느 것입니까? (   )

① 대한민국 국민이 누려야 할 권리
② 대한민국 국민이 지켜야 할 의무
③ 헌법을 만드는 데 쓰인 다른 법의 내용
④ 국가 기관을 조직하고 운영하는 기본 원칙
⑤ 모든 국민이 존중받고 행복한 삶을 살아가는 데 필요한 내용

7 ⊕ 11종 공통

다음 (   ) 안에 공통으로 들어갈 말을 쓰시오.

○○신문   20△△년 △△월 △△일

인터넷 실명제 (   ) 간다.

'인터넷 실명제'는 인터넷 게시판에 글이나 댓글을 쓰려면 본인 확인 절차를 거치도록 하는 제도이다. 이 제도는 악성 댓글을 막고 성숙한 인터넷 문화를 만들기 위해 시행되었다.

그러나 인터넷 실명제에 반대하는 사람들은 이 제도가 표현의 자유를 침해한다며 (   )에 판단을 요청하였다.

▲ (   )

(   )

8 ⊕ 11종 공통

헌법이 보장하는 국민의 기본권에 속하지 <u>않는</u> 것은 어느 것입니까? (   )

① 근로권   ② 사회권   ③ 자유권
④ 참정권   ⑤ 청구권

9 ⊕ 11종 공통

다음 헌법 조항이 가리키는 국민의 의무를 실천하는 모습은 어느 것입니까? (   )

제38조 모든 국민은 법률이 정하는 바에 의하여 납세의 의무를 진다.

①

②

③

④

10 아이스크림, 천재교육 외

다음 뉴스를 보고, 땅 주인의 입장에서 의견을 말한 친구를 골라 이름을 쓰시오.

○○시는 멸종 위기종이 발견된 지역을 생태 보호 지역으로 지정할 계획을 세우고 그 인근의 땅을 개발하지 못하도록 제한했습니다. 이 과정에서 땅 주인과 ○○시 사이에 의견이 충돌하고 있습니다.

• 윤희: 헌법은 행복하게 살 수 있는 권리와 자유권을 보장하고 있어. 개인의 땅이니까 자신이 개발할 수 있는 권리가 있다고 생각해.
• 성민: 개인의 권리도 중요하지만 나는 환경을 보전해야 하는 의무를 먼저 생각해 봤으면 좋겠어.

(   )

11 ⊕ 11종 공통

다음 중 법에 대한 설명으로 옳은 것에 ○표 하시오.

(1) 법은 모든 사회 구성원에게 적용됩니다. (　　　)

(2) 법을 지키지 않았을 때는 제재를 받습니다.
　　　　　　　　　　　　　　　　　(　　　)

(3) 법은 사회 변화에 맞지 않아도 바꿀 수 없습니다.
　　　　　　　　　　　　　　　　　(　　　)

12 ⊕ 11종 공통

법으로 제재를 받는 상황이 <u>아닌</u> 것은 어느 것입니까? (　　　)

① 교통 신호를 지키지 않았다.
② 인터넷에 악성 댓글을 썼다.
③ 도서관에서 시끄럽게 떠들었다.
④ 가게에서 돈을 내지 않고 물건을 가져갔다.
⑤ 인터넷에서 허락 없이 프로그램을 내려받았다.

13 비상교육, 천재교육 외

다음에서 설명하는 것과 관련된 법은 무엇입니까?
　　　　　　　　　　　　　　　　　(　　　)

> 학교와 학교 주변에서 어린이의 건강을 해치는
> 식품과 불량 식품 등의 판매를 금지하는 일

① 「저작권법」
② 「도로 교통법」
③ 「학교 급식법」
④ 「자연환경 보전법」
⑤ 「어린이 식생활 안전 관리 특별법」

14 서술형 ⊕ 11종 공통

다음은 개인 사이에 발생한 문제를 해결하기 위해 재판을 하는 모습입니다. 이와 관련된 법의 역할은 무엇인지 쓰시오.

15 미래엔, 비상교육 외

다음과 같은 행동을 했을 때 발생할 수 있는 문제점은 무엇입니까? (　　　)

▲ 소방차 전용 주차 구역에 불법 주차를 함.

① 주변에 쓰레기가 많아진다.
② 개인 정보가 유출될 수 있다.
③ 사고로 큰불이 날 수도 있다.
④ 불이 났을 때 소방차가 들어오지 못한다.
⑤ 같은 자동차를 산 사람이 손해를 보게 된다.

1 ⊕ 11종 공통

다음에서 설명하는 것은 무엇인지 쓰시오.

> • 모든 사람이 태어나면서부터 인간답게 살 권리를 말합니다.
> • 인종, 국적, 성별, 종교, 언어, 나이, 신체적 특징 등과 관계없이 누구나 누려야 하는 권리를 말합니다.

(   )

2 서술형   ⊕ 11종 공통

오른쪽 사진의 인물이 인권 신장을 위해 노력한 일을 쓰시오.

▲ 방정환

_____

_____

3 ⊕ 11종 공통

인권 신장을 위한 옛날의 제도와 설명을 선으로 알맞게 연결하시오.

(1) 상언 제도 •

(2) 신문고 제도 •

• ㉠ 억울한 일이 있을 때 대궐 밖에 설치된 북을 쳐서 임금에게 알림.

• ㉡ 신분과 관계없이 억울한 일을 문서에 써서 임금에게 호소함.

4 ⊕ 11종 공통

몸이 불편한 사람의 인권 보장이 필요한 사례는 어느 것입니까? (   )

① 피부색이 다른 친구에게 편견을 가진다.
② 남자는 공기놀이를 하면 안 된다고 생각한다.
③ 망가진 놀이터가 고쳐지지 않고 방치되어 있다.
④ 친구의 허락 없이 사진을 누리 소통망 서비스(SNS)에 올린다.
⑤ 건물에 경사로가 없어 계단을 오르지 못해 원하는 곳에 갈 수 없다.

5 ⊕ 11종 공통

다음 친구들이 설명하는 국가 기관은 무엇인지 쓰시오.

> 인권 침해가 발생하면 이를 조사하고 인권 침해를 당한 사람을 도와줘요.

> 국민의 인권 의식을 향상하고자 인권 교육과 홍보 활동을 벌여요.

(   )

6 ➕ 11종 공통

다음 중 헌법에 대한 설명으로 옳은 것에 모두 ○표 하시오.

(1) 여러 법을 바탕으로 헌법을 만들었습니다.
( )

(2) 헌법은 법 중에서 가장 기본이 되는 법입니다.
( )

(3) 헌법에서 제시한 국민의 권리는 국가가 함부로 침해할 수 없습니다. ( )

7 서술형 ➕ 11종 공통

인권 보장을 위해 헌법이 어떤 역할을 하는지 쓰시오.

_____

_____

8 ➕ 11종 공통

다음과 같은 헌법 조항과 관련 있는 기본권은 무엇입니까? ( )

> 제24조 모든 국민은 법률이 정하는 바에 의하여 선거권을 가진다.
> 제25조 모든 국민은 법률이 정하는 바에 의하여 공무 담임권을 가진다.

① 사회권   ② 자유권   ③ 참정권
④ 청구권   ⑤ 평등권

9 ➕ 11종 공통

다음 사례와 관련 있는 국민의 의무는 무엇입니까?
( )

친구들과 고장의 산을 가꾸기 위해 나무를 심습니다.

① 교육의 의무
② 국방의 의무
③ 근로의 의무
④ 환경 보전의 의무
⑤ 국적을 변경할 의무

10 아이스크림, 천재교육 외

다음 글을 읽고 땅 주인과 ○○시가 갖추어야 할 바람직한 태도를 보기 에서 골라 기호를 쓰시오.

> ○○시는 멸종 위기종이 발견된 지역을 생태 보호 지역으로 지정할 계획을 세우고 그 인근의 땅을 개발하지 못하도록 제한했습니다. 이 과정에서 땅 주인과 ○○시 사이에 의견이 충돌하고 있습니다.

보기
㉠ 권리와 의무의 조화를 추구합니다.
㉡ 권리보다 의무를 더 중요하게 여깁니다.
㉢ 국민이 지켜야 하는 의무보다 국민이 누려야 할 권리를 우선시합니다.

( )

11 ⊕ 11종 공통

다음 중 법으로 제재를 받지 <u>않는</u> 상황을 골라 ○표 하시오.

(1)
( )

(2)
( )

12 ⊕ 11종 공통

다음 일상생활 모습과 관련된 창작물을 만든 사람의 권리를 보호하기 위한 법은 무엇입니까? ( )

좋아하는 만화 영화를 합법적으로 내려받아 봅니다.

① 「저작권법」　　　② 「도로 교통법」
③ 「소비자 기본법」　④ 「자연환경 보존법」
⑤ 「어린이 놀이 시설 안전 관리법」

13 ⊕ 11종 공통

우리 생활에서 법이 필요한 까닭으로 알맞지 <u>않은</u> 것은 어느 것입니까? ( )

① 사회 질서를 유지하기 위해서
② 개인의 생명을 보호하기 위해서
③ 개인의 재산을 보호하기 위해서
④ 다른 사람의 권리를 침해하기 위해서
⑤ 범죄로부터 사람들을 보호하기 위해서

14 미래엔, 아이스크림 외

재판에서 피고인을 대신해 권리를 주장하는 사람은 누구입니까? ( )

① 검사　　② 판사　　③ 변호인
④ 배심원　⑤ 참고인

15 서술형 ⊕ 11종 공통

우리가 법을 잘 지켜야 하는 까닭을 한 가지만 쓰시오.

_____

_____

평가 주제	인권 신장을 위한 옛날의 여러 제도 알아보기
평가 목표	인권 신장을 위한 옛날의 여러 제도에 담긴 의미를 설명할 수 있다.

[1-3] 다음은 인권 신장을 위한 옛날의 여러 제도를 조사하여 정리한 표입니다. 물음에 답하시오.

제도	특징
(㉠)	억울한 일을 당한 사람이 임금의 행차 때 징이나 꽹과리를 쳐서 임금에게 억울함을 호소할 수 있었음.
신문고 제도	백성들은 억울한 일이 있을 때 대궐 밖에 설치된 북을 쳐서 임금에게 알릴 수 있었음.
상언 제도	신분과 관계없이 억울한 일을 문서에 써서 임금에게 호소할 수 있었음.
삼복제	사형과 같은 무거운 형벌을 내릴 때는 신분과 관계없이 세 번의 재판을 거치도록 했음.

1 위 표의 ㉠에 들어갈 알맞은 제도를 쓰시오.

( )

도움 징이나 꽹과리를 친다는 의미를 가진 이름입니다.

2 다음은 위 표에 나타난 신문고 제도와 상언 제도를 만든 까닭에 대한 설명입니다. ( ) 안에 들어갈 알맞은 말을 쓰시오.

> 조선 시대에 신분이 높은 사람은 ( )을/를 올리거나 나라의 여러 기관에 자신의 억울함을 말할 수 있었지만 일반 백성들은 원통하고 억울한 일을 당해도 하소연하기 어려웠기 때문입니다.

( )

도움 조선 시대에 신분이 높은 사람들은 다양한 방법으로 자신의 억울한 사정을 말할 수 있었습니다.

3 위 표에 나타난 삼복제를 통해 알 수 있는 우리 조상들의 생각을 쓰시오.

도움 조선 시대에도 다양한 제도를 마련하여 백성들 모두의 인권 신장을 위해 노력하였습니다.

_____

_____

평가 주제	헌법에 담긴 내용 알아보기
평가 목표	헌법에 담긴 국민의 기본권의 종류를 말할 수 있다.

[1-2] 다음은 헌법에 담긴 국민의 기본권을 정리한 표입니다. 물음에 답하시오.

평등권	자유권	(㉠)
 성별이나 장애에 차별받지 않고 동등하게 교육받을 수 있어요.	 원하는 직업을 자유롭게 선택할 수 있어요.	 깨끗한 환경에서 생활할 수 있어요.
법을 공평하게 적용받아 차별받지 않을 권리	자유롭게 생각하고 행동할 수 있는 권리	인간답게 살 수 있도록 국가에 요구할 수 있는 권리

참정권	(㉡)
 국회 의원 후보 기호 번 / 국민이 선거의 후보자로 출마할 수 있어요.	억울한 일을 당하면 재판을 청구할 수 있어요. / 접수 0 15 / 구청에 민원을 제기할 수 있어요.
국가의 정치 의사 형성 과정에 참여할 수 있는 권리	기본권이 침해되었을 때 국가에 어떤 일을 해 달라고 요구할 수 있는 권리

1 위 표의 ㉠, ㉡에 들어갈 알맞은 국민의 기본권의 종류를 쓰시오.

㉠ (   ), ㉡ (   )

도움 기본권은 헌법으로 보장되는 국민의 기본적인 권리를 말합니다.

2 위의 표를 참고하여 헌법에는 어떠한 내용이 담겨 있는지 쓰시오.

_____

_____

도움 헌법에는 국민의 자유와 권리가 보장되어 있습니다.

평가 주제	법의 성격 알아보기
평가 목표	도덕과 법의 특징을 비교하고 다른 규범과 다른 법의 성격을 설명할 수 있다.

[1-3] 다음 그림을 보고, 물음에 답하시오.

▲ 노약자에게 자리를 양보하지 않는 것

▲ 허락받지 않은 프로그램을 내려받는 것

▲ 인터넷에서 악성 댓글을 다는 것

▲ 돈을 내지 않고 가게의 물건을 가져가는 것

▲ 이웃 어른을 보고 인사하지 않는 것

▲ 도서관에서 시끄럽게 떠드는 것

1 위 ㉠~㉤ 중 벌을 받지는 않지만 주위 사람들의 따가운 시선을 받을 수 있는 상황을 세 가지 골라 기호를 쓰시오.

(   )

> **도움** 지키지 않았을 때 법에 따라 제재를 받는지 아닌지 구분해 봅니다.

2 다음은 도덕과 법의 특징을 비교한 것입니다. (1), (2)에 들어갈 알맞은 사회 규범을 쓰시오.

> ((1)   )와/과 같은 사회 규범은 개인의 양심에 따라 지켜야 하지만 ((2)   )은/는 누구나 지켜야 하는 행동 기준입니다.

> **도움** 도덕과 법은 모든 사람들이 더불어 살아가기 위해 필요한 사회 규범입니다.

3 위 1, 2번 문제를 통해 알 수 있는 법의 성격을 한 가지만 쓰시오.

> **도움** 법은 사회 질서를 유지하고 사람들의 안전을 지켜 주기 위해 만든 규범입니다.

동아출판 초등 무료 스마트러닝

백점수학 1-1 동영상 학습

응용력을 높여주는 문제 풀이 강의

무료 스마트러닝

동아출판 초등 **무료 스마트러닝**으로
초등 전 과목 · 전 영역을 쉽고 재미있게!

과목별 · 영역별 특화 강의

전 과목 개념 강의

국어 독해 지문 분석 강의

구구단 송

그림으로 이해하는 비주얼씽킹 강의

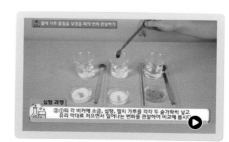

과학 실험 동영상 강의

과목별 문제 풀이 강의

서비스 제공 교재 동아전과 | 백점 시리즈 | 큐브수학 | 빠작 초등 국어 | 초능력 | 초고필 | 하이탑 초등 과학

강의가 더해진, **교과서 맞춤 학습**

백점

사회 5·1

평가북

- 묻고 답하기
- 중단원 평가, 대단원 평가
- 수행 평가

동아출판

평가북 구성과 특징

1 **단원별 개념 정리**가 있습니다.
- **묻고 답하기:** 단원의 핵심 내용을 묻고 답하기로 빠르게 정리할 수 있습니다.

2 **단원별 다양한 평가**가 있습니다.
- **중단원 평가, 대단원 평가, 수행 평가:** 다양한 유형의 문제를 풀어봄으로써 수시로 실시되는 학교 시험을 완벽하게 대비할 수 있습니다.

백점

BOOK 2 평가북

차례

사회 **5·1**

✏️ 빈칸에 알맞은 답을 쓰세요.

1   우리 국토는 (   ) 대륙의 동쪽에 위치한 반도입니다.

2   우리 국토는 도로나 철도를 이용해 (   )(으)로 나아가기 유리합니다.

3   한 나라의 주권이 미치는 땅이나 바다, 하늘의 범위를 무엇이라고 합니까?

4   한 나라의 영역 중 영토와 영해 위에 있는 하늘의 범위를 무엇이라고 합니까?

5   우리 국토의 동쪽 끝에 위치한 섬으로 우리나라 사람들이 살고 있는 삶의 터전은 어디입니까?

6   (   )(으)로 긴 우리나라는 큰 산맥과 하천을 중심으로 북부, 중부, 남부 지방으로 구분할 수 있습니다.

7   (   ) 지방은 휴전선 남쪽부터 소백산맥과 금강 하류가 만나는 선까지를 말합니다.

8   나라를 효율적으로 관리하려고 나눈 지역을 무엇이라고 합니까?

9   군사적으로 매우 중요한 고개인 철령에 외적의 침입을 막으려고 건설한 방어 시설은 무엇입니까?

10   우리나라는 부산광역시, 인천광역시, 대전광역시, 대구광역시, 광주광역시, (   ) 모두 6곳의 광역시가 있습니다.

✏ 빈칸에 알맞은 답을 쓰세요.

1 우리 국토는 아시아 대륙의 (   )에 위치한 반도입니다.

2 우리 국토는 삼면이 (   )와/과 맞닿아 있어 해양으로 나아가기에 좋은 위치에 있습니다.

3 우리나라 영토의 동쪽 끝은 경상북도 울릉군 (   )입니다.

4 영해는 우리나라 영토 주변의 바다로, 영해를 설정하는 기준선으로부터 (   )까지입니다.

5 휴전선을 기준으로 남과 북에 각각 2km 내에 위치한 영역을 무엇이라고 합니까?

6 (   ) 지방은 휴전선 북쪽인 지금의 북한 지역을 말합니다.

7 우리나라의 전통적인 지역 구분에서 (   ) 지방은 왕이 사는 도읍의 주변 지역을 뜻합니다.

8 우리나라의 전통적인 지역 구분은 오늘날 (   )을/를 정하는 기초가 되었습니다.

9 (   ) 지방은 조령 고개의 남쪽에 있어서 붙여진 이름입니다.

10 특별시, 특별자치시, 광역시에는 시청이 있고, 도와 특별자치도에는 (   )이/가 있습니다.

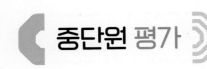
[1-2] 다음은 우리나라가 속한 대륙이 나타난 지도입니다. 물음에 답하시오.

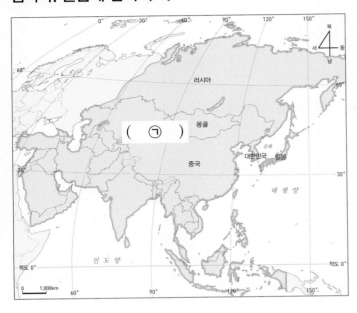

1 ⊕ 11종 공통

우리나라가 속한 대륙으로 위 지도의 ㉠에 들어갈 알맞은 말을 쓰시오.

( )

2 ⊕ 11종 공통

위 지도와 관련해 우리나라의 위치를 알맞게 설명한 것은 어느 것입니까? ( )

① 몽골과 직접 이웃해 있다.
② 일본의 동쪽에 위치하고 있다.
③ 러시아의 북쪽에 위치하고 있다.
④ 일본과 중국 사이에 위치하고 있다.
⑤ 남위 33°~43° 사이에 위치하고 있다.

3 ⊕ 11종 공통

우리나라 위치의 특징과 관련해 ( ) 안에 들어갈 알맞은 말을 쓰시오.

> 우리나라는 삼면이 바다로 둘러싸이고, 한 면은 육지에 이어진 땅인 ( )입니다.

( )

4 서술형 ⊕ 11종 공통

우리나라가 세계 여러 나라와 교류할 수 있는 까닭을 우리나라의 위치와 관련지어 쓰시오.

_____

_____

5 ⊕ 11종 공통

다음은 영역의 구성을 나타낸 그림입니다. ㉠, ㉡에 해당하는 말을 쓰시오.

㉠ ( ), ㉡ ( )

[6-7] 다음은 우리나라의 영토 끝이 표시된 지도입니다. 물음에 답하시오.

6 ● 11종 공통

위 지도를 보고, 다음 지역에 해당하는 영토의 끝을 찾아 쓰시오.

(1) 함경북도 온성군 유원진

( )

(2) 제주특별자치도 서귀포시 마라도

( )

7 ● 11종 공통

위 지도와 관련해 우리나라의 영토에 대한 설명으로 알맞은 것을 보기 에서 모두 골라 기호를 쓰시오.

보기

㉠ 영공에 따라 영토의 범위가 정해진다.
㉡ 다른 나라에서 함부로 들어올 수 없다.
㉢ 다른 나라의 주권도 함께 미치는 범위이다.
㉣ 한반도와 한반도에 속한 여러 섬을 말한다.

( )

8 ● 11종 공통

다음 ( ) 안에 들어갈 알맞은 숫자를 쓰시오.

우리나라의 영해는 우리나라 영토 주변의 바다로, 영해를 설정하는 기준선으로부터 ( )해리까지입니다.

( )

9 서술형 ● 11종 공통

다음 글을 읽고, 빈칸에 들어갈 알맞은 말을 쓰시오.

• 은규: 어제 뉴스를 봤는데, 우리나라의 영해에서 허가 없이 물고기를 잡은 다른 나라 어선이 처벌을 받는대.
• 채원: 다른 나라 어선이 우리나라 영해에서 물고기를 잡을 수 없구나. 왜 그럴까?
• 은규: 왜냐하면 _____

_____

_____

10 미래엔, 비상교육 외

다음에서 설명하는 ㉠은 어디인지 쓰시오.

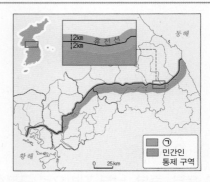

(㉠)은/는 휴전선을 중심으로 남과 북에 각각 2km내에 위치한 영역으로, 군인이나 무기를 원칙적으로 배치하지 않기로 한 곳입니다.

( )

11 ✚ 11종 공통

독도에 대한 설명으로 알맞지 <u>않은</u> 것은 어느 것입니까? (   )

① 화산 활동으로 생겨난 섬이다.
② 우리 국토의 동쪽 끝에 위치하고 있다.
③ 섬 전체를 천연기념물로 보호하고 있다.
④ 수산 자원과 지하자원이 풍부하고 국토방위에 중요한 장소이다.
⑤ 우리나라 사람들은 독도에 직접 방문할 수 없어 안타까운 장소이다.

12 ✚ 11종 공통

다음 (   ) 안에 들어갈 알맞은 말을 두 가지 고르시오. (,   )

> 남북으로 긴 우리나라는 큰 (   )을/를 중심으로 북부, 중부, 남부 지방으로 구분할 수 있습니다.

① 바다   ② 산맥
③ 평야   ④ 하천
⑤ 호수

13 서술형 ✚ 11종 공통

우리나라를 북부, 중부, 남부 지방으로 구분할 때 남부 지방의 의미를 쓰시오.

_____

_____

[14-15] 다음은 우리나라의 전통적인 지역 구분을 나타낸 지도입니다. 물음에 답하시오.

14 ✚ 11종 공통

위 지도에서 철령관과 관련된 이름을 가진 지역을 모두 찾아 쓰시오.

(   )

15 ✚ 11종 공통

위 지도와 관련해 (   ) 안에 들어갈 알맞은 말을 쓰시오.

> 우리나라의 전통적인 지역 구분에 따라 관동 지방은 (   )을/를 기준으로 영동 지방과 영서 지방으로 나뉩니다.

(   )

16 ⊕ 11종 공통

우리나라의 전통적인 지역 구분에 대한 설명을 선으로 알맞게 연결하시오.

(1) 경기 지방 •

(2) 영남 지방 •

(3) 호남 지방 •

• ㉠ 조령 고개의 남쪽에 있음.

• ㉡ 금강(옛 이름 호강)의 남쪽에 있음.

• ㉢ 왕이 사는 도읍의 주변 지역을 말함.

17 ⊕ 11종 공통

다음 지도와 같이 나라를 효율적으로 관리하려고 나눈 지역을 무엇이라고 하는지 쓰시오.

( )

18 ⊕ 11종 공통

우리나라의 행정 구역에 대한 설명으로 알맞지 <u>않은</u> 것은 어느 것입니까? ( )

① 도에는 경기도, 강원도 등이 있다.
② 도와 특별자치도에는 도청이 있다.
③ 특별시 1곳과 특별자치시 2곳이 있다.
④ 특별시, 특별자치시, 광역시에는 시청이 있다.
⑤ 광역시에는 인천광역시, 대전광역시 등이 있다.

19 서술형 ⊕ 11종 공통

북한 지역을 제외한 우리나라의 행정 구역은 어떻게 이루어져 있는지 쓰시오.

_____

_____

20 ⊕ 11종 공통

강원도의 명칭에 담겨 있는 그 지역의 중심 도시를 두 곳 고르시오. (,)

① 강릉　　　　　② 경주
③ 나주　　　　　④ 원주
⑤ 청주

✏️ 빈칸에 알맞은 답을 쓰세요.

1 ( )은/는 해안, 하천, 평야, 산지, 섬 등 땅의 다양한 생김새를 말합니다.

2 우리나라는 ㉠ ( )이/가 높고, ㉡ ( )이/가 낮은 지형 입니다.

3 사람들은 하천 중·상류에 다목적 댐을 건설해 ( )와/과 가뭄을 예방하고 전기를 생산합니다.

4 ( )에는 길게 뻗은 모래사장이 펼쳐진 곳이 많아 여름이 되면 해수욕을 즐기려고 관광객이 몰려듭니다.

5 우리나라는 ( )(으)로 길게 뻗어 있어 남쪽 지방과 북쪽 지방의 기온 차이가 큽니다.

6 우리나라는 연평균 강수량의 절반 이상이 ( )에 집중됩니다.

7 홍수 때 집이 물에 잠기는 것을 막으려고 집터를 주변보다 높여서 지은 집은 무엇입니까?

8 홍수, 가뭄, 태풍, 지진 등 피할 수 없는 자연 현상으로 인해 일어나는 피해를 무엇이라고 합니까?

9 ( )은/는 땅이 지구 내부의 힘을 받아 흔들리고 갈라지는 현상 으로, 인명과 재산에 피해를 주기도 하는 자연재해입니다.

10 자연재해의 피해를 줄이려면 재해가 발생했을 때의 행동 요령과 ( )을/를 알고 실천하는 태도가 필요합니다.

✏️ 빈칸에 알맞은 답을 쓰세요.

1 우리가 살고 있는 땅의 다양한 생김새를 무엇이라고 합니까?

2 우리 국토는 높고 험한 산지는 대부분 북동쪽에 많고, 비교적 낮은 ( )은/는 서쪽에 발달했습니다.

3 사람들이 여가 생활을 즐길 수 있도록 높은 ( )에 스키장이나 휴양 시설을 만듭니다.

4 서해안은 밀물과 썰물의 차가 커서 ( )이/가 발달했습니다.

5 오랜 기간 한 지역에서 나타나는 평균적인 대기 상태를 무엇이라고 합니까?

6 우리나라는 중위도에 위치해 ( )이/가 나타나며 계절별로 기온의 차이가 큽니다.

7 우리나라는 대체로 ㉠ ( )(으)로 갈수록 기온이 높아져 더 따뜻하고, ㉡ ( )(으)로 갈수록 기온이 낮아져 더 춥습니다.

8 우리나라는 대체로 남부 지방은 강수량이 많고, ( ) 지방은 강수량이 적습니다.

9 ( )은/는 비가 많이 내려 물이 흘러넘치고 도로나 건물이 물에 잠기는 것을 말합니다.

10 오랫동안 비가 오지 않거나 적게 오는 기간이 지속되는 현상을 무엇이라고 합니까?

1 ➕ 11종 공통

다음에서 설명하는 지형을 보기 에서 찾아 기호를 쓰시오.

보기
㉠ 산지   ㉡ 평야   ㉢ 하천   ㉣ 해안

(1) 빗물과 지하수가 낮은 곳으로 흘러가면서 만든 크고 작은 물줄기를 말합니다.
(   )

(2) 높이 솟은 산들이 모여 이룬 지형으로, 하천과 평야의 발달에도 영향을 줍니다.
(   )

2 ➕ 11종 공통

다음 (   ) 안에 공통으로 들어갈 지형의 이름을 쓰시오.

바다로 둘러싸인 땅을 (   )(이)라고 하며 우리나라에는 약 3,300 여 개의 (   )이/가 있습니다.

(   )

3 ➕ 11종 공통

우리나라의 지형에 대한 설명으로 알맞지 <u>않은</u> 것은 어느 것입니까? (   )

① 국토의 약 70%가 산지이다.
② 서쪽은 높고 동쪽은 낮은 지형이다.
③ 비교적 낮은 평야는 서쪽에 발달했다.
④ 높고 험한 산지는 대부분 북동쪽에 많다.
⑤ 큰 하천은 대부분 동쪽에서 서쪽으로 흘러간다.

[4-5] 다음은 우리나라의 지형도와 지형 단면도입니다. 물음에 답하시오.

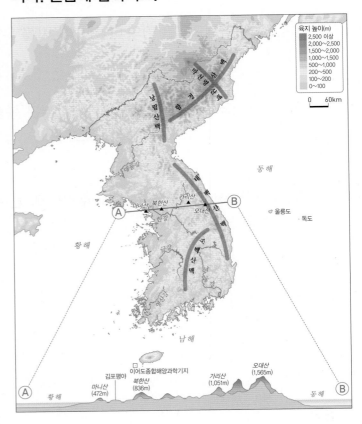

4 ➕ 11종 공통

위 지형도에서 우리나라의 동쪽에 위치하며 남북으로 가장 길게 뻗어 있는 산맥은 무엇입니까? (   )

① 낭림산맥   ② 태백산맥
③ 소백산맥   ④ 함경산맥
⑤ 마천령산맥

5 서술형 ➕ 11종 공통

위 지형도에서 한강, 금강과 같은 큰 하천이 동쪽에서 서쪽으로 흐르는 까닭이 무엇인지 쓰시오.

_____

6 ➕ 11종 공통

다음은 우리나라의 해안선이 나타난 지도입니다. ㉠, ㉡ 중 해안선이 단조롭고 해수욕장이 발달한 곳의 기호를 쓰시오.

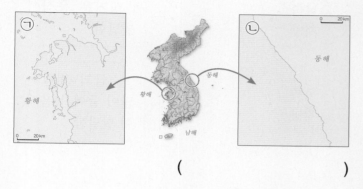

(   )

7 ➕ 11종 공통

다음과 같은 특징으로 인해 서해안에서 많이 볼 수 있는 모습은 무엇입니까? (   )

> 밀물과 썰물의 차가 커서 갯벌이 발달했습니다.

① 평야에서 농사를 짓는 모습
② 스키장에서 스키를 타는 모습
③ 해산물과 소금을 채취하는 모습
④ 해수욕장에서 물놀이를 하는 모습
⑤ 김, 조개류 등의 양식업을 하는 모습

8 서술형 ➕ 11종 공통

해안 지역에서 항구 도시가 발달한 까닭을 쓰시오.

_____

_____

9 ➕ 11종 공통

다음 중 평야 지역을 이용하는 모습을 두 가지 고르시오. (,   )

10 ➕ 11종 공통

다음에서 설명하는 것이 무엇인지 쓰시오.

> 짧은 시간에 변하는 대기의 상태를 뜻하는 날씨와 달리 오랜 기간 한 지역에 나타나는 평균적인 대기 상태를 말합니다.

내가 사는 곳은 비가 적게 오고 더워.

(   )

11 서술형 ⊕ 11종 공통

다음 그림과 관련해 겨울에 우리나라로 불어오는 바람의 특징을 쓰시오.

_____

_____

13 김영사, 미래엔 외

지역의 기온에 따른 옛날 사람들의 생활 모습을 선으로 알맞게 연결하시오.

(1) 남쪽 지방 •

(2) 북쪽 지방 •

• ㉠ 싱거운 음식이 발달함.

• ㉡ 소금과 젓갈이 많이 들어간 음식이 발달함.

14 ⊕ 11종 공통

우리나라의 강수량 특징에 맞게 강수량이 많은 쪽에 >, < 표시를 하시오.

(1) 남부 지방 (　　　) 북부 지방

(2) 여름철 강수량 (　　　) 겨울철 강수량

12 ⊕ 11종 공통

우리나라 동해안의 겨울 기온이 서해안보다 높은 까닭을 알맞게 말한 친구를 고르시오. (　　　)

① 동해의 수심이 얕기 때문이야.

② 계절별로 기온의 차이가 크기 때문이야

③ 우리나라가 중위도에 위치해 있기 때문이야.

④ 태백산맥이 차가운 북서풍을 막아 주기 때문이야.

15 ⊕ 11종 공통

다음에서 설명하는 것이 무엇인지 쓰시오.

여름철에 비가 많이 오는 지역에서 집이 물에 잠기는 것을 막으려고 집터를 주변보다 높여서 지은 집입니다.

(　　　　　　)

16 ⊕ 11종 공통

사람들의 생활 모습과 관련해 가뭄에 대비하기 위한 노력으로 알맞은 것은 어느 것입니까? (　　　)

① 온돌
② 설피
③ 저수지
④ 모시옷
⑤ 터돋움집

17 ⊕ 11종 공통

다음 보기 에서 우리나라에서 발생하는 자연재해를 모두 골라 기호를 쓰시오.

> **보기**
> ㉠ 태풍
> ㉡ 폭설
> ㉢ 폭염
> ㉣ 미세 먼지

(　　　　　　　)

18 ⊕ 11종 공통

겨울에 주로 발생하는 자연재해로 알맞은 것은 어느 것입니까? (　　　)

①
▲ 황사

②
▲ 폭염

③
▲ 가뭄

④
▲ 한파

19 ⊕ 11종 공통

다음과 같은 행동 요령과 관련 있는 자연재해는 무엇입니까? (　　　)

책상 아래로 들어가 몸을 보호합니다.

건물 밖으로 나가서 넓은 곳으로 대피합니다.

① 지진
② 폭설
③ 한파
④ 홍수
⑤ 황사

20 서술형 ⊕ 11종 공통

다음과 같은 홍수로 인한 피해를 줄이기 위한 노력을 두 가지 쓰시오.

✏ 빈칸에 알맞은 답을 쓰세요.

1 1960년대 이전에는 벼농사에 유리한 (   ) 지역에 사람들이 많이 모여 살아 인구 밀도가 높았습니다.

2 우리나라에서 인구가 가장 밀집한 지역은 서울을 중심으로 인천과 경기를 포함한 (   )입니다.

3 오늘날 우리나라의 연령별 인구 구성은 (   )·고령 사회의 특징을 보여 줍니다.

4 2018년에 우리나라는 노인 인구 비율이 14%를 넘어 (   ) 사회에 도달했습니다.

5 1960년대에 사람들이 (   )을/를 찾아 도시로 이동하면서 대도시 지역의 인구가 급속히 증가했습니다.

6 대도시로 인구가 집중하면서 생긴 문제를 해결하려고 1980년대부터 대도시 주변 지역에 (   )을/를 건설했습니다.

7 남동 임해 공업 지역을 중심으로 철강, 석유 화학, 조선, 자동차 등의 (   ) 공업이 발달했습니다.

8 오늘날에는 과학과 기술이 발달하면서 (   ) 산업이 빠르게 성장하고 있습니다.

9 광주와 대구 중 자동차 산업이 발달했으며 이와 관련된 여러 가지 시설을 볼 수 있는 지역은 어디입니까?

10 2004년에 고속 철도가 개통되면서 사람들의 (   )이/가 넓어졌습니다.

● 정답과 풀이 25쪽

✏️ 빈칸에 알맞은 답을 쓰세요.

1   1960년대 이후 우리나라의 인구 분포는 일자리, 교통 등 (　　) 환경의 영향을 많이 받았습니다.

2   인구가 줄어드는 (　　　)에서는 일손 부족, 교육 시설 부족 등의 문제가 발생합니다.

3   일정한 지역 안의 인구를 성, 연령 등의 기준으로 나누어 본 짜임새를 무엇이라고 합니까?

4   오늘날 저출산으로 새로 태어나는 아기의 수는 점점 ㉠ (　　　), 전체 인구에서 노인이 차지하는 비율은 ㉡ (　　　) 있습니다.

5   1970년대에는 포항, 울산, 마산, 창원 등이 새로운 (　　　) 도시로 성장하면서 도시 인구가 크게 증가했습니다.

6   1980년대 이후에는 국토를 균형적으로 발전시키려고 수도권에 있는 청사와 같은 (　　　)을/를 지방으로 옮겼습니다.

7   1970년대에 원료를 수입하고 제품을 수출하기 편리한 (　　　) 해안 지역에 중화학 공업 단지가 형성되었습니다.

8   1970년에 서울과 부산을 잇는 (　　　)이/가 완공되었습니다.

9   (　　　)의 발달로 사람과 물자의 이동이 더욱 활발해지고 지역 간 이동 시간이 줄어들고 있습니다.

10 도시의 성장으로 더 많은 인구가 (　　　)을/를 찾아 도시로 이동하면서 교통과 산업은 더욱 발달했습니다.

1 ✚ 11종 공통

다음은 1940년 우리나라의 인구 분포를 나타낸 것입니다. 이와 관련해 빈칸에 들어갈 알맞은 말에 ○표 하시오.

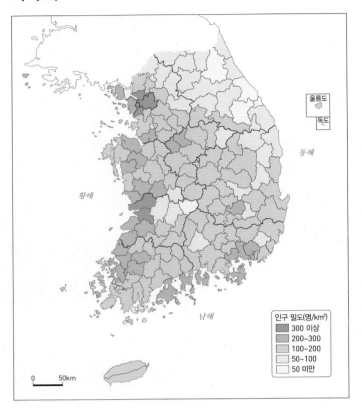

1960년대 이전에는 (남서쪽 , 북동쪽)의 평야 지역에 사람들이 많이 모여 살았습니다.

2 ✚ 11종 공통

다음 보기 에서 오늘날 우리나라의 인구 분포에 대한 설명으로 알맞은 것을 골라 기호를 쓰시오.

보기
㉠ 북동쪽 산지 지역의 인구 밀도가 높다.
㉡ 촌락 지역은 노년층 인구의 비율이 낮다.
㉢ 수도권에 우리나라 전체 인구의 약 절반이 모여 살고 있다.

( )

3 서술형 ✚ 11종 공통

다음 그래프를 보고, 1970년과 비교해 2020년의 65세 이상 인구의 변화를 쓰시오.

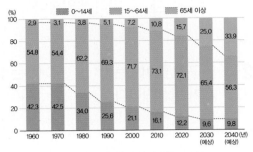

▲ 우리나라의 연령별 인구 구성

_____

_____

4 ✚ 11종 공통

다음 ㉠, ㉡에 들어갈 말을 알맞게 짝지은 것은 어느 것입니까? ( )

오늘날 우리나라는 (㉠) 인구는 점점 줄고 있고, (㉡) 인구는 점점 늘고 있습니다.

	㉠	㉡
①	노년층	유소년층
②	노년층	청장년층
③	유소년층	청장년층
④	유소년층	노년층
⑤	청장년층	유소년층

5 ✚ 11종 공통

다음 (가), (나)의 인구 피라미드 중 저출산·고령 사회의 모습이 나타난 것을 골라 기호를 쓰시오.

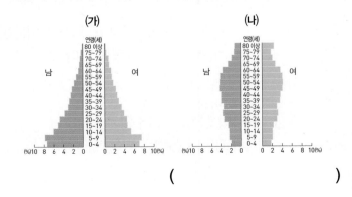

( )

6 ⊕ 11종 공통

다음은 우리나라의 도시 수와 도시별 인구를 나타낸 그래프입니다. 이에 대한 설명으로 알맞지 <u>않은</u> 것을 보기 에서 고르시오.

▲ 1960년

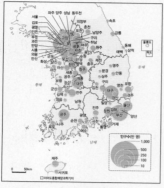
▲ 2020년

보기 ●

㉠ 수도권에 도시가 많이 생겨났다.
㉡ 우리나라의 도시 수가 크게 늘어났다.
㉢ 인구가 100만 명 이상인 대도시의 수가 줄어들었다.

( )

7 ⊕ 11종 공통

1960년대 이후 본격적으로 도시가 발달하게 된 배경으로 알맞은 것을 두 가지 고르시오. (,)

① 공업이 발달하기 시작했다.
② 지역 간의 이동이 어려워졌다.
③ 유소년층의 인구가 줄어들었다.
④ 공업 사회에서 농업 사회로 변화했다.
⑤ 사람들이 일자리를 찾아 도시로 이동했다.

8 ⊕ 11종 공통

1970년대에 새로운 공업 도시로 성장하여 도시 인구가 크게 증가한 곳이 <u>아닌</u> 지역은 어디입니까? ( )

① 마산 ② 세종 ③ 울산
④ 창원 ⑤ 포항

9 서술형 ⊕ 11종 공통

다음 밑줄 친 부분에 들어갈 알맞은 내용을 쓰시오.

대도시에 인구가 집중하면서 생긴 문제를 해결하려고 1980년대부터 _____ 인구와 기능을 분산했습니다.

_____

_____

10 ⊕ 11종 공통

1980년대 이후 우리나라의 도시 발달에 대해 알맞게 말한 친구를 골라 ○표 하시오.

(1)

국토를 균형적으로 발전시키려고 수도권에 있는 시설을 지방으로 옮겼습니다.

( )

(2)

대도시에 인구가 부족하여 일손 부족, 교육 시설 부족 등의 문제가 발생했습니다.

( )

11 ⊕ 11종 공통

다음 글을 읽고, ㉠~㉢ 중 옳지 <u>않은</u> 내용을 골라 기호를 쓰시오.

> 과거에는 생산 활동에 적합한 자연환경을 갖춘 곳에서 ㉠ 농업, 어업, 임업이 주로 발달했습니다. 1960년대에는 풍부한 노동력을 바탕으로 ㉡ 컴퓨터와 반도체 등 정보 통신 산업이 크게 성장했습니다. 1970년대에는 ㉢ 철강, 배, 자동차 등과 관련된 산업이 발달하였습니다. 오늘날에는 ㉣ 로봇, 항공, 우주와 관련된 첨단 산업이 발달하였습니다.

(   )

12 ⊕ 11종 공통

다음에서 설명하는 지역은 어디입니까? (   )

원료를 수입하고 제품을 수출하기 좋은 해안가에 위치해 물류 산업이 발달했습니다.

① 광주   ② 대구   ③ 대전
④ 부산   ⑤ 서울

13 서술형   아이스크림, 천재교육 외

다음과 같이 지역별로 각기 다른 산업이 발전한 까닭을 쓰시오.

▲ 첨단 산업(대전)   ▲ 시멘트 산업(동해)

_____

_____

[14-15] 다음은 우리나라의 주요 공업 지역이 나타난 지도입니다. 물음에 답하시오.

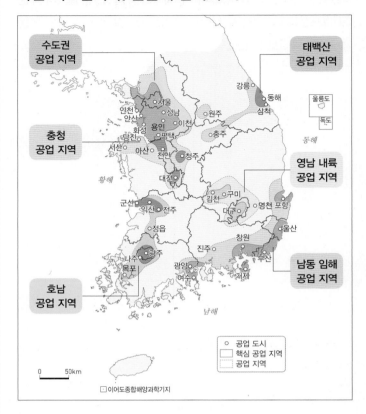

14 ⊕ 11종 공통

위 지도에 나타난 공업 지역 중 원료 수입과 제품 수출에 유리하여 중화학 공업이 발달한 곳은 어디인지 찾아 쓰시오.

(   )

15 ⊕ 11종 공통

위 지도에 나타난 태백산 공업 지역에 대한 설명으로 알맞은 것은 어느 것입니까? (   )

① 연구소와 대학교가 모여 있다.
② 자동차 관련 연구 시설이 발달했다.
③ 인구가 집중되어 있어 소비 시장이 크다.
④ 아름다운 자연환경과 따뜻한 기후가 나타난다.
⑤ 풍부한 지하자원을 바탕으로 원료 산업이 발달했다.

16 ➕ 11종 공통

교통의 발달로 달라진 사람들의 생활 모습으로 알맞은 것은 어느 것입니까? (   )

① 생활권이 넓어지고 있다.
② 물건의 이동이 느려지고 있다.
③ 사람의 이동이 줄어들고 있다.
④ 지역 간 이동 시간이 늘어나고 있다.
⑤ 사람들이 느끼는 지역 간의 거리가 점점 멀어지고 있다.

17 서술형 ➕ 11종 공통

다음은 우리나라의 교통 발달과 관련된 글입니다. 밑줄 친 '생활권'의 의미를 쓰시오.

> • 1960년대 말부터 여러 고속 국도가 건설되면서 전 국토가 1일 생활권으로 연결되었습니다.
> • 2004년부터 고속 철도가 개통되면서 전 국토의 반나절 생활권이 가능해졌습니다.

18 ➕ 11종 공통

인문환경의 변화에 따라 달라진 국토의 모습을 살펴보려고 할 때 조사할 주제로 알맞지 않은 것은 어느 것입니까? (   )

① 우리나라의 교통   ② 우리나라의 기후
③ 우리나라의 도시   ④ 우리나라의 산업
⑤ 우리나라의 인구

19 ➕ 11종 공통

다음 (   ) 안에 들어갈 알맞은 말을 쓰시오.

> 우리나라는 인구가 많은 지역을 중심으로 교통망이 발달했습니다. 교통이 발달하면 지역 간 교류가 활발해져서 (   )이/가 성장하면서 더욱 많은 도시가 생겨났습니다.

(   )

20 ➕ 11종 공통

인구, 도시, 산업, 교통 간의 관계에 대해 잘못 말한 친구를 골라 이름을 쓰시오.

인구의 증가에 따라 도시가 성장했어.
▲ 지민

산업의 발전으로 도시에 일자리가 집중됐어.
▲ 두준

교통의 발달로 지역 간 인구 이동이 감소했어.
▲ 은우

인구가 많은 지역을 중심으로 교통이 발달했어.
▲ 진서

(   )

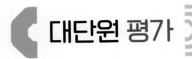

[1-2] 다음 지도를 보고, 물음에 답하시오.

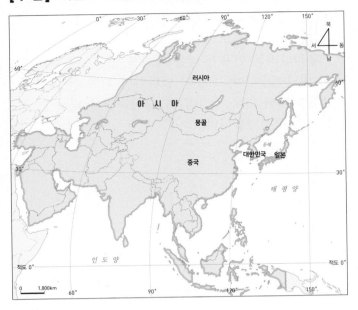

1 ➕ 11종 공통

위 지도와 관련해 ㉠~㉢ 중 옳지 <u>않은</u> 내용을 골라 기호를 쓰시오.

> 우리 국토는 ㉠ 아시아 대륙의 동쪽에 위치한 반도로, ㉡ 남위 33°~43°, 동경 124°~132° 사이에 위치해 있습니다. ㉢ 주변에는 러시아, 중국, 일본 등의 나라가 있습니다.

(   )

2 서술형 ➕ 11종 공통

위 지도를 통해 알 수 있는 우리 국토의 위치가 갖는 장점을 두 가지 쓰시오.

3 ➕ 11종 공통

우리 국토의 장소와 그 장소에 대한 설명을 선으로 알맞게 연결하시오.

(1) 독도 •

• ㉠ 한반도의 평화와 생태계 보전의 중요성과 관련된 장소임.

(2) 비무장 지대 •

• ㉡ 우리 국토의 동쪽 끝에 위치한 섬으로 국토 방위에 중요한 장소임.

4 ➕ 11종 공통

다음과 같이 지역을 구분할 때 북부 지방과 중부 지방을 나누는 경계선은 무엇인지 쓰시오.

(   )

5 ➕ 11종 공통

우리나라의 전통적인 지역 구분에서 다음 강과 관련된 지역을 두 곳 고르시오. (,   )

① 관북 지방   ② 관서 지방
③ 호서 지방   ④ 호남 지방
⑤ 영남 지방

▲ 금강

6 ⊕ 11종 공통

경기 지방이라는 명칭에 담긴 의미로 알맞은 것은 어느 것입니까? (   )

① 금강의 남쪽에 있는 지역이다.
② 왕이 사는 도읍의 주변 지역이다.
③ 조령 고개의 남쪽에 있는 지역이다.
④ 철령관을 기준으로 서쪽에 있는 지역이다.
⑤ 의림지의 서쪽에 위치하고 금강의 서쪽에 있는 지역이다.

7 ⊕ 11종 공통

다음 우리나라의 행정 구역을 나타낸 지도를 보고, 특별자치시를 찾아 이름을 쓰시오.

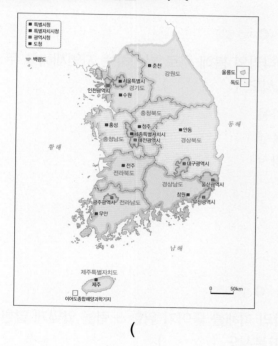

(   )

8 ⊕ 11종 공통

다음 글의 ㉠, ㉡에 해당하는 지형이 무엇인지 쓰시오.

> 우리가 살아가는 곳에는 다양한 지형이 있습니다. ㉠ 바다와 맞닿은 육지 부분으로 갯벌이 나타나거나 모래사장이 있는 곳이 있으며, ㉡ 하천 주변에 넓고 평탄한 땅으로 농사짓기가 적당한 곳도 있습니다.

㉠ (   ), ㉡ (   )

[9-10] 다음은 우리나라의 지형도와 지형 단면도입니다. 물음에 답하시오.

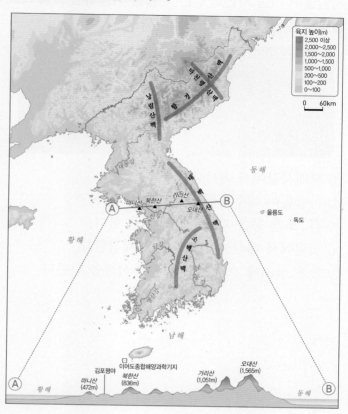

9 ⊕ 11종 공통

위 지도와 관련해 우리나라 지형의 특징으로 알맞은 것은 무엇입니까? (   )

① 북쪽과 동쪽에 여러 산맥이 있다.
② 산맥 주변에 넓은 평야가 모여 있다.
③ 우리 국토는 산지보다 평야가 훨씬 많다.
④ 한강과 금강은 서쪽에서 동쪽으로 흐른다.
⑤ 동쪽은 낮고 서쪽은 높은 지형이 나타난다.

10 서술형 비상교과서, 아이스크림 외

위 지형 단면도의 김포평야 주변에서 생활하는 사람들의 모습을 한 가지만 쓰시오.

_____

_____

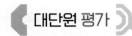
11 ⊕ 11종 공통

사람들이 다음 사진과 같은 지형을 이용하는 모습으로 알맞지 <u>않은</u> 것은 어느 것입니까? (   )

① 모래사장에서 여가를 즐긴다.
② 사람들이 해수욕을 즐기려고 모인다.
③ 김, 조개 등을 기르는 양식업을 한다.
④ 갯벌에서 해산물이나 소금을 채취한다.
⑤ 높은 산지에 스키장이나 휴양 시설을 만든다.

12 서술형 ⊕ 11종 공통

다음과 같은 바람이 우리나라에 불어오는 계절이 무엇인지 쓰고, 그 계절의 기후 특징을 간단히 쓰시오.

_____

_____

13 ⊕ 11종 공통

다음 보기 에서 우리나라 기온의 특징에 대한 설명으로 알맞은 것을 골라 기호를 쓰시오.

보기
㉠ 남쪽에서 북쪽으로 갈수록 기온이 높아진다.
㉡ 대체로 내륙 지역이 해안 지역보다 겨울에 더 따뜻하다.
㉢ 태백산맥과 동해의 영향으로 동해안의 겨울 기온이 서해안보다 높은 편이다.

(   )

14 ⊕ 11종 공통

우리나라의 봄에 주로 발생하는 자연재해를 두 가지 고르시오. (,   )

① 가뭄   ② 폭설
③ 폭염   ④ 한파
⑤ 황사

15 ⊕ 11종 공통

한파의 피해를 줄이기 위한 노력을 알맞게 말한 친구를 고르시오. (   )

① 손이나 가방으로 머리를 보호합니다.

② 햇볕에 오랜 시간 동안 노출되지 않도록 합니다.

③ 체온을 유지하기 위해 장갑, 모자, 목도리 등을 착용합니다.

④  창문과 창틀을 테이프로 단단히 고정시킵니다.

16 ✚ 11종 공통

다음에서 설명하는 것이 무엇인지 보기 에서 골라 쓰시오.

보기
• 인구 구성   • 인구 분포   • 인구 밀도

(1) 사람들이 어디에 얼마나 모여 살고 있는지 나타낸 것입니다.

(   )

(2) 일정한 넓이(1km²) 안의 인구수로, 인구가 모여있는 정도를 나타낸 것입니다.

(   )

17 서술형 ✚ 11종 공통

다음 두 지도를 보고, 과거와 오늘날에 인구 밀도가 높은 지역의 특징을 비교하여 쓰시오.

▲ 1940년의 인구 분포   ▲ 2020년의 인구 분포

18 ✚ 11종 공통

우리나라가 고령 사회로 진입하게 된 까닭으로 알맞은 것은 어느 것입니까? (   )

① 인구가 늘었기 때문에
② 노인 인구가 늘었기 때문에
③ 평균 수명이 짧아졌기 때문에
④ 아이를 많이 낳는 가정이 늘었기 때문에
⑤ 농촌에서 도시로 이동하는 사람들이 늘었기 때문에

19 ✚ 11종 공통

교통의 발달로 달라진 국토의 모습에 대한 설명으로 알맞지 <u>않은</u> 것은 어느 것입니까? (   )

① 사람들의 생활권이 보다 넓어졌다.
② 지역 간의 이동 시간이 줄어들었다.
③ 사람과 물자의 이동이 더욱 활발해졌다.
④ 제품 생산에 필요한 원료를 빠르게 운반할 수 있게 되었다.
⑤ 공항의 수가 늘면서 자동차를 이용하는 사람들의 수가 늘어났다.

20 ✚ 11종 공통

인문환경의 변화에 따라 달라진 국토의 모습과 관련해 다음 (   ) 안에 공통으로 들어갈 말을 쓰시오.

• 우리나라는 (   )이/가 많은 지역을 중심으로 교통망이 발달했습니다.
• 도시의 성장으로 더 많은 (   )이/가 일자리를 찾아 도시로 이동하면서 교통과 산업은 더욱 발달했습니다.

(   )

평가 주제	우리나라의 위치와 영역 특징 설명하기
평가 목표	우리나라 위치의 특징과 영역의 의미를 설명할 수 있다.

[1-3] 다음 지도를 보고, 물음에 답하시오.

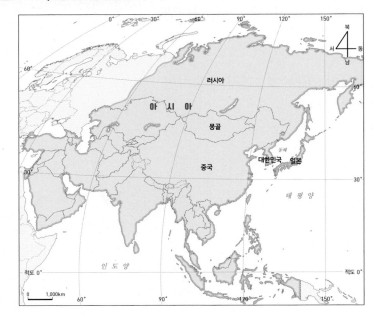

1 위 지도에서 우리나라의 위치를 보고, 빈칸에 들어갈 알맞은 말을 쓰시오.

⑴ 우리 국토는 아시아 대륙의 (   )쪽에 위치한 반도입니다.

⑵ 우리나라 주변에는 러시아, 중국, (   ), 몽골 등의 나라가 위치하고 있습니다.

2 우리나라 위치의 특징과 관련해 ㉠, ㉡에 들어갈 알맞은 말을 쓰시오.

예 우리 국토는 도로나 철도를 이용해 (㉠   )(으)로 나아가기 유리합니다. 또 삼면이

(㉡   )와/과 맞닿아 있어 해양으로 나아가기에도 좋은 위치에 있습니다.

3 우리나라의 영역과 관련해 ㉠~㉢에 들어갈 알맞은 말을 쓰시오.

영토	(㉠)와/과 한반도에 속한 여러 섬을 말합니다.
영해	우리나라 (㉡)의 영역을 말합니다.
영공	우리나라 영토와 영해 위에 있는 (㉢)의 범위를 말합니다.

평가 주제	우리나라의 지역별 기온 특징 파악하기
평가 목표	우리나라 기온의 특징이 옛날 사람들의 생활에 끼친 영향을 설명할 수 있다.

[1-3] 다음 우리나라의 기후도를 보고, 물음에 답하시오.

▲ 1월 평균 기온

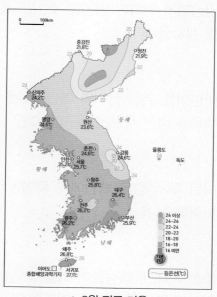

▲ 8월 평균 기온

1 위 두 기후도를 보고, ㉠, ㉡에 들어갈 알맞은 말을 쓰시오.

> 우리나라는 대체로 (㉠)(으)로 갈수록 기온이 높아져 더 따뜻하고, (㉡)(으)로 갈수록 기온이 낮아져 더 춥습니다.

㉠ (   ), ㉡ (   )

2 위 1월 평균 기온을 나타낸 기후도에서 서울보다 강릉의 기온이 더 높은 까닭을 쓰시오.

_____

_____

3 우리나라 기온의 특징이 옛날 사람들의 계절별 의생활에 끼친 영향을 쓰시오.

(1) 여름

(2) 겨울

✏ 빈칸에 알맞은 답을 쓰세요.

1 모든 사람이 인간다운 삶을 살아가기 위해 당연히 누려야 할 기본적인 권리를 무엇이라고 합니까?

2 임산부가 편하게 이동할 수 있도록 지하철이나 버스에 ( )을/를 설치합니다.

3 어린이를 위한 잡지와 어린이날을 만드는 등 어린이의 인권 신장을 위해 노력한 사람은 누구입니까?

4 마틴 루서 킹은 백인에게 차별받는 ( )의 인권을 신장하고자 노력했습니다.

5 조선 시대에 백성들이 억울한 일이 있을 때 대궐 밖에 설치된 북을 쳐서 임금에게 알릴 수 있도록 한 제도는 무엇입니까?

6 억울한 일을 당한 사람이 임금의 행차 때 징이나 꽹과리를 쳐서 임금에게 억울함을 호소할 수 있었던 제도를 ( )(이)라고 합니다.

7 ( )은/는 시각 장애인이 손으로 읽을 수 있는 한글 점자인 '훈맹정음'을 만들었습니다.

8 시각 장애인이 안전하게 다닐 수 있도록 건물의 바닥이나 도로에 깐 블록을 무엇이라고 합니까?

9 국가와 지방 자치 단체에서 국민이 빈곤, 질병, 생활 불안 등에서 벗어나 안정적으로 살 수 있도록 시행하는 제도를 무엇이라고 합니까?

10 다양성을 인정하는 태도를 지니고 상대방을 ( )하는 말과 행동을 함으로써 다른 사람의 인권을 지킬 수 있습니다.

✏ 빈칸에 알맞은 답을 쓰세요.

1 (   )이/가 보장될 때 우리는 인간으로서 존엄을 지키고 행복하게 살 수 있습니다.

2 인권은 인종, 성별, 나이, 종교, 국적 등과 관계없이 누구나 동등하게 누려야 하는 (   )입니다.

3 어린이가 안전하게 등하교할 수 있도록 학교 앞에 어린이 (   ) 을/를 지정합니다.

4 『홍길동전』을 지어 신분이 천하다는 이유로 능력을 펼칠 기회를 주지 않는 신분 제도의 잘못된 점을 주장한 사람은 누구입니까?

5 (   )은/는 가난하고 아픈 사람들을 위해 평생을 바치고, 버림받은 아이도 존중해야 한다고 생각했습니다.

6 신분과 관계없이 억울한 일을 문서에 써서 임금에게 호소할 수 있었던 제도를 무엇이라고 합니까?

7 조선 시대에는 사형과 같은 무거운 형벌을 내릴 때 신분과 관계없이 (   ) 번의 재판을 거치도록 했습니다.

8 사생활 침해, 편견이나 차별, 사이버 폭력을 포함한 학교 폭력은 상대방의 인권을 (   )하지 않는 모습입니다.

9 학교에서는 자신의 권리를 알고, 다른 사람의 인권을 존중할 수 있도록 다양한 인권 (   )을/를 실시합니다.

10 국가와 (   )에서는 모든 사람이 안전하고 편리할 수 있도록 다양한 공공 편의 시설을 설치하여 운영합니다.

2
단원

[1-2] 다음 글을 읽고, 물음에 답하시오.

> 모든 사람은 태어나면서부터 인간답게 살 권리가 있으며, 어떤 이유로도 인간답게 살 권리를 다른 사람이 빼앗을 수 없습니다. 이처럼 사람이기 때문에 당연히 누려야 할 기본적인 권리를 (　　　)(이)라고 합니다.

1 ➕ 11종 공통

윗글의 (　　　) 안에 들어갈 알맞은 말을 쓰시오.

(　　　　　　　)

2 ➕ 11종 공통

위 **1**번 답에 대한 설명으로 알맞지 <u>않은</u> 것은 어느 것입니까? (　　　)

① 모든 사람에게 평등하게 보장된다.
② 누구나 동등하게 누려야 하는 권리이다.
③ 다른 사람이 힘이나 권력으로 빼앗을 수 있다.
④ 사람으로서 당연히 인간답게 살 권리를 말한다.
⑤ 누구나 안전하게 행복을 누리며 살아갈 권리를 말한다.

3 ➕ 11종 공통

생활 속에서 인권이 존중되는 모습과 관련해 빈칸에 알맞은 말에 ◯표 하시오.

(1) 장애인이 편리하게 이동할 수 있도록 장애인 전용 (주차 구역 , 보호 구역)을 만듭니다.
(2) 몸이 불편한 사람이 버스에 쉽게 오를 수 있도록 바닥이 낮고 출입구에 경사판을 설치한 (저상 버스 , 임산부 배려석)을/를 운영합니다.

4 ➕ 11종 공통

생활 속에서 인권이 존중되는 모습으로 알맞지 <u>않은</u> 것은 어느 것입니까? (　　　)

① 학교 앞에 어린이 보호 구역을 지정한다.
② 밤 10시가 넘은 시간에 피아노 연주를 한다.
③ 키가 작은 어린이를 위해 낮은 세면대를 설치한다.
④ 노약자와 몸이 불편한 사람을 위해 공공 장소에 승강기를 설치한다.
⑤ 임신, 출산 등으로 직장 생활을 잠시 쉬어야 할 때 이를 법적으로 보장한다.

5 서술형  ➕ 11종 공통

다음 사진의 인물이 인권 신장을 위해 노력했던 일을 한 가지만 쓰시오.

▲ 테레사 수녀

_____

_____

6 ➕ 11종 공통

다음은 제1회 어린이날 선전문 중의 일부 내용입니다. 이 글과 관련 있는 사람은 누구입니까? (   )

> • 어린이를 내려다보지 마시고 쳐다 보아 주시오.
> • 어린이에게 경어를 쓰시되 부드럽게 하여 주시오.
> • 어린이를 책망하실 때에는 쉽게 성만 내지 마시고 자세히 타일러 주시오.
> • 어린이들이 서로 모여 즐겁게 놀 만한 놀이터와 기관 같은 것을 지어 주시오.

① 김구   ② 허균   ③ 방정환
④ 전태일   ⑤ 이효재

7 비상교과서, 천재교과서 외

다음 사진의 인물이 인권 신장을 위해 노력했던 일로 알맞은 것은 무엇입니까? (   )

▲ 마틴 루서 킹

① 신분 제도를 없앨 것을 주장했다.
② 여성의 인권 보호를 위해 노력했다.
③ 어린이를 존중해야 한다고 주장했다.
④ 흑인의 인권을 신장하려고 노력했다.
⑤ 장애인이 차별 없이 살아갈 수 있게 노력했다.

8 서술형 ➕ 11종 공통

옛날에 백성들이 다음 그림과 같은 방법을 사용했던 까닭을 쓰시오.

_____

_____

[9-10] 다음 글을 읽고, 물음에 답하시오.

> 조선 시대에도 죄를 지은 사람에게 형벌을 내릴 때는 세밀하게 조사하고 신중하게 결정하도록 했습니다. 특히 사형과 같은 형벌을 내릴 때는 세 번의 재판을 거치도록 했습니다.

9 ➕ 11종 공통

윗글의 밑줄 친 제도를 무엇이라고 하는지 쓰시오.

(   )

10 ➕ 11종 공통

윗글과 같이 형벌을 내릴 때 세 번의 재판을 거치도록 한 까닭을 알맞게 말한 친구를 골라 이름을 쓰시오.

> • 근아: 더 무거운 벌을 내리기 위해서야.
> • 형주: 많은 사람들에게 보여 주기 위해서야.
> • 미소: 피해를 본 사람을 보호하기 위해서야.
> • 준혁: 억울하게 벌을 받는 일이 없도록 하기 위해서야.

(   )

11 ⊕ 11종 공통

다음에서 설명하는 제도가 무엇인지 쓰시오.

> 신분과 관계없이 억울한 일을 문서에 써서 임금에게 호소할 수 있었습니다.

(   )

12 ⊕ 11종 공통

다음과 같이 다문화 가정 친구의 인권 보장이 필요한 사례에 해당하는 것은 어느 것입니까? (   )

① 보살펴 줄 가족이 없어 외롭다.
② 몸이 아파도 병원에 갈 수 없다.
③ 놀이터가 없어 친구들과 놀 곳이 없다.
④ 피부색이나 외모가 달라 놀림을 받는다.
⑤ 도로에 점자 블록이 설치되어 있지 않아 혼자 다니기 어렵다.

13 ⊕ 11종 공통

다음과 같은 상황에서 필요한 인권 보장을 위한 노력으로 알맞은 것은 어느 것입니까? (   )

> 민준이 삼촌은 시각 장애가 있습니다. 삼촌은 수영을 배우고 싶어 수영장을 찾았지만 건물에서 길을 찾지 못해 누군가의 도움이 필요했습니다.

① 수영장 건물에 음향 신호기를 설치한다.
② 수영장 건물에 휠체어 리프트를 설치한다.
③ 수영장 건물 바닥에 점자 블록을 설치한다.
④ 집에서 가까운 곳에 새로운 수영장을 짓는다.
⑤ 집에서 수영장까지 갈 수 있는 교통 시설을 늘린다.

14 서술형 ⊕ 11종 공통

학교에서 다음 사진과 같이 인권 교육을 실시하는 까닭을 한 가지만 쓰시오.

_____

_____

15 ⊕ 11종 공통

다음 밑줄 친 내용에 해당하는 사람을 보기 에서 두 명 골라 기호를 쓰시오.

> 모든 사람이 행복하게 살아가려면 인권 침해를 당하는 사람이 있는지 살펴보고, 이들의 인권을 보장하는 데 관심을 가져야 합니다.

보기
ⓐ 안전 점검을 통과한 놀이터에서 즐겁게 놀고 있는 어린이
ⓑ 피부색이 다르다고 친구들에게 놀림을 받는 다문화 가정의 어린이
ⓒ 시각 장애인용 음향 신호기가 설치되어 있지 않아 가고 싶은 곳에 갈 수 없는 시각 장애인

(   )

[16-17] 다음 사진을 보고, 물음에 답하시오.

16 미래엔, 비상교과서 외

위 사진에 나타난 공공 편의 시설은 어느 것입니까?

( )

① 계단
② 육교
③ 횡단보도
④ 버스 정류장
⑤ 시각 장애인용 점자 안내도

17 서술형 미래엔, 비상교과서 외

위 사진과 같은 시설을 설치하여 운영하는 까닭을 쓰시오.

_____

_____

18 ➕ 11종 공통

다음에서 설명하는 것이 무엇인지 쓰시오.

> 국가와 지방 자치 단체가 국민이 빈곤, 질병, 생활 불안 등에서 벗어나 안정적으로 살 수 있도록 하기 위해 만든 제도입니다.

( )

19 ➕ 11종 공통

우리가 생활 속에서 실천할 수 있는 인권 보호 방법으로 알맞지 <u>않은</u> 것은 어느 것입니까? ( )

① 인권 캠페인 활동하기
② 인권을 주제로 한 작품 만들기
③ 상대방을 존중하는 말 사용하기
④ 인권 개선을 요구하는 편지 쓰기
⑤ 인권을 보호하는 법을 직접 만들어 시행하기

2 단원

20 ➕ 11종 공통

다음과 같은 친구의 말에 대한 대답 중 인권을 존중하는 말로 알맞은 것은 어느 것입니까? ( )

> 내 꿈은 경찰관이야.

① 넌 여자라서 안 돼.

② 넌 훌륭한 경찰관이 될 수 있어.

③ 넌 공부를 못해서 어려울 거야.

④ 넌 키가 작아서 안 돼.

✏ 빈칸에 알맞은 답을 쓰세요.

1 법 중에서 가장 기본이 되는 법으로, 우리나라 최고의 법은 무엇입니까?

2 헌법은 국민의 (   )을/를 보장하고자 국가 기관을 조직하고 운영하는 기본 원칙을 제시하고 있습니다.

3 헌법으로 보장되는 국민의 기본적인 권리를 (   )(이)라고 합니다.

4 (   )은/는 법이 헌법에 어긋나는지, 국가 권력이 국민의 권리를 침해하는지 등을 심판하는 곳입니다.

5 법을 공평하게 적용받아 차별받지 않을 권리를 (   )(이)라고 합니다.

6 (   )은/는 국가의 정치 의사 형성 과정에 참여할 수 있는 권리를 말합니다.

7 모든 국민이 나와 가족, 우리 모두의 안전을 위해 나라를 지킬 의무를 (   )의 의무라고 합니다.

8 부모님께서 세금을 납부하시는 것은 국민의 의무 중 무엇과 관련 있습니까?

9 쓰레기 분리수거를 하는 것은 (   )의 의무와 관련된 생활 모습니다.

10 우리가 행복하게 살아가려면 헌법에 나타난 권리를 보장하고 의무를 (   )하는 것이 모두 필요합니다.

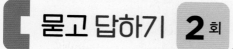
✏️ 빈칸에 알맞은 답을 쓰세요.

1 헌법에는 대한민국 국민이 누려야 할 권리와 지켜야 할 (   )이/가 나타나 있습니다.

2 헌법의 내용을 새로 정하거나 고칠 때는 (   )을/를 해야 합니다.

3 헌법은 새로운 법을 만들 때 그 법이 국민의 (   )을/를 침해하지 못하도록 합니다.

4 국민의 기본권 중 인간답게 살 수 있도록 국가에 요구할 수 있는 권리는 무엇입니까?

5 국민이 원하는 직업을 선택할 수 있는 것은 (   )이/가 보장되기 때문입니다.

6 기본권은 국가의 안전 보장, 공공의 이익, 사회 질서 유지 등을 위해 필요한 경우 법률에 따라 (   )될 수도 있습니다.

7 헌법은 국민의 기본권을 보장하는 동시에 국민으로서 지켜야 하는 (   )도 정해 놓았습니다.

8 모든 국민은 자녀가 잘 성장할 수 있도록 (   )을/를 받게 할 의무가 있습니다.

9 부모님이 일을 하시는 것은 (   )의 의무와 관련된 생활 모습입니다.

10 권리와 의무 중 어느 하나만을 강조하는 것이 아니라 서로의 입장을 이해하고 공감하면서 권리와 의무의 (   )을/를 추구하는 태도가 필요합니다.

1 ➕ 11종 공통

다음 중 헌법에 대한 설명으로 옳은 것에 모두 ○표 하시오.

(1) 여러 법을 바탕으로 헌법을 만들었습니다.

( )

(2) 헌법은 법 중에서 가장 기본이 되는 법입니다.

( )

(3) 헌법에서 제시한 국민의 권리는 국가가 함부로 침해할 수 없습니다. ( )

2 ➕ 11종 공통

다음 밑줄 친 '이것'이 무엇인지 쓰시오.

> • <u>이것</u>은 국가의 중요한 일을 국민이 최종적으로 투표해 결정하는 제도입니다.
> • 헌법의 내용을 새로 정하거나 고칠 때 <u>이것</u>을 해야 합니다.

( )

3 ➕ 11종 공통

대한민국 헌법의 내용으로 알맞은 것을 [보기]에서 모두 골라 기호를 쓰시오.

> **보기**
> ㉠ 입법권은 행정부에 속한다.
> ㉡ 대한민국은 민주공화국이다.
> ㉢ 대한민국의 주권은 국민에게 있고, 모든 권력은 국민으로부터 나온다.
> ㉣ 모든 국민은 인간으로서의 존엄과 가치를 가지며, 행복을 추구할 권리를 가진다.

( )

4 ➕ 11종 공통

다음 헌법 조항과 관련된 국민의 기본권은 무엇입니까? ( )

> 제24조 모든 국민은 법률이 정하는 바에 의하여 선거권을 가진다.
> 제25조 모든 국민은 법률이 정하는 바에 의하여 공무 담임권을 가진다.

① 사회권   ② 자유권
③ 참정권   ④ 청구권
⑤ 평등권

5 ➕ 11종 공통

생활에서 평등권을 보장받은 사례로 알맞은 것은 어느 것입니까? ( )

① 원하는 직업을 자유롭게 선택할 수 있어요.

② 성별이나 장애에 차별받지 않고 동등하게 일할 수 있어요.

③ 억울한 일을 당하면 재판을 청구할 수 있어요.

④ 깨끗한 환경에서 생활할 수 있어요.

6 서술형 ➕ 11종 공통

헌법이 보장하는 기본권이 법률에 따라 제한되는 때는 언제인지 쓰시오.

_____

_____

7 ✚ 11종 공통

다음 중 국방의 의무를 실천하고 있는 사람을 골라 ○표 하시오.

(1) ○○세무서
세금을 납부해요.
( )

(2) 군대에서 훈련을 받아요.
( )

8 ✚ 11종 공통

우리가 학교에서 공부할 수 있는 것과 관련된 기본권과 의무를 알맞게 짝지은 것은 어느 것입니까?
( )

① 사회권, 교육의 의무
② 사회권, 납세의 의무
③ 참정권, 교육의 의무
④ 청구권, 교육의 의무
⑤ 청구권, 근로의 의무

9 ✚ 11종 공통

다음 글에 나타난 제도의 시행과 관련된 권리는 무엇인지 보기 에서 골라 기호를 쓰시오.

청소년 보호법에 따라 16세 미만의 청소년들은 오전 0시부터 오전 6시까지 모든 온라인 게임 이용이 제한됩니다.

보기
㉠ 청소년이 건강하게 성장할 권리
㉡ 청소년이 자유롭게 공부할 권리
㉢ 청소년이 자신의 의견을 표현할 권리

( )

10 서술형 아이스크림, 천재교육 외

다음 글을 읽고, 땅 주인이 자신의 권리만을 주장할 경우 발생할 수 있는 문제점을 쓰시오.

○○시는 멸종 위기종이 발견된 지역을 생태 보호 지역으로 지정할 계획을 세우고 그 인근의 땅을 개발하지 못하도록 제한했습니다. 이 과정에서 땅 주인과 ○○시 사이에 의견이 충돌하고 있습니다.

11 ✚ 11종 공통

권리와 의무의 관계에 대한 설명으로 옳지 않은 것은 어느 것입니까? ( )

① 권리와 의무의 조화가 필요하다.
② 권리와 의무는 서로 긴밀하게 연결되어 있다.
③ 어떤 상황에서도 권리보다 의무가 더 우위에 있다.
④ 권리와 의무는 서로의 입장에 따라 충돌할 때가 있다.
⑤ 권리의 보장과 의무의 실천 중 어느 하나만 강조할 수는 없다.

12 ✚ 11종 공통

권리와 의무가 충돌할 때 문제를 해결하기 위한 바람직한 자세를 알맞게 말한 친구를 골라 ○표 하시오.

(1) 권리와 의무를 조화시킬 수 있는 합리적인 해결 방안을 생각해야 해.
( )

(2) 국민의 의무보다 권리가 더 중요해.
( )

✎ 빈칸에 알맞은 답을 쓰세요.

1 사회 질서를 유지하고 정의를 실현하기 위해 국가가 만든 사회 규범을 무엇이라고 합니까?

2 법은 사람들이 사회생활에서 지켜야 할 행동 기준으로서 이를 어겼을 때는 (　　　)을/를 받습니다.

3 '가게에서 돈을 내지 않고 물건을 가져가는 것'과 '이웃 어른을 보고 인사하지 않는 것' 중 법으로 제재를 받는 상황은 어느 것입니까?

4 음악, 영화, 출판물 등 창작물을 만든 사람의 권리를 보호하는 법을 무엇이라고 합니까?

5 「어린이 놀이 시설 안전 관리법」은 어린이가 안전하게 놀 수 있도록 (　　　)을/를 정기적으로 관리하는 법입니다.

6 우리 사회는 개인의 (　　　)을/를 보호하고 안정된 사회 질서를 유지하고자 법을 만들었습니다.

7 법은 안전하고 쾌적한 (　　　)에서 살아갈 수 있게 해 줍니다.

8 법을 어기는 행동은 사람들 간의 (　　　)을/를 유발합니다.

9 재판을 할 때 피고인을 대신해 권리를 주장하는 사람은 누구입니까?

10 법을 지키지 않으면 (　　　)이/가 유지될 수 없습니다.

1 사람들이 도로 위에서 반드시 지켜야 하는 규칙처럼 국가가 만든 강제성이 있는 규칙을 (   )(이)라고 합니다.

2 법이 사회의 (   )에 맞지 않거나 인권을 침해할 때에는 법을 바꾸거나 다시 만들 수 있습니다.

3 사람들이 양심에 따라 마땅히 지켜야 할 사회 규범을 무엇이라고 합니까?

4 법은 가정과 학교 등을 비롯해 (   ) 곳곳에 적용되고 있습니다.

5 「도로 교통법」은 사람과 자동차가 (   )에서 안전하게 다닐 수 있도록 만든 법입니다.

6 개인의 (   )이/가 침해되었을 때 법을 통해 구제받을 수 있습니다.

7 사고나 범죄로부터 사람들을 보호하고 안전하게 지켜 주는 법의 역할은 무엇입니까?

8 법을 (   ) 행동은 다른 사람에게 피해를 주고 다른 사람의 권리를 침해합니다.

9 법을 지키지 않을 때는 (   )을/를 해 타인에게 피해를 준 사람의 권리를 제한하기도 합니다.

10 법을 지키면 다른 사람의 (   )을/를 보호하고 나의 (   )도 보호할 수 있습니다.

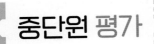
1 아이스크림, 천재교육 외

다음 도로 위에서 지켜야 할 규칙을 어겼을 때 벌어질 수 있는 일은 무엇입니까? (   )

• 파란불일 때 횡단보도 건너기
• 횡단보도에서는 자전거에서 내려서 걷기

① 자동차 수가 늘어난다.
② 자동차의 기능이 다양해진다.
③ 사람들 간의 다툼이 줄어든다.
④ 목적지까지 안전하게 갈 수 있다.
⑤ 도로가 혼란스러워 교통사고가 날 수 있다.

2 ➕ 11종 공통

법에 대한 설명으로 옳지 <u>않은</u> 것은 어느 것입니까?
(   )

① 강제성은 없다.
② 어겼을 때는 제재를 받는다.
③ 모든 사회 구성원에게 적용된다.
④ 사회의 질서를 유지하고 사람들의 안전을 지켜 주기 위해 만들었다.
⑤ 사회의 변화에 맞지 않거나 인권을 침해할 때에는 바꾸거나 다시 만들 수 있다.

3 ➕ 11종 공통

다음 ㉠, ㉡에 해당하는 사회 규범을 각각 쓰시오.

㉠ 국가가 만든 강제성이 있는 규범
㉡ 양심에 따라 자율적으로 지키는 사회 규범

㉠ (   ), ㉡ (   )

4 서술형   ➕ 11종 공통

도덕과 같은 사회 규범과 법의 다른 점은 무엇인지 쓰시오.

_____

_____

5 ➕ 11종 공통

다음 보기 를 법으로 제재를 받는 상황과 그렇지 않는 상황으로 구분하여 기호를 쓰시오.

보기

㉠ ▲ 도서관에서 시끄럽게 떠드는 것

㉡ ▲ 다른 사람의 물건을 가져가는 것

㉢ ▲ 길거리에서 쓰레기를 함부로 버리는 것

㉣ ▲ 이웃 어른을 보고 인사하지 않는 것

(1) 법으로 제재를 받는 상황: (   )
(2) 법으로 제재를 받지 않는 상황: (   )

6 ➕ 11종 공통

일상생활에 적용되는 법을 선으로 알맞게 연결하시오.

(1) 아이가 태어나면 •

(2) 일정한 나이가 되면 •

• ㉠ 학교에 입학하는 것

• ㉡ 출생 신고를 하는 것

7 아이스크림, 천재교육 외

다음에서 설명하는 법을 [보기] 에서 골라 기호를 쓰시오.

┌─ 보기 ●─────────────────┐
│ ㉠ 「소비자 기본법」
│ ㉡ 「어린이 놀이 시설 안전 관리법」
│ ㉢ 「어린이 식생활 안전 관리 특별법」
│ ㉣ 「학교 폭력 예방 및 대책에 관한 법률」
└──────────────────────┘

(1) 소비자의 권리와 이익을 보호하려고 만든 법

(　　　　　　　)

(2) 학생들 사이에 발생하는 폭력을 예방하며 그 피해를 해결해 주는 법

(　　　　　　　)

8 비상교육, 천재교과서 외

다음 (　　) 안에 들어갈 알맞은 말을 쓰시오.

┌──────────────────────┐
│ 학교에 영양 교사를 꼭 두어 균형 잡힌 식단을 짜
│ 도록 하고, 식재료를 엄격하게 관리하는 기준을 정
│ 해 놓은 「학교 (　　　　)」이/가 있습니다.
└──────────────────────┘

(　　　　　　　)

9 미래엔, 아이스크림 외

다음 신문 기사의 (　　) 안에 들어갈 알맞은 법은 무엇입니까? (　　　　)

┌──────────────────────────┐
│ ○○신문　　　　　　20△△년 △△월 △△일
│
│ 　　(　　　　)을 위반한 놀이 시설 적발
│
│ 　　정부는 가을 신학기를 맞아 유치원과 초등학교
│ 의 놀이 시설을 점검하였습니다. 총 350개의 놀
│ 이 시설을 점검한 결과 안전에 우려가 있는 33개
│ 의 놀이 시설을 발견하여 수리와 보완 조치를 실
│ 시할 예정입니다.
└──────────────────────────┘

① 「저작권법」　　　　　② 「도로 교통법」
③ 「식품 위생법」　　　　④ 「자연환경 보전법」
⑤ 「어린이 놀이 시설 안전 관리법」

10 비상교육, 천재교과서 외

개인 정보를 보호해 주는 법이 없을 때 발생할 수 있는 일을 [보기] 에서 골라 기호를 쓰시오.

┌──────────────────────────┐
│ ㉠ 나라 간의 다툼을 해결해 줄 수 없다.
│ ㉡ 환경 오염으로부터 보호받을 수 없다.
│ ㉢ 나의 개인 정보가 다른 사람에게 함부로 알려질
│ 　 수 있다.
│ ㉣ 물건을 구입하는 과정에 피해가 발생해도 보상
│ 　 을 받기 어렵다.
└──────────────────────────┘

(　　　　　　　)

11 ⊕ 11종 공통

우리 생활에서 법이 필요한 까닭을 두 가지 고르시오. (　 ,　)

① 사회 질서를 유지하기 위해서
② 개인의 권리를 제한하기 위해서
③ 개인의 의무를 강요하기 위해서
④ 개인의 생명이나 재산을 보호하기 위해서
⑤ 모든 사람이 생각하는 대로 자유롭게 행동하기 위해서

12 서술형 ⊕ 11종 공통

다음 대화의 밑줄 친 내용을 통해 알 수 있는 법의 역할을 쓰시오.

> • 음식점 주인: 이번 달은 장사가 잘 안 되었으니 이 정도 돈만 받아요.
> • 음식점 종업원: 약속한 만큼이 아니잖아요. 법에 따라 재판을 해서 정당한 대가를 받겠어요.

_____

_____

13 ⊕ 11종 공통

오른쪽 사진과 관련 있는 법의 역할은 무엇입니까?
(　)

① 개인 정보를 보호해 준다.
② 범죄로부터 안전하게 지켜 준다.
③ 환경 파괴와 오염을 예방해 준다.
④ 개인의 생명이나 재산을 보호해 준다.
⑤ 개인의 권리가 침해되었을 때 구제받을 수 있도록 해 준다.

14 서술형　비상교육, 천재교과서 외

다음 사진을 통해 알 수 있는 법의 역할을 쓰시오.

_____

_____

15 ⊕ 11종 공통

다음 중 법의 역할을 잘못 말한 친구는 누구입니까?
(　)

① 분쟁이 발생하면 법에 따라 재판을 하여 해결해 줘.

② 범죄로부터 안전하게 지켜 줘.

③ 환경 파괴와 오염을 예방해 줘.

④ 법을 어긴 사람의 권리도 무조건 보장해 줘.

16 ➕ 11종 공통

다음 ( ) 안에 들어갈 알맞은 말을 쓰시오.

> 법을 어기는 행동은 다른 사람에게 피해를 주고 다른 사람의 ( )을/를 침해하며 사람들 간의 갈등을 유발합니다.

( )

17 ➕ 11종 공통

법을 지키지 않아서 다른 사람에게 피해를 주거나 사람들 간에 갈등이 발생하는 경우가 <u>아닌</u> 것은 어느 것입니까? ( )

① 교통신호를 지키지 않는 경우
② 하천에 폐수를 몰래 버리는 경우
③ 금역 구역에서 담배를 피우는 경우
④ 친구와 만나기로 한 약속을 어긴 경우
⑤ 학교 앞 도로에서 무단 횡단을 하는 경우

18 서술형 동아출판, 천재교육 외

다음과 같은 행동으로 인해 발생할 수 있는 일을 쓰시오.

> 어떤 사람이 쓰레기를 버리지 말라고 써 있는 어느 집 담벼락에 쓰레기를 몰래 버렸습니다.

_____

_____

19 미래엔, 아이스크림 외

재판을 할 때 다음과 같은 판사의 역할은 무엇입니까? ( )

> 피고인이 전에도 같은 행동으로 처벌을 받은 점, 범행으로 이익을 얻은 점, 현재 잘못을 반성하고 있는 점을 고려해 다음과 같이 판결을 선고한다.
> 피고인을 벌금 500만 원에 처한다.

① 법을 고치거나 새로 만든다.
② 범죄를 저질러 의심을 받는다.
③ 재판을 진행하고 판결을 내린다.
④ 피고인을 대신해 권리를 주장한다.
⑤ 법을 위반한 점에 대해 심판을 요청한다.

20 ➕ 11종 공통

다음은 효정이가 사회 시간에 배운 내용을 정리한 것입니다. ( ) 안에 들어갈 제목으로 알맞은 것은 어느 것입니까? ( )

> ( )
> • 개인의 권리를 보호하고 사회 질서를 유지하기 위해서입니다.
> • 다른 사람의 권리를 보호하고 나의 권리도 보호할 수 있기 때문입니다.

① 법의 의미
② 법을 지켜야 하는 까닭
③ 우리 생활에 적용되는 법
④ 사람들 간의 다툼을 해결하는 방법
⑤ 법을 지키지 않을 때 일어날 수 있는 일

1 ➕ 11종 공통

다음 ( ) 안에 들어갈 알맞은 말을 쓰시오.

> 모든 사람은 태어나면서부터 인간답게 살 권리가 있으며, 어떤 이유로도 인간답게 살 권리를 침해당해서는 안 됩니다. 이처럼 사람이기 때문에 당연히 누리는 권리를 (   )(이)라고 합니다.

(   )

2 ➕ 11종 공통

다음 중 인권에 대한 설명으로 알맞지 <u>않은</u> 것은 어느 것입니까? (   )

① 태어나면서부터 갖는 권리이다.
② 사람으로서 인간답게 살 권리이다.
③ 어린이나 노인의 인권은 빼앗아도 된다.
④ 사람이기 때문에 당연히 누리는 권리이다.
⑤ 인권은 모든 사람에게 평등하게 보장된다.

3 ➕ 11종 공통

다음과 같은 내용의 소설을 통해 당시 신분 제도를 비판하며 백성들의 인권 신장을 위해 노력했던 인물의 이름을 쓰시오.

어디서 감히 아버지라고 하느냐!

어찌하여 아버지를 아버지라고 부르지 못하는지요?

(   )

4 비상교과서, 지학사 외

다음 ( ) 안에 들어갈 알맞은 말을 쓰시오.

> • 이태영은 우리나라 최초의 여성 변호사로, 억울한 일을 당한 여성들의 법률 상담을 무료로 해 주었습니다.
> • 여성의 (   )을/를 차별하는 가족법을 바꾸는 일에 앞장섰습니다.

(   )

5 ➕ 11종 공통

인권 신장을 위한 옛날의 제도가 <u>아닌</u> 것은 어느 것입니까? (   )

① 봉수   ② 격쟁
③ 삼복제   ④ 상언 제도
⑤ 신문고 제도

6 ➕ 11종 공통

다음 ( ) 안에 들어갈 알맞은 말은 무엇입니까?

(   )

> 조선 시대에 백성들은 억울한 일이 있을 때 대궐 밖에 설치된 (   )을/를 쳐서 임금에게 알릴 수 있었습니다.

① 문   ② 북   ③ 종
④ 시계   ⑤ 꽹과리

7 ➕ 11종 공통

다음 중 장애인을 위한 공공 편의 시설이 <u>아닌</u> 것은 어느 것입니까? (   )

①
▲ 점자 블록

②
▲ 점자 안내도

③
▲ 횡단보도

④
▲ 음향 신호기

8 ➕ 11종 공통

다음 중 헌법에 담긴 내용이 <u>아닌</u> 것은 어느 것입니까? (   )

① 국민이 누려야 할 권리가 나타나 있다.
② 국민이 지켜야 할 의무가 나타나 있다.
③ 우리나라 역대 대통령의 이름이 나타나 있다.
④ 모든 국민이 존중받고 행복한 삶을 살아가는 데 필요한 내용을 담고 있다.
⑤ 국민의 권리를 보장하고자 국가 기관을 조직하고 운영하는 기본 원칙을 제시하고 있다.

9 ➕ 11종 공통

헌법에 나타난 국민의 기본권에 대한 설명으로 옳은 것에 ○표, 옳지 <u>않은</u> 것에 ×표 하시오.

(1) 어떤 경우에도 법률에 따라 제한될 수 없다.

(   )

(2) 헌법으로 보장되는 국민의 기본적인 권리이다.

(   )

(3) 국민으로서 어떠한 행동을 꼭 해야 하는 것을 뜻한다.

(   )

10 ➕ 11종 공통

다음 헌법 조항에서 보장하는 국민의 기본권을 쓰시오.

> 제14조 모든 국민은 거주 이전의 자유를 가진다.
> 제15조 모든 국민은 직업 선택의 자유를 가진다.

(   )

11 서술형 ➕ 11종 공통

다음은 사람들이 일상생활에서 환경 보전의 의무를 실천하는 모습입니다. 이와 같은 사례를 한 가지만 더 쓰시오.

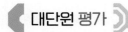
12 ➕ 11종 공통

다음 중 국방의 의무를 실천하고 있는 사람은 누구입니까? (　　　)

① 세금을 납부하는 부모님
② 회사에서 열심히 일하는 삼촌
③ 학교에서 우리를 가르치는 선생님
④ 군대에서 훈련을 받고 있는 사촌 오빠
⑤ 자녀를 학교에 보내 교육을 받게 하는 부모님

13 아이스크림, 천재교육 외

다음 글을 읽고, 어떤 권리와 의무가 충돌하고 있는지 알맞게 짝지어진 것을 고르시오. (　　　)

○○시는 멸종 위기종이 발견된 지역을 생태 보호 지역으로 지정할 계획을 세우고 그 인근의 땅을 개발하지 못하도록 제한했습니다. 이 과정에서 땅 주인과 ○○시 사이에 의견이 충돌하고 있습니다.

	권리	의무
①	자유권	환경 보전의 의무
②	참정권	환경 보전의 의무
③	청구권	국방의 의무
④	평등권	납세의 의무
⑤	행복 추구권	근로의 의무

14 서술형 ➕ 11종 공통

다음 내용을 통해 알 수 있는 법의 특징을 쓰시오.

전동 킥보드를 타는 사람들이 많아지고, 전동 킥보드 사고가 늘어났습니다.

↓

전동 킥보드를 탈 때는 안전모를 쓰고, 전동 킥보드 면허가 있어야 탈 수 있도록 법이 바뀌었습니다.

_____

_____

15 ➕ 11종 공통

법으로 제재를 받지 <u>않는</u> 상황을 말한 친구는 누구입니까? (　　　)

① 교통 신호를 지키지 않았어.

② 인터넷에서 악성 댓글을 썼어.

③ 사촌 언니와 크게 다투었어.

④ 가게에서 돈을 내지 않고 물건을 가져갔어.

16 비상교육, 아이스크림 외

다음 설명과 관련 있는 법은 어느 것입니까?

(   )

어린이가 안전하게 놀 수 있도록 정기적으로 놀이 시설을 관리하는 법입니다.

① 「저작권법」
② 「식품 위생법」
③ 「장애인 차별 금지법」
④ 「어린이 놀이 시설 안전 관리법」
⑤ 「어린이 식생활 안전 관리 특별법」

17 아이스크림, 천재교육 외

다음 중 일상생활에서 적용되는 법의 사례가 <u>아닌</u> 것은 어느 것입니까? (   )

①
▲ 학교에서 수업을 듣는 것

②
▲ 교통사고의 위험 없이 안전하게 집으로 가는 것

③
▲ 무거운 짐을 들고 있는 사람의 짐을 들어 주는 것

④
▲ 좋아하는 영화를 합법적으로 내려받아 보는 것

18 ➕ 11종 공통

다음과 관련 있는 법의 역할로 가장 알맞은 것은 어느 것입니까? (   )

매일 동네를 순찰합니다.

① 개인 정보를 보호해 준다.
② 환경 오염을 방지해 준다.
③ 범죄로부터 사람들을 안전하게 지켜준다.
④ 개인과 기업 간 발생한 분쟁을 해결해 준다.
⑤ 화재가 난 상황에서 개인의 생명을 구조해 준다.

19 미래엔, 아이스크림 외

다음은 재판에 등장하는 사람들의 역할을 정리한 표입니다. ㉠, ㉡에 들어갈 알맞은 말을 각각 쓰시오.

㉠	재판을 진행하고 법에 따라 판결을 내리는 사람
피고인	범죄를 저지른 것으로 의심이 되어 재판을 받는 사람
㉡	법을 위반한 점에 대해 심판을 요청하는 사람
변호인	피고인을 대신해 권리를 주장하는 사람

㉠ (   ), ㉡ (   )

20 서술형 ➕ 11종 공통

법을 지키지 않은 행동에 대해서 재판을 하는 까닭을 쓰시오.

_____

_____

평가 주제	인권이 침해된 사례와 인권 보장을 위한 노력 알아보기
평가 목표	인권 침해 사례를 파악하고 인권 보장을 위한 노력을 설명할 수 있다.

[1-3] 다음은 우리 주변에서 인권이 침해된 사례를 조사해 정리한 것입니다. 물음에 답하시오.

> ㉠ **어린이가 자유롭게 놀 곳이 필요해요.**
> 안전 점검을 통과하지 못한 놀이터가 1년이 지나도록 고쳐지지 않고 방치되어 어린이들이 놀 수 있는 곳이 없습니다.

> ㉡ **외모로 놀리지 않았으면 좋겠어요.**
> ○○○는 한국인 아버지와 외국인 어머니 사이에서 태어났습니다. 가끔 짓궂은 친구들이 외모를 놀려 속상한 일이 생깁니다.

> ㉢ **가고 싶은 곳에 가기 힘들어요.**
> 시각 장애가 있는 □□□의 삼촌은 혼자서 수영장에 가는 것이 힘든 일입니다. 수영장 건물에는 점자 블록이 설치되어 있지 않아 길을 찾으려면 누군가의 도움이 필요합니다.

> ㉣ **병원에 편하게 다니고 싶어요.**
> △△△ 할머니는 다리가 불편해 병원에 다니는 일이 힘듭니다. 비싼 택시를 대신해 노인이 편하게 이용할 수 있는 교통수단이 없어서 아파도 참고 집에 있을 때가 많습니다.

1 위 ㉠~㉣ 중 외모나 피부색이 다르다는 이유로 인권이 침해된 사례를 골라 기호를 쓰시오.

(   )

2 위 ㉠에서 어린이들이 겪고 있는 인권 침해의 모습과 관련해 (   ) 안에 들어갈 알맞은 말을 쓰시오.

> 놀이터가 고쳐지지 않고 방치되어 어린이들의 안전하게 (   )을/를 침해받고 있습니다.

(   )

3 위 ㉢의 사례와 관련해 인권 보장을 위해 노력하는 모습을 쓰시오.

_____

_____

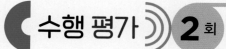
평가 주제	법을 지켜야 하는 까닭 알아보기
평가 목표	법을 어겼을 때 발생할 수 있는 문제점을 알고, 법을 지켜야 하는 까닭을 설명할 수 있다.

[1-2] 다음은 법을 어긴 상황을 나타낸 그림입니다. 물음에 답하시오.

ⓒ

소방차 전용 주차 구역에 불법 주차를 했습니다.

ⓛ

공장에서 폐수를 정화하지 않고 몰래 인근 하수구에 흘려 보냈습니다.

1 위 ⓒ, ⓛ에 나타난 법을 어긴 행동으로 발생할 수 있는 일을 각각 쓰시오.

ⓒ

ⓛ

2 위와 같이 법을 지키지 않는 행동이 우리 사회에 미치는 영향을 쓰시오.

_____

_____

3 법을 잘 지켜야 하는 까닭을 두 가지 쓰시오.

_____

_____

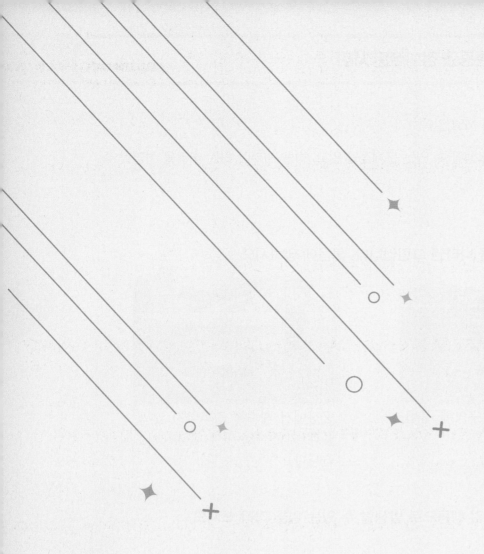

여기까지 온 너,
이미 넌 백점이야

초고필로
중학교 성적이
바뀐다!

초등 고학년을 위한 중학교 필수 영역 초고필

국어

비문학 독해 1·2 / 문학 독해 1·2 / 국어 어휘 / 국어 문법

수학

유리수의 사칙연산 / 방정식 / 도형의 각도

한국사

한국사 1권 / 한국사 2권

초등학교   학년   반   번   이름

백점

사회 5·1

친절한 해설북

- 한눈에 보이는 **정확한 답**
- 한번에 이해되는 **자세한 풀이**

동아출판

친절한 해설북 구성과 특징

1 자료 다시 보기
- 문제와 관련된 자료를 다시 한번 확인하면서 학습 내용에 대해 깊이 있게 이해할 수 있습니다.

2 서술형 채점 TIP
- 서술형 문제 풀이에는 채점 기준과 채점 TIP을 구체적으로 제시하고 있습니다. 또한 '이런 답도 가능해!'를 통해 다양한 예시 답안을 확인할 수 있습니다.

차례

백점 사회 빠른 정답

QR코드를 찍으면 **정답과 해설**을 쉽고 빠르게 확인할 수 있습니다.

모바일
빠른 정답

1. 국토와 우리 생활

1 우리 국토의 위치와 영역 (1)

7쪽 기본 개념 문제

1 적도 **2** 경도 **3** 동 **4** ○ **5** ✕

8쪽~9쪽 문제 학습

1 ㉠ 적도 ㉡ 본초 자오선 **2** ⑩ 지구본과 세계지도를 통해 우리나라의 위치를 살펴볼 수 있습니다. **3** 동 **4** 반도 **5** ② **6** 유리 **7** ⑤ **8** 지송 **9** ⑩ 우리나라는 북위 33°~43°, 동경 124°~132° 사이에 있습니다. **10** ㉡ **11** ①, ④ **12** 아시안 하이웨이

1 위도는 적도를 기준으로 북위와 남위로 나누어 나타내고, 경도는 본초 자오선을 기준으로 동경과 서경으로 나누어 지도나 지구본에서 위치를 나타냅니다.

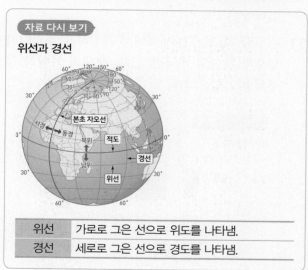

자료 다시 보기
위선과 경선

| 위선 | 가로로 그은 선으로 위도를 나타냄. |
| 경선 | 세로로 그은 선으로 경도를 나타냄. |

2 우리 국토는 국민들의 삶의 터전입니다. 국토의 위치를 파악하는 것은 그 나라의 자연환경이나 주변 나라와의 관계를 이해하는 데 도움이 됩니다.

채점 tip 지구본, 세계지도 등을 통해 우리나라의 위치를 살펴볼 수 있다고 썼으면 정답으로 합니다.

3 우리 국토는 아시아 대륙의 동쪽에 위치해 있습니다.

4 우리나라는 대륙에서 바다 쪽으로 길게 내민 반도로, 삼면이 바다로 둘러싸이고 한 면은 육지에 이어져 있습니다.

5 ①, ③ 우리나라는 삼면이 바다로 둘러싸이고 한 면은 육지에 이어진 반도입니다. ④ 우리 국토는 적도보다 위쪽인 중위도에 있습니다.

6 우리나라는 대륙과 해양으로 접근하기 쉽다는 위치적 장점을 가지고 있습니다.

7 우리나라 주변에는 중국, 일본, 러시아, 몽골 등의 나라가 있습니다.

자료 다시 보기
우리나라와 우리나라 주변에 있는 나라들의 위치 특징
• 주변이 모두 육지인 나라: 몽골
• 주변이 모두 바다인 나라: 일본
• 육지와 바다 모두 접한 나라: 우리나라

8 우리나라는 북쪽으로는 대륙과 연결되어 있고, 삼면이 바다로 둘러싸여 대륙과 해양으로 진출하는 데 유리합니다.

9 위도와 경도를 이용하면 우리나라의 위치를 숫자로 나타낼 수 있습니다.

채점 tip 북위 33°~43°, 동경 124°~132° 사이에 있다고 썼으면 정답으로 합니다.

10 ㉠ 우리나라는 한 면이 대륙에 접해 있습니다. ㉡ 우리나라는 삼면이 바다와 맞닿아 있어 해양으로 나아가기 편리합니다.

11 ② 우리 국토는 아시아 대륙의 동쪽에 위치합니다. ③ 우리나라 주변에는 러시아, 몽골, 일본, 중국 등의 나라가 있습니다. ⑤ 우리 국토는 북위 33°~43°, 동경 124°~132° 사이에 위치해 있습니다.

12 아시안 하이웨이가 연결되면 우리나라에서 유럽까지 가는 데 지금보다 시간적으로 가까워지게 될 것입니다.

자료 다시 보기
아시안 하이웨이

아시안 하이웨이는 아시아의 32개 나라를 연결하는 도로로, 우리나라에는 1번 도로(AH1)와 6번 도로(AH6)가 통과할 예정입니다.

1 우리 국토의 위치와 영역 (2)

11쪽   기본 개념 문제

1 영역   2 영토   3 ×   4 비무장 지대   5 동쪽

12쪽~13쪽   문제 학습

1 영역   2 (1) ㉠ (2) ㉢ (3) ㉡   3 ㉣   4 ②
5 ①, ⑤   6 예 우리나라 영토 주변의 바다로, 영해를 설정하는 기준선으로부터 12해리(약 22km)까지입니다.   7 바깥에   8 ㉠, ㉣   9 독도   10 ②
11 비무장 지대   12 예 비무장 지대는 한반도의 평화와 생태계 보전의 중요성을 생각해 보게 하는 장소입니다.

1 한 나라의 영역은 영토, 영해, 영공으로 이루어지며, 영토는 땅, 영해는 바다, 영공은 하늘에서의 영역입니다.

2 영역은 한 나라의 주권이 미치는 범위를 말하며 영토(땅), 영해(바다), 영공(하늘)으로 이루어집니다.

3 우리나라 영토의 남쪽 끝은 제주특별자치도 서귀포시 마라도입니다.

> **자료 다시 보기**
>
> **영토의 끝**
> • 동쪽 끝: 경상북도 울릉군 독도
> • 서쪽 끝: 평안북도 용천군 마안도
> • 남쪽 끝: 제주특별자치도 서귀포시 마라도
> • 북쪽 끝: 함경북도 온성군 유원진

4 현재 우리나라는 남한과 북한이 나뉘어 있지만, 우리나라 영토의 끝을 이야기할 때에는 북한을 포함해 말합니다. ①은 동쪽 끝, ②는 북쪽 끝, ③은 서쪽 끝, ⑤는 남쪽 끝입니다.

5 ② 영토에 대한 설명입니다. ③ 우리나라의 영해는 영해를 설정하는 기준선으로부터 12해리까지입니다. ④ 동해안은 썰물일 때의 해안선을 기준으로 합니다.

> **자료 다시 보기**
>
> **우리나라의 영해**
> • 동해안, 제주도, 울릉도, 독도: 썰물일 때의 해안선을 기준으로 함.
> • 서해안과 남해안: 가장 바깥에 위치한 섬들을 기준으로 함.

6 동해안과 제주도, 울릉도, 독도는 썰물일 때의 해안선을 기준으로 하고, 서해안과 남해안은 가장 바깥에 위치한 섬들을 직선으로 이은 선을 기준으로 영해를 정합니다.

채점 기준	상	우리나라 영토 주변의 바다로, 기준선으로부터 12해리까지라고 쓴 경우
	중	우리나라 영토 주변의 바다라고만 쓴 경우

7 서해안과 남해안은 해안선이 복잡하고 섬이 많아서 가장 바깥에 있는 섬들을 직선으로 이은 선을 기준으로 합니다.

8 ㉡ 우리나라의 영토에 해당하는 설명입니다. ㉢ 다른 나라 비행기는 우리나라의 영공에 허가 없이 함부로 들어올 수 없습니다.

9 독도는 우리 국토의 동쪽 끝에 위치한 우리나라의 영토입니다. 우리나라 사람들은 독도에 직접 방문하거나 독도 관련 행사에 참여하는 등 다양한 방법으로 독도 사랑을 실천하고 있습니다.

10 ② 독도는 우리나라 사람들이 살고 있고, 우리나라의 고유한 역사와 문화가 담겨 있는 우리나라의 영토입니다.

11 비무장 지대는 전 세계에서 유일하게 우리나라에만 있으며 분단의 비극과 평화, 생태계 복원의 장소로 주목받고 있습니다.

> **자료 다시 보기**
>
> **비무장 지대**
>
>
>
> 비무장 지대 주변은 생태계가 보존되어 그 가치를 새롭게 인정받고 있습니다. 최근 도라 전망대, 제3땅굴, 두타연 계곡 등을 보려고 이곳을 찾는 사람들이 늘어나면서 한반도의 평화와 생태계 보전의 중요성을 다시 한 번 생각해 보게 합니다.

12 비무장 지대 주변은 오랫동안 사람들의 발길이 닿지 않으면서 생태계가 보존되어 그 가치를 새롭게 인정받고 있습니다.

채점 tip 한반도의 평화와 생태계 보전의 중요성을 생각해 보게 하는 장소라고 썼으면 정답으로 합니다.

① 우리 국토의 위치와 영역 (3)

15쪽 기본 개념 문제

1 자연환경 **2** 경기 **3** ○ **4** × **5** 특별자치시

16쪽~17쪽 문제 학습

1 ② **2** ③ **3** 경기 **4** ⑤ **5** 예 조령 고개의 남쪽에 있어서 '영남'이라고 합니다. **6** 리나 **7** 행정 구역 **8** (1) 상주 (2) 청주 **9** 예 강원도는 강릉의 '강' 자와 원주의 '원' 자를 따서 지역의 명칭을 정했습니다. **10** 서울특별시 **11** ④ **12** ⑤

1 남북으로 긴 우리나라는 큰 산맥과 하천을 중심으로 북부, 중부, 남부 지방으로 구분할 수 있습니다. 북부 지방은 지금의 북한 지역을 말합니다.

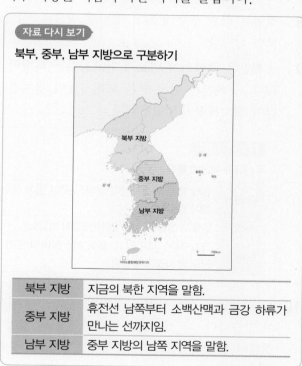

> **자료 다시 보기**
>
> **북부, 중부, 남부 지방으로 구분하기**

북부 지방	지금의 북한 지역을 말함.
중부 지방	휴전선 남쪽부터 소백산맥과 금강 하류가 만나는 선까지임.
남부 지방	중부 지방의 남쪽 지역을 말함.

2 우리나라는 오래전부터 산이나 호수, 강, 바다, 제방 등의 자연환경을 기준으로 지역을 구분했습니다.

3 '경기'는 왕이 사는 도읍의 주변 지역을 뜻합니다. 관서 지방은 철령관을 기준으로 서쪽 지방을 말합니다.

4 ① 관동 지방의 서쪽에 있습니다. ② 해서 지방은 지금의 북한 지역에 있는 지방입니다. ③ 호남 지방에 대한 설명, ④ 관북 지방에 대한 설명입니다.

5 영남 지방은 조령 고개의 남쪽에 있어서 붙은 이름입니다.

채점 기준	상	조령 고개의 남쪽에 있다고 정확히 쓴 경우
	중	조령 고개와 관련 있다고만 쓴 경우

6 금강의 남쪽 지방을 호남 지방, 철령관을 기준으로 서쪽 지방을 관서 지방이라고 합니다.

7 우리 국토를 자연환경 이외에 행정 구역으로 지역을 구분하기도 합니다. 나라를 효율적으로 관리하기 위해 행정 구역별로 나눕니다.

8 지금 우리가 사용하는 행정 구역은 조선 시대 초기에 정해졌습니다. 조선 시대에는 전국을 8개의 도로 나누어 나라를 관리했습니다.

> **자료 다시 보기**
>
> **각 도의 이름이 정해지는 데 쓰인 지역의 중심 도시**

충청도	충주＋청주
강원도	강릉＋원주
경상도	경주＋상주
전라도	전주＋나주

9 각 도의 명칭을 정할 때는 대부분 그 지역의 중심 도시 이름을 따서 정했습니다.

> **채점 tip** 강릉의 '강' 자와 원주의 '원' 자를 따서 지역의 명칭을 정했다고 썼으면 정답으로 합니다.

10 우리나라는 북한 지역을 제외하면 특별시 1곳과 특별자치시 1곳, 광역시 6곳, 도 8곳과 특별자치도 1곳으로 이루어져 있습니다.

> **자료 다시 보기**
>
> **우리나라의 행정 구역**

특별시(1곳)	서울특별시
특별자치시(1곳)	세종특별자치시
광역시(6곳)	인천광역시, 대전광역시, 대구광역시, 광주광역시, 울산광역시, 부산광역시
도(8곳)	경기도, 강원도, 충청북도, 충청남도, 전라북도, 전라남도, 경상북도, 경상남도
특별자치도(1곳)	제주특별자치도

11 ④ 경상북도의 도청이 있는 지역은 안동입니다. 도청은 도와 특별자치도의 행정 업무를 담당하는 곳입니다.

12 ⑤ 특별자치시는 세종특별자치시 1곳이 있고, 특별자치도는 제주특별자치도 1곳이 있습니다.

2 우리 국토의 자연환경 (1)

19쪽   기본 개념 문제

1 지형   2 ×   3 ○   4 해안   5 동해안

20쪽~21쪽   문제 학습

1 섬   2 ④   3 ⑴ × ⑵ ○ ⑶ ○   4 예 우리나라는 대체로 동쪽이 높고 서쪽이 낮은 지형이 나타나기 때문에 대부분 큰 하천이 동쪽에서 서쪽으로 흘러 갑니다.   5 ②   6 다목적 댐   7 ㉡, ㉢   8 평야 9 동해안   10 ㉠   11 ⑵ ○ ⑶ ○   12 예 해안 지역은 배를 이용해 다른 곳으로 이동하기 편리하고 교류가 활발하여 항구 도시가 발달했습니다.

1   우리나라에는 산지, 하천, 평야, 해안, 섬 등 다양한 지형이 나타납니다.

> **자료 다시 보기**
>
> **우리나라에서 볼 수 있는 다양한 지형**
>
> | 산지 | 높이 솟은 산들이 모여 이룬 지형으로, 하천과 평야의 발달에도 영향을 줌. |
> |---|---|
> | 하천 | 빗물과 지하수가 낮은 곳으로 흘러가면서 만든 크고 작은 물줄기를 말함. |
> | 평야 | 하천 주변에 넓고 평탄한 땅으로, 사람들이 모여 삶. |
> | 해안 | 바다와 육지가 만나는 곳으로, 갯벌이나 모래사장이 있음. |
> | 섬 | 바다로 둘러싸인 땅으로, 우리나라에는 약 3,300여 개의 섬이 있음. |

2   산지는 높이 솟은 산들이 모여 이룬 지형으로 땅의 높이가 높은 곳과 낮은 곳의 차이가 큽니다. ①은 해안, ②는 섬, ③은 평야, ⑤는 갯벌에 대한 설명입니다.

3   ⑴ 우리나라는 국토의 약 70%가 산지입니다. 높고 험한 산지는 대부분 북동쪽에 많으며, 동고서저 지형입니다.

4   한강, 금강, 영산강 등의 큰 하천은 높은 지형이 있는 동쪽에서 낮은 지형이 있는 서쪽으로 흘러갑니다.

> **채점 tip** 우리나라는 대체로 동쪽이 높고 서쪽이 낮은 지형이 나타나기 때문이라고 썼으면 정답으로 합니다.

> **자료 다시 보기**
>
> **우리나라 지형의 특징**
>
> 대체로 동쪽이 높고 서쪽이 낮은 동고서저의 지형임.
> ↓
> 큰 하천은 대부분 동쪽에서 서쪽으로 흘러감.
> ↓
> 비교적 낮은 평야가 서쪽에 발달함.

5   사람들은 하천 중·하류 주변 평야에서 논농사를 많이 짓습니다. 또한 평야가 넓게 펼쳐진 곳에는 사람들이 많이 모여 사는 도시가 발달했습니다.

6   다목적 댐은 하천 중·상류에 물을 막는 둑을 쌓아 홍수와 가뭄을 예방하고 전기를 생산하는 등 다양한 목적을 위해 건설합니다.

7   항구 도시나 공업 도시는 배를 이용하여 다른 곳으로 이동하기 편리한 해안 지역에 발달합니다.

8   평야는 하천 주변에 넓고 평탄한 땅으로, 사람들이 모여 삽니다.

9   동해안은 해안선이 비교적 단조롭다는 특징이 있습니다. 동해안은 길게 뻗은 모래사장이 펼쳐진 곳이 많아 해수욕장이 발달합니다.

> **자료 다시 보기**
>
> **우리나라 해안의 특징**
>
> | 동해안 | 길게 뻗은 모래사장이 펼쳐진 곳이 많아 해수욕장이 발달함. |
> |---|---|
> | 서해안 | 밀물과 썰물의 차가 커서 갯벌이 발달함. |
> | 남해안 | 크고 작은 섬이 많고, 물이 깨끗하며 파도가 잔잔해 양식업이 발달함. |

10   ㉡ 서해안은 해안선이 복잡하며 동해안에 비해 섬이 많습니다. ㉢ 서해안은 밀물과 썰물의 차가 커서 갯벌이 발달하였습니다. 모래사장을 많이 볼 수 있는 곳은 동해안입니다.

11   ⑴ 스키장은 사람들이 여가 생활을 즐길 수 있도록 높은 산지에 만든 것입니다. ⑷ 논농사는 하천 중·하류 주변 넓은 평야에서 많이 짓습니다.

12   해안 지역의 항구 주변은 예부터 사람들이 많이 모이고 물자 교류가 활발해 도시로 발달하기도 했습니다.

> **채점 tip** 다른 곳으로 이동하기 편리하고 교류가 활발하기 때문이라고 썼으면 정답으로 합니다.

❷ 우리 국토의 자연환경 (2)

기본 개념 문제

1 기후 **2** 여름 **3** 남북 **4** ○ **5** ×

문제 학습

1 ③ **2** (2) ○ **3** ㉠ 남 ㉡ 북서 **4** (1) × (2) ○
5 남북 **6** ⑩ 동해안은 서해안보다 겨울 기온이 높은 편입니다. **7** 모시옷 **8** (1) 여름 (2) 겨울 **9** ㉡
10 여름 **11** ⑩ 대체로 남부 지방은 강수량이 많고, 북부 지방은 강수량이 적습니다. **12** (1) ㉡ (2) ㉠

1 기후는 오랜 기간 한 지역에 나타나는 평균적인 대기 상태를 말합니다. ③은 짧은 기간의 대기 상태를 말하는 날씨에 대한 설명입니다.

2 (1) 우리나라는 중위도에 위치해 사계절이 나타나며 계절별로 기온의 차이가 큽니다.

3 우리나라는 계절에 따라 불어오는 바람의 방향이 다릅니다.

자료 다시 보기

우리나라의 계절에 따라 불어오는 바람의 특징

▲ 여름에 불어오는 바람　　▲ 겨울에 불어오는 바람
• 여름에는 남쪽 바다에서 덥고 습한 바람이 불어 기온이 높고 비가 많이 내립니다.
• 겨울에는 북서쪽 대륙에서 차갑고 건조한 바람이 불어 춥고 눈이 내립니다.

4 (1) 대체로 해안 지역이 내륙 지역보다 겨울에 더 따뜻합니다.

5 우리나라는 남북으로 길게 뻗어 있기 때문에 남쪽 지방의 기온과 북쪽 지방의 기온 차이가 큰 편입니다.

6 동해안은 차가운 북서풍을 태백산맥이 막아 주고, 수심이 깊은 동해의 영향을 받기 때문에 서해안보다 겨울 기온이 높습니다.

채점 tip 동해안의 겨울 기온이 서해안보다 높다고 썼거나, 동해안이 서해안보다 겨울에 더 따뜻하다고 썼으면 정답으로 합니다.

7 옛날 사람들은 여름에는 바람이 잘 통하는 모시옷을, 겨울에는 추위를 막기 위해 솜옷을 입었습니다.

자료 다시 보기

기온에 따른 사람들의 의생활 모습

| 여름 | 바람이 잘 통하는 모시옷을 만들어 입음. |
| 겨울 | 솜옷을 입어 몸을 따뜻하게 했음. |

8 (1) 대청은 여름을 시원하게 보내려고 방과 방 사이에 만든 시설이고, (2) 온돌은 겨울을 따뜻하게 보내려고 설치한 난방 시설입니다.

9 ㉠ 우리나라는 지역에 따라 강수량의 차이가 큽니다. 대체로 남부 지방은 강수량이 많고, 북부 지방은 강수량이 적습니다. ㉢ 제주도, 울릉도, 남해안 지역 등은 비나 눈이 많이 내려서 겨울에도 강수량이 많은 편입니다.

10 여름에는 장마와 태풍의 영향으로 일시적으로 비가 많이 내립니다.

11 우리나라는 북쪽보다는 남쪽이, 내륙 지역보다는 해안 지역이 강수량이 더 많습니다.

채점 tip 남부 지방이 강수량이 많고, 북부 지방은 강수량이 적다는 점을 비교하여 썼으면 정답으로 합니다.

12 우데기는 눈이 집으로 들어오는 것을 막는 외벽입니다. 터돋움집은 집터를 주변보다 높여서 지은 집입니다.

자료 다시 보기

강수량에 따른 사람들의 생활 모습

저수지	설피

하천이나 골짜기를 막아 평소에 물을 저장하여 가뭄 때 사용하려고 저수지를 만듦.	눈이 많이 내리는 지역에서 눈에 빠지거나 미끄러지지 않도록 설피를 신었음.
우데기	터돋움집

눈이 집으로 들어오는 것을 막고 집 안에서 생활이 가능하도록 우데기라는 외벽을 설치함.	홍수 때 집이 물에 잠기는 것을 막으려고 집터를 주변보다 높여서 집을 지음.

2 우리 국토의 자연환경 (3)

27쪽   **기본 개념 문제**

1 자연재해 **2** 폭염 **3** 가뭄 **4** 지진 **5** ○

28쪽~29쪽   **문제 학습**

1 (1) ㉡ (2) ㉠ **2** ㉡, ㉢ **3** 태풍 **4** ④, ⑤
5 (1) ○ **6** 예 지진은 짧은 시간 동안 넓은 지역에 걸쳐 발생합니다. **7** (1) ✕ (2) ○ **8** 예 외출할 때는 마스크를 쓰고, 외출 후에는 손과 얼굴을 깨끗이 씻어야 해. **9** 아래로 들어가 **10** ① **11** ㉢
12 용성, 해린

1 홍수는 비가 많이 내려 물이 흘러넘쳐 주변의 도로나 건물 등이 물에 잠기는 재해입니다. 황사는 중국이나 몽골의 사막에서 발생한 모래 먼지가 우리나라까지 날아와 가라앉는 현상입니다.

2 자연 재해는 피할 수 없는 자연 현상으로 인해 일어나는 피해를 말합니다. ㉠ 봄에는 황사와 가뭄 등의 자연재해가 주로 발생합니다.

3 태풍은 평균적으로 일 년에 세 개 정도가 여름부터 초가을 사이에 우리나라에 영향을 줍니다.

> **자료 다시 보기**
>
> **태풍이 가져오는 좋은 점**
> 태풍은 가뭄으로 생긴 물 부족 문제를 해결하기도 하고, 대기 중 미세 먼지나 오염 물질을 씻어 내기도 합니다. 또한 바닷물이 위아래로 잘 섞이도록 합니다.

4 우리나라의 겨울에는 짧은 시간 동안 많은 양의 눈이 내리는 현상인 폭설과 기온이 갑자기 내려가면서 발생하는 추위인 한파 등의 자연재해가 발생합니다.

5 (2) 가뭄은 오랫동안 비가 오지 않거나 적게 오는 기간이 지속되는 현상입니다. 겨울철에 기온이 갑자기 내려가면서 발생하는 추위는 한파입니다.

6 지진으로 각종 시설이 파손되거나 화재, 지진 해일, 산사태 등이 함께 발생해 인명과 재산에 막대한 피해를 입기도 합니다.

> 채점 **tip** '짧은 시간 동안 넓은 지역에 걸쳐 발생한다.' 등과 같이 지진의 발생 특징을 정확히 썼으면 정답으로 합니다.

> **자료 다시 보기**
>
> **지형과 관련된 자연재해**
>
>
>
> ▲ 지진으로 기울어진 첨성대
>
> 우리나라는 기후와 관련된 자연재해뿐만 아니라 지형과 관련된 자연재해가 발생하기도 합니다. 지진은 땅속의 갑작스러운 변화로 땅이 흔들리고 갈라지는 현상입니다. 지진이 일어나면 건물이나 다리 등 각종 시설물이 무너지고 화재가 발생하기도 합니다.

7 (1) 미세 먼지는 자동차의 배기가스, 공장 등에서 배출하는 매연 때문에 발생하므로 황사처럼 자연재해로 분류하지 않습니다.

8 황사가 실내로 들어오지 않도록 창문을 닫고, 가능한 한 외출을 줄입니다. 또한 외출할 때는 마스크를 꼭 쓰고 외출 후에는 손과 얼굴을 깨끗이 씻어야 합니다.

> 채점 **tip** 황사로 인한 피해를 줄이기 위한 노력을 정확히 썼으면 정답으로 합니다.

> **이런 답도 가능해!**
>
> 황사가 발생하면 가능한 한 외출을 줄이고, 황사가 실내로 들어오지 않도록 창문을 닫습니다.

9 지진 발생 시 집 안에서는 책상 아래로 들어가 몸을 보호합니다. 집 밖에 있을 때에는 가방이나 손으로 머리를 보호하며, 건물과 떨어진 운동장이나 공원 같은 넓은 공간으로 대피해야 합니다.

10 ① 홍수가 발생하면 높은 곳으로 빨리 대피해 구조를 기다립니다.

11 가뭄은 오랫동안 비가 오지 않거나 적게 오는 기간이 지속되는 현상입니다. 가뭄의 피해를 줄이려고 저수지와 다목적 댐 등을 만듭니다. ㉠은 폭염, ㉡은 황사, ㉣은 한파의 피해를 줄이기 위한 노력입니다.

12 자연재해의 피해를 줄이려면 평소에 재해가 발생했을 때의 행동 요령과 안전 수칙을 알고 실천하는 태도가 필요합니다.

❸ 우리 국토의 인문환경 (1)

기본 개념 문제

1 인구 **2** 일자리 **3** 수도권 **4** 저출산 **5** ×

문제 학습

1 (1) ○ (2) × **2** ① **3** ㉠ **4** ㉢ **5** ⑩ 수도권에 살고 있습니다. **6** (1) ㉡, ㉣ (2) ㉠, ㉢ **7** 인구 **8** ㉠ 유소년층 ㉡ 노년층 **9** ① **10** 65세 이상 **11** ⑩ 저출산으로 새로 태어나는 아기의 수가 점점 줄어들고, 의료 기술의 발달로 평균 수명이 길어지기 때문입니다. **12** ③

1 1960년대 이전에는 농사지을 땅이 넓은 남서쪽의 평야 지역에 사람들이 많이 모여 살아 인구 밀도가 높았습니다. 춥고 산지가 많은 북동쪽 지역에는 인구가 적었습니다.

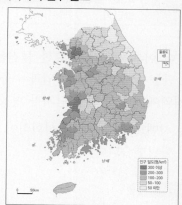

자료 다시 보기

1940년 우리나라의 인구 분포

1940년에 우리나라에서 인구 밀도가 높은 곳은 기후가 온화하고 벼농사에 유리한 남서쪽 지역입니다. 북동쪽 지역은 인구 밀도가 낮습니다.

2 1960년대 이전 우리나라는 벼농사 중심의 농업 사회로, 인구 분포는 자연환경의 영향을 많이 받았습니다. 기후가 온화하고 평야가 발달한 남서쪽 지역에 사람들이 많았습니다.

3 1960년대 이후 도시를 중심으로 산업화가 되면서 촌락에 사는 사람들이 일자리를 찾아 도시로 이동하였습니다. 오늘날에 인구 밀도가 높은 곳은 서울, 부산과 같은 대도시입니다.

4 ㉠ 청장년층이 일자리와 학교를 찾아 수도권 및 대도시 주변으로 몰려들어 수도권에는 우리나라 인구의 절반 정도가 살고 있습니다. ㉡ 산지 지역과 농어촌 지역은 인구 밀도가 낮습니다.

5 1960년대 이후 촌락에 사는 사람들이 일자리를 찾아 도시로 이동하면서 서울을 중심으로 한 수도권에 사람들이 모여 삽니다.

채점 tip 수도권에 살고 있다고 썼으면 정답으로 합니다.

6 인구가 줄어드는 촌락은 교육 시설 부족, 의료 시설 부족, 일손 부족 등의 문제가 발생합니다. 많은 인구가 모여 사는 도시는 주택 부족, 교통 혼잡, 환경 오염 등의 문제가 발생합니다.

7 우리나라 인구는 약 5,100만 명으로 연령별로 인구 구성이 다양하게 나타납니다.

8 1960년대에는 출산율과 사망률이 높았기 때문에 유소년층의 인구가 많고, 노년층의 인구가 적습니다.

9 65세 이상 인구가 전체 인구의 7%를 넘으면 고령화 사회, 14%를 넘으면 고령 사회, 20%를 넘으면 초고령 사회라고 합니다.

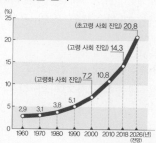

자료 다시 보기

65세 이상 인구의 비율 변화

평균 수명이 길어지고 노인 인구가 늘어나면서 우리나라는 지난 2000년에 고령화 사회로 진입했으며, 2018년에는 노인 인구 비율이 14%를 넘어 고령 사회에 도달하였습니다.

10 65세 이상의 노년층 인구 비율은 1960년에 비해 2020년에는 크게 늘어났습니다. 14세 이하의 유소년층 인구 비율은 줄어들었습니다.

11 오늘날 우리나라의 연령별 인구 구성을 보면 저출산·고령 사회의 모습이 나타납니다.

채점 tip 아이를 적게 낳고, 평균 수명이 길어졌다는 점을 썼으면 정답으로 합니다.

12 오늘날 우리나라는 유소년층 인구 비율이 낮아지고, 노년층 인구 비율이 높아지고 있습니다.

BOOK **1** 개념북

1 단원

3 우리 국토의 인문환경 (2)

<table>
<tr><td>35쪽</td><td>기본 개념 문제</td></tr>
</table>

1 × **2** 공업 **3** 신도시 **4** 노동력 **5** ○

<table>
<tr><td>36쪽 ~ 37쪽</td><td>문제 학습</td></tr>
</table>

1 공업 **2** ③ **3** (1) ○ (2) ○ (3) × **4** ①
5 수도권 **6** 예 대도시에 인구가 집중하면서 생긴
여러 가지 문제를 해결하기 위해서입니다. **7** (1) ○
8 중화학 공업 **9** ③ **10** (1) ㉠ (2) ㉡ **11** ①
12 예 원료를 수입하고 제품을 수출하기 좋은 해안
가에 있기 때문입니다.

1 1960년대 산업화 과정에서 많은 사람들이 일자리를
찾아 도시로 이동하면서 서울, 인천, 부산, 대구 등
의 인구가 급속히 증가했습니다.

2 지도에서 원은 도시를 나타내며 원의 크기는 도시
에 사는 인구를 나타냅니다.

3 (3) 1960년과 비교해 2020년에는 우리나라의 도시
수와 도시 인구가 모두 크게 늘어났습니다.

4 1970년대에는 남동 해안 지역의 항구를 중심으로
포항, 울산, 마산, 창원 등의 공업 도시가 성장하였
습니다.

5 우리나라는 국토를 균형적으로 발전시키려고 공공
기관 등을 세종특별자치시와 같은 지방으로 옮겼습
니다.

> **자료 다시 보기**
>
> **공공 기관이 이전하는 이유**
> 공공 기관을 지방으로 옮기는 까닭은 국토를 균형 있게 발전
> 시키고자 하기 때문입니다. 정부 종합 청사에 있었던 정부의
> 여러 기관을 세종특별자치시로 이전하여 수도권에 집중된 인
> 구와 기능을 분산합니다.
>
>
> ▲ 정부 세종 청사(세종특별자치시)

6 대도시에 인구와 여러 기능이 집중하면서 주택 부족,
교통 혼잡, 환경 오염 등의 문제가 나타났습니다.
이러한 문제를 해결하기 위해 1980년대부터 대도시
주변 지역에 대도시의 인구와 기능을 분담하는 신
도시를 건설했습니다.

> **채점 tip** 대도시에 인구가 집중하면서 생긴 여러 가지 문제를 해
> 결하기 위해서라고 썼으면 정답으로 합니다.

7 (2) 오늘날에는 첨단 산업이 발달했습니다. 농업, 어
업, 임업은 1960년대 이전에 발달했습니다.

> **자료 다시 보기**
>
> **우리나라의 산업 발달 과정**
>
> | 1960년대 이전 | 생산 활동에 적합한 자연환경을 갖춘 곳에서 농업, 어업, 임업이 주로 발달함. |
> | --- | --- |
> | 1960년대 | 풍부한 노동력을 바탕으로 섬유, 신발, 의류 등과 같이 가벼운 물건을 만드는 산업이 대도시를 중심으로 발달함. |
> | 1970~ 1980년대 | • 남동 해안 지역에 중화학 공업이 발달함.
• 철강, 배, 자동차 등과 관련된 산업이 발달함. |
> | 1990년대 | 컴퓨터와 반도체 등 정보 통신 산업이 크게 성장함. |
> | 오늘날 | 로봇, 항공, 우주와 관련된 첨단 산업이 발달함. |

8 1970년대 이후 생활에 필요한 물건을 공장에서 대
량으로 만들기 시작하면서 수입과 수출이 편리한 남동
해안 지역에 중화학 공업 단지가 형성되었습니다.

9 동해는 시멘트의 주원료인 석회석이 풍부해 시멘트
산업이 발달했습니다.

> **자료 다시 보기**
>
> **태백산 공업 지역**
> 동해, 삼척 등이 있는 태백산 공업 지역은 풍부한 지하자원을
> 바탕으로 원료 산업이 발달했습니다.

10 우리나라는 자연환경과 인문환경의 차이에 따라 지
역별로 각기 다른 산업이 발달했습니다.

11 제주도는 다른 지역에서 볼 수 없는 독특한 자연환
경을 가지고 있어 관광 산업이 발달했습니다.

12 부산은 해안가에 위치해 항구가 발달하여 상품을
수송, 운반, 보관하는 물류 산업이 발달했습니다.

> **채점 tip** 부산에 물류 산업이 발달한 까닭을 해안가에 있다는 점
> 과 관련지어 썼으면 정답으로 합니다.

3 우리 국토의 인문환경 (3)

39쪽 기본 개념 문제

1 교통도 **2** 복잡 **3** 생활권 **4** × **5** 산업

40쪽~41쪽 문제 학습

1 ② **2** 고속 철도 **3** ⑵ ○ **4** 생활권 **5** ②
6 ⑩ 교통수단과 교통 시설이 발달하면서 사람과 물건의 이동이 빨라졌습니다. 비행기를 이용해 하루 안에 전국 어디나 왕복할 수 있습니다. **7** 가깝게
8 ⑴ 산업 ⑵ 도시 **9** 많다는 **10** ㉠
11 ⑩ 교통이 발달한 곳에 사람들이 많이 모여 삽니다. 인구가 많은 지역을 중심으로 교통망이 발달했습니다. **12** 다인

1 제시된 교통도를 보면 철도, 고속 국도, 주요 공항, 주요 항구 등의 정보를 알 수 있습니다. ② 지하철과 관련된 정보는 알 수 없습니다.

2 고속 철도는 시속 약 200km 이상으로 운행되는 철도입니다. 2004년에 고속 철도가 개통되면서 전 국토의 반나절 생활권이 가능해졌습니다.

> **자료 다시 보기**
>
> **우리나라의 교통 발달 모습**
> • 산업과 도시의 발달에 따라 지역과 지역을 잇는 교통망은 더욱 세밀해졌습니다.
> • 1980년보다 2020년에는 철도, 고속 국도가 복잡해졌습니다.

3 ⑴ 2020년 교통도를 보면 산업이 발달한 지역을 따라 1980년에 비해 주요 공항과 항구의 수가 늘어났습니다.

4 생활권은 통학, 통근 등 사람이 일상생활을 할 때 활동하는 범위를 말합니다.

> **자료 다시 보기**
>
> **경부 고속 국도와 고속 철도**
>
>
>
> 경부 고속 국도는 서울과 부산을 잇는 고속 국도이고, 고속 철도는 시속 약 200km 이상으로 운행되는 철도입니다.

5 ② 고속 국도, 철도뿐만 아니라 공항도 늘어나면서 지역 간 교류가 더욱 활발해졌습니다.

6 교통의 발달로 사람들은 고속 철도나 비행기를 타고 먼 거리를 짧은 시간에 이동할 수 있게 되었습니다.

채점 기준	상	교통의 발달로 달라진 사람들의 생활 모습 두 가지를 알맞게 쓴 경우
	중	교통의 발달로 달라진 사람들이 생활 모습을 한 가지만 쓴 경우

7 교통이 발달하면서 사람들이 느끼는 국토의 크기가 상대적으로 작아졌고 생활권은 더욱 넓어졌습니다.

8 인구와 도시, 교통, 산업은 서로 영향을 주고받으며 변화합니다. 인문환경에 따라 우리 국토의 모습은 꾸준히 변하고 있습니다.

9 산업이 발달한 지역은 일자리를 찾아 사람들이 모이고 도시가 성장하면서 인구가 늘어납니다.

10 ㉠은 대전광역시 주변으로, 여러 곳으로 가는 고속 국도와 고속 철도가 연결되어 있습니다. ㉠이 ㉡보다 교통망이 복잡한 것을 보아 ㉠의 교통이 더 발달했다는 것을 알 수 있습니다.

11 교통이 발달하면 지역 간의 이동 시간이 줄어들어 사람들의 이동이 더욱 활발해집니다.

> **채점 tip** 교통이 발달한 곳에 사람들이 많이 모여 살고 있다고 썼으면 정답으로 합니다.

12 신애 – 인구가 많은 지역을 중심으로 교통망이 발달합니다. 원석 – 도시의 성장으로 더 많은 인구가 일자리를 찾아 도시로 이동하면서 교통과 산업은 더욱 발달합니다.

> **자료 다시 보기**
>
> **인문환경의 변화에 따라 달라진 국토의 모습**
> • 주요 공업 중심지와 공업 지역에 인구가 많습니다. 인구가 많은 지역에 주요 도시가 분포하고 있습니다.
> • 인구, 도시, 산업, 교통은 서로 영향을 주고받으며 변화합니다. 인문 환경에 따라 우리 국토의 모습은 꾸준히 변하고 있습니다.

42쪽~43쪽 교과서 통합 핵심 개념

1 아시아 **2** 주권 **3** 자연환경 **4** 논농사
5 양식업 **6** 여름 **7** 기상 특보 **8** 노년층

BOOK 1 개념북

1 단원

1 ②, ⑤ **2** ㉡, ㉢ **3** ⑩ 우리나라의 영토는 한반도와 한반도에 속한 여러 섬입니다. **4** 영남 지방 **5** ③, ⑤ **6** ③ **7** ㉠ 동 ㉡ 서 **8** ⑩ 여름에는 남쪽에서 덥고 습한 바람이 불어옵니다. 겨울에는 북서쪽에서 차갑고 건조한 바람이 불어옵니다. **9** ④ **10** 우데기 **11** ㉠ 남서쪽 ㉡ 북동쪽 **12** ②, ④ **13** ① **14** ⑩ 생산에 필요한 원료를 배로 수입하거나 완성된 제품을 수출하기에 유리하기 때문입니다. **15** ④

1 ① 우리나라는 중국과 일본 사이에 있습니다. ③ 우리나라 주변에는 러시아, 몽골, 일본, 중국 등의 나라가 있습니다. ④ 우리 국토는 북위 33°~43°, 동경 124°~132° 사이에 위치해 있습니다.

2 ㉠ 우리 국토는 도로나 철도를 이용해 대륙으로 나아가기 유리합니다.

3 영토는 우리나라의 주권이 미치는 땅의 범위를 말합니다. 이는 영해와 영공을 정하는 기준이 됩니다.

> 채점 **tip** 한반도와 한반도에 속한 여러 섬이라고 정확히 썼으면 정답으로 합니다.

4 영남 지방은 조령 고개의 남쪽에 있어서 붙여진 이름입니다.

5 ① 우리나라에는 광역시가 6곳 있습니다. ② 도와 특별자치도에는 도청이 있습니다. ④ 세종특별자치시는 서울특별시의 남쪽에 있습니다.

6 바다와 육지가 만나는 곳을 해안이라고 합니다.

자료 다시 보기
우리나라에서 볼 수 있는 다양한 지형의 모습

▲ 산지　　　▲ 하천

▲ 해안　　　▲ 섬

7 우리나라는 대체로 동쪽이 높고 서쪽은 낮은 지형이며, 이러한 지형의 특징에 따라 한강, 금강 등의 큰 하천은 대부분 동쪽에서 서쪽으로 흘러갑니다.

8 우리나라는 계절에 따라 불어오는 바람이 다릅니다.

> 채점 **tip** 각 계절에 따라 불어오는 바람의 특징을 알맞게 썼으면 정답으로 합니다.

9 ① 지역마다 집의 구조에 차이가 났습니다. ② 싱거운 음식이 발달했던 곳은 북쪽 지방입니다. ③ 솜옷은 겨울에 몸을 따뜻하게 하기 위해 만들어 입었던 옷입니다. ⑤ 소금과 젓갈이 많이 들어간 음식이 발달했던 곳은 남쪽 지방입니다.

10 울릉도에서는 처마 끝에서 바닥까지 우데기를 설치하여 집 안으로 눈이 들어오는 것을 막고, 집 안에서 생활할 수 있는 공간을 확보했습니다.

자료 다시 보기

우데기

우데기는 바람이나 눈비를 막기 위한 것으로, 울릉도에서 주로 볼 수 있습니다.

11 과거에는 지형이나 기후 등 자연환경 조건에 따라 인구 분포가 지역마다 다르게 나타났습니다.

12 1960년대 이후 촌락에 사는 사람들이 일자리를 찾아 도시로 이동하면서 서울을 중심으로 한 수도권이나 공업이 발달한 부산 등의 도시의 인구 밀도가 급격하게 높아졌습니다. 반면 산지 지역과 농어촌 지역의 인구 밀도는 낮아졌습니다.

13 1970년대에는 포항, 울산, 마산, 창원 등 새로운 공업 도시들이 성장하고 도시 인구가 크게 증가했습니다.

14 부산, 포항, 울산, 창원 등 우리나라의 남동쪽 해안가에는 중화학 공업 단지가 형성되었고, 다양한 산업이 발달하였습니다.

채점 기준		
	상	생산에 필요한 원료를 배로 수입하고 완성된 제품을 수출하기 유리하다고 쓴 경우
	중	수입, 수출과 관련 있는 내용 중 한 가지만 쓴 경우

15 ④ 교통의 발달로 사람과 물자의 이동이 더욱 활발해지고 지역 간의 이동 시간이 줄면서 지역 간 거리는 점점 가깝게 느껴지고 있습니다.

47쪽~49쪽 **단원 평가 ❷회**

1 ㉠, ㉢, ㉣ **2** ㉠ 대륙 ㉡ 해양 **3** 용훈 **4** ①
5 ⑩ 우리나라 사람들이 살고 있는 삶의 터전입니다. 화산 활동으로 생겨났으며 우리나라는 섬 전체를 천연기념물로 보호하고 있습니다. **6** ④ **7** ㉠ 태백산맥 ㉡ 동해안 **8** ③ **9** ② **10** ⑩ 폭설은 짧은 시간 동안 많은 양의 눈이 내리는 현상을 말합니다. **11** ⑤ **12** ㉠ → ㉡ → ㉢ **13** ③ **14** ⑩ 지역과 지역을 잇는 교통망이 더욱 세밀해졌습니다. 철도, 고속 국도가 복잡해졌습니다. **15** ㉠, ㉢

1 북반구에 위치한 우리나라는 아시아 대륙의 동쪽에 위치한 반도이며, 주변에 일본, 중국, 몽골, 러시아 등의 나라가 있습니다. ㉢ 우리나라는 북위 33°~43°, 동경 124°~132°에 위치해 있습니다.

자료 다시 보기

우리나라의 위치 살펴보기

방위로 나타내기	우리 국토는 아시아 대륙의 동쪽에 위치한 반도임.
위도와 경도로 나타내기	우리 국토는 북위 33°~43°, 동경 124°~132° 사이에 위치해 있음.
우리나라 주변에 있는 나라	우리나라 주변에는 중국, 러시아, 몽골, 일본 등이 있음.

2 우리 국토는 한 면이 육지에 이어지고 삼면이 바다로 둘러싸인 반도 지형으로 이러한 장점을 이용해 세계 여러 나라와 교류하고 있습니다.

3 용훈 – 동해안은 썰물일 때의 해안선을 기준으로 하여 12해리까지가 우리나라의 영해입니다.

4 비무장 지대는 휴전선을 기준으로 남과 북에 각각 2km내에 위치한 영역으로, 군인이나 무기를 원칙적으로 배치하지 않기로 한 곳입니다. ① 우리나라의 북쪽 끝은 함경북도 온성군 유원진입니다.

5 이 외에도 독도는 수산 자원과 지하자원이 풍부하고, 국토방위에 중요한 장소입니다.

채점 기준	상	독도의 특징 두 가지를 알맞게 쓴 경우
	중	독도의 특징을 한 가지만 알맞게 쓴 경우

6 물은 높은 곳에서 낮은 곳으로 흘러가므로 동쪽이 높고 서쪽이 낮은 우리나라 지형의 특징에 따라 큰 하천은 대부분 동쪽에서 서쪽으로 흘러갑니다.

7 비슷한 위도에 위치한 서울과 강릉의 경우 태백산맥과 동해의 영향으로 서울보다 강릉의 1월 평균 기온이 더 높게 나타납니다.

8 연평균 강수량이 1,000mm 미만인 지역은 중강진을 포함한 북쪽 지역입니다.

9 ① 한파가 발생하면 매우 심한 추위가 나타납니다. ③ 황사는 중국이나 몽골의 사막에서 발생한 미세한 모래 먼지가 우리나라까지 날아와 생깁니다. ④ 한꺼번에 눈이 많이 내리는 현상은 폭설이고, 홍수는 비가 많이 내려 하천이 흘러넘쳐 주변의 도로나 건물 등이 물에 잠기는 재해입니다.

자료 다시 보기

계절에 따라 발생하는 자연재해

황사(봄)	중국이나 몽골의 사막에서 발생한 모래 먼지가 날아와 가라앉는 현상
가뭄(봄)	오랫동안 비가 오지 않거나 적게 오는 기간이 지속되는 현상
폭염(여름)	하루 최고 기온이 33℃ 이상으로 올라가는 매우 심한 더위
홍수(여름)	비가 많이 내려 물이 흘러넘치고 도로나 건물 등이 물에 잠기는 현상
태풍(여름~초가을)	많은 비와 강한 바람을 몰고 오는 자연 현상
한파(겨울)	겨울철 기온이 갑자기 내려가면서 발생하는 추위
폭설(겨울)	짧은 시간 동안 많은 양의 눈이 내리는 현상

10 폭설은 주로 겨울에 발생하는 자연재해로 짧은 시간 동안 많은 양의 눈이 내리는 현상을 말합니다. 도로에 눈이 쌓일 때를 대비해 제설 장비를 준비해 두어야 합니다.

채점 tip 폭설의 의미를 정확히 썼으면 정답으로 합니다.

11 오늘날 유소년층 인구 비율은 1960년에 비해 줄었고, 노년층 인구 비율은 증가했습니다. 오늘날 우리나라는 저출산·고령 사회의 모습이 나타납니다.

12 ㉠은 1960년대, ㉡은 1970년대, ㉢은 1980년대 이후 도시 발달의 특징을 설명한 것입니다.

13 대전에서는 연구소와 대학교가 서로 협력해 연구하기 때문에 첨단 산업이 발달할 수 있었습니다.

14 1980년에 비해 2020년에는 교통 시설이 많아졌고, 고속 철도가 생겼습니다.

채점 tip 교통망이 더욱 세밀해지고, 복잡해졌다고 썼으면 정답으로 합니다.

15 ⓒ 인구가 많은 지역에 주요 도시가 분포하고 있습니다.

50쪽 **수행 평가 ①회**

1 ㉠ 한반도 ㉡ 12해리 **2 ⑩** 우리나라의 영토와 영해 위에 있는 하늘의 범위입니다.

1 영역은 국민의 생활 공간이자 한 나라의 주권이 미치는 범위를 말합니다.

> **자료 다시 보기**
>
> **영역의 구성**
>
> | 영토 | 한 나라의 주권이 미치는 땅으로, 영해와 영공을 정하는 기준이 됨. |
> |---|---|
> | 영해 | • 우리나라 영토 주변의 바다로, 영해를 설정하는 기준인 기선으로부터 12해리(약 22km)까지임.
• 동해안과 제주도, 울릉도, 독도는 썰물일 때의 해안선을 기준으로 영해를 정함.
• 서해안과 남해안은 가장 바깥에 위치한 섬들을 직선으로 이은 선을 기준으로 영해를 정함. |
> | 영공 | 우리나라의 영토와 영해 위에 있는 하늘의 범위임. |

2 다른 나라의 비행기가 우리나라의 영공을 지나가려면 허가를 받아야 합니다.

채점 기준	상	우리나라의 영토와 영해 위에 있는 하늘의 범위라고 쓴 경우
	중	우리나라에 있는 하늘의 범위라고만 쓴 경우

51쪽 **수행 평가 ②회**

1 ㉠ 북동쪽 ㉡ 동쪽 ㉢ 서쪽 ㉣ 서쪽 **2 ⑩** 사람들이 여가 생활을 즐길 수 있도록 스키장이나 휴양 시설을 만듭니다.

1 우리나라는 대체로 동쪽이 높고 서쪽이 낮은 지형이 나타나며 이러한 지형의 특징에 따라 큰 하천은 대부분 동쪽에서 서쪽으로 흘러갑니다. 비교적 낮은 평야는 서쪽에 나타나며, 평야에는 농사지을 땅이 넓게 나타나며 사람이 많이 모여 사는 도시가 발달했습니다.

---

2 사람들은 높은 산지에 스키장이나 휴양 시설을 만들어 여가 생활을 즐기기도 합니다.

채점 기준	상	사람들이 산지 지형을 이용하는 모습을 사례와 함께 정확히 쓴 경우
	중	사람들이 산지 지형을 다양하게 이용한다고만 쓴 경우

> **자료 다시 보기**
>
> **다양한 지형을 이용하는 모습**
>
>
>
> | 높은 산지에 스키장이나 휴양 시설을 만듦. | 하천 중·상류에 다목적 댐을 건설함. |
> |---|---|
> | 하천 중·하류 주변의 넓은 평야에서는 사람들이 논농사를 많이 지음. | 하천 주변의 평야에는 옛날부터 많은 사람이 모여들어 큰 도시가 발달했음. |

52쪽 **수행 평가 ③회**

1 ㈏ **2** 시멘트 **3 ⑩** 생산에 필요한 원료를 배로 수입하거나 완성된 제품을 수출하기 위해서입니다.

1 ㈏는 ㈎에 비해 항구와 공항 등이 많고, 여러 곳으로 이어진 고속 국도가 있습니다.

2 동해는 시멘트의 주원료인 석회석이 풍부해 시멘트 산업이 발달했습니다.

3 항구가 발달한 곳은 배를 이용하여 생산에 필요한 원료를 수입하고, 제품을 수출하기 알맞아 물류 산업이 발달하기도 합니다.

채점 기준	상	원료를 수입하고 제품을 수출하기 위해서라고 쓴 경우
	중	배를 이용하기 위해서라고만 쓴 경우

2. 인권 존중과 정의로운 사회

① 인권을 존중하는 삶 (1)

55쪽 기본 개념 문제

1 인권 **2** 평등하게 **3** 존중 **4** ○ **5** 국제 연합

56쪽~57쪽 문제 학습

1 인권 **2** ④ **3** ② ○ **4** ㉠, ㉢ **5** ③
6 예 어린이가 안전하게 등하교할 수 있도록 학교 앞에 어린이 보호 구역을 지정합니다. **7** 저상 버스 **8 예** 장애인이 편리하게 이동할 수 있도록 장애인 전용 주차 구역을 만듭니다. **9** 국제 연합(UN) **10** 세계 인권 **11** 한빛 **12** ①

---

1 인권은 사람이라면 누구나 태어나면서부터 당연히 누리는 기본적 권리입니다.

2 ④ 인권은 태어날 때부터 모든 사람에게 평등하게 보장되는 것입니다.

> **자료 다시 보기**
>
> **인권의 특성**
> • 모든 사람은 태어나면서부터 인간답게 살 권리가 있습니다.
> • 인종, 국적, 성별, 종교, 언어, 나이, 신체적 특징 등과 관계없이 누구나 동등하게 누려야 하는 권리입니다.

3 인권에는 의식주와 같이 살아가는 데 꼭 필요한 것과 관련된 권리뿐만 아니라 인간다운 삶을 살아가는 데 필요한 다양한 권리가 포함되어 있습니다.

4 ㉢ 인종, 국적, 성별, 종교 등과 관계없이 누구나 동등하게 대해야 합니다.

5 ①은 어린이, ②와 ④는 몸이 불편한 사람의 인권을 존중하는 모습입니다.

6 어린이 보호 구역은 어린이를 교통사고의 위험으로부터 보호하기 위하여 설정한 구역입니다.

> **채점 tip** 어린이 보호 구역 등과 같은 어린이의 인권을 존중하는 모습을 썼으면 정답으로 합니다.

> **이런 답도 가능해!**
>
> 키가 작은 어린이를 위해 낮은 세면대를 설치합니다.

> **자료 다시 보기**
>
> **어린이 보호 구역**
>
>
>
> 어린이가 안전하게 등하교할 수 있도록 학교 앞에 어린이 보호 구역을 지정합니다.

7 저상 버스는 장애인들이 휠체어를 탄 채 버스에 쉽게 오를 수 있도록 바닥이 낮고 출입구에 경사판을 설치한 버스입니다.

> **자료 다시 보기**
>
> **저상 버스**
>
>
>
> 저상 버스는 휠체어나 유모차 등이 쉽게 오를 수 있습니다.

8 장애인 전용 주차 구역은 장애인이 탑승한 자동차만 주차할 수 있는 장소입니다.

> **채점 tip** 장애인이 편리하게 이동하기 위해서라고 쓰거나 장애인의 인권을 보호하기 위해서라고 쓴 경우 정답으로 합니다.

9 국제 연합(UN) 아동 권리 선언은 모든 18세 미만 아동의 권리를 담은 국제적 약속입니다.

> **자료 다시 보기**
>
> **국제 연합(UN) 아동 권리 선언**
> • 인종, 종교, 성별 등으로 인한 차별을 받지 않을 권리
> • 신체적·정신적으로 올바르게 성장할 기회를 가질 권리
> • 이름과 국적을 가질 권리
> • 적절한 영양 섭취, 주거 시설, 의료 서비스를 받을 권리
> • 장애를 지닌 아동이 특별한 치료와 교육 및 보살핌을 받을 권리

10 세계 인권 선언은 모든 사람은 누구나 태어나면서부터 똑같은 기본적인 권리를 가지고 있다는 사실을 세계에 널리 알린 것입니다.

11 인권은 태어날 때부터 모든 사람에게 평등하게 보장되는 것입니다.

12 우리는 누구나 안전하게 행복을 누리며 살아갈 권리가 있고, 다른 사람의 권리 또한 빼앗을 수 없습니다.

1 인권을 존중하는 삶 (2)

59쪽 기본 개념 문제

1 방정환 2 전태일 3 허균 4 × 5 신문고

60쪽~61쪽 문제 학습

1 허균 2 ② 3 마틴 루서 킹 4 ④ 5 ⑤ 6 ⑳ 억울하게 벌을 받는 일이 없도록 하기 위해서입니다. 7 격쟁 8 ⑤ 9 상소 10 상언 11 ⑳ 억울한 일을 임금에게 알리기 위해서입니다. 12 북

---

1 허균은 양반 신분임에도 가난한 백성의 편에 서서 신분 제도의 잘못된 점을 주장하였습니다.

2 방정환은 모든 어린이가 꿈과 희망을 품고 행복하게 자라기를 바라는 마음으로 어린이날을 만들었습니다.

> **자료 다시 보기**
>
> **방정환**
> • 아이들을 '어린이'로 부르며 어린이의 인격을 어른과 동등하게 존중하자고 주장했습니다.
> • 어린이를 위한 잡지와 어린이날을 만드는 등 어린이의 인권 신장을 위해 노력했습니다.

3 마틴 루서 킹은 흑인이 차별받는 부당함을 알리려고 많은 연설을 했습니다.

> **자료 다시 보기**
>
> **인권 신장을 위해 노력한 다른 나라의 인물**
>
> | | |
> |---|---|
> | 테레사 수녀 | • 가난하고 아픈 사람들을 위해 평생을 바쳤음.
• 버림받은 아이도 존중해야 한다고 생각했음. |
> | 마틴 루서 킹 | • 백인에게 차별받는 흑인의 인권을 신장하려고 노력했음.
• 흑인도 백인과 똑같은 인간으로서 존엄성을 가지며 동일하게 대우해야 한다고 연설했음. |

4 테레사 수녀는 검은 수녀복 대신 인도에서 가장 가난하고 미천한 여성들이 입는 흰색 옷을 입고 평생을 가난 속에서 고통받으며 죽어 가는 사람들과 버려진 아이들, 노인들을 위해 헌신해 '빈자의 성녀'로 추앙받았습니다.

5 삼복제는 ⊙ 신분과 관계없이 적용됐고, ⓒ 오늘날까지 이어지고 있습니다.

6 조선 시대에 죄를 지은 사람에게 형벌을 내릴 때는 억울하게 벌을 받는 일이 없도록 세밀하게 조사하고 신중하게 결정했습니다.

> **채점 tip** 억울하게 벌을 받는 일이 없도록 하기 위해서라고 썼으면 정답으로 합니다.

7 백성들은 격쟁이라는 제도를 통해 임금에게 억울하고 분통한 일을 직접 말하고 해결하려고 했습니다.

8 제시된 그림과 같이 억울한 일을 당한 사람이 임금의 행차 때 징이나 꽹과리를 쳐서 임금에게 억울함을 호소하는 일을 격쟁이라고 합니다.

9 상소는 임금에게 글을 올리던 일을 말합니다. 일반 백성은 원통하고 억울한 일을 당해도 하소연하기 어려웠습니다.

10 상언 제도와 신문고 제도는 일반 백성의 원통함이나 억울함을 풀어 주고자 했던 제도입니다. 신문고 제도는 백성들이 억울한 일이 있을 때 대궐 밖에 설치된 북을 쳐서 임금에게 알리던 제도입니다.

> **자료 다시 보기**
>
> **상언 제도**
>
>
>
> 신분과 관계없이 억울한 일을 문서에 써서 임금에게 호소할 수 있었습니다.

11 신문고 제도를 통해 백성들은 억울한 일이 있을 때 대궐 밖에 설치된 북을 쳐서 임금에게 알릴 수 있었습니다.

> **채점 tip** 억울한 일을 임금에게 알리기 위해서라고 썼으면 정답으로 합니다.

> **자료 다시 보기**
>
> **신문고 제도**
>
>
>
> 백성들은 억울한 일이 있을 때 대궐 밖에 설치된 북을 쳐서 임금에게 알릴 수 있었습니다.

12 신문고는 조선 시대에 백성이 억울한 일을 하소연할 때 치게 하던 북을 말합니다.

1 인권을 존중하는 삶 (3)

63쪽 　기본 개념 문제

1 인권 **2** × **3** 교육 **4** ○ **5** ○

64쪽~65쪽 　문제 학습

1 ③, ⑤ 　**2** ① 　**3** (1) ⓒ (2) ⓐ 　**4** ③, ⑤
5 승기 　**6** ⓐ 장애인 보조견의 출입을 제한할 수 없도록 한 법이 제대로 시행되고 있는지 관리하고 감독해야 합니다. 　**7** 국가 인권 위원회 　**8** 사회 보장 제도 　**9** ⓐ 인권 보장은 시민들의 힘만으로는 할 수 없는 일도 있기 때문입니다. 　**10** ⑤ 　**11** ②
12 (1) × (2) ○

1 장애인도 인권을 가진 사람이기 때문에 인권을 보장받아야 합니다.

2 나이가 많다는 이유로 취업을 하지 못하게 하는 것은 노인의 인권을 침해하는 것입니다.

3 인권 보장을 위해 사회에서는 다양한 노력을 하고 있습니다.

자료 다시 보기
인권 보장을 위한 노력

인권 관련 법 시행	국가는 장애, 성별 등에 따라 불합리한 차별이 발생하지 않도록 법을 만들어 시행함.
인권 교육 활동 실시	학교에서는 자신의 권리와 다른 사람의 인권을 존중할 수 있도록 인권 교육을 실시함.

4 국가와 지방 자치 단체에서는 모든 사람이 안전하고 편리하게 공공시설을 이용할 수 있도록 공공 편의 시설을 설치하여 운영하고 있습니다.

5 시각 장애인용 점자 안내도와 점자 블록은 시각 장애인의 안전하고 편리한 이동을 위한 시설입니다.

자료 다시 보기
장애인을 위한 공공 편의 시설

시각 장애인용 점자 안내도	시각 장애인에게 건물의 기본적인 위치와 구조에 관한 정보를 제공하는 안내판
점자 블록	시각 장애인이 안전하게 다닐 수 있도록 건물의 바닥이나 도로에 깐 블록
시각 장애인용 음향 신호기	횡단보도에서 시각 장애인에게 소리와 울림으로 신호가 바뀌었음을 알려주는 기기

6 장애인 보조견은 시각 장애인에게 눈과 같은 역할을 하기 때문에 국가에서는 장애인 보조견의 출입을 제한할 수 없도록 법을 만들었습니다.

채점 tip 법이 제대로 시행되고 있는지 관리하고 감독해야 한다고 썼으면 정답으로 합니다.

이런 답도 가능해!
국가는 불합리한 차별이 발생하지 않도록 법을 만들어 시행해야 합니다. 또한 인권 보장을 위한 국가 기관을 설치해야 합니다.

7 이 밖에도 국가 인권 위원회에서는 인권 정책 개선을 위한 의견 제시, 국민의 인권 의식 향상을 위한 인권 교육, 홍보 활동 등을 벌이고 있습니다.

8 인권 보장은 시민들의 힘만으로는 할 수 없는 일도 있기 때문에 국가와 지방 자치 단체는 모든 국민의 인간다운 생활을 보장하기 위한 사회 보장 제도를 만들어 시행합니다.

9 어려움을 겪고 있는 사람들을 위해 국가와 지방 자치 단체가 제도를 만들어 안정적인 삶을 살 수 있도록 노력하고 있습니다.

채점 기준	상	시민들의 힘만으로는 할 수 없는 일도 있기 때문이라고 쓴 경우
	중	국가와 지방 자치 단체가 해야 할 일이기 때문이라고만 쓴 경우

10 다른 사람에게 인권을 알려 주는 것도 인권 보호 실천 방법 중 하나입니다. ⑤ 국가와 지방 자치 단체가 할 수 있는 일입니다.

자료 다시 보기
우리가 할 수 있는 인권 보호 실천 방법

인권 캠페인 하기	인권의 소중함이나 인권 보장하는 방법 등을 홍보하는 캠페인을 함.
인권 표어, 동영상 만들기	인권을 보장받지 못한 사례나 인권을 보장하는 방법 등을 알리는 표어나 동영상을 만듦.
인권 개선 편지 쓰기	인권 관련 기관에 인권 개선을 요구하는 편지를 써서 보냄.

11 우리는 일상생활에서 인권을 존중하는 말을 사용함으로써 인권을 보호할 수 있습니다. ② 상대방의 외모를 놀리는 말을 하면 안 됩니다.

12 (1) 상대방을 존중하는 말과 행동을 함으로써 나의 인권뿐만 아니라 다른 사람의 인권도 지킬 수 있습니다.

2 인권 보장과 헌법 (1)

67쪽 기본 개념 문제

1 헌법 2 권리 3 ○ 4 기본권 5 청구권

68쪽~69쪽 문제 학습

1 헌법 2 ㉠, ㉡, ㉢ 3 ㉖ 국민 투표를 해야 합니다. 4 ④ 5 ① 6 헌법 재판소 7 기본권 8 ㉤ 9 ㉠ 10 ⑴ 참정권 ⑵ 청구권 11 ①, ③ 12 ㉖ 국가의 안전 보장, 공공의 이익, 사회 질서 유지 등을 위해 필요한 경우 법률에 따라 제한될 수도 있습니다.

1 헌법은 모든 국민이 존중받고 행복한 삶을 살아가는 데 필요한 내용을 담고 있습니다.

2 헌법은 국민의 자유와 권리, 인간다운 생활을 보장하기 위해 만들어진 법입니다. ㉣은 관습과 관련된 설명입니다.

3 국민 투표는 국가의 중요한 일을 국민이 최종적으로 투표해 결정하는 제도입니다.

채점 기준	상	국민 투표를 해야한다는 내용을 알맞게 쓴 경우
	중	국민들의 동의를 얻어야한다고만 쓴 경우

4 헌법에서는 직업 선택의 자유를 보장하고 있습니다.

5 헌법은 개인이 가진 인권을 분명하게 확인하고 이를 보장해 줍니다.

6 헌법을 기반으로 만들어진 법이 개인의 권리를 침해했다고 판단될 경우, 헌법 재판소에 심판을 요청할 수 있습니다.

자료 다시 보기

헌법 재판소

법이 헌법에 어긋나는지, 국가 권력이 국민의 권리를 침해하는지 등을 심판하는 곳입니다. 법률이 국민의 인권을 침해한다면 국민 누구나 헌법 재판을 요청할 수 있습니다.

7 헌법으로 보장되는 국민의 기본적인 권리를 기본권이라고 합니다.

8 평등권은 법을 공평하게 적용받아 차별받지 않을 권리입니다.

9 자유권은 자유롭게 생각하고 행동할 수 있는 권리입니다.

10 참정권은 국가의 정치 의사 형성 과정에 참여할 수 있는 권리이고, 청구권은 기본권이 침해되었을 때 국가에 어떤 일을 해 달라고 요구할 수 있는 권리입니다.

11 사회권은 인간답게 살 수 있도록 국가에 요구할 수 있는 권리입니다. ②는 참정권, ④는 청구권, ⑤는 평등권이 보장되는 사례입니다.

자료 다시 보기

국민의 기본권의 종류

평등권	자유권
성별이나 장애에 차별받지 않고 동등하게 교육받을 수 있어요.	원하는 직업을 자유롭게 선택할 수 있어요.
법을 공평하게 적용받아 차별받지 않을 권리	자유롭게 생각하고 행동할 수 있는 권리

사회권	참정권
깨끗한 환경에서 생활할 수 있어요.	국회 의원 후보 김호철 / 국민이 선거의 후보자로 출마할 수 있어요.
인간답게 살 수 있도록 국가에 요구할 수 있는 권리	국가의 정치 의사 형성 과정에 참여할 수 있는 권리

청구권
억울한 일을 당하면 재판을 청구할 수 있어요. / 접수 / 구청에 민원을 제기할 수 있어요.
기본권이 침해되었을 때 국가에 어떤 일을 해 달라고 요구할 수 있는 권리

12 기본권은 제한될 수 있는 경우도 있지만 근본적인 내용은 함부로 제한할 수 없습니다.

채점 기준	상	'국가의 안전 보장', '공공의 이익', '사회 질서 유지' 중 두 가지를 모두 알맞게 쓴 경우
	중	'국가의 안전 보장', '공공의 이익', '사회 질서 유지' 중 한 가지만 쓴 경우

② 인권 보장과 헌법 (2)

71쪽 기본 개념 문제

1 국방 **2** 세금 **3** 책임 **4** 의무 **5** ×

72쪽~73쪽 문제 학습

1 ㉢ **2** ㉡ **3** ㉠ **4** 교육의 의무 **5** ④ **6** 의무
7 ㉠ 권리 ㉡ 의무 **8** 예 권리와 의무를 조화시킬 수 있는 합리적인 해결 방안을 생각해야 합니다.
9 ⑴ ○ **10** ⑴ ㉡ ⑵ ㉠ **11** ⑴ ○ **12** 예 땅 주인은 자신의 재산을 사용할 수 있는 권리를 침해받게 됩니다. 땅 주인은 행복한 삶을 누리지 못할 수도 있습니다.

1 모든 국민은 세금을 내야 할 납세의 의무가 있습니다.

> **자료 다시 보기**
> **국민의 의무와 관련된 생활 모습**
> • 교육의 의무: 부모님께서 자녀들을 학교에 보내 교육을 받게 하고 있습니다.
> • 납세의 의무: 부모님께서 세금을 납부하십니다.
> • 근로의 의무: 부모님, 삼촌, 고모 모두 열심히 일하고 계십니다.
> • 국방의 의무: 사촌 오빠가 군대에 입대했습니다.
> • 환경 보전의 의무: 쓰레기 분리수거를 합니다.

2 제시된 내용은 근로의 의무에 대한 설명입니다.

3 모든 국민은 나와 가족, 우리 모두의 안전을 위해 나라를 지킬 국방의 의무가 있습니다.

4 우리가 학교에서 공부할 수 있는 것은 교육을 받을 수 있는 권리, 교육의 의무 둘 다 관련이 있습니다.

5 모든 국민, 기업, 국가는 환경을 보전하기 위해 노력해야 할 의무가 있습니다. ①은 근로의 의무, ②는 국방의 의무, ③은 납세의 의무를 실천하는 모습입니다.

6 이 밖에 의무를 성실하게 실천함으로써 나라를 유지하고 발전시킬 수 있습니다.

7 권리와 의무의 조화를 추구하는 태도가 필요합니다.

8 헌법에 나타난 권리를 보장하고 의무를 실천하는 것이 모두 필요합니다.

채점 기준	상	권리와 의무의 조화를 추구한다고 알맞게 쓴 경우
	중	합리적인 해결 방안을 생각한다고만 쓴 경우

9 인터넷 게임 셧다운제를 찬성하는 입장은 청소년들이 건강하게 성장할 권리를 강조하고, 반대하는 입장은 청소년들이 자유롭게 행동할 권리를 강조합니다.

10 다양한 사람들이 함께 살아가는 사회에서 권리와 의무는 서로의 입장에 따라 종종 충돌할 때가 있습니다.

> **자료 다시 보기**
> **국민의 의무와 종류**
>
>
>
> | 국방의 의무 | 납세의 의무 |
> |---|---|
> | 모든 국민은 나와 가족, 우리 모두의 안전을 위해 나라를 지킬 의무가 있음. | 모든 국민은 세금을 내야 할 의무가 있음. |
>
>
>
> | 근로의 의무 | 교육의 의무 |
> |---|---|
> | 모든 국민은 개인과 나라의 발전을 위해 일할 의무가 있음. | 모든 국민은 자녀가 잘 성장할 수 있도록 교육을 받게 할 의무가 있음. |
>
> 환경 보전의 의무
>
>
>
> 모든 국민, 기업, 국가는 환경을 보전하기 위해 노력해야 할 의무가 있음.

11 땅 주인의 일상생활에서 보장받아야 하는 권리와 ○○시의 실천해야 하는 의무가 서로의 생각이나 입장에 따라 어긋나 충돌하고 있습니다.

12 우리가 행복하게 살아가려면 헌법에 나타난 권리를 보장하고 의무를 실천하는 것이 모두 필요합니다.

채점 기준	상	예시 답안 중 한 가지를 알맞게 쓴 경우
	중	땅 주인의 권리를 침해한다고만 쓴 경우

3 법의 의미와 역할 (1)

75쪽 기본 개념 문제

1 법 2 제재 3 ○ 4 도덕 5 ×

76쪽~77쪽 문제 학습

1 ④ 2 (2)○ (3)○ 3 법 4 ㉠, ㉡, ㉣ 5 예 법이 사회의 변화에 맞지 않거나 인권을 침해할 때입니다. 6 (1)○ 7 ③, ⑤ 8 도덕 9 ㉠ 법 ㉡ 도덕 10 ④ 11 (1) ㉡, ㉣ (2) ㉠, ㉢ 12 예 교통 신호를 지키지 않는 경우입니다. 다른 사람의 돈을 빌려 가서 갚지 않는 경우입니다.

1 ④ 정해진 장소에서 택시를 기다려야 합니다.

2 사람들이 도로 위에서 규칙을 지키지 않는다면 자동차들이 운행하는 데 불편을 겪을 수 있고 교통사고가 늘어나 운전자나 보행자 모두 위험할 수 있습니다.

3 법은 국가가 만든 사회 규범으로, 이를 어겼을 때는 제재를 받습니다.

4 법은 사회의 질서를 유지하고 국가에 속한 사람들의 안전을 위해 만들어진 규칙입니다. ㉢ 법은 국가에서 만들었습니다.

자료 다시 보기

도로 위에서 지켜야 할 규칙

지켜야 할 규칙	안전띠 매기, 횡단보도에서는 자전거에서 내려 걷기, 초록불일 때 횡단보도 건너기 등
규칙을 지키지 않을 때	도로가 혼란스러워지고 교통사고 등 위험이 발생할 수 있습니다. 자동차들이 운행하는 데 불편을 겪을 수 있습니다.

5 법이 사회의 변화에 맞지 않거나 그 내용이 다른 사람의 인권을 침해한다고 판단되는 경우, 법을 바꾸거나 다시 만들 수 있습니다.

채점 기준	상	사회에 맞지 않거나 인권을 침해할 때라고 쓴 경우
	중	사회에 맞지 않기 때문이라고만 쓴 경우

6 차에 탈 때 안전띠를 매야 안전하기 때문에 법으로 안전띠를 매도록 정해져 있습니다. (2) 남의 물건을 허락 없이 가져와서는 안 됩니다.

7 법은 강제성이 있어서 이를 어겼을 때는 제재를 받습니다.

8 도덕과 같은 사회 규범은 양심상 지켜야 하는 것들입니다.

9 법은 지키지 않았을 때 제재를 받지만 도덕은 지키지 않았을 때 주위 사람들의 따가운 시선을 받을 뿐 제재를 받지는 않습니다.

자료 다시 보기

도덕과 법의 구분

도덕	지하철에서 임산부 배려석을 임산부에게 양보하는 것	무거운 짐을 들고 있는 사람을 도와 짐을 함께 들어 주는 것
법	신호등이 초록불일 때 횡단보도를 건너는 것	외출 시에 반려견에 목줄을 하는 것

10 법은 국가에 속한 모든 사람이 함께 지키지 않으면 위험하거나 불편한 상황이 발생할 수 있으므로 강제성을 지닙니다. ① 국가가 만든 사회 규범입니다. ② 법은 꼭 지켜야 하는 강제성이 있습니다. ③ 법은 사회 질서를 유지하는 역할을 합니다. ⑤ 모든 사회 구성원에게 적용됩니다.

11 ㉠과 ㉢은 도덕과 같은 사회 규범을 지키지 않는 모습이고, ㉡과 ㉣은 법을 지키지 않는 모습입니다.

12 법을 지키지 않으면 벌금을 내거나 경찰에 잡혀갈 수도 있습니다.

채점 기준	상	예시 답안과 같이 법으로 제재를 받는 상황을 구체적으로 쓴 경우
	중	법을 어긴 경우와 같이 미흡하게 쓴 경우

이런 답도 가능해!

• 학교의 물건을 훼손하는 경우입니다.
• 인터넷에서 악성 댓글을 쓰는 경우입니다.
• 공공 기관에 장난 전화를 하는 경우입니다.

3 법의 의미와 역할 (2)

79쪽 **기본 개념 문제**

1 ○ **2** 도로 **3** × **4** 권리 **5** 보호

80쪽~81쪽 **문제 학습**

1 ㉢ **2** ① **3** (1) ㉡ (2) ㉠ **4** ㉢ **5** ㉣ **6** ④
7 (2) ○ **8** 법 **9** ⑩ 법에 따라 재판을 해 정당한
대가를 받을 수 있습니다. **10** ㉡ **11** ② **12** ⑩
법은 사고나 범죄로부터 사람들을 안전하게 지켜 주
어 사회 질서를 유지해 줍니다.

1 사람이 태어나서 출생 신고를 하는 일부터 학교에
가는 일 등 가정과 학교 주변에서 다양한 법이 적용
되고 있습니다. ㉢은 일상생활로 법과 관련이 없습
니다.

2 「저작권법」은 음악, 영화, 출판물 등 창작물을 만든
사람의 저작권을 보호하는 법입니다.

3 다양한 법들이 일상생활 곳곳에서 적용되어 사람들
이 안심하고 살 수 있도록 도와줍니다.

4 일정한 나이가 되면 모든 국민이 초등학교에 다니
는 것은 「초·중등 교육법」의 적용을 받는 것입니다.

자료 다시 보기

일상생활 곳곳에 적용되는 법의 사례

「저작권법」	음악, 영화, 출판물 등 창작물을 만든 사람의 저작권을 보호하는 법
「도로 교통법」	도로에서 안전하게 다닐 수 있도록 만든 법
「초·중등 교육법」	모든 국민은 일정한 나이가 되면 초등학교에 다니도록 정함.
「학교 급식법」	학생들의 건강과 성장을 위해 안전하고 영양가 높은 음식 재료를 사용하도록 보장함.

---

5 ㉣ 법은 우리의 권리를 보호해 주면서 사람들이 안
심하고 살 수 있도록 도와줍니다.

6 우리 사회는 개인의 권리를 보장하고 안정된 사회
를 유지하고자 법을 만들었으며, 문제가 발생했을
때는 법에 따라 해결합니다.

7 개인의 생명과 재산을 보호해 주기 위해 법이 필요
합니다. (1)은 환경 파괴와 오염을 예방하는 법이 없
을 때, (3)은 개인 정보를 보호해 주는 법이 없을 때

발생할 수 있습니다.

8 법은 개인의 권리를 보호하는 역할을 합니다.

9 개인의 권리를 침해당했을 때 법을 적용하여 권리
를 구제받을 수 있습니다.

채점 **tip** 법에 따라서 재판을 해 정당한 대가를 받을 수 있다고 썼
으면 정답으로 합니다.

10 ㉡ 무단 횡단은 다른 사람에게 피해를 줄 뿐만 아니
라 자신의 생명도 위협하기 때문에 법으로 금지하
고 있습니다.

11 제시된 사진은 도로의 교통질서를 유지하기 위한
표지판입니다. 이때 법은 교통질서를 유지하고 교
통사고를 예방하는 역할을 합니다.

12 제시된 일기에는 범죄가 일어났을 때 보호를 받은
일이 나타나 있습니다.

채점 기준		
	상	사고나 범죄로부터 사람들을 지켜 주어 사회 질서를 유지해 준다고 쓴 경우
	중	사회 질서를 유지해 준다고만 쓴 경우

자료 다시 보기

법의 역할

화재 등 위험으로부터 개인의 생명과 재산을 보호해 줌. / 자유와 권리가 침해되지 않도록 개인 정보를 보호해 줌.

개인 간에 발생한 분쟁을 재판으로 해결해 줌. / 도로의 교통질서를 유지하여 교통사고를 예방해 줌.

사건 사고나 범죄로부터 안전하게 지켜 줌. / 깨끗한 환경에 살 수 있도록 환경을 보호해 줌.

BOOK **1** 개념북

2 단원

3 법의 의미와 역할 (3)

83쪽 기본 개념 문제

1 갈등　2 ✕　3 재판　4 ○　5 지키지 않으면

84쪽~85쪽 문제 학습

1 (1) ○ (2) ✕　2 ③, ⑤　3 ㉢　4 **예** 하천의 동식물이 죽고 생태계가 파괴될 수 있습니다.　5 ②　6 새롬, 지원　7 (1) ㉡ (2) ㉠　8 ①　9 ㉢　10 ㉠　11 **예** 쓰레기는 길거리에 버리지 않고, 휴지통과 같이 정해진 장소에 버립니다.　12 ②

1 법을 지키지 않으면 다른 사람에게 피해를 주고 다른 사람의 권리를 침해하여 사람들 간의 갈등을 유발합니다.

자료 다시 보기

법을 지키지 않을 때 발생할 수 있는 문제점

법을 어기는 행동	발생할 수 있는 문제점
 소방차 전용 주차 구역에 불법 주차를 함.	 불이 났을 때 소방차가 들어오지 못해 피해가 커짐.
 반려견이 용변을 보았는데 치우지 않고 모른 척 함.	 냄새가 나고, 배설물을 밟아 넘어질 수 있음.
 공장의 폐수를 몰래 인근 하수구에 흘려보냄.	 하천의 동식물이 죽고 생태계가 파괴됨.

2 반려견이 길에서 용변을 보았을 때 모른 척 하고 지나가면 주변에 피해를 줄 수 있으므로 배설물을 치워야 합니다.

3 소방차 전용 주차 구역에 불법 주차를 하면 길이 막히고 위급 상황에 대처가 늦어져 피해가 커질 수 있습니다.

4 법을 지키지 않으면 다른 사람에게 피해를 줄 수 있습니다.

채점 기준	상	하천의 동식물이 죽고 생태계가 파괴될 수 있다고 쓴 경우
	중	일어날 수 있는 문제점을 썼으나 그 내용이 미흡한 경우

5 그 사람이 정말로 죄를 지었는지 확인하거나 사회 질서를 바로 잡기 위해서 재판을 합니다.

6 법을 지키지 않을 때는 재판을 해 타인에게 피해를 준 사람의 권리를 제한하기도 합니다.

7 이 외에도 판사는 재판을 진행하고 법에 따라 판결을 내리는 사람이고, 피고인은 범죄를 저지른 것으로 의심이 되어 재판을 받는 사람입니다.

8 김불법씨는 김만화씨의 만화를 불법으로 △△△ 누리집에 올려 김만화씨의 저작권을 침해했기 때문에 「저작권법」을 어겼습니다.

9 ㉠ 제시된 모의재판에서 피고인은 김불법씨입니다. ㉡ 변호사는 김불법씨의 권리를 대신해서 주장하고 있습니다.

10 쓰레기를 아무 곳에나 버리는 모습은 법을 지키지 않는 모습입니다. ㉡은 초록불에 횡단보도를 건너는 모습으로 법을 지키는 모습입니다.

11 법을 지키지 않는 행동을 했다면 반성하고 준법 생활을 실천하기 위해서 노력해야 합니다.

채점 tip 쓰레기는 정해진 장소에 버려야 한다고 썼으면 정답으로 합니다.

12 법을 지키면 다른 사람의 권리를 보호하고 나의 권리도 보호할 수 있습니다. ② 개인의 권리를 보호하기 위해서 법을 지켜야 합니다.

86쪽~87쪽 교과서 통합 핵심 개념

1 권리　2 어린이날　3 마틴 루서 킹　4 헌법　5 청구권　6 납세　7 국가

단원 평가 ❶회

1 세계 인권 선언 **2** 예 어린이가 안전하게 등하교할 수 있도록 어린이 보호 구역을 지정합니다. 몸이 불편한 사람도 대중교통을 이용할 수 있도록 저상버스를 운영합니다. **3** ④ **4** 격쟁 **5** ④ **6** ③ **7** 헌법 재판소 **8** ① **9** ③ **10** 윤희 **11** (1) ○ (2) ○ **12** ③ **13** ⑤ **14** 예 개인 간에 발생한 분쟁을 해결해 줍니다. **15** ④

1 제시된 내용은 세계 인권 선언에 대한 설명입니다.

2 인권은 태어날 때부터 모든 사람에게 평등하게 보장되는 것입니다.

채점기준	상	생활 속에서 인권이 존중되는 모습을 두 가지 모두 알맞게 쓴 경우
	중	생활 속에서 인권이 존중되는 모습을 한 가지만 알맞게 쓴 경우

3 허균은 서얼 출신인 홍길동을 주인공으로 내세워 신분으로 차별받는 사람들의 인권을 다루었습니다.

4 제시된 내용은 격쟁에 대한 설명입니다.

5 시각 장애인용 점자 안내도는 시각 장애인에게 건물의 기본적인 위치와 구조에 관한 정보를 제공하는 안내판입니다. 점자 블록은 시각 장애인이 안전하게 다닐 수 있도록 건물의 바닥이나 도로에 깐 블록입니다.

6 헌법은 국민의 자유와 권리, 인간다운 생활을 보장하기 위해 만들어진 법입니다. ③ 헌법은 법 중에서 가장 기본이 되는 법으로 헌법을 바탕으로 다른 법이 만들어집니다.

7 헌법을 기반으로 만들어진 법이 개인의 권리를 침해했다고 판단될 경우, 헌법 재판소에 심판을 요청할 수 있습니다.

8 헌법에는 근로의 의무가 나타나 있습니다. 헌법으로 보장되는 국민의 기본적인 권리를 기본권이라고 합니다.

9 제시된 헌법 조항에는 납세의 의무가 나타나 있습니다. ①은 국방의 의무, ②는 근로의 의무, ④는 환경 보전의 의무를 실천하는 모습입니다.

10 땅 주인의 입장에서 생각해 보았을 때 개인의 땅을 개발하지 못하게 하는 것은 자유권을 침해하는 것입니다.

11 ③ 법이 사회의 변화에 맞지 않거나 인권을 침해할 때는 법을 바꾸거나 다시 만들 수 있습니다.

12 ③은 지키지 않으면 주위 사람들의 따가운 시선을 받지만 벌을 받지는 않습니다.

13 제시된 글은 「어린이 식생활 안전 관리 특별법」에 대한 설명입니다.

14 재판을 통해 개인 간에 발생한 분쟁을 해결할 수 있습니다.

채점기준	상	개인 간에 발생한 분쟁을 해결해 준다고 쓴 경우
	중	법이 개인의 권리를 보장해 준다고만 쓴 경우

15 소방차 전용 주차 구역에 불법 주차를 하면 불이 났을 때 소방차가 들어오지 못해 피해가 커집니다.

단원 평가 ❷회

1 인권 **2** 예 어린이를 위한 잡지와 어린이날을 만들었습니다. **3** (1) ㉡ (2) ㉠ **4** ⑤ **5** 국가 인권 위원회 **6** (2) ○ (3) ○ **7** 예 헌법은 새로운 법을 만들 때 그 법이 국민의 인권을 침해하지 못하도록 합니다. 헌법은 국민의 인권을 보장하는 역할을 합니다. **8** ③ **9** ④ **10** ㉠ **11** (2) ○ **12** ① **13** ④ **14** ③ **15** 예 법을 어기면 다른 사람의 권리를 침해하기 때문입니다. 개인의 권리를 보호하고 사회 질서를 유지하기 위해서입니다.

1 인권은 모든 사람이 인간다운 삶을 살아가기 위해 당연히 누려야 할 기본적인 권리를 말합니다.

2 방정환은 아이들을 '어린이'로 부르며 어린이의 인격을 존중하자고 주장했습니다.

채점기준	상	방정환이 어린이의 인권 신장을 위해 한 일을 구체적으로 쓴 경우
	중	어린이의 인권 신장을 위해 노력했다고만 쓴 경우

3 상언 제도는 신분과 관계없이 억울한 일을 문서에 써서 임금에게 호소하는 제도, 신문고 제도는 백성들이 억울한 일이 있을 때 대궐 밖에 설치된 북을 쳐서 임금에게 알리는 제도입니다.

4 계단을 오르지 못해 원하는 곳에 갈 수 없는 상황은 몸이 불편한 사람의 인권 보장이 필요한 사례입니다.

5 국가 인권 위원회는 어디에도 속하지 않는 독립적인 기구로, 모든 개인의 인권을 보호하는 일을 합니다.

6 (1) 헌법을 바탕으로 여러 법을 만들며, 그 법들은 헌법에 어긋나서는 안 됩니다.

7 헌법은 법이 인권을 침해하지 않는지 등을 판단하는 기준을 제공합니다.

채점 기준	상	예시 답안 중 한 가지를 알맞게 쓴 경우
	중	국민이 행복한 삶을 살아가는 데 도움을 준다고만 쓴 경우

8 참정권은 국가의 정치 의사 형성 과정에 참여할 수 있는 권리입니다.

9 모든 국민, 기업, 국가는 환경을 보전하기 위해 노력해야 할 의무가 있습니다.

10 권리와 의무가 충돌할 때 권리와 의무를 조화롭게 대하기 위해 노력해야 합니다.

11 (2) 도덕을 지키지 않은 상황으로, 법으로 제재를 받지 않는 상황입니다.

12 「저작권법」은 음악, 영화, 출판물 등 창작물을 만든 사람의 저작권을 보호하기 위해 마련된 법입니다.

13 우리 사회는 개인의 권리를 보장하고 안전한 사회 질서를 유지하기 위해서 법을 만들었습니다.

14 변호인은 피고인을 대신해 권리를 주장하고 억울한 부분이 없도록 도와줍니다.

15 이 외에도 법을 지키지 않으면 사회 질서가 유지될 수 없기 때문입니다.

채점 기준	상	예시 답안과 같이 법을 잘 지켜야 하는 까닭을 구체적으로 알맞게 쓴 경우
	중	법을 잘 지켜야 하는 까닭을 썼으나 그 내용이 미흡한 경우

이런 답도 가능해!

법을 지키면 다른 사람의 권리를 보호하고 나의 권리도 보호하기 때문입니다.

94쪽　수행 평가 ①회

1 격쟁　2 상소　3 ⑩ 사람의 생명을 소중하게 생각했으며 억울하게 벌을 받는 일이 없도록 하고자 했습니다.

---

1 격쟁은 임금에게 억울하고 분통한 일을 직접 말하고 해결하기 위해 임금의 행차 때 징이나 꽹과리를 치는 것입니다.

2 신문고 제도는 북을 쳐서, 상언 제도는 문서를 써서 백성들이 억울한 사정을 알릴 수 있었던 제도입니다.

3 재판을 세 번까지 할 수 있는 제도는 오늘날까지 이어지고 있습니다.

채점 기준	상	예시 답안의 내용을 알맞게 쓴 경우
	중	예시 답안의 내용을 썼으나 다소 미흡한 경우

95쪽　수행 평가 ②회

1 ㉠ 사회권, ㉡ 청구권　2 ⑩ 헌법에는 대한민국 국민이 누려야 할 권리와 지켜야 할 의무가 나타나 있습니다. 헌법은 국민의 권리를 보장하고자 국가 기관을 조직하고 운영하는 기본 원칙을 제시하고 있습니다.

---

1 인간답게 살 수 있도록 국가에 요구할 수 있는 권리는 사회권이고, 기본권이 침해되었을 때 국가에 어떤 일을 해 달라고 요구할 수 있는 권리는 청구권입니다.

2 헌법은 모든 국민이 존중받고 행복한 삶을 살아가는 데 필요한 내용을 담고 있습니다.

채점 기준	상	헌법에 담긴 내용을 구체적으로 알맞게 쓴 경우
	중	헌법에 담긴 내용을 썼으나 다소 미흡한 경우

96쪽　수행 평가 ③회

1 ㉠, ㉢, ㉤　2 (1) 도덕 (2) 법　3 ⑩ 법은 누구나 반드시 지켜야 하는 강제성이 있는 규칙입니다. 법을 어겼을 때는 제재를 받습니다.

---

1 ㉡, ㉢, ㉣은 지키지 않았을 때 법에 따라 제재를 받을 수 있습니다.

2 도덕과 같은 사회 규범과 달리 법은 지키지 않았을 때 제재를 받습니다.

3 법은 누구나 무조건 지켜야 하는 강제성이 있고, 이를 어겼을 때에는 제재를 받습니다.

채점 기준	상	강제성이 있는 규칙, 어겼을 때 제재를 받는다는 것 중 한 가지를 쓴 경우
	중	꼭 지켜야 하는 규범이라고만 쓴 경우

1. 국토와 우리 생활

① 우리 국토의 위치와 영역

2쪽　묻고 답하기 ❶회

1 아시아　2 대륙　3 영역　4 영공　5 독도
6 남북　7 중부　8 행정 구역　9 철령관
10 울산광역시

3쪽　묻고 답하기 ❷회

1 동쪽　2 바다　3 독도　4 12해리　5 비무장 지대
6 북부　7 경기　8 행정 구역　9 영남　10 도청

4쪽~7쪽　중단원 평가

1 아시아　2 ④　3 반도　4 ⒠ 우리나라는 도로
나 철도를 이용해 대륙으로 나아가기 유리하고, 삼
면이 바다와 맞닿아 있어 해양으로 나아가기에도 좋
은 위치에 있기 때문입니다.　5 ㉠ 영공 ㉡ 영해
6 ⑴ 북쪽 끝 ⑵ 남쪽 끝　7 ㉡, ㉣　8 12
9 ⒠ 우리나라의 영역에는 우리 주권이 미치기 때문
에 다른 나라가 함부로 들어올 수 없어.　10 비무장
지대　11 ⑤　12 ②, ④　13 ⒠ 중부 지방의 남쪽
지역을 말합니다.　14 관서 지방, 관북 지방, 관동
지방　15 태백산맥　16 ⑴ ㉡ ⑵ ㉠ ⑶ ㉢　17 행정
구역　18 ③　19 ⒠ 특별시 1곳, 특별자치시 1곳,
광역시 6곳, 도 8곳, 특별자치도 1곳으로 이루어져
있습니다.　20 ①, ④

1 우리 국토는 아시아 대륙의 동쪽에 위치한 반도입
니다.

2 우리나라는 일본과 중국 사이에 위치하고 있으며,
우리나라 주변에는 중국, 러시아, 몽골, 일본 등이
있습니다.

3 우리 국토는 아시아 대륙과 연결되어 있고 삼면이
바다와 맞닿아 있어 해양으로 나아가기에 좋은 위
치에 있습니다.

4 우리나라는 반도 지형으로 이를 이용해 세계 여러
나라와 교류하고 있습니다.

채점 tip 대륙으로 나아가기 유리하고 삼면이 바다와 맞닿아 있어
해양으로 나아가기에 좋은 위치라고 썼으면 정답으로 합니다.

5 영해는 우리나라 바다의 영역을 말하며, 영공은 영
토와 영해 위에 있는 하늘의 범위를 말합니다.

자료 다시 보기

영역의 구성

영토	한 나라의 주권이 미치는 땅으로, 영해와 영공을 정하는 기준이 됨.
영해	우리나라 영토 주변의 바다로, 영해를 설정하는 기준선으로부터 12해리(약 22km)까지임.
영공	우리나라의 영토와 영해 위에 있는 하늘의 범위로, 다른 나라 비행기가 허가 없이 들어올 수 없음.

6 우리나라 영토의 북쪽 끝은 함경북도 온성군 유원
진, 남쪽 끝은 제주특별자치도 서귀포시 마라도입
니다.

7 영토는 그 나라의 주권이 미치는 땅의 범위를 말하
며, 우리나라의 영토는 한반도와 한반도에 속한 여
러 섬을 말합니다. ㉠ 영토는 영해와 영공을 정하는
기준이 됩니다. ㉢ 영토는 한 나라의 주권이 미치는
범위입니다.

8 영해는 기준선으로 부터 12해리(약 22km)까지입니
다. 우리나라 영해의 기준선을 정하는 방법은 동해
안과 서해안, 남해안이 서로 다릅니다.

9 한 나라의 영역은 그 나라의 주권이 미치는 범위로,
다른 나라 비행기나 배가 들어오려면 허가를 받아
야 합니다.

채점 tip 우리나라의 영역에는 우리 주권이 미친다고 썼으면 정답
으로 합니다.

10 비무장 지대는 최근 도라 전망대, 제3땅굴, 두타연
계곡 등을 보려고 이곳을 찾는 사람들이 늘어나면
서 한반도의 평화와 생태계 보전의 중요성을 다시
한 번 생각해 보게 합니다.

11 우리나라 사람들은 독도에 직접 방문하거나 독도
관련 행사에 참여하는 등 다양한 방법으로 독도 사
랑을 실천하고 있습니다.

12 북부, 중부, 남부 지방은 큰 산맥과 하천을 중심으
로 구분합니다.

13 휴전선 남쪽부터 소백산맥과 금강 하류가 만나는 선까지를 중부 지방이라고 합니다. 남부 지방은 중부 지방의 남쪽 지역을 말합니다.

채점 tip 남부 지방의 의미를 정확히 썼으면 정답으로 합니다.

14 철령관은 군사적으로 매우 중요한 고개인 철령에 외적의 침입을 막으려고 건설한 방어 시설입니다. 이곳을 기준으로 방위에 따라 관서, 관북, 관동 지방으로 구분합니다.

15 영동 지방과 영서 지방에서 영(령)은 태백산맥의 진부령, 미시령, 한계령, 대관령과 같은 높은 고개들을 의미합니다.

16 우리나라의 전통적인 지역 구분은 오늘날 행정 구역을 정하는 기초가 되었습니다.

17 행정 구역은 나라를 효율적으로 관리하려고 나눈 지역을 말합니다.

18 ③ 우리나라는 특별시 1곳, 특별자치시는 1곳이 있습니다.

19 우리가 사용하는 행정 구역은 조선 시대 초기에 정해졌습니다. 각 도의 명칭을 정할 때는 대부분 그 지역의 중심 도시 이름을 따서 정했습니다.

채점 tip 특별시 1곳, 특별자치시 1곳, 광역시 6곳, 도 8곳, 특별자치도 1곳으로 이루어져 있다고 썼으면 정답으로 합니다.

20 지금 우리가 사용하는 행정 구역과 행정 구역의 명칭은 조선시대부터 사용한 것인데, 강원도는 강릉의 '강' 자와 원주의 '원' 자를 따서 지역의 명칭을 정했습니다.

② 우리 국토의 자연환경

8쪽 묻고 답하기 ①회

1 지형 2 ㉠ 동쪽 ㉡ 서쪽 3 홍수 4 동해안
5 남북 6 여름 7 터돋움집 8 자연재해 9 지진
10 안전 수칙

9쪽 묻고 답하기 ②회

1 지형 2 평야 3 산지 4 갯벌 5 기후
6 사계절 7 ㉠ 남쪽 ㉡ 북쪽 8 북부 9 홍수
10 가뭄

10쪽~13쪽 중단원 평가

1 (1) ㉢ (2) ㉠ 2 섬 3 ② 4 ② 5 **예** 우리나라는 대체로 동쪽이 높고 서쪽이 낮은 지형이기 때문에 큰 하천은 동쪽에서 서쪽으로 흐릅니다. 6 ㉡
7 ③ 8 **예** 항구 주변에는 사람들이 많이 모이고 교류가 활발하기 때문입니다. 9 ③, ④ 10 기후
11 **예** 겨울에는 북서쪽에서 차갑고 건조한 바람이 불어옵니다. 12 ④ 13 (1) ㉡ (2) ㉠ 14 (1) >
(2) > 15 터돋움집 16 ③ 17 ㉠, ㉡, ㉢ 18 ④
19 ① 20 **예** 다목적 댐을 건설합니다. 홍수가 발생하면 높은 곳으로 대피해 구조를 기다립니다.

1 하천, 산지, 평야, 해안, 섬 등 우리가 살고 있는 땅의 다양한 생김새를 지형이라고 합니다.

2 섬은 바다로 둘러싸인 땅을 말합니다. 남해안에는 크고 작은 섬이 많습니다.

3 ② 우리나라는 동쪽이 높고 서쪽이 낮은 지형입니다.

4 우리나라는 동쪽이 높고 서쪽이 낮은 지형이 나타납니다. 태백산맥은 우리나라 동쪽에 있는 산맥으로 남북으로 가장 길게 뻗어 있습니다.

5 우리나라는 대체로 동쪽이 높고 서쪽이 낮은 지형이 나타납니다.

채점 tip 산지 지형의 특징과 관련해 높은 산들이 많아 땅의 높이가 높은 동쪽에서 땅의 높이가 낮은 서쪽으로 흐른다는 점을 썼으면 정답으로 합니다.

6 ㉠은 서해안, ㉡은 동해안입니다. 동해안은 해안선이 단조롭고, 길게 뻗은 모래사장이 펼쳐진 곳이 많아 여름이 되면 해수욕을 즐기려고 관광객이 몰려들기도 합니다.

7 서해안의 갯벌에서 사람들은 해산물이나 소금을 채취하기도 합니다.

8 해안 지역의 항구 주변에는 사람들이 많이 모이고 교류가 활발하여 도시로 발달하기도 합니다.

채점 tip 사람들이 많이 모이고 교류가 활발하다는 점을 썼으면 정답으로 합니다.

9 ① 사람들이 여가 생활을 즐길 수 있도록 높은 산지에 스키장이나 휴양 시설을 만듭니다. ② 하천 중·상류에 다목적 댐을 건설해 홍수와 가뭄을 예방하고 전기를 생산합니다.

10 기후를 설명할 때는 한 지역의 기온은 어떠한지, 비나 눈은 얼마나 오는지, 또 어떤 바람이 부는지 등을 말합니다.

11 우리나라는 계절에 따라 불어오는 바람이 다릅니다. 겨울에는 북서쪽에서 차갑고 건조한 바람이 불어오고, 여름에는 남쪽에서 덥고 습한 바람이 불어옵니다.

채점 기준	상	북서쪽에서 차갑고 건조한 바람이 불어온다고 정확히 쓴 경우
	중	북서쪽에서 불어온다고만 쓴 경우

12 차가운 북서풍을 막아 주는 태백산맥과 수심이 깊은 동해의 영향으로 동해안의 겨울 기온이 서해안보다 높은 편입니다.

13 기온이 높아 음식이 쉽게 상하는 남쪽 지방에서는 소금과 젓갈이 많이 들어간 음식이 발달했습니다. 반면 기온이 낮은 북쪽 지방에서는 싱거운 음식이 발달했습니다.

14 우리나라는 대체로 남부 지방이 북부 지방보다 강수량이 많고, 여름철이 겨울철보다 강수량이 많습니다.

15 비가 많이 내리는 지역에서는 집이 물에 잠기는 것을 막으려고 터돋움집을 지었습니다.

16 우리나라는 계절에 따른 강수량의 차이가 크기 때문에 평소에 물을 저장하여 가뭄 때 사용하려고 저수지를 만들었습니다.

17 ㉣ 미세 먼지는 자동차의 배기가스, 공장 등에서 배출하는 매연 때문에 발생하므로 황사처럼 자연재해로 분류하지 않습니다.

18 한파는 겨울철에 기온이 갑자기 내려가면서 발생하는 추위를 말합니다. ① 황사는 봄, ② 폭염은 여름, ③ 가뭄은 봄에 주로 발생합니다.

19 집 안에 있거나 등교나 하교 중일 때 지진 발생 시 행동 요령을 미리 숙지하여 피해를 줄이거나 예방할 수 있습니다.

20 홍수는 비가 많이 내려 물이 흘러넘치고 도로나 건물 등이 물에 잠기는 현상입니다.

채점 기준	상	홍수로 인한 피해를 줄이기 위한 노력 두 가지를 정확히 쓴 경우
	중	홍수로 인한 피해를 줄이기 위한 노력을 한 가지만 정확히 쓴 경우

③ 우리 국토의 인문환경

14쪽 묻고 답하기 ❶회

1 남서쪽 2 수도권 3 저출산 4 고령 5 일자리 6 신도시 7 중화학 8 첨단 9 광주 10 생활권

15쪽 묻고 답하기 ❷회

1 인문 2 촌락 3 인구 구성 4 ㉠ 줄고 ㉡ 늘고 5 공업 6 공공 기관 7 남동 8 경부 고속 국도 9 교통 10 일자리

16쪽~19쪽 중단원 평가

1 남서쪽 2 ㉢ 3 ⑳ 65세 이상 노년층 인구는 1970년에 3.1%에서 2020년에 15.7%로 늘어났습니다. 4 ④ 5 ㈏ 6 ㉢ 7 ①, ⑤ 8 ② 9 ⑳ 대도시 주변 지역에 신도시를 건설해 10 ⑴ ○ 11 ㉡ 12 ④ 13 ⑳ 지역별로 자연환경과 인문환경이 다르기 때문입니다. 14 남동 임해 공업 지역 15 ⑤ 16 ① 17 ⑳ 통학, 통근 등 사람이 일상생활을 할 때 활동하는 범위를 말합니다. 18 ② 19 산업 20 은우

1 벼농사를 짓기 좋은 남서쪽의 평야 지역에는 인구 밀도가 높고, 북동쪽의 산지 지역에는 지형의 영향으로 인구 밀도가 낮았습니다.

2 ㉠ 북동쪽 산지 지역은 인구 밀도가 낮습니다. ㉡ 촌락 지역은 노년층 인구의 비율이 높습니다.

3 우리나라는 전체 인구에서 노년층이 차지하는 비율이 계속해서 늘어나고 있습니다.

채점 tip 65세 이상 인구가 늘어났다고 썼으면 정답으로 합니다.

4 오늘날 우리나라는 14세 이하 유소년층 인구는 줄고, 65세 이상 노년층 인구는 늘고 있습니다.

5 두 인구 피라미드를 비교해 보면 ㈏가 ㈎보다 14세 이하 유소년층 인구 비율이 적고, 65세 이상 노년층 인구 비율이 높습니다.

6 인구 100만 명 이상인 도시는 1960년에는 서울, 부산 2곳이었지만, 2020년에는 서울, 부산, 인천, 대구, 대전, 광주, 울산, 수원, 용인, 고양, 창원 11곳입니다.

7 1960년대 이후 공업의 발달과 함께 사람들이 일자리를 찾아 도시로 이동하면서 본격적으로 도시가 발달하기 시작했습니다.

8 1970년대에는 대도시의 지속적인 성장과 더불어 포항, 울산, 마산, 창원 등이 새로운 공업 도시로 성장하면서 도시 인구가 크게 증가했습니다.

9 1980년대부터 고양시나 안산시 등과 같은 대도시 주변 지역에 신도시를 건설해 서울의 인구와 기능을 분산했습니다.

채점 tip 대도시 주변 지역에 신도시를 건설했다는 내용을 썼으면 정답으로 합니다.

10 ② 대도시에 인구와 여러 기능이 집중하면서 주택 부족, 교통 혼잡, 환경 오염 등의 도시 문제가 나타났습니다.

11 ㉡ 1960년대에는 풍부한 노동력을 바탕으로 섬유, 신발, 의류 등과 같이 가벼운 물건을 만드는 산업이 대도시를 중심으로 발달했습니다.

12 부산 주변에는 바다가 있어 원료를 수입하고 제품을 수출하기 편리합니다.

13 우리나라는 지역의 자연환경과 인문환경의 특성에 따라 다양한 산업이 성장했습니다.

채점 tip 지역별로 자연환경과 인문환경이 다르기 때문이라고 썼으면 정답으로 합니다.

14 중화학 공업은 철, 배, 자동차 등 비교적 무거운 제품이나 플라스틱, 고무 제품, 화학 섬유 제품 등 원유를 이용해 다양한 물건을 만드는 산업입니다.

15 동해, 삼척 지역은 시멘트의 주원료인 석회석이 풍부해 시멘트 산업이 발달했습니다.

16 교통의 발달에 따라 생활권이 확대되어 사람들이 일상생활을 할 때 활동하는 범위가 넓어졌습니다.

17 오늘날에는 다양한 교통 시설이 국토를 그물망처럼 연결하고 있어서 사람들의 생활권이 넓어졌습니다.

채점 tip 사람이 일상생활을 할 때 활동하는 범위라고 썼으면 정답으로 합니다.

18 ② 우리나라의 기후는 인문환경이 아닌 자연환경에 관한 내용입니다.

19 산업이 발달한 도시에는 많은 인구가 일자리를 찾아 이동하면서 교통과 산업은 더욱 발달하게 됩니다.

20 은우 – 교통의 발달로 지역 간 인구 이동이 증가했습니다.

20쪽~23쪽　대단원 평가

1 ㉡　**2** 예 우리 국토는 도로나 철도를 이용해 대륙으로 나아가기 유리합니다. 삼면이 바다와 맞닿아 있어 해양으로 나아가기에 좋은 위치에 있습니다.
3 (1) ㉡　(2) ㉠　**4** 휴전선　**5** ③, ④　**6** ②
7 세종특별자치시　**8** ㉠ 해안　㉡ 평야　**9** ①
10 예 사람들이 논농사를 많이 짓습니다. 사람들이 많이 모여 사는 도시가 발달했습니다.　**11** ⑤
12 예 여름, 덥고 비가 많이 옵니다.　**13** ㉢
14 ①, ⑤　**15** ③　**16** (1) 인구 분포　(2) 인구 밀도
17 예 과거에는 농사지을 땅이 넓은 남서쪽의 평야 지역에 인구 밀도가 높았지만 오늘날에는 산업이 발달한 수도권과 대도시 지역에 인구 밀도가 높습니다.
18 ②　**19** ⑤　**20** 인구

1 ㉡ 우리나라는 북위 33°~43°, 동경 124°~132° 사이에 위치해 있습니다.

2 우리나라는 대륙과 해양으로 쉽게 나아갈 수 있는 장점을 이용해 세계 여러 나라와 교류하고 있습니다.

채점 기준		
	상	우리 국토의 위치가 갖는 장점 두 가지를 정확히 쓴 경우
	중	우리 국토의 위치가 갖는 장점을 한 가지만 정확히 쓴 경우

3 국토는 우리가 살아가는 곳이며, 국토가 없으면 국가나 국민이 존재할 수 없습니다.

4 북부 지방은 지금의 북한 지역을 말하며 중부 지방은 휴전선 남쪽으로 소백산맥과 금강 하류가 만나는 선까지입니다.

5 오늘날 금강의 옛 이름은 호강으로, 호서 지방은 금강의 서쪽에, 호남 지방은 금강의 남쪽에 있어서 붙여진 이름입니다.

자료 다시 보기

자연환경에 따른 지역 구분
우리나라는 오래전부터 산이나 호수, 강, 바다, 제방 등의 자연환경을 기준으로 지역을 구분하였습니다.

▲ 의림지　　▲ 금강　　▲ 조령(문경 새재)

6 ①은 호남 지방, ③은 영남 지방, ④는 관서 지방, ⑤는 호서 지방에 대한 설명입니다.

7 우리나라의 특별자치시는 1곳이며, 세종특별자치시입니다.

8 해안, 평야, 하천, 산지, 섬 등 우리가 살고 있는 땅의 다양한 생김새를 지형이라고 합니다.

9 우리나라는 국토의 약 70%가 산지입니다. 높고 험한 산은 대부분 북쪽과 동쪽에 많기 때문에 큰 하천은 대부분 동쪽에서 서쪽으로 흘러갑니다.

10 비교적 낮은 평야는 서쪽에 발달했습니다. 하천 중·하류 주변 평야에서는 논농사를 많이 짓고, 평야에는 옛날부터 많은 사람이 모여들어 큰 도시들이 발달했습니다.

> **채점 tip** 예시 답안의 내용을 한 가지 이상 썼으면 정답으로 합니다.

11 제시된 사진은 해수욕장과 갯벌이 있는 해안 지형의 모습입니다. ⑤ 산지 지형을 이용하는 모습입니다.

12 여름에는 남쪽에서 덥고 습한 바람이 불어와 기온이 높고 비가 많이 내립니다.

채점 기준	상	여름이라고 쓰고, 덥고 비가 많이 온다는 점을 쓴 경우
	중	여름이라고만 쓴 경우

13 ㉠ 남쪽에서 북쪽으로 갈수록 기온이 낮아집니다. ㉡ 대체로 해안 지역이 내륙 지역보다 겨울에 기온이 더 높아 따뜻합니다.

14 가뭄은 오랫동안 비가 오지 않거나 적게 오는 기간이 지속되는 현상이고, 황사는 중국이나 몽골의 사막에서 발생한 모래 먼지가 우리나라까지 날아와 가라앉는 현상입니다.

15 한파가 발생했을 때는 강한 추위로부터 몸을 보호하고 체온을 유지하기 위해 장갑, 모자, 목도리 등을 착용합니다.

16 인구는 한 나라 또는 일정한 지역에 사는 사람의 수를 말합니다.

17 1960년대 이후 촌락에 사는 사람들이 일자리를 찾아 도시로 이동하면서 수도권과 대도시 지역에 인구가 많아졌습니다.

> **채점 tip** 과거와 오늘날에 인구 밀도가 높은 지역의 특징을 모두 썼으면 정답으로 합니다.

18 우리나라는 2018년에 노인 인구 비율이 14%를 넘어서 고령 사회에 도달했습니다.

19 ⑤ 공항의 수가 늘면서 비행기를 이용해 지역 간 교류가 더욱 활발해졌습니다.

20 인구는 교통의 발달과 산업, 도시의 성장에 영향을 주며 국토의 모습을 변화시킵니다.

24쪽 수행 평가 ❶ 회

1 (1) 동 (2) 일본 **2** ㉠ 대륙 ㉡ 바다 **3** ㉠ 한반도 ㉡ 바다 ㉢ 하늘

1 우리나라는 북반구의 중위도에 위치하고 있으며, 아시아 대륙의 동쪽에 위치한 반도입니다. 우리나라는 중국과 일본 사이에 있습니다.

2 우리나라는 우리 국토의 위치가 가지고 있는 장점을 이용하여 세계 여러 나라와 교류하고 있습니다.

> **자료 다시 보기**
>
> **우리나라 위치의 특징**
> • 우리 국토는 도로나 철도를 이용해 대륙으로 나아가기 유리합니다.
> • 삼면이 바다와 맞닿아 있어 해양으로 나아가기에도 좋은 위치에 있습니다.

3 한 나라의 영역은 그 나라의 주권이 미치는 범위로 영토, 영해, 영공으로 이루어집니다.

25쪽 수행 평가 ❷ 회

1 ㉠ 남쪽 ㉡ 북쪽 **2** ⑩ 태백산맥이 차가운 북서풍을 막아 주고, 수심이 깊은 동해의 영향 때문입니다. **3** (1) ⑩ 바람이 잘 통하는 모시옷을 만들어 입었습니다. (2) ⑩ 솜옷을 입어 몸을 따뜻하게 했습니다.

1 우리나라는 남북으로 길게 뻗어 있어 남쪽 지방과 북쪽 지방의 기온 차이가 큽니다.

2 우리나라는 차가운 북서풍을 막아 주는 태백산맥과 수심이 깊은 동해의 영향으로 동해안의 겨울 기온이 서해안보다 높은 편입니다.

채점 기준	상	태백산맥이 차가운 바람을 막아 주고, 동해가 수심이 깊기 때문이라고 쓴 경우
	중	태백산맥과 동해의 영향 때문이라고만 쓴 경우

3 옛날 우리 조상들은 여름에는 모시옷, 겨울에는 솜옷을 입었습니다.

2. 인권 존중과 정의로운 사회

1 인권을 존중하는 삶

| 26쪽 | 묻고 답하기 **1**회 |

1 인권 **2** 임산부 배려석 **3** 방정환 **4** 흑인
5 신문고 제도 **6** 격쟁 **7** 박두성 **8** 점자 블록
9 사회 보장 제도 **10** 존중

| 27쪽 | 묻고 답하기 **2**회 |

1 인권 **2** 권리 **3** 보호 구역 **4** 허균 **5** 테레사 수녀 **6** 상언 제도 **7** 세(3) **8** 존중 **9** 교육
10 지방 자치 단체

| 28쪽~31쪽 | 중단원 평가 |

1 인권 **2** ③ **3** (1) 주차 구역 (2) 저상 버스 **4** ②
5 예 가난하고 아픈 사람들을 위해 평생을 바쳤습니다.
6 ③ **7** ④ **8** 예 임금에게 원통하고 억울한 일을 호소하기 위해서입니다. **9** 삼복제 **10** 준혁
11 상언 제도 **12** ④ **13** ③ **14** 예 자신의 권리를 알고, 다른 사람의 인권을 존중할 수 있도록 하기 위해서입니다. **15** ㉡, ㉢ **16** ⑤ **17** 예 장애인이 안전하고 편리하게 공공시설을 이용할 수 있도록 하기 위해서입니다. **18** 사회 보장 제도 **19** ⑤
20 ②

1 인권은 사람이라면 누구나 태어나면서부터 당연히 누려야 할 기본적 권리를 말합니다.

2 인권은 인종, 국적, 성별 등과 관계없이 태어날 때부터 모든 사람에게 평등하게 보장되는 권리입니다. ③ 인권은 다른 사람이 힘이나 권력으로 함부로 빼앗을 수 없습니다.

3 생활 속에서 서로의 차이를 존중하는 것도 인권을 지키는 방법입니다.

4 ② 늦은 시간에 피아노를 치는 것은 다른 사람의 인권을 침해할 수 있습니다.

5 테레사 수녀는 평생을 가난 속에서 고통받으며 죽어가는 사람들과 버려진 아이들 그리고 노인들을 위해 헌신했습니다.

채점 tip 가난하고 아픈 사람들을 위해 평생을 바쳤다고 썼으면 정답으로 합니다.

6 방정환은 어린이를 미래 사회를 이끌어 갈 주인공으로 생각해 소중히 여겼습니다.

7 마틴 루서 킹은 백인에게 차별받는 흑인의 인권을 신장하려고 노력했습니다.

8 제시된 그림과 같이 억울한 일을 당한 사람이 임금의 행차 때 징이나 꽹과리를 쳐서 임금에게 호소하는 것을 격쟁이라고 합니다.

채점 tip 임금에게 원통하고 억울한 일을 호소하기 위해서라고 썼으면 정답으로 합니다.

9 무거운 형벌을 내릴 때 신분에 관계없이 세 번의 재판을 하여 신중하게 결정하는 삼복제는 고려 시대부터 있었습니다.

10 죄를 지은 사람에게 형벌을 내릴 때는 억울하게 벌을 받지 않도록 세밀하게 조사하고 신중하게 결정하도록 했습니다.

11 조선 시대에 일반 백성은 원통하고 억울한 일을 당해도 하소연하기 어려웠습니다. 그래서 백성들은 억울한 일을 문서에 써서 임금에게 전하여 억울함을 호소했습니다.

12 피부색이나 외모가 다른 사람에게 편견을 가지고 차별하면 안 됩니다.

13 점자 블록은 시각 장애인이 안전하게 다닐 수 있도록 건물의 바닥, 도로에 깐 블록입니다.

14 학교에서는 친구 사랑 편지 쓰기, 인성 교육, 학교 폭력 예방 교육 등 다양한 인권 교육 활동이 이루어지고 있습니다.

채점 tip 자신의 권리를 알고, 다른 사람의 인권을 존중하도록 하기 위해서라는 내용을 썼으면 정답으로 합니다.

> **이런 답도 가능해!**
> 인권을 보호하고, 인권을 존중하는 사회를 만들기 위해서입니다.

15 모든 사람이 행복한 삶을 누리기 위해서는 다른 사람의 인권에 관심을 가져야 합니다. ㉠은 어린이의 놀 권리를 보장하고 있는 모습입니다.

16 ⑤ 시각 장애인용 점자 안내도는 시각 장애인에게 건물의 기본적인 위치와 구조에 관한 정보를 제공하는 안내판입니다.

17 국가, 지방 자치 단체는 모든 사람이 안전하고 편리할 수 있도록 공공 편의 시설을 설치하여 운영하고 있습니다.

> 채점 tip 안전하고 편리하게 시설을 이용할 수 있도록 하기 위해서라고 썼으면 정답으로 합니다.

18 우리 사회에서는 국가, 지방 자치 단체, 시민 등 사회 구성원들이 모든 사람의 인권을 위해 많은 노력을 하고 있습니다.

19 ⑤ 법을 만들어 시행하는 것은 어린이가 하기에는 어려운 일입니다.

20 우리는 일상생활에서 다양성을 인정하는 태도를 지니고, 상대방의 인권을 존중하는 말을 사용해야 합니다.

---

② 인권 보장과 헌법

32쪽 묻고 답하기 ①회

1 헌법 **2** 권리 **3** 기본권 **4** 헌법 재판소 **5** 평등권 **6** 참정권 **7** 국방 **8** 납세의 의무 **9** 환경 보전 **10** 실천

33쪽 묻고 답하기 ②회

1 의무 **2** 국민 투표 **3** 인권 **4** 사회권 **5** 자유권 **6** 제한 **7** 의무 **8** 교육 **9** 근로 **10** 조화

34쪽~35쪽 중단원 평가

1 (2) ○ (3) ○ **2** 국민 투표 **3** ㉡, ㉢, ㉣ **4** ③ **5** ② **6** 예 국가의 안전 보장, 공공의 이익, 사회 질서 유지 등을 위해 필요한 경우 기본권이 제한될 수도 있습니다. **7** (2) ○ **8** ① **9** ㉠ **10** 예 그 지역에 살고 있는 멸종 위기 동물이 사라질 위험에 처하게 될 것입니다. **11** ③ **12** (1) ○

---

1 (1) 헌법을 바탕으로 여러 법을 만들며, 그 법률은 헌법에 어긋나서는 안 됩니다.

> **자료 다시 보기**
>
> **헌법에 담긴 내용**
> • 대한민국 국민이 누려야 할 권리와 지켜야 할 의무가 나타나 있습니다.
> • 모든 국민이 존중받고 행복한 삶을 살아가는 데 필요한 내용을 담고 있습니다.
> • 국민의 권리를 보장하고자 국가 기관을 조직하고 운영하는 기본 원칙을 제시하고 있습니다.

2 헌법에는 국가를 운영하는 데 가장 중요하고 기본적인 내용이 담겨 있으므로 헌법의 내용을 새로 정하거나 고칠 때는 국민 투표를 해야 합니다.

3 ㉠ 헌법에서 입법권은 국회에 속한다고 제시하고 있습니다.

4 참정권은 국가의 정치 의사 형성 과정에 참여할 수 있는 권리입니다.

5 평등권이란 법을 공평하게 적용받아 차별받지 않을 권리를 말합니다. ①은 자유권, ③은 청구권, ④는 사회권을 보장받은 사례입니다.

6 기본권은 제한될 수 있는 경우가 있지만 근본적인 내용은 함부로 제한할 수 없습니다.

채점 기준		
	상	'국가의 안전 보장, 공공의 이익, 사회 질서 유지'를 모두 포함하여 기본권이 제한될 수 있다고 쓴 경우
	중	'국가의 안전 보장, 공공의 이익, 사회 질서 유지' 중 두 가지 이상 포함하여 기본권이 제한될 수 있다고 쓴 경우

7 모든 국민은 나와 가족, 우리 모두의 안전을 위해 나라를 지킬 의무가 있습니다.

8 교육은 국민의 기본권인 동시에 의무입니다. 사회권(교육을 받을 권리)과 교육의 의무는 헌법에 나타나 있습니다.

> **자료 다시 보기**
>
> **국민의 기본권이 나타난 헌법 조항**
>
> | | 헌법 조항 |
> |---|---|
> | 평등권 | 제11조 ① 모든 국민은 법 앞에 평등하다. |
> | 자유권 | 제14조 모든 국민은 거주 이전의 자유를 가진다. |
> | | 제15조 모든 국민은 직업 선택의 자유를 가진다. |
> | 사회권 | 제31조 ① 모든 국민은 능력에 따라 균등하게 교육을 받을 권리가 있다. |
> | | 제35조 ① 모든 국민은 건강하고 쾌적한 환경에서 생활할 권리를 가진다. |

참정권	제24조 모든 국민은 법률이 정하는 바에 의하여 선거권을 가진다. 제25조 모든 국민은 법률이 정하는 바에 의하여 공무 담임권을 가진다.
청구권	제26조 ① 모든 국민은 법률이 정하는 바에 의하여 국가 기관에 문서로 청원할 권리를 가진다. 제27조 ① 모든 국민은 헌법과 법률이 정한 법관에 의하여 법률에 의한 재판을 받을 권리를 가진다.

9 글에서 나타난 제도는 인터넷 게임 셧다운제로, 청소년들의 인터넷 게임 중독을 막고 청소년들이 건강하게 성장할 권리를 보호하기 위해 시행하는 제도입니다.

10 땅 주인이 땅을 개발하면 멸종 위기 동물이 더 이상 그 지역에서 살 수 없게 됩니다.

채점기준	상	멸종 위기 동물이 사라질 위험에 처하게 될 것이라고 쓴 경우
	중	환경이 보전되지 못한다고만 쓴 경우

11 권리와 의무 중 어느 하나만을 강조하는 것이 아니라 서로의 입장을 이해하고 공감하면서 권리와 의무를 조화시킬 수 있는 합리적인 해결 방안이 필요합니다.

12 권리와 의무가 충돌할 때는 권리와 의무의 조화를 추구하려는 노력이 필요합니다.

❸ 법의 의미와 역할

36쪽 묻고 답하기 ❶회

1 법 **2** 제재 **3** 가게에서 돈을 내지 않고 물건을 가져가는 것 **4** 「저작권법」 **5** 놀이 시설 **6** 권리 **7** 환경 **8** 갈등 **9** 변호인 **10** 사회 질서

37쪽 묻고 답하기 ❷회

1 법 **2** 변화 **3** 도덕 **4** 일상생활 **5** 도로 **6** 권리 **7** 사회 질서 유지 **8** 어기는(지키지 않는) **9** 재판 **10** 권리

38쪽~41쪽 중단원 평가

1 ⑤ **2** ① **3** ㉠ 법, ㉡ 도덕 **4** 예 도덕은 사람들이 양심에 따라 자율적으로 지키지만 법은 지키지 않았을 때 제재를 받습니다. **5** (1) ㉡, ㉢ (2) ㉠, ㉣ **6** (1) ㉡ (2) ㉠ **7** (1) ㉠ (2) ㉣ **8** 급식법 **9** ⑤ **10** ㉢ **11** ①, ④ **12** 예 개인 간에 발생한 분쟁을 해결해 줍니다. 권리가 침해됐을 때 구제받을 수 있습니다. **13** ④ **14** 예 어린이 보호 구역을 지정해 교통사고를 예방할 수 있게 해 줍니다. **15** ④ **16** 권리 **17** ④ **18** 예 집 주변이 지저분해지고 집 주인이 쓰레기 냄새 때문에 힘들어합니다. **19** ③ **20** ②

1 사람들이 도로에서 규칙을 지키지 않는다면 교통사고가 늘어나 운전자나 보행자 모두 위험할 수 있습니다.

2 법은 모든 사람이 지키기로 약속한 국가의 규칙입니다. ① 법은 꼭 지켜야 하는 강제성이 있어서 어겼을 때 제재를 받습니다.

3 법은 지키지 않았을 때 제재를 받는다는 점에서 사람들이 자율적으로 지키는 도덕 등과 구별됩니다.

4 법이 도덕과 같은 사회 규범과 가장 큰 차이점은 어겼을 때 제재를 받는다는 점입니다.

> **채점 tip** 도덕은 사람들이 양심에 따라 자율적으로 지키지만 법은 지키지 않았을 때 제재를 받는다는 내용을 썼으면 정답으로 합니다.

5 ㉡, ㉢과 같은 경우에는 법에 따라 제재를 받지만, ㉠, ㉣과 같은 경우에는 주위 사람들의 따가운 시선을 받지만 벌을 받지는 않습니다.

6 아이가 태어나면 출생 신고를 하는 것, 일정한 나이가 되면 학교에 입학하는 것 등 일상생활 곳곳에 법이 적용됩니다.

7 법은 일상생활 곳곳에 적용되고 있으며, 우리 사회의 많은 일들이 법에 따라 이루어집니다.

8 「학교 급식법」은 학생의 건강한 식생활을 위한 법입니다.

9 「어린이 놀이 시설 안전 관리법」은 어린이가 안전하게 놀 수 있도록 놀이 시설을 정기적으로 관리하는 법입니다.

10 개인 정보를 보호하는 법이 없으면 개인 정보를 보호받기 힘들고, 개인 정보를 침해당했을 때 구제받기도 힘듭니다.

11 우리 사회는 개인의 권리를 보호하고 안정된 사회 질서를 유지하고자 법을 만들었습니다.

12 자신의 이익만을 생각해 일한 대가를 제대로 지급하지 않거나 남의 돈이나 물건을 함부로 빼앗는 행동은 다른 사람의 권리를 침해하고 사회 질서를 어지럽히는 모습으로 법에 따라 문제를 해결합니다.

채점 기준	상	'분쟁을 해결한다.', '침해된 권리를 구제받는다.'라고 쓴 경우
	중	개인의 권리를 보호한다고만 쓴 경우

13 제시된 사진은 소방관이 화재로부터 우리를 보호해 주는 모습입니다. 법은 화재 등 위험으로부터 개인의 생명과 재산을 보호하는 역할을 합니다.

14 법으로 어린이 보호 구역 내의 차량 운행 속도를 제한함으로써 교통사고를 예방해 줍니다.

채점 기준	상	교통사고를 예방할 수 있다고 구체적으로 쓴 경우
	중	'사회 질서를 유지할 수 있다.' 등과 같이 법의 일반적인 역할을 쓴 경우

15 개인의 권리를 보호하고, 사회 질서를 유지하는 역할을 합니다. ④ 법을 지키지 않은 경우, 재판을 통해 그 권리를 제한하기도 합니다.

16 법을 어기면 다른 사람에게 피해를 주고, 사회 질서가 제대로 유지될 수 없습니다.

17 법을 지키지 않으면 다른 사람의 권리를 침해하여 사람들 간의 갈등을 유발합니다. ④ 친구와의 약속을 어긴 것은 법과 관련이 없습니다.

18 남의 집 앞에 쓰레기를 함부로 버리면 집주인이 쓰레기 냄새와 처리 때문에 힘들어질 것입니다.

채점 기준	상	예시 답안과 같이 발생할 수 있는 문제점을 구체적으로 쓴 경우
	중	주변 사람들이 피해를 입는다라고만 쓴 경우

19 판사는 재판을 진행하고 법에 따라 판결을 내립니다. ②는 피고인, ④는 변호인, ⑤는 검사의 역할입니다.

20 이 외에도 법을 지키지 않으면 사회 질서가 유지될 수 없고 처벌을 받을 수 있기 때문에 법을 지켜야 합니다.

42쪽~45쪽 **대단원 평가**

1 인권 **2** ③ **3** 허균 **4** 인권 **5** ① **6** ②
7 ③ **8** ③ **9** (1) × (2) ○ (3) × **10** 자유권
11 ⑩ 쓰레기 분리수거를 합니다. **12** ④ **13** ① **14** ⑩ 법이 사회의 변화에 맞지 않는 경우 법을 바꾸거나 다시 만들 수 있습니다. **15** ③ **16** ④
17 ③ **18** ③ **19** ㉠ 판사 ㉡ 검사 **20** ⑩ 그 사람이 정말로 죄를 지었는지 확인하고, 법을 어긴 행동에 맞는 책임을 지게 하기 위해서입니다.

1 인권은 사람이라면 누구나 태어나면서부터 당연히 누리는 기본적인 권리입니다.

2 ③ 인권은 다른 사람이 힘이나 권력으로 함부로 빼앗을 수 없는 권리입니다.

3 허균은 양반 신분이지만 가난한 백성의 편에 서서 당시 신분 제도의 잘못된 점을 고쳐야 한다고 주장했습니다.

4 이태영은 우리나라 최초의 여성 변호사로 여성의 인권을 위해 노력한 인물입니다.

5 ① 봉수는 옛날에 적이 쳐들어오거나 위급한 상황이 발생했을 때 신호로 올리던 불로, 통신 수단입니다.

6 제시된 내용은 신문고 제도에 대한 설명입니다.

7 국가와 지방 자치 단체에서는 장애인이 안전하고 편리하게 공공시설을 이용할 수 있도록 편의 시설을 설치하여 운영합니다. ③ 횡단보도는 장애인만을 위한 공공 편의 시설은 아닙니다.

8 헌법에는 국민의 권리와 의무, 국가 운영의 기본적인 내용 등이 나타나 있습니다. ③ 헌법에 우리나라 역대 대통령의 이름은 나타나 있지 않습니다.

9 (1) 기본권은 국가의 안전 보장, 공공의 이익, 사회 질서 유지 등을 위해 필요한 경우 법률에 따라 제한될 수도 있습니다. (3)은 국민의 의무를 말합니다.

10 자유권은 자유롭게 생각하고 행동할 수 있는 권리입니다.

11 모든 국민, 기업, 국가는 환경 보전을 위해 노력할 의무가 있습니다.

채점 기준	상	환경 보전의 의무를 실천하는 사례를 구체적으로 한 가지 이상 쓴 경우
	중	환경 보전의 의무를 실천하는 사례를 한 가지 썼으나 미흡한 경우

12 모든 국민은 나와 가족, 우리 모두의 안전을 위해 나라를 지킬 국방의 의무가 있습니다.

13 땅 주인의 재산을 자유롭게 사용할 수 있는 권리와 환경을 보전할 의무가 서로 충돌하고 있습니다.

14 사회가 변화하여 법이 더 이상 맞지 않거나 인권을 침해할 경우에는 법을 바꾸거나 새로 만듭니다.

채점 기준	상	법을 바꾸거나 다시 만들 수 있다고 쓴 경우
	중	법을 바꾼다고만 쓰거나 법을 다시 만들 수 있다고만 쓴 경우

15 ③은 도덕적으로 잘못된 행동이지만, 벌을 받지는 않습니다.

16 제시된 글은 「어린이 놀이 시설 안전 관리법」에 대한 설명입니다.

17 ①은 「초·중등 교육법」, ②는 「도로 교통법」, ④는 「저작권법」과 관련 있는 일상생활 모습입니다.

18 법은 사고나 범죄로부터 사람들을 보호하고 안전하게 지켜 줍니다.

19 판사는 법에 따라 판결을 내리는 사람이고, 검사는 범죄의 의심을 받는 사람(피고인)에게 법원의 심판을 요청하는 일을 담당합니다.

20 법을 지키지 않아 타인에게 피해를 준 사람에게는 재판을 통해 그 권리를 제한합니다.

채점 기준	상	죄를 지었는지 확인하고, 법을 어긴 행동에 맞는 책임을 지게 하기 위해서라고 쓴 경우
	중	죄를 지었는지 확인하기 위함이나 법을 어긴 행동에 맞는 책임을 지게 하기 위함 중 한 가지만 쓴 경우

46쪽   수행 평가 ❶회

1 ㉡   **2** 놀 권리   **3** ⑩ 국가와 지방 자치 단체는 모든 사람이 안전하고 편리할 수 있도록 다양한 공공 편의 시설을 설치하여 운영하고 있습니다.

1 외모에 대해 편견을 가지고 차별하는 것은 인권을 침해하는 모습입니다.

2 ㉠의 내용은 어린이들의 놀 권리가 침해받고 있는 사례입니다. 어린이들이 안전하게 놀 수 있는 장소가 마련되어야 합니다.

3 국가와 지방 자치 단체에서는 장애인 공공 편의 시설을 설치하여 장애인들의 인권 보장을 위해 노력하고 있습니다.

채점 기준	상	국가와 지방 자치 단체가 공공 편의 시설을 설치하여 운영하고 있다고 쓴 경우
	중	국가와 지방 자치 단체가 노력하고 있다고만 쓴 경우

47쪽   수행 평가 ❷회

1 ㉠ ⑩ 위급한 상황이 생겨 구급차나 소방차 등이 출동할 때 방해가 되어 제대로 된 구조 활동을 벌일 수 없습니다. ㉡ ⑩ 폐수가 하천에 방출되어 하천의 동식물이 죽고 생태계가 파괴될 수 있습니다.   **2** ⑩ 법을 지키지 않는 행동은 다른 사람에게 피해를 주고 다른 사람의 권리를 침해하며 사람들 간의 갈등을 유발합니다.   **3** ⑩ 법을 어기면 다른 사람의 권리를 침해하기 때문입니다. 법을 지키지 않으면 사회 질서가 유지될 수 없기 때문입니다. 법을 지키면 다른 사람의 권리를 보호하고 나의 권리도 보호할 수 있기 때문입니다.

1 ㉠은 소방차 전용 주차 구역에 불법 주차를 하는 모습이고, ㉡은 하수구에 폐수를 몰래 버리는 모습으로 모두 법을 어기는 행동입니다.

채점 기준	상	예시 답안과 같이 빈칸에 들어갈 내용을 모두 알맞게 쓴 경우
	중	빈칸에 들어갈 내용을 한 가지만 알맞게 쓴 경우

2 법을 지키지 않으면 사회 질서가 유지될 수 없습니다.

채점 기준	상	다른 사람에게 피해를 주고 다른 사람의 권리를 침해하여 갈등을 유발한다고 쓴 경우
	중	사람들 간의 갈등을 유발한다고만 쓴 경우

3 개인의 권리를 보호하고 사회 질서를 유지하기 위해서 법을 지켜야 합니다.

채점 기준	상	예시 답안과 같이 법을 지켜야 하는 까닭을 두 가지 모두 알맞게 쓴 경우
	중	법을 지켜야 하는 까닭을 한 가지만 알맞게 쓴 경우

동아출판 🌙

바른 국어 독해의 빠른시작

초등부터 빠작

바른 독해의 빠른시작 빠작

바른 독해의 빠른시작 빠작
초등 국어
문학 독해
3단계 3·4학년

바른 독해의 빠른시작 빠작!
비문학 독해·문학 독해 영역별로 깊이 있게
지문 독해·지문 분석·어휘 학습 3단계로 체계적인 독해 훈련
다양한 배경지식·어휘 응용 학습

비문학 독해 1~6단계   **문학 독해** 1~6단계

친절한 해설북

초등학교   학년   반   번   이름

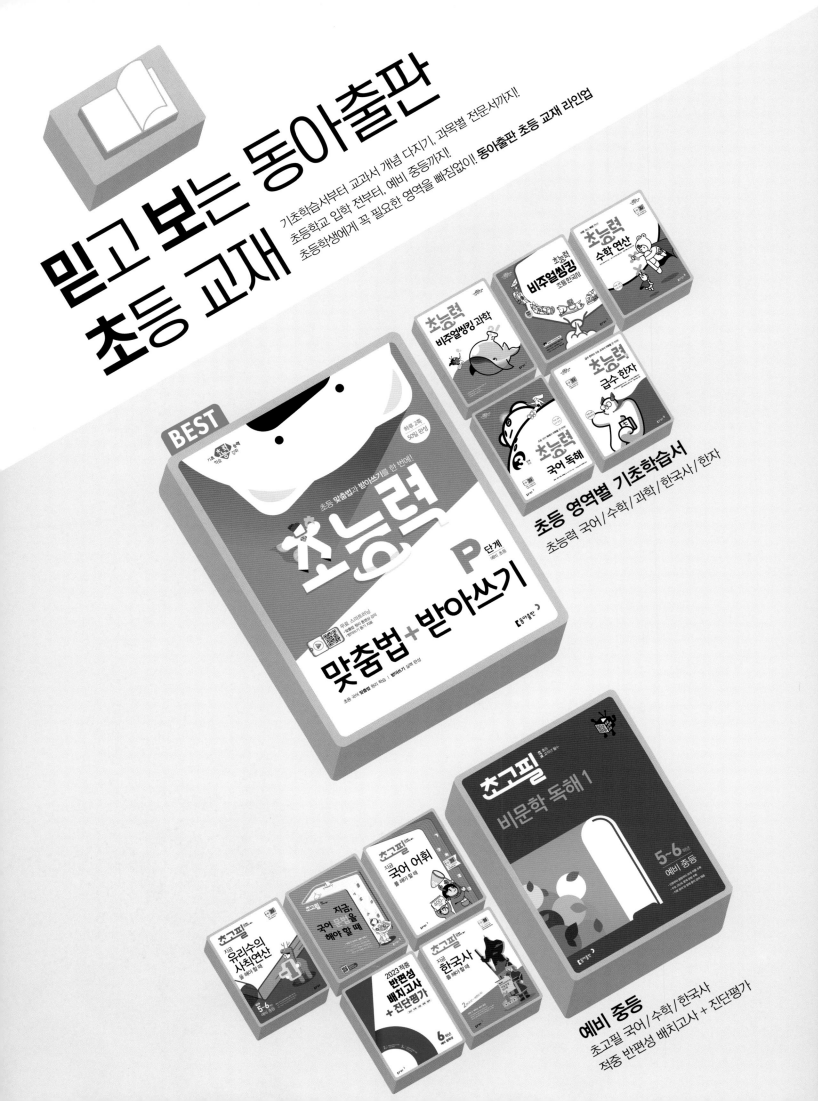

차례

5·1

1. 대화와 공감

연습! 서술형 평가

1 ~ 1-1

소희

① 매표소
30분이나 지났는데 왜 이렇게 안 오지?

② 미안해!
은주

어제 어떤 일이 있었느냐 하면……

③ 왜 이렇게 늦었니?

정말 미안해! 부모님 심부름을 하고 오느라 늦었어.

④ 매표소
걱정해 줘서 고마워, 소희야!

그래, 다음부터 약속 시간을 잘 지켰으면 좋겠어. 너한테 무슨 일이 생긴 줄 알고 걱정했잖아.

이런 일이 있었어.

아, 그랬구나! 그럴 때에는 나라도 화났을 거야.

태일

1 태일이는 소희의 이야기를 듣고 어떻게 반응해 주었습니까? (　　　)

① 소희의 마음을 이해해 주었다.
② 소희의 말을 듣지 못한 척 했다.
③ 소희에게 다시 한 번 말해 달라고 했다.
④ 다른 친구에게 이야기를 해 보라고 했다.
⑤ 소희의 마음을 무시하고 자기 생각만 말했다.

1-1
서술형
쌍둥이
문제

그림에서 알 수 있는 대화의 특성을 한 가지 더 쓰시오. [4점]

> 혜영: 대화를 할 때에는 상대를 직접 보면서 말을 주고받아.
>
> 나리: ＿＿＿＿＿＿＿＿＿＿＿＿＿＿＿
>
> ＿＿＿＿＿＿＿＿＿＿＿＿＿＿＿

2 ~ 2-1

　어린이 여러분, "칭찬은 고래도 춤추게 한다."라는 말을 들어 본 적이 있나요? 이 말처럼 들을 때마다 항상 기분 좋아지는 말이 바로 칭찬이에요. 우리는 칭찬을 들으면 기분이 좋아질 뿐만 아니라 일을 더욱 잘하려고 노력하기도 해요. 이게 바로 칭찬의 힘이랍니다. 칭찬 한마디는 누군가에게 용기를 주고 자신을 긍정적으로 바라보게 해요. 또 올바른 습관을 기르고 능력을 키우는 데도 도움이 돼요. 그리고 다른 사람의 긍정적인 모습을 칭찬하는 것은 그 사람과 맺는 관계를 좋아지게 만들어요. 이렇게 칭찬은 힘이 세요. 따라서 칭찬의 힘을 과소평가해서는 안 돼요. 칭찬 한마디는 누군가의 인생을 변화시키는 결정적인 계기가 되기도 한답니다.

2 이 글에서 말한 칭찬에 대한 설명으로 알맞지 <u>않은</u> 것은 어느 것입니까? (　　　)

① 들을 때마다 기분 좋아지는 말이다.
② 올바른 습관을 기르는 데 도움이 된다.
③ 들으면 일을 더욱 잘하려고 노력하기도 한다.
④ 누군가의 인생을 변화시킬 만큼 영향이 크지 않다.
⑤ 다른 사람의 긍정적인 모습을 칭찬하면 그 사람과 맺는 관계가 좋아진다.

2-1
서술형
쌍둥이
문제

이 글에서 알 수 있는 칭찬이 중요한 까닭을 한 가지 쓰시오. [4점]

＿＿＿＿＿＿＿＿＿＿＿＿＿＿＿

＿＿＿＿＿＿＿＿＿＿＿＿＿＿＿

3~3-1

정인: (약간 성가신 듯이) 고민은 무슨 고민? 아무 일 없다니까.

동욱: (궁금해하며) 그러지 말고 말해 봐. 무슨 일인데? 다른 사람한테 절대로 말하지 않을게.

정인: (조심스럽게) 음, 사실은 체육 시간에 뒤 구르기가 잘 안돼. 그래서 모둠끼리 여러 가지 동작을 꾸밀 때 방해가 되는 것 같아.

동욱: (큰 소리로) 뭐, 네가 뒤 구르기를 못한다고? 그럼 선생님이나 친구들에게 도와 달라고 하면 되지, 뭘 그렇게 걱정해.

정인: ㉠(당황하며) 어떻게 그러니?

동욱: 그럼 내가 말해 줄까?

정인: (황급히 큰 소리로) 아냐, 그러지 마! 내가 알아서 할게. 넌 그냥 못 들은 걸로 해.

3 ㉠에서 정인이가 당황한 까닭은 무엇입니까? (   )

① 동욱이가 자신의 말을 듣고도 모른 척해서

② 동욱이가 곧바로 다른 친구들에게 소문을 내서

③ 동욱이가 자신과 같은 고민을 하고 있다고 해서

④ 동욱이가 자신이 직접 고민을 해결해 준다고 해서

⑤ 동욱이가 자신의 고민을 제대로 듣지도 않고 해결 방법을 말해서

3-1 정인이의 고민을 들은 동욱이가 잘못한 점은 무엇인지 쓰시오. [4점]

_____

_____

4~4-1

주민: 대단하다고? 글쎄, 처음에 난 모든 사람이 그런 줄 알았어. 나중에 우리 아빠께서 좀 심하시다는 것을 알게 됐지.

민재: (궁금하다는 듯이) 그게 싫었니?

주민: 응. 솔직히 우리 아빠께서 나한테만 관심을 가져 주셨으면 하는 마음이 컸어. 남을 돕는다고 뛰어다니시다가 정작 나랑 할 일을 하시지 못한 적이 꽤 많았으니까.

민재: ㉠그래, 그럴 수도 있겠다.

4 민재와 주민이는 서로 어떻게 반응하며 말을 주고받았습니까? (   )

① 서로의 말에 공감하며 대화했다.

② 서로의 말을 무시하며 대화했다.

③ 서로의 말을 적으면서 대화했다.

④ 서로의 말에 대해 공격적으로 반응하며 대화했다.

⑤ 서로의 말에 대해 곰곰이 생각하고 해결 방법을 제시해 주었다.

4-1 민재는 어떤 마음으로 ㉠처럼 말했을지 짐작하여 쓰시오. [4점]

_____

_____

1. 대화와 공감 **3**

실전! 서술형 평가

1~2

3~4

우리는 칭찬받기를 좋아하는 것에 비해 누군가를 칭찬하는 일에는 인색한 편이에요. 또 칭찬을 한다고 하지만 칭찬이 힘을 발휘하지 못하는 경우도 많아요. 그렇다면 어떻게 해야 칭찬이 힘을 발휘할 수 있을까요?

먼저, 분명하고 자세하게 칭찬해야 해요. 누군가를 칭찬할 때 두루뭉술하게 칭찬하지 말고 칭찬하는 내용이 무엇인지를 자세하게 말하는 것이 좋아요. "우아, 멋지다!", "정말 대단해!"와 같이 칭찬하기보다는 "다른 사람을 생각해서 양보하는 모습이 정말 멋지구나!"와 같이 분명하고 자세하게 칭찬해야 해요. 그래야 상대가 무엇을 잘했는지 알고 칭찬을 받으려고 더 노력하게 된답니다.

3 칭찬이 힘을 발휘하려면 어떻게 해야 한다고 했는지 쓰시오. [5점]

1 태일이가 소희에게 ㉠과 같은 질문을 한 까닭은 무엇인지 쓰시오. [5점]

4 이 글의 내용을 바탕으로 하여, 다음 상황에서 지혜가 한 수현이를 칭찬하는 말을 어떻게 바꾸어 말하면 좋을지 쓰시오. [5점]

> 영지: 지난번에 내가 다쳤을 때 수현이가 우리 집까지 내 가방을 들어주었어.
> 지혜: 우아, 정말 다정하다.
> 수현: 도움이 되었다니 정말 다행이야.

2 친구들의 대화에서 알 수 있는 대화의 특성을 한 가지 쓰시오. [5점]

단계별 유형

5 정인이와 동욱이가 나눈 대화를 보고 물음에 답하시오. [10점]

> 동욱: (빈정거리는 말투로) 에이, 얼굴 표정을 보니 고민거리가 있는 것 같은데?
>
> 정인: (㉠) 고민은 무슨 고민? 아무 일 없다니까.
>
> 동욱: (궁금해하며) 그러지 말고 말해 봐. 무슨 일인데? 다른 사람한테 절대로 말하지 않을게.
>
> 정인: (조심스럽게) 음, 사실은 체육 시간에 뒤 구르기가 잘 안돼. 그래서 모둠끼리 여러 가지 동작을 꾸밀 때 방해가 되는 것 같아.
>
> 동욱: (큰 소리로) 뭐, 네가 뒤 구르기를 못한다고? 그럼 선생님이나 친구들에게 도와 달라고 하면 되지, 뭘 그렇게 걱정해.
>
> 정인: (당황하며) 어떻게 그러니?
>
> 동욱: 그럼 내가 말해 줄까?
>
> 정인: (황급히 큰 소리로) 아냐, 그러지 마! 내가 알아서 할게. 넌 그냥 못 들은 걸로 해.
>
> 동욱: 네가 말을 못 하면 내가 말해 줄게.

단계 ❶ 동욱이의 말을 들은 정인이는 어떤 마음이 들었을지 생각하여 ㉠에 들어갈 알맞은 말을 쓰시오.

(   )

단계 ❷ 동욱이가 정인이에게 고민을 이야기하라고 재촉하자 정인이는 어떻게 하였는지 쓰시오.

_____

_____

단계 ❸ 이 대화에서 알 수 있는, 다른 사람에게 조언하는 방법은 무엇인지 쓰시오.

_____

6~7

6 시현이와 정우는 각각 어떤 상황에 놓여 있는지 쓰시오. [5점]

시현	(1)
정우	(2)

7 그림의 상황에 맞게 공감하는 대화로 쓸 때, 정우가 하였을 말을 빈칸에 쓰시오. [7점]

> 정우: 시현아, 글쓰기 대회에서 상 받았지? 정말 축하해.
>
> 시현: 정우야, 정말 고맙다. 너도 같이 상을 받았으면 좋았을 텐데…….
>
> 정우: _____
>
> _____
>
> 시현: 그래, 나도 배울 것이 많아. 같이 공부해 보자.
>
> 정우: 그래, 고마워.

1 ~ 1-1

1919년 3월 1일, 서울 탑골 공원에서 시작한 독립 만세 운동이 바로 그것이었다.

그날, 유관순도 친구들과 함께 거리로 나갔다. 태극기를 든 남녀노소가 한목소리로 독립 만세를 불렀다. 유관순의 마음도 뜨거워졌다. 유관순은 친구들과 함께 목이 터져라 독립 만세를 불렀다.

"대한 독립 만세!" / "대한 독립 만세!"

거리에는 태극기를 든 사람들이 거대한 물결처럼 밀려들었다. 태극기의 물결은 온 장안을 뒤덮었다. 일본 헌병들은 닥치는 대로 몽둥이와 칼을 휘두르고 총을 쏘아 댔다. 많은 사람이 쓰러졌으나 만세 소리는 그칠 줄을 몰랐다. 유관순과 친구들이 기숙사로 돌아왔을 때에는 이미 여러 선생님과 친구가 잡혀간 뒤였다.

1 이 글을 읽고 떠오른 경험을 알맞게 말하지 <u>못한</u> 것은 어느 것입니까? (   )

① 일제 강점기를 다룬 글을 읽은 것이 생각난다.
② 독립 만세 운동에 대한 영상을 본 것이 떠오른다.
③ 가족과 서대문형무소 역사관에 간 것이 생각난다.
④ 유관순 열사에 대한 전기문을 읽었던 것이 생각난다.
⑤ 가족과 일본에 여행을 다녀와서 즐거웠던 것이 생각난다.

1-1
서술형
쌍둥이
문제

이 글을 읽고 떠오른 자신의 경험을 쓰시오. [4점]

_____

_____

2 ~ 2-1

이러다 지각하겠다 싶을 때, 있는 힘껏 길을 잡아당기면 출렁출렁, 학교가 우리 앞으로 온다

춥고 배고파 죽겠다 싶을 때, 있는 힘껏 길을 잡아당기면 출렁출렁, 저녁을 차린 우리 집이 버스 정류장 앞으로 온다

갑자기 니가 보고 싶을 때, 있는 힘껏 길을 잡아당기면 출렁출렁, 그리운 니가 내게 안겨 온다

2 이 시에서 말하는 이가 겪은 일로 알맞은 것을 모두 고르시오. (   )

① 춥고 배가 고팠다.
② 학교에 지각할 뻔했다.
③ 누군가가 보고 싶었다.
④ 보고 싶은 사람을 직접 찾아갔다.
⑤ 우리 집을 버스 정류장 앞으로 옮겼다.

2-1
서술형
쌍둥이
문제

이 시의 말하는 이와 비슷한 생각이나 느낌을 가졌던 경험을 떠올려 쓰시오. [4점]

_____

_____

_____

3~3-1

가 "아니에요. 정말로 말을 했어요!"

"개들도 무슨 말인가 하기는 하겠지. 사람이 못 알아들어서 그렇지."

"나하고 말을 했다니까요. 나는 알아들었어요. 덕실이가 나한테, '나는 말하면 안 되니?' 그랬어요."

나 덕실이가 방문 앞에 나와 서서 다 보고 있었다.

"들어가자, 엄마하고는 말이 안 통해."

수일이는 덕실이를 데리고 도로 방으로 들어왔다. 눈에서 잠깐 눈물이 나오려고 했다.

"하기는 나도 잘 안 믿어지는데, 엄마가 쉽게 믿겠니? 우리가 서로 말이 통하다니! 컴퓨터 게임 하면서 너랑 나랑 전자파를 너무 많이 받아서 그런가?"

3 이 이야기에서 일어난 일로 알맞은 것은 어느 것입니까? ( )

① 수일이네 강아지 덕실이가 말을 했다.

② 덕실이가 수일이 대신 숙제를 해 주었다.

③ 엄마가 덕실이에게 말을 해 보라고 하셨다.

④ 덕실이가 수일이와 함께 컴퓨터 게임을 했다.

⑤ 수일이가 덕실이처럼 '멍멍' 소리를 내며 덕실이와 대화를 했다.

3-1 서술형 쌍둥이 문제

이 글에서 가장 인상 깊은 장면은 무엇인지 쓰시오. [4점]

_____

_____

4~4-1

꽃이 얼굴을 내밀었다

내가 먼저 본 줄 알았지만
봄이 쫓아가던 길목에서
내가 보아 주기를 날마다 기다리고 있었다

내가 먼저 말 건 줄 알았지만
바람과 인사하고 햇살과 인사하며
날마다 내게 말을 걸고 있었다

내가 먼저 웃어 준 줄 알았지만
떨어질 꽃잎도 지켜 내며
나를 향해 더 많이 활짝 웃고 있었다

내가 더 나중에 보아서 미안하다.

4 이 시를 읽고 떠오르는 장면으로 알맞은 것을 두 가지 고르시오. ( )

① 꽃을 보는 아이의 모습

② 봄날에 예쁘게 핀 꽃들의 모습

③ 바람과 햇살이 서로 화를 내는 모습

④ 꽃이 슬프고 속상한 얼굴로 '나'를 보는 모습

⑤ 떨어진 꽃잎이 누군가를 원망하며 우는 모습

4-1 서술형 쌍둥이 문제

이 시와 관련 있는 자신의 경험을 떠올려 쓰시오. [4점]

_____

_____

1~2

가 고향으로 돌아온 유관순은 독립 만세를 부를 준비를 했다. 유관순은 사촌 언니와 함께 동지들을 모으고, 독립 만세를 부를 계획을 치밀하게 세웠다. 날마다 이 마을 저 마을을 찾아다니며 독립 만세를 부르는 일에 함께 참여할 것을 부탁했다. 하루 종일 돌아다니다가 집에 돌아오면 몸은 말할 수 없이 피곤했다. 그렇지만 잠시 찬물에 발을 담그고, 곧바로 가족과 함께 밤새워 태극기를 만들었다. 나이 어린 소녀로서는 생각할 수 없을 만큼 놀라운 지혜와 용기로 일을 추진했다.

나 오후 1시, 유관순은 많은 사람 앞에서 외쳤다.

"여러분, 반만년의 역사를 지닌 우리 겨레가 불행하게도 일본에 나라를 빼앗겼습니다. 이제 나라를 되찾아야 합니다. 지금 전국 방방곡곡에서 모두 일어나 독립을 외치고 있습니다. 여러분, 만세를 부릅시다. 대한 독립 만세를!"

순식간에 독립 만세 소리가 온 천지를 뒤흔들었다. 깜짝 놀라 달려온 일본 헌병들은 총과 칼을 휘두르면서 평화롭게 독립 만세를 부르며 나아가는 사람들을 막았다. 많은 사람이 죽거나 다쳤다.

1 유관순이 독립 만세 운동을 한 까닭은 무엇인지 쓰시오. [5점]

_____

_____

2 이 글을 읽고 든 자신의 생각이나 느낌을 쓰시오. [5점]

_____

_____

3~4

허리 밟기

할머니 아픈 허리는 왜 밟아야 시원할까요?
아이쿠! 아이쿠! 하면서도 "꼭꼭 밟아라." 하십니다
그래도 나는 겁이 나 자근자근 밟습니다.

3 이 시에서 알 수 있는 '나'와 할머니의 마음을 상상하여 쓰시오. [5점]

'나'	(1)
할머니	(2)

4 이 시를 읽으며 떠오른 자신의 경험을 한 가지 쓰시오. [5점]

단계별 유형

5 수일이가 강아지 덕실이와 나눈 대화를 보고 물음에 답하시오. [10점]

> **가** "정말 네가 둘이었으면 좋겠니?"
> "둘이었으면 좋겠어." / "참말이야?"
> "그래, 참말이야! 혼자서는 너무 힘들어. 어, 그런데 네가 말을 했니?"
> 수일이는 눈을 커다랗게 뜨고 덕실이를 보았다.
> "말이야 벌써부터 했지. 지금껏 네가 못 알아들었을 뿐이야. 나는 말하면 안 되니?"
> 덕실이가 꼬리를 흔들며 말했다.
> **나** "그럼 너를 하나 더 만들면 되지."
> "하나 더? 어떻게?"
> "말해 주면 나한테도 가끔 공을 물어뜯을 수 있도록 해 주는 거지?"
> "그래. 못 쓰는 공 너 하나 줄게."
> "어떻게 하느냐 하면, 네 손톱을 깎아서 쥐한테 먹이는 거야." / "뭐어?"
> "그러면 그 쥐가 너하고 똑같은 모습으로 바뀔지도 몰라." / "그건 옛날이야기일 뿐이야."
> "옛날에 있었던 일이니까 지금도 있을 수 있지."

1단계 글 **가**에서 수일이가 바라는 것은 무엇인지 쓰시오.

· (   )을/를 한 명 더 만드는 것입니다.

2단계 덕실이는 수일이에게 무엇을 알려 주었는지 쓰시오.

_____

_____

3단계 이 이야기의 뒤에 어떤 일이 일어날지 상상하여 쓰시오.

_____

_____

6~7

> 꽃이 얼굴을 내밀었다
>
> 내가 먼저 본 줄 알았지만
> 봄이 쫓아가던 길목에서
> 내가 보아 주기를 날마다 기다리고 있었다
>
> 내가 먼저 말 건 줄 알았지만
> 바람과 인사하고 햇살과 인사하며
> 날마다 내게 말을 걸고 있었다
>
> 내가 먼저 웃어 준 줄 알았지만
> 떨어질 꽃잎도 지켜 내며
> 나를 향해 더 많이 활짝 웃고 있었다
>
> 내가 더 나중에 보아서 미안하다.

6 이 시에서 인상 깊은 표현과 그 부분에 대한 자신의 생각이나 느낌을 쓰시오. [5점]

인상 깊은 표현	(1)
자신의 생각이나 느낌	(2)

7 이 시의 내용과 바꾸어 쓰고 싶은 자신의 경험을 떠올려 쓰시오. [7점]

_____

_____

_____

연습! 서술형 평가

1 ~ 1-1

❶ 씨앗을 미지근한 물에 담가 놓는다.

❷ 준비한 그릇에 부드러운 헝겊을 깔고, 불린 씨앗을 서로 겹치지 않게 촘촘히 깔아 준다.

❸ 종이로 덮어 햇빛을 가리고 물기가 마르지 않게 물뿌리개로 물을 뿌려 준다.

❹ 싹이 나오면 종이를 벗겨 그늘에 두고, 수분이 마르지 않도록 물을 준다.

❺ 5~6일이 지나면 새싹 채소를 얻을 수 있다.

1 이 글에서 설명하는 내용은 무엇입니까? (   )

① 새싹 채소의 종류
② 새싹 채소를 가꾸는 과정
③ 새싹 채소와 비슷한 종류의 채소
④ 새싹 채소가 영양분을 얻는 방법
⑤ 새싹 채소의 씨앗을 얻을 수 있는 곳

1-1
서술형
쌍둥이
문제

이 글에서 설명이 더 필요한 부분은 어디인지 쓰시오. [4점]

_____

_____

2 ~ 2-1

　우리나라에는 화강암을 쪼아 만든 석탑이 많습니다. 그 가운데에서 가장 유명한 탑은 다보탑과 석가탑입니다. 다보탑과 석가탑에는 공통점과 차이점이 있습니다.

　다보탑과 석가탑은 공통점이 있습니다. 두 탑은 모두 통일 신라 시대에 만든 탑으로서 불국사 대웅전 앞뜰에 나란히 서 있습니다. 또 두 탑은 그 가치를 인정받아 국보로 지정되었습니다.

　두 탑의 모습은 매우 다릅니다. 다보탑은 장식이 많고 화려합니다. 십자 모양의 받침 주변에 돌계단을 만들고 그 위에 사각·팔각·원 모양의 돌을 쌓아 올렸습니다. 반면 석가탑은 단순하면서도 세련된 멋이 있습니다. 사각 평면 받침 위에 돌을 삼 층으로 쌓아 올려 매우 균형 있는 모습을 자랑합니다.

2 이 글에서 설명하는 내용은 무엇입니까? (   )

① 다보탑과 석가탑
② 석탑을 만드는 방법
③ 세계 여러 나라의 석탑
④ 우리나라의 국보로 지정된 석탑
⑤ 석탑을 쌓을 때 사용하는 돌의 종류

2-1
서술형
쌍둥이
문제

이 글은 대상을 어떤 방법으로 설명했는지 알맞은 것에 ○표 하고, 그 방법에 대해 설명하시오. [4점]

(비교와 대조, 열거) 방법으로, 이 방법은 _____

_____

3~3-1

어류는 아가미가 있는 척추동물입니다. 어류는 물속 환경에 적응할 수 있도록 다양한 기관이 발달했습니다.

어류 피부는 대부분 비늘로 덮여 있습니다. 비늘은 어류 몸을 보호합니다. 비늘은 짠 바닷물이 몸속으로 들어오지 못하게 막아 줍니다. 또 저마다 비늘 무늬가 달라 몸을 쉽게 숨길 수 있게 합니다.

어류는 아가미로 물속에 녹아 있는 산소를 흡수합니다. 입으로 물을 삼키고 아가미로 다시 내뱉는 과정에서 산소를 얻습니다.

어류는 몸통에 옆줄이 있습니다. 어류는 옆줄로 물 흐름이나 떨림 같은 환경 변화를 알아냅니다.

3 이 글에서 어류에 대해 설명한 내용으로 알맞지 <u>않은</u> 것을 두 가지 고르시오. (   )

① 사는 곳에 따라 몸의 형태가 다르다.

② 피부를 덮고 있는 비늘은 몸을 보호한다.

③ 아가미로 물속에 녹아 있는 산소를 흡수한다.

④ 몸통에 있는 옆줄로 환경의 변화를 알아낸다.

⑤ 뼈가 부드러운 어류도 있고, 말랑말랑한 어류도 있다.

3-1
서술형
쌍둥이
문제

이 글의 구조를 생각하며 글의 내용을 간단하게 정리해 쓰시오. [4점]

어류 피부는 비늘로 덮여 있어 몸을 보호해 주고, 아가미는 물속에 녹아 있는 산소를 흡수합니다. 또 _____

_____

4~4-1

글의 내용	수집할 내용	수집할 곳
고양이 기르기와 강아지 기르기의 공통점과 차이점	• 먹이 주는 방법 • 잘 기를 수 있는 환경 • 고양이와 강아지의 성격 • 좋아하는 것과 싫어하는 것	• 고양이 기르기 관련 서적 • 강아지 기르기 관련 서적 • 백과사전 • 고양이나 강아지를 기르고 있는 사람의 블로그

4 이와 같이 조사한 주제를 바탕으로 설명하는 글을 쓸 때에 알맞은 방법은 무엇입니까? (   )

① 열거

② 비교와 대조

③ 원인과 결과

④ 예를 들어 설명하기

⑤ 대상을 부분으로 나누어 설명하기

4-1
서술형
쌍둥이
문제

우리 반 친구들에게 자신이 좋아하는 것을 설명하는 글을 쓰려고 합니다. 빈칸에 알맞은 내용을 쓰시오.
[6점]

글의 내용	(1)
수집할 내용	(2)
수집할 곳	(3)

1~2

가

국립중앙박물관 이용 안내

▶ 국립중앙박물관은 1월 1일, 설날(당일), 추석(당일)에는 쉽니다.

▶ 6세 이하 어린이는 보호자와 함께해야 합니다.

■ 관람 시간
• 월·화·목·금요일: 10:00 ~ 18:00
• 수·토요일: 10:00 ~ 21:00
• 일요일·공휴일: 10:00 ~ 19:00

나

과일 카드 놀이 방법

❶ 책상 가운데에 종을 놓고 과일 카드를 똑같이 나누어 가진다.

❷ 차례에 맞게 각자 카드를 한 장씩 펼쳐 내려놓는다.

❸ 펼친 카드 가운데에서 같은 과일이 다섯 개가 되면 재빨리 종을 친다.

❹ 먼저 종을 친 사람이 바닥에 모인 카드를 모두 가져간다.

❺ ❷~❹를 되풀이해서 마지막까지 카드를 가지고 있는 사람이 이긴다.

1 글 **가**와 **나**에서 설명하는 것은 무엇인지 쓰시오. [5점]

글 **가**	(1)
글 **나**	(2)

2 이와 같은 글을 읽어 본 경험을 떠올려 쓰시오. [5점]

_____

_____

_____

3~4

사람들은 다양한 목적으로 탑을 세웁니다. 종교나 군사 목적으로 탑을 만들 뿐만 아니라 무엇인가를 기념하려고 탑을 짓습니다. 세계 여러 도시에 있는 유명한 탑을 알아봅시다.

이탈리아 토스카나주에는 피사의 사탑이 있습니다. 피사의 사탑은 종교 목적으로 만들어졌습니다. 55미터 높이로 세운 이 탑은 완성한 뒤 조금씩 한쪽으로 기울기 시작해 현재 모습이 되었습니다. 그 아슬아슬한 모습은 눈길을 많이 끕니다.

프랑스 파리에는 에펠 탑이 있습니다. 에펠 탑은 1889년에 프랑스 혁명 100주년을 기념해 세웠습니다. 에펠 탑의 높이는 324미터이고, 해마다 세계 여러 나라에서 수백만 관광객이 찾을 만큼 유명합니다. 현재는 파리뿐만 아니라 프랑스 전체를 상징하는 건축물이기도 합니다.

3 이 글의 각 문단에서 설명하는 내용은 무엇인지 쓰시오. [5점]

문단 1	글에서 설명하려는 대상을 소개합니다.
문단 2, 3	

4 이 글은 대상을 어떻게 설명했는지 쓰시오. [7점]

_____

_____

_____

5~6

　사람은 직업에 따라 고유한 색깔 옷을 입기도 한다. 직업의 특성에 따라 특정 색깔의 옷이 일을 하는 데 도움이 되기 때문이다.

　의사나 간호사는 보통 흰색 옷을 입는다. 감염에 민감한 환자들이 있는 병원에서는 위생이 매우 중요한 문제이기 때문이다. 흰색 옷은 옷이 더러워졌을 때 이를 쉽게 알아차릴 수 있게 해 준다. 약사나 위생사, 요리사와 같이 청결을 유지해야 하는 일을 하는 사람들도 마찬가지로 흰색 옷을 입는다.

　법관은 검은색 옷을 입는다. 예전 서양에서는 신분에 따라 입을 수 있는 옷 색깔이 정해져 있었지만, 검은색 옷은 누구나 입을 수 있었다. 법관의 검은색 옷은 법 앞에서 모든 사람이 평등하다는 뜻을 나타내며, 다른 것에 물들지 않고 공정하게 재판해야 한다는 의미를 담고 있다.

5 각 문단의 중심 문장을 찾아 쓰시오. [5점]

문단 1	(1)
문단 2	(2)
문단 3	(3)

6 문제 **5**번 답을 바탕으로 하여 이 글의 내용을 정리하여 쓰시오. [7점]

_____

_____

_____

단계별 유형

7 우리 반 친구들에게 자신이 좋아하는 것을 설명하는 글을 쓰기 위해 여러 가지 대상을 떠올렸습니다. 물음에 답하시오. [10점]

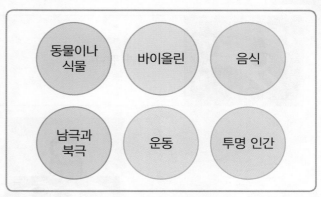

1단계 자신은 친구들에게 무엇을 설명하고 싶은지 한 가지 떠올려 쓰시오.

(　　　　　　　　　　　)

2단계 **1단계**에서 자신이 떠올린 주제에 대해 설명하는 글을 쓸 때 알맞은 설명 방법을 쓰시오.

_____

_____

3단계 **1단계**에서 자신이 떠올린 주제에 대해 **2단계**에 답한 설명 방법을 사용하여 설명하는 글을 쓰시오.

_____

_____

_____

_____

국어

3단원

연습! 서술형 평가

1 ~ 1-1

 ㉠토끼가 뜁니다.

 이것은 ㉡새입니다.

 나는 ㉢음식을 먹었습니다.

1 세 문장에서 문장을 구성하는 성분과 낱말을 알맞게 짝 지어 말하지 못한 것은 어느 것입니까? (　　　)

① 토끼가 – 주어　　② 이것은 – 주어

③ 뜁니다 – 서술어　④ 음식을 – 서술어

⑤ 새입니다 – 서술어

1-1
서술형
쌍둥이
문제

㉠~㉢이 문장에서 각각 어떤 역할을 하는지 쓰시오. [4점]

㉠	(1)
㉡	(2)
㉢	(3)

2 ~ 2-1

가 쓰고 싶은 내용을 자유롭게 떠올림

강아지가 아팠던 일　　　　할머니 댁에 간 일

놀이공원에 놀러 간 일

딸꾹질이 멈추지 않았던 일　친구들과 야구한 일

나 쓸 내용을 몇 가지로 나누어 떠올림.

강아지가 아픔

힘들었던 일

제주도

야영

음식 만들기

즐거웠던 일

겪은 일

신기했던 일

2 가와 나는 글로 쓸 내용을 어떤 방법으로 떠올린 것인지 알맞은 것을 두 가지 고르시오. (　　　)

① 긴 시간 동안 꼼꼼하게 떠올렸다.

② 친구들과 함께 이야기하며 떠올렸다.

③ 쓰고 싶은 내용을 자유롭게 떠올렸다.

④ 쓸 내용을 몇 가지로 나누어 떠올렸다.

⑤ 겪은 일을 그림으로 자세하게 그려서 떠올렸다.

2-1
서술형
쌍둥이
문제

가와 같은 방법으로 자신이 겪은 일 중 글로 쓰고 싶은 것을 떠올려 쓰시오. [4점]

3~3-1

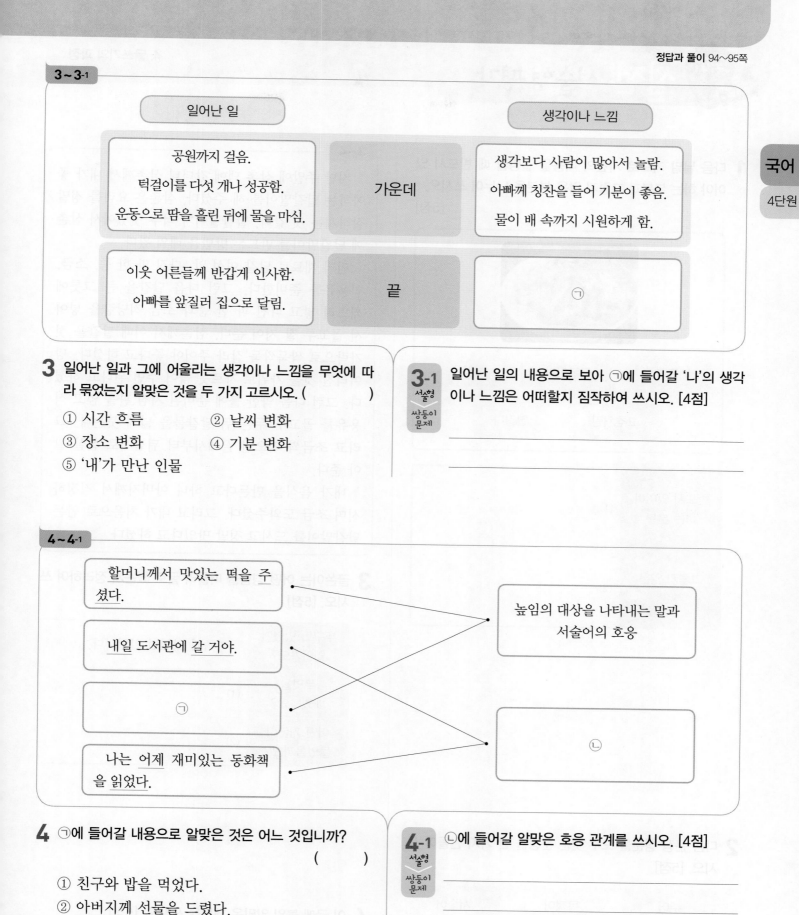

일어난 일		생각이나 느낌
공원까지 걸음. 턱걸이를 다섯 개나 성공함. 운동으로 땀을 흘린 뒤에 물을 마심.	가운데	생각보다 사람이 많아서 놀람. 아빠께 칭찬을 들어 기분이 좋음. 물이 배 속까지 시원하게 함.
이웃 어른들께 반갑게 인사함. 아빠를 앞질러 집으로 달림.	끝	㉠

3 일어난 일과 그에 어울리는 생각이나 느낌을 무엇에 따라 묶었는지 알맞은 것을 두 가지 고르시오. (   )

① 시간 흐름   ② 날씨 변화
③ 장소 변화   ④ 기분 변화
⑤ '내'가 만난 인물

3-1 서술형 쌍둥이 문제
일어난 일의 내용으로 보아 ㉠에 들어갈 '나'의 생각이나 느낌은 어떠할지 짐작하여 쓰시오. [4점]

_____
_____

4~4-1

할머니께서 맛있는 떡을 주셨다.		높임의 대상을 나타내는 말과 서술어의 호응
내일 도서관에 갈 거야.		
㉠		㉡
나는 어제 재미있는 동화책을 읽었다.		

4 ㉠에 들어갈 내용으로 알맞은 것은 어느 것입니까? (   )

① 친구와 밥을 먹었다.
② 아버지께 선물을 드렸다.
③ 동생에게 선물을 주었다.
④ 아기가 아장아장 걷는다.
⑤ 오늘 점심에 맛있는 찌개를 먹었다.

4-1 서술형 쌍둥이 문제
㉡에 들어갈 알맞은 호응 관계를 쓰시오. [4점]

_____
_____

실전! 서술형 평가

1 다음 낱말 카드로 사진의 내용을 설명할 때 반드시 있어야 하는 부분과 그렇지 않은 부분을 나누어 쓰시오. [5점]

매콤한	떡볶이가	익은
	고추처럼	빨갛다

반드시 있어야 하는 부분	(1)
그렇지 않은 부분	(2)

2 다음 문장 성분을 모두 갖춘 문장을 한 가지 만들어 쓰시오. [5점]

주어	목적어	서술어

3~4

　지난 주말에 삼촌 댁에 갔더니 삼촌께서 내가 좋아하는 달걀말이를 해 주셨다. 삼촌은 요리를 정말 잘하시는 것 같다. 달걀말이가 너무 맛있어서 삼촌께 달걀말이를 만드는 방법을 배워 왔다.

　먼저 재료로 달걀 여섯 알, 다진 파 한 줌, 소금, 식용유를 준비한다. 그런 다음 달걀을 큰 그릇에 깨뜨려 넣고 다진 파 한 줌과 소금 적당량을 넣어서 골고루 잘 저어 준다. 삼촌께서 이때 달걀을 젓가락으로 싹둑싹둑 잘라 주어야 좋다고 하셨다. 덩어리진 것을 가위로 자르듯 끊어 주면 된다고 하셨다. 그런 다음 약한 불에 준비된 지짐 판을 얹고 식용유를 골고루 두른 뒤 달걀물을 넓게 붓는다. 그리고 조금씩 익으면 끝에서부터 뒤집개로 살살 말아 준다.

　내가 음식을 만든다고 하니 아버지께서 걱정하시며 조금 도와주셨다. 그리고 내가 처음으로 만든 달걀말이를 드시고 정말 맛있다고 하셨다.

3 글쓴이는 어떤 경험을 떠올려 글로 썼는지 정리하여 쓰시오. [5점]

누구와 있었던 일인가요?	가족과 있었던 일입니다.
무엇을 배웠나요?	(1)
어떤 기분이 들었을까요?	(2)

4 이 글에 붙일 알맞은 제목을 쓰시오. [5점]

단계별 유형

5 자신이 경험한 일을 떠올려 글로 쓰기 위해 정리한 내용과 그 내용을 바탕으로 쓴 글입니다. 물음에 답하시오. [10점]

가

일어난 일		㉠
할머니께서 떡볶이를 해 주심.	가운데	맛있게 먹음.
친구 집에 수학 공부를 하러 감.		할머니와 함께 있지 못해 아쉬움. 할머니께서 아직 집에 계신 것을 다행이라고 생각함.
㉡		

나 할머니께서 공부하느라 고생했다며 맛있는 떡볶이를 해 주셨다. 동생과 함께 먹다 보니 어느새 떡볶이를 다 먹었다. 정말 맛있었다. 짝과 함께 수학 공부를 하기로 해서 할머니께 인사드리고 친구 집으로 갔다. 할머니께 공부를 열심히 한다고 칭찬을 들었지만 할머니와 함께 있지 못해 아쉬운 마음이 들었다. 수학 공부를 하는 동안 할머니께서 일찍 가시지 않으면 좋겠다고 생각했다. 공부를 마치자마자 집으로 왔다. 다행히 할머니께서 아직 집에 계셨다. 할머니와 함께 만화 영화도 보고, 과일과 피자도 먹었다.

1단계 ㉠에 들어갈 말을 쓰시오.

( )

2단계 글 **나**를 보고, ㉡에 들어갈 내용을 쓰시오.

_____

_____

3단계 **가**에는 없는 내용을 **나**에 어떻게 썼는지 쓰시오.

_____

_____

6 다음 문장에서 주어와 호응하는 서술어를 찾아 쓰고, 주어와 서술어가 바르게 호응하도록 고쳐 쓰시오. [7점]

숲속에서 다람쥐와 새가 지저귑니다.

다람쥐가	(1)
새가	

↓

(2)

7 다음 문장이 자연스러운 호응을 이루도록 바르게 고쳐 쓰시오. [5점]

나는 동생보다 키와 몸무게가 더 무겁다.

↓

(1)

하늘에 구름과 별이 반짝입니다.

↓

(2)

5. 글쓴이의 주장

연습! 서술형 평가

1 ~ 1-1

1 남자아이가 걱정하는 표정을 지은 까닭은 무엇입니까?
( )

① 태빈이의 표정이 안 좋아서
② 태빈이의 가족 중 누가 다리를 다친 줄 알아서
③ 태빈이가 다리가 부러졌다고 울먹이며 말해서
④ 태빈이네 집으로 가는 다리가 부러졌다는 줄 알아서
⑤ 태빈이의 안경다리가 부러져서 잘 보이지 않는다는 줄 알아서

1-1 서술형 쌍둥이 문제

남자아이가 다리를 다친 사람을 걱정한 까닭은 무엇인지 쓰시오. [4점]

_____

_____

2 ~ 2-1

어린이의 생명을 지키려면 보행 중인 어린이의 교통사고를 줄일 수 있는 방법을 찾아야 한다.

어린이 보행 중 교통사고를 줄이는 방법은 무엇일까? 운전자에게 어린이 보행 안전 교육을 철저히 해야 한다. 전체 교통사고 가운데에서 보행 중에 발생한 사고의 나이대별 분포를 살펴보면, 초등학생이 다른 나이대보다 상대적으로 높게 나타나는 것을 알 수 있다. 이는 초등학생들이 바깥 활동이 잦은 데다 위험 상황을 판단하고 그에 대처하는 능력이 부족하기 때문이다. 그러므로 운전자에게 어린이 보행자를 보호할 수 있는 안전 교육을 실시해 어린이 보행 중 교통사고가 일어나지 않도록 해야 한다.

2 이 글에 쓰인 낱말 중 상황에 따라 여러 가지 뜻으로 해석되는 낱말을 두 가지 고르시오. ( )

① 사고
② 운전자
③ 교통사고
④ 초등학생
⑤ 일어나지(일어나다)

2-1 서술형 쌍둥이 문제

이 글에 쓰인 다음 낱말로 낱말 그물을 만들었습니다. 알맞은 문장을 만들어 빈칸에 쓰시오. [6점]

자리에서 일어나다 ── 일어나다 ── (1) _____

(2) _____

3~3-1

인공 지능 기술의 개발 속도는 우리가 예상할 수 없을 만큼 빨라지고 있습니다. 많은 사람이 다음 세기에는 인공 지능이 인간을 뛰어넘을 것이라고 말합니다. 앞으로 인공 지능은 우리의 삶 곳곳에 영향을 미칠 것입니다. 그런 미래는 편리함이라는 빛만큼이나 위험하고 어두운 그림자 또한 있을 것이라고 생각합니다. 그러므로 인공 지능이 일으킬 위험을 막을 방법도 생각해야 합니다.

첫째, 인공 지능을 가졌느냐 아니냐에 따라 부자는 더 부자가 되고 가난한 사람은 더욱 가난해질 것입니다. 이로써 사회적·경제적 불평등은 더욱 심해질 것입니다.

둘째, 힘이 강한 나라나 집단이 힘이 약한 나라나 사람들을 지배할 수도 있습니다. 인공 지능이 발달하면 힘 있는 사람들의 지배력이 지금과 비교가 안 될 정도로 강해질 것입니다. 즉, 나라 사이에 새로운 지배 관계가 생길 위험이 매우 크다고 생각합니다.

3 이 글의 주제는 무엇입니까? (   )

① 인공 지능 개발 방법
② 인공 지능 개발의 위험
③ 인공 지능 개발의 가능성
④ 인공 지능 기술 개발 속도
⑤ 우리나라의 인공 지능 개발 현황

3-1 이 글에서 짐작할 수 있는 글쓴이의 주장은 무엇인지 쓰시오. [4점]

_____

_____

4~4-1

글을 쓸 때 흔히 글만 잘 쓰면 된다고 생각하기 쉽지만 아무리 잘 쓴 글이라고 하더라도 쓰기 윤리에 벗어난 글이라면 아무 소용이 없다. 쓰기 윤리를 지켜야 하는 까닭을 살펴보자.

첫째, 쓰기 윤리를 지키지 않는 것은 법을 어기는 일이다. 무엇보다 진실이 아닌 내용을 진실인 것처럼 쓰는 경우, 법으로 처벌을 받을 수도 있다. 예를 들어 어떤 과학자가 자신이 연구한 결과를 돋보이게 하려고 내용을 조작하거나 결과를 부풀려서 쓴 보고서를 발표했다고 하자. 이것은 과학자 자신뿐만 아니라 그 보고서를 읽는 모든 사람을 속이는 일로, 법의 심판을 피할 수 없다. 이렇듯 쓰기 윤리의 시작은 스스로에게 떳떳하고 진실하게 쓰는 것이며 이를 어길 경우 처벌을 받을 수도 있음을 유념해야 한다.

4 글쓴이의 생각으로 알맞은 것은 무엇입니까? (   )

① 쓰기 윤리를 지켜야 한다.
② 쓰기 윤리를 만들어야 한다.
③ 쓰기 윤리를 벗어나더라도 글만 잘 쓰면 된다.
④ 쓰기 윤리를 지키지 않는 사람에게 처벌을 하는 것은 옳지 않다.
⑤ 진실이 아닌 내용을 진실인 것처럼 쓰는 것은 쓰기 윤리와 관련이 없다.

4-1 글쓴이의 주장과 주장을 뒷받침하기 위해 든 근거를 쓰시오. [4점]

주장	(1)
근거	(2)

국어 실전! 서술형 평가

1~2

1 그림의 내용에 알맞게 '다리'의 뜻을 각각 쓰시오. [5점]

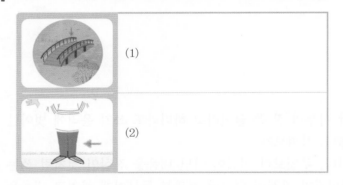	(1)
	(2)

2 문제 **1**번의 '다리'는 동형어와 다의어 중 무엇인지 그 까닭과 함께 쓰시오. [5점]

(　　　　　　)입니다. _____

_____

3~4

가 어린이 교통사고는 가벼운 사고로도 심각한 결과를 가져올 수 있기 때문에 주의가 필요하다. 어린이가 교통사고로 사망하는 유형을 보면 보행 중에 교통사고로 사망하는 경우의 비율이 매우 높다. 어린이의 생명을 지키려면 보행 중인 어린이의 교통사고를 줄일 수 있는 방법을 찾아야 한다.

나 운전자에게 어린이 보행자를 보호할 수 있는 안전 교육을 실시해 어린이 보행 중 교통사고가 일어나지 않도록 해야 한다.

어린이를 고려한 보행 안전시설도 더 필요하다. 학교 앞길에는 과속 차량을 단속하는 장치를 마련해야 한다.

다 이제부터라도 어린이 보행 중 교통사고를 줄이는 일에 모두 힘써야 한다. 어린이 보행 안전은 남에게 미룰 수도 없고, 남이 대신해 줄 수도 없다.

3 글쓴이의 생각은 무엇인지 쓰시오. [5점]

_____

_____

4 이 글에 쓰인 다음 낱말의 뜻을 보고 문장에 어울리는 뜻은 무엇인지 쓰시오. [5점]

쓰인 낱말	사고
쓰인 문장	어린이 교통사고는 가벼운 사고로도 심각한 결과를 가져올 수 있기 때문에 주의가 필요하다.
사전에서 찾은 뜻	「1」 뜻밖에 일어난 불행한 일. 「2」 사람에게 해를 입혔거나 말썽을 일으킨 나쁜 짓. 「3」 어떤 일이 일어난 까닭.

_____

_____

5~6

가 우리 사회 곳곳에서는 인공 지능을 개발하거나 이용할 때 사회에 질 책임을 강조하려는 움직임이 활발히 일어나고 있습니다. 인공 지능에는 위험이 있긴 하지만 우리는 인공 지능을 개발하는 것을 포기할 수 없습니다. 인공 지능은 인류 미래에 꼭 있어야 할 기술입니다.

나 인공 지능에 제대로 된 규칙을 부여해 잘 통제하고 활용하면 인류의 삶은 더욱 편리하고 풍요로워질 것입니다. 예를 들어 움직임이 불편한 노인과 장애인들은 무인 자동차로 자유롭게 이동할 수 있습니다. 인류가 인공 지능을 제대로 관리한다면 인공 지능은 인류에게 많은 도움이 될 것입니다.

다 앞으로 인공 지능은 인간의 생활을 이롭게 하는 생활 속 기술로 자리 잡을 것입니다. 인간에게 나쁜 영향을 줄 수 있는 인공 지능은 철저히 통제하고, 인간을 보호하고 도울 수 있는 인공 지능을 활용하면 인공 지능은 인류의 미래를 희망으로 가득하게 만들어 줄 것입니다.

5 각 문단의 중심 내용을 정리하여 쓰시오. [7점]

가	(1)
나	(2)
다	(3)

6 인공 지능에 대한 글쓴이의 생각은 어떠한지 쓰시오.
[5점]

_____

_____

7 유찬이네 학교 어린이 신문에 실린 기사의 일부분입니다. 글을 읽고 물음에 답하시오. [10점]

최근 스마트폰을 사용하는 사람이 늘면서 초등학생이 스마트폰에 중독되는 것을 걱정하는 목소리가 높습니다. 마침내 학교 안에서 초등학생이 스마트폰을 쓰지 못하게 하는 법안까지 국회에 제출되었습니다. 스마트폰을 지나치게 쓰는 것이 문제라는 사실에는 공감하지만, 초등학생들이 학교 안에서 스마트폰을 아예 쓰지 못하도록 법으로 막는 것을 두고 찬성과 반대 입장이 팽팽히 맞섭니다. 여러분은 어떻게 생각하나요?

단계 1 무엇에 대한 찬성과 반대 입장을 묻는 글인지 쓰시오.

• 학교 안에서 학생들의 (　　　　　　　) 사용에 대한 찬반 의견을 묻는 글입니다.

단계 2 자신은 **단계 1**에서 답한 문제에 대해 어떤 의견을 가지고 있는지 쓰시오.

_____

_____

단계 3 **단계 2**에서 말한 자신의 의견을 뒷받침할 근거를 두 가지 쓰시오.

• _____

• _____

연습! 서술형 평가

1 ~ 1-1

> 지난번에 1학년 동생이 운동장에서 축구공에 맞아 다쳤습니다. 이와 같은 사고를 막으면서 운동장을 안전하게 쓰려면 어떻게 해야 할까요?

> 1학년을 안전하게 보호하는 것도 중요하지만 무조건 운동장을 못 쓰게 하면 안 된다고 생각합니다.

> 하지만 우리가 축구를 하고 싶다고 해서 다른 사람을 위험하게 할 수는 없어요.

> 1학년이 수업을 마치고 집으로 가는 시간을 피해 축구하는 시간을 정하면 어떨까요?

1 이 그림처럼 문제 해결 과정에 여러 사람이 참여하면 좋은 점은 무엇이겠는지 알맞은 것을 모두 고르시오.

( )

① 문제에 대해 생각할 필요가 없다.
② 문제 해결에 직접 참여할 수 있다.
③ 문제 상황을 더 잘 이해할 수 있다.
④ 결정된 내용을 잘 받아들일 수 있다.
⑤ 누가, 언제 해결 방안을 정한 것인지 알 수 없다.

1-1
서술형
쌍둥이
문제

일상생활에서 토의를 해야 하는 까닭은 무엇인지 한 가지만 쓰시오. [4점]

_____

_____

2 ~ 2-1

> ❶ 그냥 학교 안 오면 좋겠다.
> 개교기념일을 뜻깊게 보내는 방법을 발표해 주세요.

마루

> ❷ 야! 무슨 삼행시야. 재미없어.
> 학교 이름으로 삼행시 짓기는 어때요?

2 마루가 잘못한 점은 무엇인지 두 가지를 고르시오.

( )

① 여러 가지 의견을 말했다.
② 친구의 의견을 존중하지 않았다.
③ 친구의 말을 끝까지 듣지 않았다.
④ 토의 주제와 관련한 이야기를 하지 않았다.
⑤ 자신의 의견을 제시하는 까닭을 설명하지 않았다.

2-1
서술형
쌍둥이
문제

마루의 행동으로 보아, 토의에서 의견을 모을 때 지켜야 할 점은 무엇인지 쓰시오. [6점]

_____

_____

3 ~ 3-1

다음 주 가운데 하루를 학급의 날로 잡아서 그날을 여러분이 계획한 대로 보내려고 합니다.

무엇을 하면 좋을까?

❷
토의 주제
학급의 날을 어떻게 보내면 좋을까요?

3 ❷의 토의 주제가 ❶의 고민을 해결하는 데 알맞은지 생각할 때 살펴볼 점을 모두 고르시오. (   )

① 토의 주제에 맞는 내용인가?
② 알맞은 주장과 근거를 들었는가?
③ 우리 모두와 관련이 있는 문제인가?
④ 해결 방법을 찾을 수 있는 문제인가?
⑤ 우리가 변화를 이끌어 낼 수 있는 문제인가?

3-1
서술형
쌍둥이
문제

❷가 ❶의 고민을 해결하기 위한 토의 주제로 알맞은지 생각하여 쓰시오. [6점]

_____

4 ~ 4-1

㉠어린이 보호 구역에서 유치원생이 목숨을 잃은 사고가 있은 뒤, 초등학생들이 직접 교통사고 대책 마련에 나서 화제가 됐다. 과거에도 같은 곳에서 비슷한 사고가 있었기에 학생들은 학교 앞 어린이 보호 구역이 자신들의 안전을 지켜 주지 못한다는 것을 알았다.

이에 따라 전교 학생회에서 '안전한 학교 만들기' 안건을 마련했다. 이날 회의에서는 '구청장님께 편지 쓰기'라는 실천 방안까지 나왔다.

학생회는 학교 친구들이 직접 학교 앞 어린이 보호 구역 환경 개선을 요구하고 뚜렷한 개선 방안을 낼 것을 계획했다. 학생회는 학교 곳곳에 알림 글을 붙여 전교생이 편지를 쓰자고 했다. 그 결과, 편지가 2주 만에 200여 통이나 쌓였다.

학교 앞 어린이 보호 구역에 폐회로 텔레비전[CCTV]과 신호등을 설치하고, 불법 주정차 단속을 제대로 해야 한다는 내용이 대부분이었다.

4 학생들이 ㉠의 문제를 해결한 방법으로 알맞은 것을 두 가지 고르시오. (   )

① 전교생 투표를 통해 문제를 해결했다.
② 토의를 하여 여러 가지 해결 방법을 제안했다.
③ 교장 선생님께 문제를 해결해 달라고 요청했다.
④ 학교 앞에서 팻말을 들고 교통안전을 요구했다.
⑤ 전교 학생회에서 '안전한 학교 만들기' 안건을 마련했다.

4-1
서술형
쌍둥이
문제

학생들은 ㉠의 문제를 어떻게 해결했는지 쓰시오.
[6점]

_____

_____

_____

국어 실전! 서술형 평가

1~2

1 그림 **가**와 **나**는 어떤 문제로 의견을 나누고 있는지 쓰시오. [5점]

_____

_____

2 그림 **가**와 **나**는 문제를 해결하는 과정이 어떻게 다른지 쓰시오. [7점]

_____

_____

3~4

가 토의 주제   개교기념일을 뜻깊게 보내는 방법

나 우리 학교 도서관에는 책이 많습니다. 제가 지금까지 대출한 책도 200권이 넘습니다.

3 **가**의 토의 주제에 대해 **나**의 친구가 낸 의견을 살펴보고 어떤 점에 문제가 있는지 쓰시오. [5점]

_____

_____

_____

4 **가**의 토의 주제에 맞게 자신의 의견을 쓰고, 그 의견이 좋은 까닭을 쓰시오. [7점]

내 의견	(1)
그 의견이 좋은 까닭	(2)

5 다음 그림에서 마루가 잘못한 점은 무엇인지 한 가지만 쓰시오. [5점]

잘못한 점	

6 다음은 '학급의 날을 어떻게 보내면 좋을까요?'라는 토의 주제에 대한 의견을 적은 것입니다. 이 의견이 알맞은지 판단하는 기준을 두 가지 더 쓰시오. [5점]

의견	'찾아가는 선배들' 활동을 했으면 좋겠습니다.
장점	우리의 장기를 활용해 후배들과 즐겁고 뜻깊은 시간을 보낼 수 있습니다.
단점	1~2학년 가운데 신청하는 학급을 조사해야 하고, 모둠을 나누어 연습하는 등 준비할 점이 많습니다.

• 토의 주제에 맞는 내용인가요?

• _____

_____

• _____

_____

7 겪은 일을 떠올리며 다음 글을 읽고 물음에 답하시오. [10점]

가 어린이 보호 구역에서 유치원생이 목숨을 잃은 사고가 있은 뒤, 초등학생들이 직접 교통사고 대책 마련에 나서서 화제가 됐다. 과거에도 같은 곳에서 비슷한 사고가 있었기에 학생들은 학교 앞 어린이 보호 구역이 자신들의 안전을 지켜 주지 못한다는 것을 알았다.

이에 따라 전교 학생회에서 '안전한 학교 만들기' 안건을 마련했다. 이날 회의에서는 '구청장님께 편지 쓰기'라는 실천 방안까지 나왔다.

나 학생회는 아이들이 직접 쓴 편지를 전달하며 불법 주정차 단속을 강화하고 어린이 보호 구역 표지판을 개선해 달라고 구청장에게 부탁했다. 이에 구청장은 신속하게 시설을 개선하고 문제를 해결하기로 약속했다.

단계 1 전교 학생회에서 문제 상황을 해결하기 위해 마련한 안건은 무엇인지 쓰시오.

(   )

단계 2 학생회가 구청장에게 부탁한 내용은 무엇인지 쓰시오.

_____

_____

단계 3 이 글과 같이 우리 학교의 안전과 관련이 있는 토의 주제를 정하여 쓰시오.

연습! 서술형 평가

1 ~ 1-1

1 현석이가 멋쩍어한 까닭은 무엇입니까? (   )

① 제주도 여행이 재미없었기 때문에

② 서윤이가 현석이를 많이 부러워했기 때문에

③ 제주도가 아닌 다른 곳에 여행을 다녀왔기 때문에

④ 서윤이가 현석이보다 더 좋은 곳에 다녀왔기 때문에

⑤ 글로 남긴 것이 없어서 여행 경험을 정확하게 전하지 못했기 때문에

1-1 서술형 쌍둥이 문제

멋쩍어하는 현석이를 보고 떠오른 생각이나 느낌은 어떠한지 쓰시오. [4점]

_____

_____

2 ~ 2-1

　　제주의 동북쪽 구좌읍 세화리 송당리 일대는 크고 작은 무수한 오름이 저마다의 맵시를 자랑하며 드넓은 들판과 황무지에 오뚝하여 오름의 섬 제주에서도 오름이 가장 많고 아름다운 '오름의 왕국'이라고 했다. 그중에서도 다랑쉬 오름은 '오름의 여왕'이라고 불린다.

　　다랑쉬라는 이름의 유래에는 여러 설이 있으나 다랑쉬 오름 남쪽에 있던 마을에서 보면 북사면을 차지하고 앉아 된바람을 막아 주는 오름의 분화구가 마치 달처럼 둥글어 보인다 하여 붙여졌다는 설이 가장 정겹다.

2 세화읍 송당리 일대를 '오름의 왕국'이라고 하는 까닭은 무엇입니까? (   )

① 오름의 분화구가 커서

② 크기가 큰 오름만 모여 있어서

③ 제주에서 유일하게 오름이 있는 곳이어서

④ 제주에서도 오름이 가장 많고 아름다워서

⑤ '오름의 여왕'이라고 불리는 다랑쉬 오름이 있어서

2-1 서술형 쌍둥이 문제

'다랑쉬 오름' 이름의 유래는 무엇인지 쓰시오. [4점]

_____

_____

_____

3~3-1

그곳을 여행한 목적은?

내가 갔던 곳은?

그곳에서 생각하거나 느낀 점은?

그곳에서 보고 들은 것 가운데에서 기억에 남는 것은?

그곳에 다녀온 뒤의 생각이나 느낌은?

미나

3 미나처럼 가 본 곳 가운데에서 기억에 남는 곳을 떠올린 것으로 알맞지 <u>않은</u> 것은 어느 것입니까? ( )

① 나는 아름다운 통영에 간 경험을 쓰고 싶어.

② 나는 즐거웠던 4학년 때의 기억을 쓰고 싶어.

③ 나는 아버지의 고향인 부산에 간 경험을 쓰고 싶어.

④ 나는 팔만대장경을 보관하는 해인사에 간 경험을 쓰고 싶어.

⑤ 나는 신라 문화를 엿볼 수 있었던 경주에 간 경험을 쓰고 싶어.

3-1
서술형
쌍둥이
문제

미나와 같이 경험 한 가지를 떠올려 다음 표의 빈칸에 알맞은 내용을 쓰시오. [4점]

기행문을 쓰는 목적	(1)
그 장소를 고른 까닭	(2)
글을 읽을 사람	우리 반 친구들
필요한 자료	사진, 입장권 따위

4~4-1

▲ 낱장 형태

▲ 접은 종이 형태

▲ 책 형태

4 이와 같은 여행지 안내장에 들어갈 내용으로 알맞지 <u>않은</u> 것은 어느 것입니까? ( )

① 먹을거리

② 문화유산

③ 즐길 거리

④ 갈 만한 곳

⑤ 여행을 간 까닭

4-1
서술형
쌍둥이
문제

자신이 가 본 여행지 중에 한 곳을 골라 여행지 안내장에 들어갈 내용을 정리하여 쓰시오. [6점]

안내장 제목	(1)
소개할 곳	(2)
알릴 내용	(3)
자신이 고른 안내장 형태	(4)

국어 실전! 서술형 평가

1~2

① 서윤아, 너도 지난해 방학 때 제주도 여행 다녀오지 않았어?

현석

응, 여행하면서 세계 자연 유산을 많이 알 수 있었어.

서윤

② 한라산, 거문오름, 만장굴, 성산 일출봉을 다녀왔어.

어디어디 다녀왔는데?

③ 서윤아, 너는 지난해에 갔다 왔는데 그게 다 기억나?

그럼, 그때 찍은 사진과 함께 글로 남겨 놓으니 여행을 기억하기 좋더라.

1 여행 이야기를 전하며 서윤이가 뿌듯해한 까닭은 무엇인지 쓰시오. [5점]

_____

_____

_____

2 이 그림으로 보아 여행하며 보고 느낀 점을 글로 쓰면 어떤 점이 좋은지 한 가지만 더 쓰시오. [7점]

• 여행했을 때의 기분을 잘 간직할 수 있습니다.

• _____

_____

단계별 유형

3 기행문의 특성을 생각하며 다음 글을 읽고 물음에 답하시오. [10점]

> **가** 우리는 어리목에서 출발하여 만세 동산을 지나 1700 고지인 윗세오름까지 올라 그곳 산장 휴게소에서 준비해 간 도시락을 먹고 영실로 하산하면서 한라산의 아름다움을 만끽했다. 영실에 들어서면 이내 솔밭 사이로 시원한 계곡물이 흐른다. 본래 실이라는 이름이 붙은 곳은 계곡을 말하는 것으로 옛 기록에는 영곡으로 나오기도 한다.
>
> **나** 숲길을 빠져나와 머리핀처럼 돌아가는 가파른 능선 허리춤에 올라서면 홀연히 눈앞에 수백 개의 뾰족한 기암괴석이 호를 그리며 병풍처럼 펼쳐진다. ㉠오르면 오를수록 이 수직의 기암들이 점점 더 하늘로 치솟아 올라 신비스럽고도 웅장한 모습에 절로 감탄이 나온다.

1단계 글쓴이는 어디에서 출발해서 어디로 하산하였는지 차례대로 쓰시오.

(   ), (   )

2단계 글쓴이의 견문이 나타난 부분을 글 **가**에서 찾아 쓰시오.

_____

_____

3단계 ㉠은 기행문에 들어갈 내용 중 무엇을 나타내는지 쓰시오.

_____

_____

4~5

가
- 이른 아침에 현대 문화와 옛 문화가 어우러진 인사동에 도착했다.
- 우리는 버스를 타고 담양으로 갔다.
- 다음 날 저녁에 들른 곳은 고창 고인돌박물관이다.

나
- 유리 벽 사이로라도 석굴암을 볼 수 있어 천만다행이라고 생각했다.
- 무령왕릉 내부를 보는 동안 머리카락이 쭈뼛 서는 듯한 감동이 밀려왔다.
- 현대 기술 수준을 앞선 우리 선조의 지혜가 자랑스럽게 느껴졌다.

4 **가** 를 보고, 여정이 잘 드러나게 나타내려면 어떤 표현을 써야 할지 쓰시오. [7점]

_____

_____

_____

5 **나** 를 보고, 감상을 생생하게 나타내려면 어떤 표현을 써야 할지 쓰시오. [7점]

_____

_____

_____

6~7

처음	
여행의 목적	수업 시간에 배웠던 신라 문화에 대해 좀 더 자세히 알고 싶었기 때문임.

가운데	
여정	동궁과 월지
견문	신라의 태자가 머물렀던 곳이라고 함.
감상	연못에 비치는 건물들의 모습이 정말 아름다웠음.

끝	
전체 감상과 더 알고 싶은 점	마치 신라가 살아 숨 쉬는 듯한 느낌이 들었고, 수업 시간에 배운 내용을 더욱 쉽게 이해할 수 있었음.

6 이 표를 보고 기행문의 처음, 가운데, 끝에는 어떤 내용이 들어가야 할지 정리하여 쓰시오. [7점]

처음	(1)
가운데	(2)
끝	여행의 전체 감상을 적습니다.

7 이 표를 바탕으로 기행문을 쓸 때 여행하면서 찍은 사진이나 입장권 따위의 자료가 있으면 어떤 점이 좋을지 쓰시오. [5점]

_____

_____

_____

연습! 서술형 평가

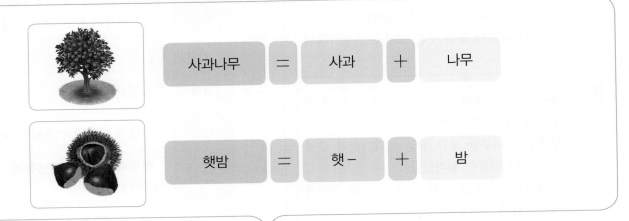

| 사과나무 | = | 사과 | + | 나무 |

| 햇밤 | = | 햇- | + | 밤 |

1 이 낱말들과 같은 짜임의 낱말이 <u>아닌</u> 것은 어느 것입니까? (　　　　)

① 바늘
② 덧신
③ 손수건
④ 검붉다
⑤ 방울토마토

1-1
서술형
쌍둥이
문제

단일어와 복합어는 어떻게 다른지 쓰시오. [6점]

단일어	(1)
복합어	(2)

구름다리

'구름'은 공중에 높이 떠 있는 것이고, '다리'는 한편에서 다른 편으로 건너다닐 수 있도록 만든 것이야.

'구름'과 '다리'를 합해서 만들었네.

아, 그럼 구름다리는 ⓐ (이)라는 뜻이구나.

2 ⓐ 안에 들어갈 알맞은 말은 무엇입니까? (　　　　)

① 흰색 바지
② 가벼운 물건
③ 구름 속에 있는 다리
④ 공중에 걸쳐 놓은 다리
⑤ 하늘 높이 떠 있는 풍선

2-1
서술형
쌍둥이
문제

어떤 낱말을 합해 '김밥'을 만들었는지 쓰고, 그 뜻을 쓰시오. [4점]

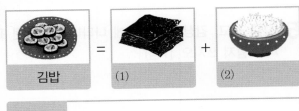

| 김밥 | = | (1) | + | (2) |

| 뜻 | (3) |

3~3-1

쇠는 아무나 함부로 다룰 수 없는 귀한 재료였어요. 쇠를 다루는 사람들이 불로 쇠를 녹여 여러 가지 도구를 만들어 쓰기도 하고, 무기를 만들기도 하였지요. 그 때문에 쇠로 만든 악기에도 특별한 힘이 있을 거라고 여겼어요. 사람들은 쇠를 녹여 사방을 깨우는 듯한 소리가 나는 악기를 만들어 특별한 신호를 보내거나, 놀이판의 흥을 높였어요. 쇠를 녹여 만든 우리 악기에는 징, 꽹과리, 편종, 특종, 나발 등이 있어요.

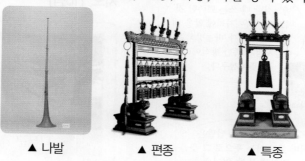

▲ 나발　　　　▲ 편종　　　　▲ 특종

3 쇠를 녹여 만든 악기로 알맞지 <u>않은</u> 것은 무엇입니까?
(　　　)

① 징
② 훈
③ 나발
④ 편종
⑤ 꽹과리

3-1
서술형
쌍둥이
문제

이 글을 읽으면서 떠오른 자신이 겪은 일을 쓰시오.
[6점]

_____

_____

4~4-1

반달가슴곰: 대한민국 사람들은 우리를 참 많이 사랑해요. 그만큼 우리에게 관심도 많고요. 우리 친구들을 지리산으로 돌려보낼 때마다 잘 살기를 무척 바라지요. 듣자 하니 50마리까지 늘리는 게 목표라고 해요. 하기는 우리를 귀하게 여길 만해요. 우리는 산에서 도토리, 가래, 산뽕나무의 열매 등을 먹고 여기저기에 똥을 누어요. 바로 그 똥이 흙을 좋게 만들어서 씨앗이 돋아나게 하고 산을 푸르게 만드는 데 도움을 주거든요. 우리가 있어야 지리산의 생태계가 잘 돌아가는 거죠. 하지만 문제는 바로 사람들! 아무리 깊은 산속이라도 사람들이 보여요. 그 험한 데까지 대체 어떻게 오는 거죠?

4 대한민국 사람들이 반달가슴곰을 귀하게 여기는 까닭은 무엇입니까? (　　　)

① 반달가슴곰이 대한민국의 상징이기 때문에
② 반달가슴곰이 위험한 동물을 잡아먹기 때문에
③ 반달가슴곰이 지리산의 길을 만들어 주기 때문에
④ 반달가슴곰이 깊은 산속의 사람들을 지켜 주기 때문에
⑤ 반달가슴곰이 지리산의 생태계가 잘 돌아가게 하기 때문에

4-1
서술형
쌍둥이
문제

이 글을 읽고 새롭게 알거나 자세히 안 점을 쓰시오.
[6점]

_____

_____

국어 실전! 서술형 평가

1~2

1 '바늘방석'과 '맨주먹'의 뜻은 무엇인지 쓰시오. [5점]

바늘 방석	(1)
맨주먹	(2)

2 이 그림으로 보아 뜻을 잘 모르는 낱말이 나왔을 때 뜻을 어떻게 짐작할 수 있는지 두 가지를 쓰시오. [7점]

- _____
  _____
- _____
  _____

단계별 유형

3 낱말의 짜임을 생각하며 다음 그림을 보고 물음에 답하시오. [10점]

나무꾼 소리꾼 낚시꾼

1단계 낱말들에 공통으로 쓰인 말은 무엇인지 쓰시오.

(   )

2단계 이 그림으로 보아 낱말들에 공통으로 쓰인 말의 뜻은 무엇일지 짐작하여 쓰시오.

_____

_____

3단계 낱말들에 공통으로 쓰인 말과 다른 낱말을 합해 새로운 낱말을 만들어 쓰고, 그 뜻도 쓰시오.

낱말	(1)
뜻	(2)

4~5

명주실은 우리 악기를 만드는 데 가장 많이 쓰이는 재료 가운데 하나입니다. 명주실은 누에고치에서 뽑아낸 비단실이에요. 이 비단실로 천도 짜고, 소리 고운 악기도 만들지요. 명주실은 잘 끊어지지 않고 탄력이 있어서 가야금, 거문고, 아쟁, 해금 같은 악기의 줄로 쓰입니다. 가야금은 오동나무로 만든 울림통에 명주실을 열두 줄로 꼬아 얹어 만들어요. 웅장하고 깊은 소리를 내는 거문고의 줄도 명주실로 만들지요. 해금은 낮은음에서 높은음까지 다양한 소리를 내고, 아쟁은 가야금과 비슷하지만 가야금보다 몸통이 크고 줄이 굵습니다.

4 다음 친구와 같이 겪은 일을 떠올리며 이 글을 읽으면 좋은 점은 무엇인지 한 가지만 쓰시오. [5점]

예술제에서 가야금 공연을 보았어. 아름다운 가야금 선율을 들으며 가야금이 어떤 악기인지 궁금했어.

_____

_____

5 다음과 같이 이 글을 읽고 서로 안 내용이나 관심을 두는 내용이 다른 까닭은 무엇인지 쓰시오. [7점]

지유: 저는 박물관에서 전통 악기를 본 경험을 떠올렸는데 친구는 텔레비전에서 본 전통 음악 연주 장면이 떠올랐다고 했습니다.

_____

_____

6~7

바로 떠서 먹을 수 있을 정도로 깨끗한 1급수에는 어름치, 열목어 등이 살고, 약간의 처리 과정을 거치면 마실 수 있는 2급수에는 은어, 피라미가 삽니다. 물이 흐리고 마실 수 없어 공업용수로 주로 사용하는 3급수에는 물벼룩, ㉠짚신벌레 등이 살며, 4급수에는 물곰팡이, 실지렁이 등이 살 수 있습니다. 이렇게 지표종으로 물의 등급을 알 수 있답니다.

오늘날에는 동물이 멸종하는 것을 막고자 세계 여러 나라에서 많은 노력을 하고 있습니다. 각 나라는 점점 줄어드는 동물을 '멸종 위기종'으로 지정해 보호하기도 합니다. 그렇다면 멸종 위기의 동물을 보호하는 가장 좋은 방법은 무엇일까요? 그것은 바로 우리가 동물에게 관심을 기울이고 동물을 보살피며, 환경을 함부로 파괴하지 않고 깨끗하게 유지하는 것입니다.

6 ㉠'짚신벌레'의 낱말의 짜임을 쓰고, 어떤 벌레일지 생각하여 뜻을 쓰시오. [5점]

(1)

짚신벌레	=		+		+	

(2)

뜻	

7 다음 친구와 같이 아는 지식을 떠올리며 글을 읽으면 어떤 점이 좋은지 한 가지만 쓰시오. [7점]

케이블카 때문에 사는 곳이 위협을 받게 된 산양에 대한 신문 기사를 본 적이 있어.

1 ~ 1-1

최근 출판하는 책이나 광고, 알림판 따위에서 네모 모양의 표식을 자주 볼 수 있다. 네모 모양 안에 검은 선과 점을 배열했는데, 이것을 정보 무늬[QR 코드]라고 한다. 큐아르(QR)는 '빠른 응답'이라는 영어의 줄임 말이다.

정보 무늬는 여러 가지 정보를 확인할 수 있는 표식이다. 정보 무늬를 쓰기 전에는 막대 표시를 주로 썼다. 막대 표시는 숫자 20개를 저장할 수 있는 무늬로서 물건을 살 때 쉽게 계산할 수 있다. 그러나 정보 무늬는 숫자 7089개, 한글 1700자 정도를 저장할 수 있다. 또 정보 무늬는 일부를 지워도 사용할 수 있다. 정보 무늬의 세 귀퉁이에 위치를 지정하는 문양이 있기 때문이다. 이 문양이 있어 정보 무늬를 어느 각도에서 찍어도 내용을 확인할 수 있다. / 정보 무늬는 스마트폰으로 사용할 수 있다. 스마트폰 응용 프로그램으로 정보 무늬를 찍으면 관련 내용이 있는 누리집으로 이동하거나, 관련 사진이나 동영상을 볼 수 있다. 또 정보 무늬에 색깔이나 신기한 그림을 넣어 만들기도 한다.

1 이 글은 어떤 글입니까? (   )

① 정보 무늬를 설명하는 글이다.
② 정보 무늬를 비판하는 글이다.
③ 막대 표시를 비판하는 글이다.
④ 막대 표시를 사용하자고 주장하는 글이다.
⑤ 물건을 살 때 계산하는 방법을 설명하는 글이다.

1-1
서술형
쌍둥이
문제

설명하는 내용을 다음 항목별로 나누어 쓰시오. [6점]

대상	(1)
뜻	(2)
사용 방법	(3)
모양	네모 모양 안에 검은 선과 점이 있음.

2 ~ 2-1

미래 사회에 필요한 사람은 어떤 사람일까요?

첫째, 정해진 답을 찾기보다 새로운 방식으로 문제를 해결하는 사람입니다. 정해진 문제는 사람보다 인공 지능이 더 잘 해결할 수도 있습니다. 그러나 새로운 방식을 생각하는 것은 인공 지능보다 사람이 더 잘할 수 있습니다.

둘째, 새로운 변화에 대응하는 사람입니다. 미래 연구자들은 다가올 미래에는 여러 가지 사회·환경 문제처럼 예전에 없던 새로운 변화를 맞을 것이라고 합니다. 그러므로 미래 사회에서는 막힌 생각보다 변화에 부드럽게 대처하려는 생각을 해야 합니다.

2 이 글의 종류는 무엇입니까? (   )

① 일기
② 이야기
③ 설명하는 글
④ 주장하는 글
⑤ 독서 감상문

2-1
서술형
쌍둥이
문제

주장과 근거를 생각하며 글의 내용을 정리하여 쓰시오. [6점]

• 처음: 미래 사회에 필요한 사람은 어떤 사람일까요?

• 가운데: (1) 첫째: _____

_____

(2) 둘째: _____

_____

3~3-1

발표할 만한 내용이 있을지 낱말들을 중심으로 찾아봐야지.

규빈

가 고려청자는 청자의 빛깔, 독특한 장식 기법과 아름다운 형태로 유명하다. 고려청자를 만든 시기에는 중국과 우리나라에서만 질 높은 청자를 만들 수 있었다.

나 청자의 빛깔은 맑고 은은한 푸른 녹색이다. 이는 유약 안에 아주 작은 기포가 많아 빛이 반사되면서 은은하고 투명하게 비쳐 보이기 때문이다. 청자의 색이 짙고 푸른색 윤이 나는 구슬인 비취옥과 색깔이 닮았기 때문에 '비색'이라 불렀는데, 중국 송나라의 태평 노인이 『수중금』이라는 책에서 고려청자의 빛깔을 비색이라 부르며 천하제일이라고 칭찬했다.

3 규빈이는 이 글에서 밑줄 그은 부분만 읽었습니다. 규빈이가 글을 읽은 방법은 무엇입니까? (　　　)

① 글 전체의 내용을 자세히 읽었다.

② 필요한 내용을 찾으며 자세히 읽었다.

③ 의심스러운 부분을 꼼꼼히 따지며 읽었다.

④ 자신이 아는 내용과 새롭게 안 내용을 비교하며 자세히 읽었다.

⑤ 글 전체를 다 읽지 않고 중요한 낱말을 읽으면서 필요한 내용이 있는지 찾아보았다.

3-1 서술형 쌍둥이 문제

규빈이처럼 글을 읽은 자신의 경험을 쓰시오. [4점]

_____

_____

4~4-1

세종 대왕은 같은 책을 백 번 읽고 백 번 쓰면 책의 내용을 잊지 않는다고 했다.

헬렌 켈러는 듣지도, 보지도, 말하지도 못해 책을 읽는 데 어려움이 있었다. 하지만 헬렌 켈러는 손끝으로 책을 읽을 수 있게 되었다. 헬렌 켈러는 평소 느끼지 못했던 대상과 감정을 상상하며 책을 읽었다.

어린이날을 만든 아동 문학가 방정환은 어린이가 글을 읽은 다음에는 반드시 관련한 곳에 직접 가 봐야 한다고 했다. 글 내용을 오랫동안 기억하려면 직접 겪어 보라고 했다.

4 독서가들의 읽기 방법을 살펴보고 자신만의 읽기 방법을 알맞게 말하지 못한 친구는 누구입니까? (　　　)

① 병현: 나는 메모를 하면서 신문을 읽어.

② 지나: 나는 그림책을 보는 것을 좋아해.

③ 유진: 나는 한 문장을 두 번씩 꼼꼼히 읽어.

④ 수련: 나는 비슷한 내용의 책을 여러 권 같이 보기도 해.

⑤ 수호: 나는 언제나 읽을 책을 가지고 다니면서 시간이 날 때마다 읽어.

4-1 서술형 쌍둥이 문제

자신만의 특별한 읽기 방법이 있다면 어떤 것인지 쓰시오. [4점]

_____

_____

실전! 서술형 평가

1 다음 그림과 같이 친구들이 글을 읽는 경우를 살펴보고 자신이 글을 읽는 경우를 떠올려 쓰시오. [5점]

환경 오염을 막는 방법을 알고 싶어서 읽었어.

사회 숙제로 도시와 농촌이 어떻게 다른지 알아보려고 읽었어.

친구가 좋은 책이라고 알려 줘서 읽었어.

동물들이 나오는 이야기가 재미있어 보여서 읽었어.

2 다음 친구가 어떻게 자료를 찾으면 좋을지 한 가지 더 쓰시오. [7점]

과학 숙제로 돌의 종류를 조사해야 해.

• 도서관에서 돌을 설명한 책을 찾아보면 좋겠습니다.

• _____

단계별 유형

3 글의 종류에 따른 읽기 방법을 생각하며 다음 글을 읽고 물음에 답하시오. [10점]

> 정보 무늬는 숫자 7089개, 한글 1700자 정도를 저장할 수 있다. 또 정보 무늬는 일부를 지워도 사용할 수 있다. 정보 무늬의 세 귀퉁이에 위치를 지정하는 문양이 있기 때문이다. 이 문양이 있어 정보 무늬를 어느 각도에서 찍어도 내용을 확인할 수 있다.
>
> 정보 무늬는 스마트폰으로 사용할 수 있다. 스마트폰 응용 프로그램으로 정보 무늬를 찍으면 관련 내용이 있는 누리집으로 이동하거나, 관련 사진이나 동영상을 볼 수 있다. 또 정보 무늬에 색깔이나 신기한 그림을 넣어 만들기도 한다.
>
> 정보 무늬는 여러 분야에서 활용한다. 백화점이나 할인점에서는 정보 무늬로 할인 정보를 제공한다. 신문 광고에 있는 정보 무늬를 찍으면 3차원으로 움직이는 광고가 나오기도 하고, 책에 있는 정보 무늬를 찍으면 등장인물이 튀어나와 책의 정보와 줄거리를 알려 주기도 한다. 박물관이나 미술관에서는 자료나 작품을 더 알아볼 수 있도록 정보 무늬에 설명을 담아 제공하기도 한다.

단계 1 이 글의 종류는 무엇인지 쓰시오.

( )

단계 2 글쓴이의 설명 가운데에서 내용이 정확한지 알아보고 싶은 곳은 어디인지 쓰시오.

_____

_____

단계 3 이 글과 같은 종류의 글을 읽는 방법을 한 가지만 쓰시오.

_____

4~5

가까운 미래에는 제4차 산업 혁명이 일어나 많은 것이 달라진다고 합니다. 인공 지능이 발달하고 새로운 기술을 개발해서 지금까지 살던 모습과는 다를 것입니다.

그렇다면 미래 사회에 필요한 사람은 어떤 사람일까요?

첫째, 정해진 답을 찾기보다 새로운 방식으로 문제를 해결하는 사람입니다. 정해진 문제는 사람보다 인공 지능이 더 잘 해결할 수도 있습니다. 그러나 새로운 방식을 생각하는 것은 인공 지능보다 사람이 더 잘할 수 있습니다.

둘째, 새로운 변화에 대응하는 사람입니다. 미래 연구자들은 다가올 미래에는 여러 가지 사회·환경 문제처럼 예전에 없던 새로운 변화를 맞을 것이라고 합니다. 그러므로 미래 사회에서는 막힌 생각보다 변화에 부드럽게 대처하려는 생각을 해야 합니다.

셋째, 서로 돕고 존중하는 사람입니다. 인공 지능과 새로운 기술이 삶을 빠르게 바꿀 수 있습니다. 이럴 때 함께 마음을 모아 서로 돕고 존중해야 사회를 따뜻하게 만들 수 있습니다.

앞으로 우리는 거대한 미래의 충격과 변화 앞에서도 흔들리지 않는 열정과 패기로 서로를 존중해야 합니다.

4 글쓴이의 주장은 무엇인지 쓰시오. [5점]

_____

_____

5 이와 같은 글을 읽는 방법은 무엇인지 쓰시오. [7점]

_____

_____

_____

6~7

고려청자는 청자의 빛깔, 독특한 장식 기법과 아름다운 형태로 유명하다. 고려청자를 만든 시기에는 중국과 우리나라에서만 질 높은 청자를 만들 수 있었다. 우리나라보다 중국이 먼저 청자를 만들고 세상에 알렸지만, 고려는 청자를 만드는 우수한 기술력과 아름다움을 인정받아 다른 나라 사람들에게 사랑을 받았다.

고려청자는 무엇보다 아름다운 빛깔로 더욱 주목받았다. 청자의 빛깔은 맑고 은은한 푸른 녹색이다. 이는 유약 안에 아주 작은 기포가 많아 빛이 반사되면서 은은하고 투명하게 비쳐 보이기 때문이다. 청자의 색이 짙고 푸른색 윤이 나는 구슬인 비취옥과 색깔이 닮았기 때문에 '비색'이라 불렀는데, 중국 송나라의 태평 노인이 『수중금』이라는 책에서 고려청자의 빛깔을 비색이라 부르며 천하제일이라고 칭찬했다.

6 고려청자의 빛깔에 대한 내용을 요약해 쓰시오. [5점]

_____

_____

_____

7 다음 친구는 어떤 방법으로 이 글을 읽어야 할지 쓰시오. [7점]

> 외국에서 온 친구는 고려청자를 잘 모를 거야. 고려청자를 자세히 알려 주고 싶어. 고려청자의 뛰어난 점이 무엇인지 자세히 살펴보고 내가 아는 내용과 비교해 읽어 봐야지.

_____

_____

1 ~ 1-1

세 살 때
밀가루로 장난을 한 일

일곱 살 때
부모님께 꾸중을 들은 일

여덟 살 때
처음으로 한 운동회

5학년 때 친구들과 함께한
학교 발야구 대회

1 이 그림을 보고 떠올린 기억에 남는 일로 알맞지 <u>않은</u> 것은 어느 것입니까? (   )

① 아홉 살 때 동생과 다퉜던 일
② 여덟 살 때 학교에 입학하던 날
③ 일곱 살 때 자전거를 타다가 넘어진 일
④ 열 살 때 부모님과 놀이공원에 갔던 일
⑤ 6학년이 되어 겨울에 스키를 배우러 갈 일

1-1
서술형
쌍둥이
문제

이 그림을 보고 떠올린 자신의 기억에 남는 일은 무엇인지 쓰시오. [4점]

_____

_____

_____

2 ~ 2-1

제하가 나지막이 웃었다.
"그래도 넌 나처럼 잘 못하는 걸 잘하는 척하지는 않잖아. 난 항상 내 생각만 했어. 그런데 네가 그게 부끄러운 일이라는 걸 알려 줬어. 이제 나도 너처럼 못하는 건 못한다고 솔직하게 말할 거야. 그게 진짜 당당해지는 방법이라는 걸 알았어."
"난 진짜 잘하는 게 하나도 없고, 못하니까 못한다고 한 건데……."
나는 또다시 뒷머리를 긁적였다.
"우리 이제부터 한번 잘 지내보자."
제하가 내 어깨를 툭 치더니 한쪽 손을 쑥 내밀었다. 제하의 말투가 너무 다정해서 귀가 간질거렸다. 나는 망설이지 않고 녀석의 손을 덥석 잡았다. 제하의 손은 따뜻하고 보드라웠다.

2 '나'에게 일어난 일은 무엇입니까? (   )

① 제하와 화해를 했다.
② 제하가 전학을 갔다.
③ 제하와 함께 등교했다.
④ 제하네 집에 놀러갔다.
⑤ 제하에게 편지를 받았다.

2-1
서술형
쌍둥이
문제

이 글에서 일어난 가장 중요한 사건은 무엇인지 쓰시오. [4점]

_____

_____

_____

3 ~ 3-1

"상은아, 오늘도 비 온다. 체육은 할 수 있을까?"

인국이가 교실에 들어서며 나를 보고 말을 걸었다.

"그러게, 지긋지긋한 여름 장마다. 그렇지?"

"응, 그래도 난 이 비 덕분에 너랑 친해져서 좋기도 해."

"자식, 또 그때 얘기야?"

인국이는 4학년이 끝나 갈 즈음 우리 반에 전학 온 친구다. 전학 온 첫날부터 친구들 주변을 돌아다니며 소란스럽게 말을 걸고, 우리가 대화를 하거나 게임을 할 때 끼어들어서 나는 물론 친구들은 인국이를 그렇게 좋아하지 않았다. 그러던 인국이와 5학년이 되어 이렇게 친해진 건 며칠째 봄비가 내리던 날 체육 시간 때문이었다.

그날 우리 반 친구들은 비 때문에 못 할 줄 알았던 체육을 체육관에서 할 수 있어 기분이 좋았다. 하지만 난 평소에 못마땅하게 여겼던 인국이랑 같은 편을 하고, 체육을 잘하는 민영이와 다른 편을 하여 기분이 별로였다.

3 이 글은 글쓴이의 경험을 이야기로 쓴 것입니다. 이 부분의 특징으로 알맞은 것은 어느 것입니까? (   )

① 하루 동안에 있었던 일만 나타나 있다.

② 일어난 일의 차례가 바뀐 부분이 있다.

③ 사건을 어떻게 해결했는지가 나타나 있다.

④ 우리 주변에서 쉽게 겪기 어려운 일을 썼다.

⑤ 읽는 사람이 이해하기 어려운 표현을 사용했다.

3-1 서술형 쌍둥이 문제

글쓴이는 이야기의 처음 시작을 재미있게 하기 위해 어떻게 했는지 쓰시오. [4점]

_____

_____

4 ~ 4-1

4 재호가 경험을 이야기로 만들 때 생각할 점으로 알맞은 것을 모두 고르시오. (   )

① 주제가 잘 드러나게 써야 한다.

② 자신만 알아볼 수 있게 써야 한다.

③ 읽는 사람을 생각하면서 써야 한다.

④ 자신의 경험을 솔직하게 써야 한다.

⑤ 재밌게 읽었던 책의 등장인물에 대한 내용을 써야 한다.

4-1 서술형 쌍둥이 문제

자신의 경험 중 어떤 경험을 어떤 주제로 이야기를 만들고 싶은지 생각하여 쓰고 알맞은 제목을 쓰시오. [6점]

경험	(1)
주제	(2)
제목	(3)

실전! 서술형 평가

1~2

〈기억 카드 만드는 방법〉

❶ 기억에 남는 일 가운데에서 다섯 가지를 떠올린다.
❷ 앞면에는 카드 번호와 기억에 남는 일, 이름을 쓴다.
❸ 뒷면에는 기억과 관련한 자신의 느낌을 다양하게 나타낸다.

❶ 지난봄 운동회에서 친구들과 재미있게 경기한 일 윤주찬	행복함.
〈앞면〉	〈뒷면〉

1 자신의 어떤 기억을 기억 카드로 만들면 좋을지 생각하여 기억 카드를 만드시오. [7점]

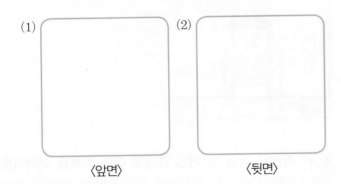

(1) 　　　　　　　　(2)

〈앞면〉　　　　　　　〈뒷면〉

2 기억 카드로 만든 기억 중 이야기로 만들기에 좋은 기억은 어떤 기억일지 한 가지만 쓰시오. [5점]

_____

_____

3~4

　명찬이 반장은 얼굴이 하얗고, 손이 작고 고운 아이였다. 다운 증후군을 앓고 있는 명찬이 반장은 운동장에서 나를 보자마자 생글생글 웃으면서 인사를 건넸다.
　"형아, 안녕!"
　어눌한 말투였지만 밝고 경쾌한 목소리였다. 옆에 선 누나가 수줍게 웃었다. 보기만 해도 좋은 모양이다. 누나가 좋아하는 명찬이 반장이 다운 증후군을 앓고 있다니 좀 의외였다. 하지만 내가 멀뚱멀뚱 쳐다보는데도 한결같이 해맑게 웃고 있는 그 아이의 눈을 한참 보고 있으려니 내 입가에도 어느새 웃음이 번졌다. 누나가 명찬이 반장을 좋아하는 이유를 알 것 같았다.
　"명찬이 반장, 나 형아 아니야. 너랑 똑같은 열한 살이니까 앞으로는 그냥 이름 불러."
　"응, 로운이 반장."
　그렇게 대답하고 나서 명찬이 반장은 뭐가 부끄러운지 얼굴을 가리고 큭큭 웃었다.

3 누나는 명찬이 반장을 어떻게 생각하고 있는지 쓰시오. [5점]

_____

_____

4 이 글에 나타난 '나'의 마음은 어떠한지 쓰시오. [5점]

_____

_____

단계별 유형

5 다음 진주가 비 오는 날에 겪은 일을 보고 물음에 답하시오. [10점]

단계 1 이 그림의 등장인물은 누구누구인지 쓰시오.

(   )

단계 2 어떤 사건이 있었는지 다음 표에 정리하여 쓰시오.

체육관에서 체육 수업을 할 수 있어 좋아했으나 진주는 성훈이와 같은 편을 하고 싶지 않았습니다.
▼
(1)
▼
(2)

단계 3 이 그림을 이야기로 만들려면 어떻게 하는 것이 좋겠는지 생각하여 쓰시오.

_____

_____

6~7

가 "야! 너 뭐 하는 거야! 그것도 하나 못 막냐?"

내가 마음속에 억눌렀던 말을 꺼내며 인국이에게 달려들었다.

"너도 똑바로 못 막았잖아! 왜 자꾸 나한테만 화내는 건데?"

그 순간 '나한테만'이라는 인국이 말에 난 뜨끔했지만 선생님께서 우릴 말리실 때까지 말싸움을 계속 이어 갔다.

나 "오늘 일도 그렇고, 너희가 지내는 모습을 보니 서로 대화를 하는 게 좋을 것 같아서 말이야. 인국이, 상은이, 서로에게 하고 싶은 말 없니?"

나는 눈치를 보며 우물쭈물했다. 인국이가 먼저 말을 꺼냈다.

"저는 상은이랑 친하게 지내고 싶은데 상은이는 자꾸 저한테만 더 화를 내는 느낌이에요."

"그랬구나. 상은이도 알았니?"

"아, 아니요. 전 그냥 인국이가 자꾸 말하는 데 끼어들어서 좋지 않게 생각했어요. 인국아, 그 점 미안하게 생각해."

"그래, 서로 마음을 잘 몰랐던 것 같구나. 시간을 줄 테니 좀 더 이야기하고 교실로 들어오렴."

6 글 **가** 에서는 어떤 일이 있었는지 쓰시오. [5점]

_____

_____

_____

7 글 **나** 의 뒷부분에는 어떤 장면이 이어질지 쓰시오.
[7점]

연습! 서술형 평가

덧셈과 뺄셈이 섞여 있는 식의 계산

1 □ 안에 알맞은 수를 써넣으세요.

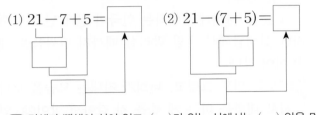

(1) $21-7+5=\boxed{}$ (2) $21-(7+5)=\boxed{}$

tip 덧셈과 뺄셈이 섞여 있고, ( )가 있는 식에서는 ( ) 안을 먼저 계산합니다.

1-1
서술형
쌍둥이
문제

( )가 없어도 계산 결과가 같은 식은 어느 것인지 해결 과정을 쓰고, 답을 구하세요. [4점]

> ㉠ $(21-7)+5$ ㉡ $21-(7+5)$

_____

_____

_____

(   )

곱셈과 나눗셈이 섞여 있는 식의 계산

2 보기 와 같이 계산 순서를 나타내고 계산하세요.

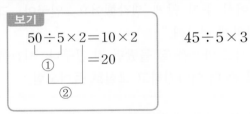

보기

$50\div5\times2=10\times2$
                $=20$

$45\div5\times3$

tip 곱셈과 나눗셈이 섞여 있는 식에서는 앞에서부터 차례대로 계산합니다.

2-1
서술형
쌍둥이
문제

빵 45개를 한 상자에 5개씩 담고 각 상자마다 우유를 3개씩 넣으려고 합니다. 우유는 모두 몇 개 준비해야 하는지 해결 과정을 쓰고, 답을 구하세요. [4점]

_____

_____

_____

(   )

덧셈, 뺄셈, 곱셈이 섞여 있는 식의 계산

3 계산 순서를 바르게 나타낸 사람은 누구인가요?

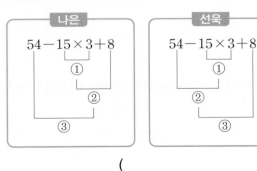

나은 $54-15\times3+8$

선욱 $54-15\times3+8$

(   )

tip 덧셈, 뺄셈, 곱셈이 섞여 있는 식에서는 곱셈을 먼저 계산한 후 덧셈과 뺄셈은 앞에서부터 차례대로 계산합니다.

3-1
서술형
쌍둥이
문제

계산이 잘못된 부분을 찾아 바르게 계산하고, 계산이 잘못된 이유를 쓰세요. [6점]

> $54-15\times3+8=39\times3+8$
> $=117+8=125$

바른 계산

_____

_____

덧셈, 뺄셈, 나눗셈이 섞여 있는 식의 계산

4 계산 결과를 비교하여 ○ 안에 >, =, <를 알맞게 써넣으세요.

$$19+72 \div 8-6 \quad \bigcirc \quad 19+72 \div (8-6)$$

tip 덧셈, 뺄셈, 나눗셈이 섞여 있는 식에서는 나눗셈을 먼저 계산하고, ( )가 있으면 ( ) 안을 가장 먼저 계산합니다.

4-1 서술형 쌍둥이 문제 계산 결과가 더 큰 것은 어느 것인지 해결 과정을 쓰고, 답을 구하세요. [4점]

| ㉠ $19+72 \div 8-6$ | ㉡ $19+72 \div (8-6)$ |

_____

_____

_____

(   )

덧셈, 뺄셈, 곱셈, 나눗셈이 섞여 있는 식의 계산

5 가장 먼저 계산해야 하는 식은 어느 것인가요?

(   )

$$6+3 \times (12-4) \div 2$$

① $6+3$ ② 3×12 ③ 3×8
④ $12-4$ ⑤ $4 \div 2$

tip 덧셈, 뺄셈, 곱셈, 나눗셈이 섞여 있는 식에서는 곱셈과 나눗셈을 먼저 계산하고, ( )가 있으면 ( ) 안을 가장 먼저 계산합니다.

5-1 서술형 쌍둥이 문제 은성이와 수진이의 풀이가 틀렸습니다. 어떤 부분이 잘못되었는지 각각 설명하세요. [6점]

$$6+3 \times (12-4) \div 2$$

$6+3=9$,
$12-4=8$이므로
$9 \times 8 \div 2=36$이야.

$12-4=8$,
$6+3 \times 8=30$이므로
$30 \div 2=15$야.

은성   수진

은성 _____

_____

수진 _____

덧셈, 뺄셈, 곱셈, 나눗셈이 섞여 있는 식의 계산

6 □ 안에 알맞은 수를 구하세요.

$$\square \times 11 + 45 \div 5 = 42$$

(   )

tip 계산 순서를 거꾸로 생각하여 □ 안에 알맞은 수를 구합니다.

6-1 서술형 쌍둥이 문제 어떤 수와 11의 곱에 45를 5로 나눈 몫을 더했더니 42가 되었습니다. 어떤 수는 얼마인지 해결 과정을 쓰고, 답을 구하세요. [6점]

_____

_____

_____

(   )

실전! 서술형 평가

1 두 식을 계산 순서에 맞게 계산하고, 결과를 비교하여 설명하세요. [5점]

$$72 \div 6 \times 4 = \boxed{}$$ $$72 \div (6 \times 4) = \boxed{}$$

2 다음을 계산할 때, 마지막으로 계산해야 하는 곳을 찾아 기호를 쓰려고 합니다. 해결 과정을 쓰고, 답을 구하세요. [5점]

$$8 \times (6-2) + 27 \div 3$$
$$\uparrow \qquad \uparrow \qquad \uparrow \qquad \uparrow$$
$$㉠ \qquad ㉡ \qquad ㉢ \qquad ㉣$$

( )

3 준서 아버지의 나이는 몇 살인지 하나의 식으로 나타낸 해결 과정을 쓰고, 답을 구하세요. [7점]

저는 12살이고, 누나는 13살입니다. 아버지는 저와 누나 나이의 합의 2배보다 3살 적습니다.

준서

( )

4 다음과 같이 약속할 때 $7 ◆ (4 ◆ 20)$의 값은 얼마인지 해결 과정을 쓰고, 답을 구하세요. [7점]

$$㉮ ◆ ㉯ = ㉯ + ㉯ \div ㉮ - ㉮$$

( )

5 규형이와 친구들이 시장에서 채소를 샀습니다. 물음에 답하세요. [10점]

단계 1 규형이는 당근과 감자를 3개씩 사고, 은지는 파 1단을 샀습니다. 규형이는 은지보다 얼마를 더 내야 하나요?

(   )

단계 2 민호는 감자 5개와 고추 2봉지를 사고 5000원을 냈습니다. 거스름돈으로 얼마를 받아야 하나요?

(   )

단계 3 10000원으로 거스름돈 없이 딱 맞게 살 수 있는 채소들을 쓰세요.

(   )

단계 4 $2400 \div 3 + (700 + 500) \times 2$에 알맞은 문제를 만드세요.

6 1부터 9까지의 수 중에서 □ 안에 들어갈 수 있는 수를 모두 구하려고 합니다. 해결 과정을 쓰고, 답을 구하세요. [10점]

$$35 - 4 \times (12 - 6) + 40 \div 5 > 7 + 3 \times \square$$

(   )

7 수 카드를 한 번씩 사용하여 다음과 같은 식을 만들어 계산 결과가 가장 클 때와 가장 작을 때를 각각 구하려고 합니다. 해결 과정을 쓰고, 답을 구하세요. [10점]

2   3   6

$$54 \div (\square \times \square) + \square$$

가장 클 때 (   )
가장 작을 때 (   )

2. 약수와 배수

연습! 서술형 평가

약수

1 21의 약수가 <u>아닌</u> 것은 어느 것인가요? (   )

① 1   ② 3   ③ 5

④ 7   ⑤ 21

tip 21을 1, 3, 5, 7, 21로 나누었을 때 나누어떨어지지 않는 경우를 찾습니다.

1-1 서술형 쌍둥이 문제

21을 어떤 수로 나누면 나누어떨어집니다. 어떤 수가 될 수 있는 자연수를 모두 구하려고 합니다. 해결 과정을 쓰고, 답을 구하세요. [4점]

_____

_____

_____

(   )

배수

2 8의 배수를 작은 것부터 차례로 7개 쓰세요.

(   )

tip 8을 1배, 2배, 3배 …… 7배 한 수를 차례로 씁니다.

2-1 서술형 쌍둥이 문제

8의 배수 중에서 50보다 작은 수를 모두 구하려고 합니다. 해결 과정을 쓰고, 답을 구하세요. [4점]

_____

_____

_____

(   )

약수와 배수의 관계

3 식을 보고 <u>잘못</u> 설명한 것은 어느 것인가요? (   )

$$1 \times 15 = 15 \qquad 3 \times 5 = 15$$

① 1, 3은 5의 약수이다.

② 3, 5는 15의 약수이다.

③ 1, 15는 15의 약수이다.

④ 15는 1, 15의 배수이다.

⑤ 15는 3, 5의 배수이다.

tip 어떤 수를 두 자연수의 곱으로 나타냈을 때 어떤 수는 두 자연수의 배수이고, 두 자연수는 어떤 수의 약수입니다.

3-1 서술형 쌍둥이 문제

15를 두 수의 곱으로 나타내고, 약수와 배수의 관계를 쓰세요. [6점]

$$\boxed{} \times \boxed{} = 15 \qquad \boxed{} \times \boxed{} = 15$$

15는 _____

_____

_____

공약수와 최대공약수

4 16과 24의 공약수와 최대공약수의 관계를 알아보려고 합니다. 빈칸에 알맞은 수를 써넣고, 알맞은 말에 ○표 하세요.

16과 24의 공약수	
16과 24의 최대공약수	
16과 24의 최대공약수의 약수	

16과 24의 공약수는 16과 24의 최대공약수의 약수와 (같습니다 , 다릅니다).

tip 공약수는 두 수의 공통인 약수이고, 최대공약수는 두 수의 공약수 중에서 가장 큰 수입니다.

4-1 서술형 쌍둥이 문제 16과 24의 공약수는 16과 24의 최대공약수의 약수와 같은지 답하고, 그 이유를 쓰세요. [6점]

( )

_____

_____

_____

최대공약수 구하는 방법

5 두 수의 최대공약수를 구하세요.

42　　28

( )

tip 두 수의 곱 또는 여러 수의 곱으로 나타낸 곱셈식을 이용하거나 두 수의 공통된 약수로 나누어 최대공약수를 구합니다.

5-1 서술형 쌍둥이 문제 색연필 42자루와 사인펜 28자루를 최대한 많은 학생에게 남김없이 똑같이 나누어 주려고 합니다. 색연필과 사인펜을 최대 몇 명에게 나누어 줄 수 있는지 해결 과정을 쓰고, 답을 구하세요. [4점]

_____

_____

( )

최소공배수 구하는 방법

6 ㉮와 ㉯의 공배수가 아닌 수를 모두 찾아 기호를 쓰세요.

㉮$=2\times2\times3$　　㉯$=2\times2\times5$

㉠ 60　　㉡ 150　　㉢ 180　　㉣ 200

( )

tip 두 수의 공배수는 두 수의 최소공배수의 배수와 같으므로 먼저 ㉮와 ㉯의 최소공배수를 구한 다음 최소공배수의 배수가 아닌 수를 찾습니다.

6-1 서술형 쌍둥이 문제 ★과 ◆의 공배수를 작은 것부터 차례로 5개 쓰려고 합니다. 해결 과정을 쓰고, 답을 구하세요. [6점]

★$=2\times2\times3$　　◆$=2\times2\times5$

_____

_____

_____

( )

1 7은 616의 약수인지 아닌지 알맞은 말에 ○표 하고, 그 이유를 쓰세요. [5점]

　　7은 616의 (약수입니다 , 약수가 아닙니다).

_____

_____

_____

2 14의 배수 중에서 가장 작은 세 자리 수는 얼마인지 해결 과정을 쓰고, 답을 구하세요. [5점]

_____

_____

_____

　　　　　　(　　　　　　)

3 다음 두 조건을 모두 만족하는 수는 무엇인지 해결 과정을 쓰고, 답을 구하세요. [7점]

> • 5의 배수이다.
> • 이 수의 약수를 모두 더하면 24이다.

_____

_____

_____

_____

　　　　　　(　　　　　　)

4 두 수의 최소공배수가 더 작은 것은 어느 것인지 해결 과정을 쓰고, 답을 구하세요. [7점]

> ㉠ (24, 36)　　㉡ (16, 20)

_____

_____

_____

_____

　　　　　　(　　　　　　)

단계별 유형

5 가로가 45 cm, 세로가 75 cm인 직사각형 모양의 종이를 크기가 같은 정사각형 모양으로 남는 부분 없이 자르려고 합니다. 가장 큰 정사각형 모양으로 자르려면 정사각형의 한 변의 길이는 몇 cm로 해야 하는지 해결 과정을 쓰고, 답을 구하세요. [7점]

( )

6 어떤 수의 배수를 작은 수부터 차례로 썼을 때 5번째 수와 6번째 수의 합은 121이고, 차는 11입니다. 5번째 수와 6번째 수는 각각 얼마인지 해결 과정을 쓰고, 답을 구하세요. [10점]

5번째 수 ( )
6번째 수 ( )

7 밤 64개와 대추 56개를 최대한 많은 봉지에 남김없이 똑같이 나누어 담으려고 합니다. 한 봉지에 밤과 대추를 각각 몇 개씩 담을 수 있는지 알아보려고 합니다. 물음에 답하세요. [10점]

단계1 밤과 대추는 몇 봉지에 나누어 담아야 하나요?

( )

단계2 밤은 한 봉지에 몇 개씩 담을 수 있나요?

( )

단계3 대추는 한 봉지에 몇 개씩 담을 수 있나요?

( )

8 민재는 4일에 한 번씩, 성윤이는 3일에 한 번씩 도서관에 갑니다. 두 사람이 3월 2일에 도서관에서 만났다면 다음번에 도서관에서 만나는 날은 몇 월 며칠인지 해결 과정을 쓰고, 답을 구하세요. [10점]

( )

수학

2단원

두 양 사이의 관계

1 두발자전거의 수와 바퀴의 수 사이에는 어떤 대응 관계가 있는지 알아보려고 합니다. 표를 완성하고, ☐ 안에 알맞은 수를 써넣으세요.

두발자전거의 수(대)	1	2	3	4	5
바퀴의 수(개)	2	4			

바퀴의 수는 두발자전거의 수의 ☐ 배입니다.

tip 자전거의 수가 1씩 늘어날 때마다 바퀴의 수는 몇씩 늘어나는지 알아봅니다.

1-1 세발자전거의 수와 바퀴의 수 사이에는 어떤 대응 관계가 있는지 알아보려고 합니다. 표를 완성하고, 세발자전거의 수와 바퀴의 수 사이의 대응 관계를 쓰세요. [4점]

세발자전거의 수(대)	1	2	3	4	5
바퀴의 수(개)					

_____

_____

대응 관계를 식으로 나타내기

2 한 모둠에 4명씩 앉아 있습니다. 모둠의 수를 ○, 학생의 수를 △라고 할 때, ○와 △ 사이의 대응 관계를 식으로 바르게 나타낸 것을 모두 고르세요. ( )

① ○＋4＝△   ② ○×4＝△
③ ○÷4＝△   ④ △×4＝○
⑤ △÷4＝○

tip 4명이 한 모둠이므로 모둠의 수에 4를 곱하면 학생의 수가 되고, 학생의 수를 4로 나누면 모둠의 수가 됩니다.

2-1 책상 하나에 의자가 4개씩 있습니다. 책상의 수와 의자의 수 사이의 대응 관계를 잘못 이야기한 친구를 찾아 옳게 고치세요. [4점]

> 주영: 의자의 수는 책상 수의 4배로 항상 일정해.
> 태민: 대응 관계를 나타낸 식 ◇÷4＝☆에서 ☆은 의자의 수, ◇는 책상의 수를 나타내.

잘못 이야기한 친구

옳게 고치기

대응 관계를 찾아 식으로 나타내기

3 원희와 윤재가 대응 관계 알아맞히기를 하고 있습니다. 대응 관계를 찾아 식으로 나타내세요.

원희가 말한 수	4	2	9	……
윤재가 답한 수	10	8	15	……

원희가 말한 수를 △, ☐가 답한 수를 ◎라고 하면 대응 관계는 ☐ 입니다.

tip 대응 관계에 있는 두 양을 나타낼 수 있는 기호를 정하고 대응 관계를 찾아 식으로 나타냅니다.

3-1 ☐와 ○ 사이의 대응 관계를 나타낸 표입니다. ☐가 32일 때 ○는 얼마인지 해결 과정을 쓰고, 답을 구하세요. [6점]

☐	5	16	20	7	13
○	2	13	17	4	10

_____

_____

( )

1 사각형과 삼각형으로 규칙적인 배열을 만들고 있습니다. 물음에 답하세요. [5점]

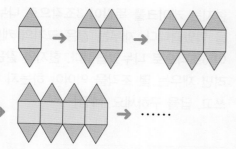

→ ……

단계 1 위 배열에서 변하는 부분과 변하지 않는 부분을 생각하며, 사각형의 수와 삼각형의 수가 어떻게 변하는지 표를 이용하여 알아보세요.

사각형의 수(개)	1	2	3			……
삼각형의 수(개)						……

단계 2 사각형이 10개일 때 삼각형은 몇 개 필요한가요?

( )

단계 3 사각형의 수와 삼각형의 수 사이의 대응 관계를 기호를 사용하여 식으로 나타내세요.

사각형의 수를 ☐, 삼각형의 수를 ☐(이)라고 할 때, 두 양 사이의 대응 관계를 식으로 나타내면 ☐ 입니다.

2 샤워기에서는 1분에 15 L의 물이 나옵니다. 샤워기를 사용한 시간을 ◇, 나온 물의 양을 ☆이라고 할 때 두 양 사이의 대응 관계를 나타낸 식에 대한 유정이의 생각입니다. 유정이의 생각이 옳은지 틀린지 판단하고, 그렇게 생각한 이유를 쓰세요. [7점]

샤워기를 사용한 시간과 나온 물의 양 사이의 대응 관계는 ◇×15=☆, ☆÷15=◇로 나타낼 수 있어.

유정

판단 (옳음 , 틀림)

이유

3 노란색 사각형의 수와 파란색 사각형의 수 사이의 대응 관계를 찾아 여덟째에 필요한 파란색 사각형은 노란색 사각형보다 몇 개 더 많은지 해결 과정을 쓰고, 답을 구하세요. [10점]

첫째   둘째   셋째   넷째

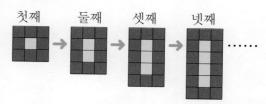

→ ……

( )

크기가 같은 분수

1 분수만큼 색칠하고 크기가 같은 두 분수에 ○표 하세요.

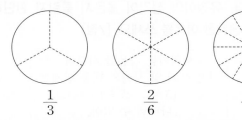

$$\frac{1}{3} \qquad \frac{2}{6} \qquad \frac{3}{12}$$

tip 크기가 같은 분수는 그림으로 나타냈을 때 전체를 나눈 부분의 개수가 달라도 색칠한 부분의 크기가 같습니다.

1-1 서술형 쌍둥이 문제

현지는 케이크를 똑같이 3조각으로 나누어 한 조각을 먹었습니다. 재우는 같은 크기의 케이크를 똑같이 6조각으로 나누었습니다. 현지와 같은 양을 먹으려면 재우는 몇 조각을 먹어야 하는지 해결 과정을 쓰고, 답을 구하세요. [4점]

_____

_____

_____

(   )

분수를 간단하게 나타내기

2 $\frac{16}{48}$을 약분할 때 분모와 분자를 나눌 수 <u>없는</u> 수는 어느 것인가요? (   )

① 2   ② 3   ③ 4

④ 8   ⑤ 16

tip 분수를 약분할 때 분모와 분자를 나눌 수 있는 수는 분모와 분자의 공약수입니다.

2-1 서술형 쌍둥이 문제

$\frac{16}{48}$을 약분하려고 합니다. 1을 제외하고 분모와 분자를 나눌 수 있는 수는 모두 몇 개인지 해결 과정을 쓰고, 답을 구하세요. [4점]

_____

_____

_____

(   )

기약분수

3 기약분수로 나타내려고 합니다. □ 안에 알맞은 수를 써넣으세요.

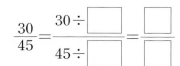

$$\frac{30}{45} = \frac{30 \div \square}{45 \div \square} = \frac{\square}{\square}$$

tip 분모와 분자의 최대공약수로 약분하면 기약분수가 됩니다.

3-1 서술형 쌍둥이 문제

$\frac{30}{45}$의 분모와 분자를 어떤 수로 한 번만 나누어 기약분수로 나타내려고 합니다. 어떤 수는 얼마인지 해결 과정을 쓰고, 답을 구하세요. [4점]

_____

_____

_____

(   )

분모가 같은 분수로 나타내기

4 분모의 곱을 공통분모로 하여 통분한 것입니다. ㉠과 ㉡에 알맞은 수를 각각 구하세요.

$$\left(\dfrac{㉠}{3}, \dfrac{㉡}{7}\right) \rightarrow \left(\dfrac{14}{21}, \dfrac{9}{21}\right)$$

㉠ (   )
㉡ (   )

tip 통분한 분수를 각각 약분하여 기약분수로 나타내면 통분하기 전의 분수가 됩니다.

4-1
서술형
쌍둥이
문제

두 분수를 분모의 곱을 공통분모로 하여 통분하였더니 $\dfrac{14}{21}$, $\dfrac{9}{21}$가 되었습니다. 통분하기 전의 두 분수를 구하는 해결 과정을 쓰고, 답을 구하세요. [6점]

_____

_____

_____

(,   )

분수의 크기 비교

5 물이 가장 많이 들어 있는 물병에 ○표 하세요.

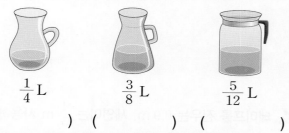

$\dfrac{1}{4}$ L $\dfrac{3}{8}$ L $\dfrac{5}{12}$ L

(   ) (   ) (   )

tip 분모가 다른 세 분수의 크기를 비교할 때에는 두 분수씩 차례로 통분하여 크기를 비교합니다.

5-1
서술형
쌍둥이
문제

당근이 $\dfrac{1}{4}$ kg, 감자가 $\dfrac{3}{8}$ kg, 고구마가 $\dfrac{5}{12}$ kg 있습니다. 무게가 가장 무거운 것은 무엇인지 해결 과정을 쓰고, 답을 구하세요. [6점]

_____

_____

_____

(   )

분수와 소수의 크기 비교

6 분수와 소수의 크기를 비교하여 ○ 안에 >, =, <를 알맞게 써넣으세요.

$$1\dfrac{3}{4} \bigcirc 1.72$$

tip 분수와 소수의 크기 비교는 분수를 소수로 나타내어 소수끼리 비교하거나 소수를 분수로 나타내어 분수끼리 비교합니다.

6-1
서술형
쌍둥이
문제

$1\dfrac{3}{4}$과 1.72를 비교하여 더 큰 수는 어느 것인지 두 가지 방법으로 구하세요. [4점]

방법 1

_____

_____

방법 2

_____

_____

실전! 서술형 평가

1 크기가 같은 분수에 대한 설명이 잘못된 이유를 쓰세요. [5점]

> 분모와 분자를 어떤 수든지 같은 수로 나누면 크기가 같은 분수가 됩니다.

_____

_____

_____

2 $\frac{3}{7}$과 크기가 같은 분수 중에서 분모와 분자의 합이 60인 분수를 구하려고 합니다. 해결 과정을 쓰고, 답을 구하세요. [5점]

_____

_____

_____

(   )

단계별 유형

3 분모가 10인 진분수 중에서 기약분수는 모두 몇 개인지 구하려고 합니다. 물음에 답하세요. [7점]

단계 **1** 분모가 10인 진분수를 모두 구하세요.

(   )

단계 **2** 분모가 10인 진분수 중에서 기약분수를 모두 구하세요.

(   )

단계 **3** 분모가 10인 진분수 중에서 기약분수는 모두 몇 개인가요?

(   )

4 테이프를 진우는 0.9 m, 세연이는 $\frac{4}{5}$ m 사용하였습니다. 누가 사용한 테이프의 길이가 몇 m 더 긴지 소수로 나타내려고 합니다. 해결 과정을 쓰고, 답을 구하세요. [7점]

_____

_____

_____

_____

(   ), (   )

[5~6] 수 카드를 사용하여 진분수를 만들려고 합니다. 물음에 답하세요.

5 수 카드 4장 중 2장을 뽑아 만들 수 있는 진분수 중에서 28을 공통분모로 하여 통분할 수 있는 진분수는 모두 몇 개인지 해결 과정을 쓰고, 답을 구하세요. [7점]

( )

6 수 카드를 한 번씩만 사용하여 진분수를 2개 만들 때 18을 공통분모로 하여 통분할 수 있는 2개의 진분수를 구하려고 합니다. 해결 과정을 쓰고, 답을 구하세요. [7점]

(,)

7 두 분수를 통분하려고 합니다. 공통분모가 될 수 있는 수 중에서 100에 가장 가까운 수를 공통분모로 하여 통분하려고 합니다. 해결 과정을 쓰고, 답을 구하세요. [10점]

$$\left(\frac{4}{7}, \frac{2}{3}\right)$$

(,)

8 □ 안에 들어갈 수 있는 자연수는 모두 몇 개인지 해결 과정을 쓰고, 답을 구하시오. [10점]

$$\frac{1}{2} < \frac{\square}{14} < \frac{5}{7}$$

( )

받아올림이 없는 진분수의 덧셈

1 보기 와 같은 방법으로 계산하세요.

보기

$$\frac{1}{2}+\frac{3}{8}=\frac{1\times 8}{2\times 8}+\frac{3\times 2}{8\times 2}=\frac{8}{16}+\frac{6}{16}=\frac{14}{16}=\frac{7}{8}$$

$$\frac{3}{4}+\frac{1}{6}$$

tip 분모가 다른 진분수의 덧셈은 분모의 곱이나 최소공배수를 공통분모로 하여 통분한 후 계산합니다.

1-1 서술형 쌍둥이 문제

$\frac{3}{4}+\frac{1}{6}$ 을 계산한 것입니다. 어떤 방법으로 계산했는지 설명하세요. [4점]

$$\frac{3}{4}+\frac{1}{6}=\frac{3\times 3}{4\times 3}+\frac{1\times 2}{6\times 2}=\frac{9}{12}+\frac{2}{12}=\frac{11}{12}$$

_____

_____

받아올림이 있는 진분수의 덧셈

2 □ 안에 알맞은 수를 써넣으세요.

$$\frac{2}{5}+\frac{9}{10}=\frac{2\times \boxed{}}{5\times \boxed{}}+\frac{9}{10}$$

$$=\frac{\boxed{}}{10}+\frac{\boxed{}}{10}$$

$$=\frac{\boxed{}}{10}=\boxed{}\frac{\boxed{}}{10}$$

tip 분수를 통분할 때 분모와 분자에 각각 같은 수를 곱하여 크기가 같은 분수로 만들어야 합니다.

2-1 서술형 쌍둥이 문제

다음의 계산이 잘못된 이유를 쓰고, 옳게 고쳐 계산하세요. [6점]

$$\frac{2}{5}+\frac{9}{10}=\frac{2}{10}+\frac{9}{10}=\frac{11}{10}=1\frac{1}{10}$$

이유
_____

옳게 고치기
_____

받아올림이 있는 대분수의 덧셈

3 두 분수의 합을 빈 곳에 써넣으세요.

$1\frac{1}{4}$	$1\frac{5}{6}$

tip 분모가 다른 대분수의 덧셈은 자연수는 자연수끼리, 분수는 분수끼리 계산하거나 대분수를 가분수로 나타내어 계산합니다.

3-1 서술형 쌍둥이 문제

현수는 $1\frac{1}{4}$ 시간 동안 숙제를 하였고, $1\frac{5}{6}$ 시간 동안 책을 읽었습니다. 현수가 숙제를 한 시간과 책을 읽은 시간은 모두 몇 시간인지 해결 과정을 쓰고, 답을 구하세요. [4점]

_____

_____

_____

(   )

받아내림이 없는 진분수의 뺄셈

4 계산 결과를 비교하여 ○ 안에 >, =, <를 알맞게 써 넣으세요.

$$\frac{5}{6} - \frac{3}{10} \bigcirc \frac{2}{3} - \frac{4}{15}$$

tip 분모를 통분하여 계산한 후 분모를 같게 하여 크기를 비교합니다.

 4-1
서술형
쌍둥이
문제

나타내는 수가 더 큰 것의 기호를 쓰려고 합니다. 해결 과정을 쓰고, 답을 구하세요. [6점]

ㄱ $\frac{5}{6}$ 보다 $\frac{3}{10}$ 작은 수

ㄴ $\frac{2}{3}$ 보다 $\frac{4}{15}$ 작은 수

(   )

수학

5단원

받아내림이 없는 대분수의 뺄셈

5 보기 와 같은 방법으로 계산하세요.

보기

$$2\frac{5}{8} - 1\frac{1}{4} = \frac{21}{8} - \frac{5}{4} = \frac{21}{8} - \frac{10}{8} = \frac{11}{8} = 1\frac{3}{8}$$

$$3\frac{1}{2} - 1\frac{2}{5}$$

tip 분모가 다른 대분수의 뺄셈은 자연수는 자연수끼리, 분수는 분수끼리 계산하거나 대분수를 가분수로 나타내어 계산합니다.

 5-1
서술형
쌍둥이
문제

$3\frac{1}{2} - 1\frac{2}{5}$ 를 계산한 것입니다. 어떤 방법으로 계산했는지 설명하세요. [4점]

$$3\frac{1}{2} - 1\frac{2}{5} = 3\frac{5}{10} - 1\frac{4}{10}$$
$$= (3-1) + \left(\frac{5}{10} - \frac{4}{10}\right)$$
$$= 2 + \frac{1}{10} = 2\frac{1}{10}$$

받아내림이 있는 대분수의 뺄셈

6 □ 안에 알맞은 수를 써넣으세요.

$$4\frac{5}{12} - \boxed{} = 1\frac{7}{8}$$

tip 덧셈과 뺄셈의 관계를 이용하여 □ 안에 알맞은 수를 구합니다.

 6-1
서술형
쌍둥이
문제

$4\frac{5}{12}$ 에서 어떤 수를 뺐더니 $1\frac{7}{8}$ 이 되었습니다. 어떤 수는 얼마인지 해결 과정을 쓰고, 답을 구하세요.

[4점]

(   )

1 $\frac{1}{3} + \frac{5}{6}$ 를 잘못 계산한 것입니다. 그 이유를 쓰고, 옳게 고쳐 계산하세요. [5점]

$$\frac{1}{3} + \frac{5}{6} = \frac{6}{9} = \frac{2}{3}$$

이유

_____

_____

옳게 고치기

_____

_____

2 $\frac{5}{6} - \frac{3}{4}$ 을 서로 다른 방법으로 계산한 것입니다. 두 방법을 비교하여 각각 어떤 점이 좋은지 쓰세요. [5점]

방법 1 $\frac{5}{6} - \frac{3}{4} = \frac{5 \times 4}{6 \times 4} - \frac{3 \times 6}{4 \times 6} = \frac{20}{24} - \frac{18}{24}$

$= \frac{2}{24} = \frac{1}{12}$

방법 2 $\frac{5}{6} - \frac{3}{4} = \frac{5 \times 2}{6 \times 2} - \frac{3 \times 3}{4 \times 3} = \frac{10}{12} - \frac{9}{12} = \frac{1}{12}$

방법 1

_____

_____

방법 2

_____

_____

3 가장 큰 분수와 가장 작은 분수의 차는 얼마인지 해결 과정을 쓰고, 답을 구하세요. [7점]

$$1\frac{4}{9} \qquad 1\frac{2}{5} \qquad 2\frac{1}{15}$$

_____

_____

_____

_____

(   )

4 어떤 수에 $\frac{5}{16}$ 를 더해야 할 것을 잘못하여 뺐더니 $\frac{13}{24}$ 이 되었습니다. 바르게 계산하면 얼마인지 해결 과정을 쓰고, 답을 구하세요. [7점]

_____

_____

_____

_____

(   )

5 집에서 서점을 거쳐 공원까지 가는 길과 집에서 문구점을 거쳐 공원까지 가는 길을 나타낸 것입니다. 집에서 공원까지 갈 때 서점과 문구점 중 어디를 거쳐 가는 길이 더 가까운지 구하려고 합니다. 물음에 답하세요.

[7점]

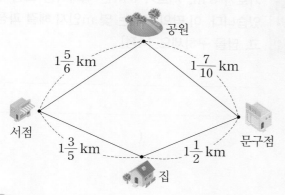

단계1 집에서 서점을 거쳐 공원까지 가는 거리는 몇 km인가요?

( )

단계2 집에서 문구점을 거쳐 공원까지 가는 거리는 몇 km인가요?

( )

단계3 서점과 문구점 중 어디를 거쳐 가는 길이 더 가까운지 해결 과정을 쓰고, 답을 구하세요.

_____

_____

_____

_____

( )

6 희수와 연주는 각자 주사위 2개를 던져 나온 눈의 수로 진분수를 만들었습니다. 누가 얼마만큼 더 큰 분수를 만들었는지 해결 과정을 쓰고, 답을 구하세요. [10점]

_____

_____

_____

_____

( ), ( )

7 준혁이는 할머니 댁에 가는 데 $3\frac{4}{5}$시간은 기차를 타고, $1\frac{7}{10}$시간은 버스를 탔습니다. 준혁이가 할머니 댁에 가는 데 기차와 버스를 탄 시간은 모두 몇 시간 몇 분인지 해결 과정을 쓰고, 답을 구하세요. [10점]

_____

_____

_____

_____

( )

6. 다각형의 둘레와 넓이

연습! 서술형 평가

사각형의 둘레

1 평행사변형의 둘레를 구하려고 합니다. □ 안에 알맞은 수를 써넣으세요.

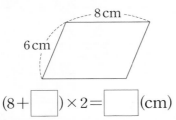

$$(8+\boxed{})\times 2=\boxed{}(cm)$$

tip 직사각형과 평행사변형의 둘레는 마주 보는 변의 길이가 각각 같으므로 길이가 다른 두 변의 길이를 더한 다음 2배 하여 구합니다.

1-1 서술형 쌍둥이 문제 가로가 8 m, 세로가 6 m인 직사각형 모양의 땅이 있습니다. 이 땅의 둘레는 몇 m인지 해결 과정을 쓰고, 답을 구하세요. [4점]

( )

1 cm²

2 넓이가 같은 두 도형을 찾아 쓰세요.

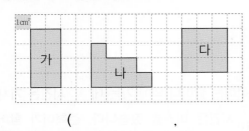

(,)

tip 1cm²의 수를 세어 각 도형의 넓이를 구합니다.

2-1 서술형 쌍둥이 문제 넓이가 다른 도형은 어느 것인지 해결 과정을 쓰고, 답을 구하세요. [4점]

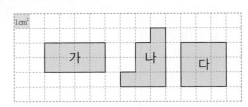

( )

1 cm²보다 더 큰 넓이의 단위

3 직사각형에는 1 km²가 몇 번 들어가나요?

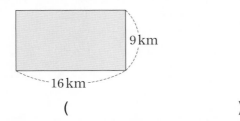

( )

tip 1 km²가 가로와 세로에 각각 몇 번씩 들어가는지 알아봅니다.

3-1 서술형 쌍둥이 문제 직사각형의 넓이는 몇 km²인지 해결 과정을 쓰고, 답을 구하세요. [6점]

( )

삼각형의 넓이

4 두 삼각형의 넓이가 같을 때 □ 안에 알맞은 수를 써넣으세요.

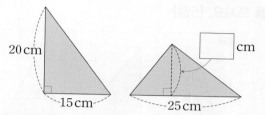

cm

tip 왼쪽 삼각형의 넓이를 이용하여 오른쪽 삼각형의 높이를 구합니다.

4-1 서술형 쌍둥이 문제

오른쪽 그림에서 □ 안에 알맞은 수를 구하려고 합니다. 해결 과정을 쓰고, 답을 구하세요. [6점]

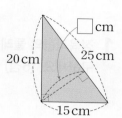

(   )

마름모의 넓이

5 마름모의 넓이는 몇 cm²인가요?

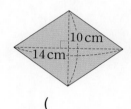

(   )

tip 마름모의 넓이는 (한 대각선의 길이)×(다른 대각선의 길이)÷2로 구합니다.

5-1 서술형 쌍둥이 문제

직사각형의 각 변의 가운데를 이어 마름모를 그린 것입니다. 마름모의 넓이는 몇 cm²인지 해결 과정을 쓰고, 답을 구하세요. [4점]

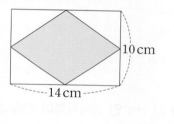

(   )

다각형의 넓이

6 다각형의 넓이를 구하려고 합니다. □ 안에 알맞은 수를 써넣으세요.

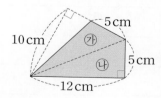

(다각형의 넓이)
=(삼각형 ㉮의 넓이)+(삼각형 ㉯의 넓이)

= ☐ + ☐ = ☐ (cm²)

tip 두 삼각형의 넓이의 합으로 다각형의 넓이를 구합니다.

6-1 서술형 쌍둥이 문제

오른쪽 다각형의 넓이에 대해 잘못 이야기한 친구를 찾고, 그 이유를 쓰세요. [6점]

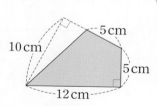

> 종은: 두 삼각형의 넓이의 합으로 구할 수 있어.
> 주연: 다각형의 넓이는 110 cm²야.

잘못 이야기한 친구

이유

실전! 서술형 평가

1 정육각형의 둘레는 몇 cm인지 해결 과정을 쓰고, 답을 구하세요. [5점]

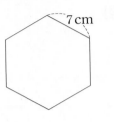

7 cm

_____

_____

_____

(   )

2 넓이가 81 cm²인 정사각형이 있습니다. 이 정사각형의 한 변의 길이는 몇 cm인지 해결 과정을 쓰고, 답을 구하세요. [5점]

_____

_____

_____

(   )

3 삼각형의 넓이가 다른 하나를 찾고, 넓이가 다른 이유를 쓰세요. [5점]

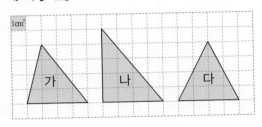

1cm²

가   나   다

넓이가 다른 삼각형

_____

이유

_____

4 가로가 700 cm, 세로가 300 cm인 직사각형 모양의 나무 판이 있습니다. 나무 판의 넓이는 몇 m²인지 해결 과정을 쓰고, 답을 구하세요. [7점]

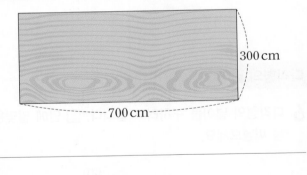

300 cm

700 cm

_____

_____

_____

(   )

5 다음 직사각형의 둘레는 46 cm입니다. 이 직사각형의 넓이는 몇 cm²인지 해결 과정을 쓰고, 답을 구하세요. [7점]

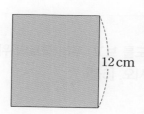

12 cm

(   )

6 넓이가 더 큰 것의 기호를 쓰려고 합니다. 해결 과정을 쓰고, 답을 구하세요. [7점]

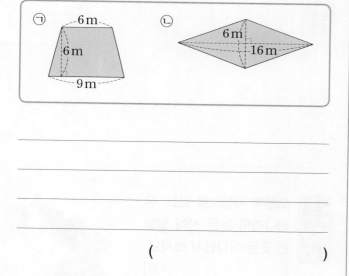

ㄱ 6 m 6 m 9 m
ㄴ 6 m 16 m

(   )

7 색칠한 부분의 넓이는 몇 cm²인지 해결 과정을 쓰고, 답을 구하세요. [10점]

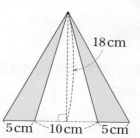

18 cm
5 cm 10 cm 5 cm

(   )

단계별 유형

8 평행사변형 ㄱㄷㄹㅁ의 넓이가 삼각형 ㄱㄴㄷ의 넓이의 4배일 때, 선분 ㄷㄹ의 길이는 몇 cm인지 구하려고 합니다. 물음에 답하세요. [10점]

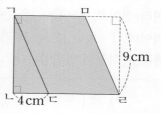

ㄱ ㅁ
9 cm
ㄴ 4 cm ㄷ ㄹ

단계 **1** 삼각형 ㄱㄴㄷ의 넓이는 몇 cm²인가요?

(   )

단계 **2** 평행사변형 ㄱㄷㄹㅁ의 넓이는 몇 cm²인가요?

(   )

단계 **3** 선분 ㄷㄹ의 길이는 몇 cm인가요?

(   )

우리 국토의 위치

1 우리 국토의 위치에 대한 설명으로 알맞지 <u>않은</u> 것은 어느 것입니까? (   )

① 아시아 대륙의 서쪽에 있다.

② 동경 124°~132° 사이에 있다.

③ 북위 33°~43° 사이에 위치해 있다.

④ 우리나라는 중국과 일본 사이에 있다.

⑤ 우리나라 주변에 러시아, 몽골 등의 나라가 있다.

1-1 서술형 쌍둥이 문제

왼쪽 지도를 보고, 우리 국토의 위치적 특징을 한 가지만 쓰시오. [5점]

_____

_____

우리나라의 영역

2 다음 ㉠, ㉡, ㉢에 알맞은 말을 각각 쓰시오.

> 우리나라의 (㉠)은/는 한반도와 한반도에 속한 여러 섬이고, (㉡)은/는 우리나라 바다의 영역이며, (㉢)은/는 우리나라 영토와 영해 위에 있는 하늘의 범위입니다.

㉠ (   ), ㉡ (   ), ㉢ (   )

2-1 서술형 쌍둥이 문제

우리나라 영토의 범위를 쓰시오. [5점]

_____

_____

우리나라 지형의 특징

3 우리나라 지형의 특징에 대한 설명으로 옳으면 ○표, 옳지 <u>않으면</u> ×표 하시오.

⑴ 우리나라는 국토의 약 70%가 산지입니다.
(   )

⑵ 우리나라의 큰 하천은 대부분 서쪽에서 동쪽으로 흘러갑니다.
(   )

3-1 서술형 쌍둥이 문제

오른쪽 지형도를 보고, 우리나라의 높은 산이 발달한 곳은 어디인지 쓰시오. [4점]

_____

_____

_____

우리나라 강수량의 특징

4 오른쪽 우리나라의 연평균 강수량을 나타낸 지도를 보고, 우리나라의 연평균 강수량이 가장 많은 지역의 기호를 쓰시오.

( )

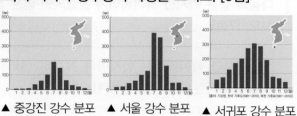

4-1 서술형 쌍둥이 문제 다음 우리나라 여러 지역의 강수 분포 그래프를 보고, 우리나라 강수량의 특징을 쓰시오. [5점]

▲ 중강진 강수 분포　▲ 서울 강수 분포　▲ 서귀포 강수 분포

_____

_____

우리나라 인구 구성의 특징 및 변화

5 다음 그래프를 보고, ( ) 안의 알맞은 말에 ○표 하시오.

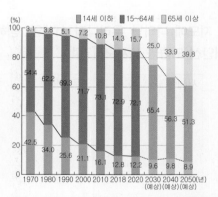

▲ 우리나라의 연령별 인구 구성 비율의 변화

14세 이하 유소년층 인구는 점점 (1) (줄어들고 , 늘어가고) 있고, 65세 이상 노년층 인구는 점점 (2) (줄어들고 , 늘어가고) 있습니다.

5-1 서술형 쌍둥이 문제 다음 두 그래프를 보고, 우리나라 인구 구성의 변화 모습을 쓰시오. [6점]

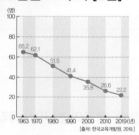

▲ 전국 초등학교의 학급당 평균 학생 수　▲ 65세 이상 인구 비율의 변화

_____

_____

우리나라의 산업 발달 모습

6 다음 ( ) 안에 알맞은 말을 쓰시오.

1960년대 이후 생활에 필요한 물건을 공장에서 대량으로 만들기 시작하면서 수입이나 수출에 편리한 남동쪽 해안가에 새로운 ( ) 단지가 형성되었습니다.

( )

6-1 서술형 쌍둥이 문제 오늘날 울산, 부산 등 남동쪽 해안가 지역에 공업이 발달한 까닭을 쓰시오. [6점]

_____

_____

사회 **실전! 서술형 평가**

1 다음과 같은 아시안 하이웨이가 완성되면 좋은 점을 쓰시오. [7점]

아시안 하이웨이는 아시아와 유럽의 여러 나라를 연결하는 고속 국도를 뜻합니다.

▲ 아시안 하이웨이 노선도

_____

_____

2 다음 우리나라의 영토, 영해, 영공의 범위는 각각 어디까지인지 쓰시오. [7점]

(1) 영토: _____

_____

(2) 영해: _____

_____

(3) 영공: _____

3 전통적으로 우리 국토를 오른쪽과 같이 구분한 기준을 쓰시오. [5점]

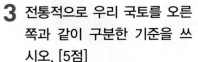

_____

_____

_____

_____

4 다음 지도에 나타난 우리나라 서해안, 동해안, 남해안의 해안선 모습을 쓰시오. [7점]

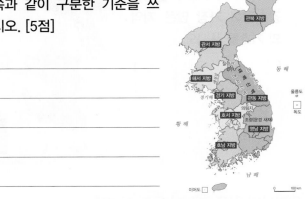

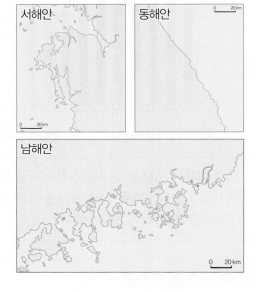

(1) 서해안: _____

_____

(2) 동해안: _____

_____

(3) 남해안: _____

_____

5 다음 기후도를 보고, 물음에 답하시오. [10점]

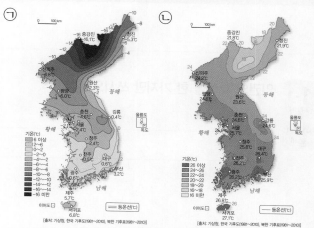

▲ 우리나라의 1월 평균 기온   ▲ 우리나라의 8월 평균 기온

단계 1 우리나라의 평균 기온이 전체적으로 높은 시기는 1월과 8월 중 언제인지 쓰시오.

(   )

단계 2 위의 ㉠ 기후도에서 서울보다 강릉이 더 따뜻한 까닭을 쓰시오.

단계 3 위의 ㉠, ㉡ 기후도를 보고 알 수 있는 우리나라 기온의 특징을 쓰시오.

6 다음 지도와 같이 오늘날 수도권 및 대도시 지역에 인구가 밀집되어 있는 까닭을 쓰시오. [7점]

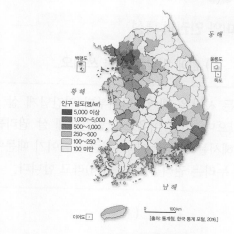

▲ 2015년의 인구 분포

7 다음 두 지도를 통해 알 수 있는 사실을 인구 분포와 교통을 관련지어 쓰시오. [7점]

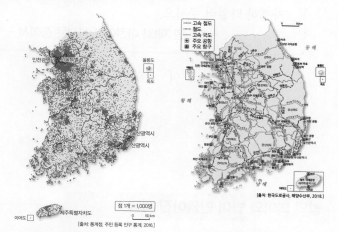

▲ 2015년 우리나라의 인구분포도   ▲ 2018년 우리나라의 교통도

인권의 의미와 인권의 특성

1 다음 ( ) 안에 알맞은 말을 쓰시오.

> 모든 사람은 태어나면서부터 인간답게 살 권리가 있으며, 어떤 이유로도 인간답게 살 권리를 침해당해서는 안 되는데, 이처럼 사람이기 때문에 당연히 누리는 권리를 ( )(이)라고 합니다.

( )

1-1
서술형
쌍둥이
문제

인권의 특성을 한 가지만 쓰시오. [4점]

_____

_____

인권 신장을 위해 노력했던 옛사람들

2 다음과 같은 내용을 주장하며 어린이날을 만든 인물은 누구인지 쓰시오.

> • 어린이를 내려다보지 마시고 쳐다보아 주시오.
> • 어린이에게 경어를 쓰시되 부드럽게 하여 주시오.
> • 어린이를 책망하실 때에는 쉽게 성만 내지 마시고 자세히 타일러 주시오.
> – 1923년 제1회 어린이날 선전문 중에서 –

( )

2-1
서술형
쌍둥이
문제

다음 사진 속 인물이 어린이의 인권 신장을 위해 했던 일을 쓰시오. [5점]

▲ 방정환

_____

_____

법의 의미와 법이 만들어진 까닭

3 법에 대한 설명으로 옳으면 ○표, 옳지 <u>않으면</u> ×표 하시오.

⑴ 법을 어겼을 때는 제재를 받습니다. ( )

⑵ 사람들이 사회생활에서 지켜야 할 행동 기준입니다. ( )

⑶ 한 번 만들어진 법은 바꾸거나 다시 만들 수 없습니다. ( )

3-1
서술형
쌍둥이
문제

국가에서 법이라는 규범을 만든 까닭을 쓰시오. [6점]

_____

_____

법을 준수해야 하는 까닭

4 다음 중 법을 지키지 않으면 우리 생활에 일어나는 문제를 바르게 이야기한 어린이의 이름을 쓰시오.

사회 질서가 잘 유지될 거야.

종훈

다른 사람에게 피해를 주고 다른 사람의 권리를 침해할 수도 있어.

지혜

( )

4-1 서술형 쌍둥이 문제

다음 선생님의 질문에 알맞은 대답을 쓰시오. [5점]

법을 왜 지켜야 할까요?

_____

_____

사회

2단원

헌법의 의미와 내용

5 헌법에 담긴 내용에 대한 설명으로 알맞지 <u>않은</u> 것은 어느 것입니까? ( )

① 대한민국 국민이 지켜야 할 의무가 있다.
② 법을 어긴 사람을 벌주기 위한 조항이 적혀 있다.
③ 대한민국 국민이 누려야 할 권리를 제시하고 있다.
④ 국가 기관을 조직하고 운영하는 기본 원칙을 담고 있다.
⑤ 모든 국민이 존중받고 행복한 삶을 살아가는 데 필요한 내용이 있다.

5-1 서술형 쌍둥이 문제

다음 만화에서 ㉠에 들어갈 헌법의 의미를 쓰시오. [5점]

제헌절은 어떤 날인가요?

헌법을 만들어서 국민에게 알린 날이란다.

헌법이요?

㉠

_____

_____

헌법에 나타난 국민의 기본권과 의무

6 다음 중 헌법에 나타난 국민의 의무가 <u>아닌</u> 것은 어느 것입니까? ( )

① 교육의 의무   ② 납세의 의무
③ 근로의 의무   ④ 국방의 의무
⑤ 투표의 의무

6-1 서술형 쌍둥이 문제

헌법에서 보장하고 있는 평등권이 생활 속에서 적용되는 사례를 한 가지만 쓰시오. [6점]

_____

_____

사회 **실전! 서술형 평가**

1 우리 생활 속에서 다음에서 설명하는 권리를 존중하는 사례를 한 가지만 쓰시오. [7점]

> • 사람이기 때문에 당연히 누리는 권리입니다.
> • 태어날 때부터 갖는, 사람이기 때문에 존중되는 권리입니다.

2 옛날에 다음과 같은 제도가 있었던 까닭을 쓰시오. [7점]

▲ 격쟁

제 형님의 억울한 일을 해결해 주십시오!

▲ 신문고 제도

▲ 상언 제도

3 다음 반 친구들이 은서에게 가지고 있는 편견을 쓰시오. [7점]

> 은서는 한국인 아버지와 외국인 어머니 사이에서 태어났습니다. 같은 반 친구들과 대부분 잘 지내지만, 가끔 짓궂은 친구들이 피부색이 달라 한국인이 아니라고 은서의 외모를 놀릴 때가 있습니다. 은서는 그럴 때마다 속상합니다.

4 다음 사례들과 관련 있는 법의 역할을 쓰시오. [7점]

개인 간에 발생한 분쟁을 해결해 줍니다.

개인의 생명이나 재산을 보호해 줍니다.

내일부터 주민 번호 수집 금지

개인 정보를 보호해 줍니다.

5 다음 그림과 관련하여 법을 어겨서 일어날 수 있는 문제를 쓰시오. [5점]

_____

_____

6 다음 대화를 통해 알 수 있는 헌법의 역할을 쓰시오. [7점]

> 엄마, 학원은 왜 밤늦게까지 하지 않아요?

> 학생들이 늦은 시간까지 학원에 다닌다면 어떤 일이 일어날지 한번 생각해 볼래?

> 학원이 늦게 끝나면 쉴 수 있는 시간과 잠잘 수 있는 시간이 줄어들 것 같아요.

> 헌법은 국민이 건강하게 살아갈 권리를 보장하고 있어서 늦은 시간에 학원 수업을 하지 못하도록 법으로 제한하고 있는 것이란다.

_____

_____

7 다음 자료를 보고, 물음에 답하시오. [10점]

헌법에서 보장하는 기본권	
• 평등권	• 자유권
• 참정권	• 청구권
• 사회권	

헌법에 나타난 의무	
• 교육의 의무	• 납세의 의무
• 근로의 의무	• 국방의 의무
• 환경 보전의 의무	

1단계 다음 그림과 관련 있는 기본권을 위에서 찾아 쓰시오.

모든 국민은 직업 선택의 자유를 가집니다.

모든 국민은 거주 이전의 자유를 가집니다.

(   )

2단계 다음에서 설명하는 국민의 의무를 위에서 찾아 쓰시오.

> 나라의 살림이 잘 운영되도록 세금을 냅니다.

(   )

3단계 위와 같은 국민의 의무를 실천하는 일이 중요한 까닭을 기본권과 연관지어 쓰시오.

_____

사회

2단원

1 민준이와 아리의 대화를 보고 탐구 문제를 잘못 정한 사람을 고르고, 그렇게 생각한 까닭을 쓰시오. [5점]

검은색 사인펜은 어떤지 탐구해 봐야겠어.

민준

오렌지주스를 끓이면 노란색 김이 나오는지 탐구해 봐야겠어.

아리

_____

_____

2 다음은 민결이가 세운 탐구 계획입니다. ㈎와 ㈏에 들어갈 내용을 각각 쓰시오. [7점]

탐구 문제	사인펜의 색깔에 따라 잉크에 섞여 있는 색소는 같을까?	
실험 조건	다르게 해야 할 조건	㈎
	같게 해야 할 조건	㈏

㈎: _____

㈏: _____

_____

3 실험 계획을 세울 때 꼭 들어가야 할 내용을 두 가지 이상 쓰시오. [5점]

_____

_____

4 다음은 아리네 모둠에서 정한 탐구 문제와 실험 결과를 표로 정리한 것입니다. 표의 제목을 쓰시오. [7점]

[탐구 문제]
　사인펜의 색깔에 따라 잉크에 섞여 있는 색소는 같을까?

[실험 결과]

분리된 색소＼사인펜의 색깔	검은색	빨간색	파란색
보라색	○	×	○
진분홍색	×	○	×
분홍색	○	○	○
하늘색	○	×	○
노란색	○	○	×

_____

_____

5 다음은 세계의 인구수를 나타낸 그래프입니다. 실험 결과를 그래프로 바꾸어 나타내는 것을 무엇이라고 하는지 쓰고, 이와 같은 과정을 하는 까닭을 쓰시오. [7점]

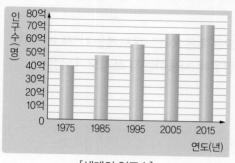

[세계의 인구수]

_____

_____

_____

6 결론 도출이 무엇인지 다음의 낱말을 모두 사용하여 쓰시오. [5점]

> 실험 결과, 결론

_____

_____

7 채윤이네 모둠은 사인펜의 색깔에 따라 잉크에 섞여 있는 색소가 같은지 탐구하기로 하였습니다. 그래서 검은색, 빨간색, 파란색 사인펜의 잉크에 섞여 있는 색소를 분리하는 실험을 했고, 그 결과를 다음과 같이 표로 정리했습니다. 물음에 답하시오. [10점]

탐구 문제	실험 결과				결론
사인펜의 색깔에 따라 잉크에 섞여 있는 색소는 같을까?	분리된 색소 \ 사인펜의 색깔	검은색	빨간색	파란색	?
	보라색	○	×	○	
	진분홍색	×	○	×	
	분홍색	○	○	○	
	하늘색	○	×	○	
	노란색	○	○	×	

단계 1 실험 결과를 통해 알 수 있는 사실을 한 가지 쓰시오.

_____

_____

단계 2 실험 결과에서 결론을 이끌어 내 쓰시오.

_____

_____

단계 3 위 탐구를 하면서 더 알고 싶은 점에 대해 새로운 탐구를 할 때, 스스로 탐구하는 과정을 순서대로 쓰시오.

_____

_____

연습! 서술형 평가

온도와 온도계

1 '귀 체온계'로 측정하는 경우는 '귀', '알코올 온도계'로 측정하는 경우는 '알코올', '적외선 온도계'로 측정하는 경우는 '적외선'이라고 쓰시오.

(1) 체온을 측정할 때 사용합니다.

(　　　　　　　　)

(2) 물이 담긴 컵의 온도를 측정할 때 사용합니다.

(　　　　　　　　)

(3) 비커 속에 담긴 물의 온도를 측정할 때 사용합니다.　(　　　　　　　　)

1-1 서술형 쌍둥이 문제

오른쪽은 어떤 온도계인지 쓰고, 어떤 경우에 사용하는지 쓰시오. [4점]

_____

_____

온도가 다른 두 물질의 접촉

2 다음 (　　　) 안에 들어갈 알맞은 말을 쓰시오.

> 온도가 높은 삶은 면을 차가운 물에 헹구면 면의 온도는 낮아지고, 물의 온도는 높아집니다. 이렇게 온도가 다른 두 물질이 접촉한 채로 시간이 지나면 두 물질의 온도는 변하는데, 그 까닭은 (　　　　) 이/가 이동하기 때문입니다.

(　　　　　　　　)

2-1 서술형 쌍둥이 문제

오른쪽 그림과 같이 추운 겨울, 손으로 따뜻한 핫 팩을 잡고 있으면 몸이 따뜻해집니다. 이와 같은 물체는 어떤 현상을 이용한 것인지 열의 이동과 관련지어 쓰시오. [4점]

_____

_____

고체에서의 열의 이동

3 고체에서의 열의 이동에 대한 설명으로 옳은 것에 ○표 하시오.

(1) 고체에서 열은 온도가 높은 곳에서 온도가 낮은 곳으로 공기를 통해 이동합니다.　(　　　)

(2) 고체에서 열은 온도가 높은 곳에서 온도가 낮은 곳으로 고체 물질을 따라 이동합니다.
(　　　)

(3) 고체에서 열은 온도가 낮은 곳에서 온도가 높은 곳으로 고체 물질을 따라 이동합니다.
(　　　)

3-1 서술형 쌍둥이 문제

오른쪽 그림과 같이 뜨거운 국에 숟가락을 담가 두면 국에 직접 닿지 않았던 부분까지 뜨거워지는데, 그 까닭을 고체에서의 열의 이동과 관련지어 쓰시오. [6점]

_____

_____

고체 물질의 종류와 열의 이동 빠르기

4 다음 그림과 같이 구리판, 유리판, 철판의 끝부분에 크기가 같은 버터 조각을 붙이고 뜨거운 물을 부은 후, 버터의 변화를 관찰하였습니다. 버터가 가장 빨리 녹기 시작하는 판은 무엇인지 쓰시오.

구리판— 버터 유리판— 철판—
두꺼운
종이
뜨거운 물—

( )

4-1
서술형
쌍둥이
문제

구리판, 유리판, 철판의 끝부분에 크기가 같은 버터 조각을 붙이고 뜨거운 물을 부은 후, 두꺼운 종이로 비커의 윗부분을 각각 덮고 시간이 지나는 동안 버터의 변화를 관찰하였습니다. 구리판, 유리판, 철판을 열이 빠르게 이동하는 순서대로 나열하시오.

[6점]

액체에서의 열의 이동

5 액체에서의 열의 이동에 대한 설명으로 옳은 것에 ○표하시오.

(1) 액체에서 열은 공기를 통해 이동합니다.
( )

(2) 액체에서는 온도가 높아진 물질이 위로 올라가고 위에 있던 물질이 아래로 밀려 내려오면서 열이 이동합니다. ( )

(3) 액체에서는 주변보다 온도가 높아진 액체가 아래로 밀려 내려오고, 아래에 있던 액체는 위로 올라가면서 열이 이동합니다. ( )

5-1
서술형
쌍둥이
문제

냄비에 차가운 물을 넣고 오른쪽과 같이 가열하면 냄비에 담긴 물 전체가 뜨거워집니다. 이때 물 전체가 뜨거워지는 까닭을 열의 이동과 관련지어 쓰시오. [6점]

기체에서의 열의 이동

6 기체에서의 열의 이동에 대한 설명으로 옳은 것에 ○표하시오.

(1) 기체에서 열은 고체 물질을 통해 이동합니다.
( )

(2) 기체에서 열은 온도가 높아진 공기가 위로 올라가고 위에 있던 공기는 아래로 밀려 내려오면서 열이 이동합니다. ( )

(3) 기체에서는 주변보다 온도가 높아진 기체가 아래로 밀려 내려오고, 아래에 있던 기체는 위로 올라가면서 열이 이동합니다. ( )

6-1
서술형
쌍둥이
문제

난방 기구와 냉방 기구를 설치할 때는 기체에서의 열의 이동을 이용하여 알맞은 위치에 설치합니다. 난방 기구와 냉방 기구를 설치할 때 알맞은 위치를 각각 쓰시오. [4점]

과학 실전! 서술형 평가

1 오른쪽과 같이 차가운 물이 담긴 음료수 캔을 따뜻한 물이 담긴 비커에 넣고, 알코올 온도계 두 개를 스탠드에 매달아 음료수 캔과 비커에 각각 넣고 온도를 측정하여 표로 나타냈습니다. 표를 통해 알 수 있는 사실을 한 가지 쓰시오. [5점]

차가운 물이 담긴 음료수 캔

따뜻한 물이 담긴 비커

시간(분)	0	1	2	3	4	5	6
음료수 캔 속 물의 온도(℃)	14	16	17	18	19	20	21
비커 속 물의 온도(℃)	67	55	48	42	38	33	30

_____

_____

2 다음과 같이 뜨거운 프라이팬 위에 달걀을 올려놓았을 때 열의 이동에 대하여 쓰시오. [5점]

_____

_____

_____

단계별 유형

3 다음은 열 변색 붙임딱지를 붙인 세 가지 모양의 구리판을 가열하는 모습입니다. 물음에 답하시오. [10점]

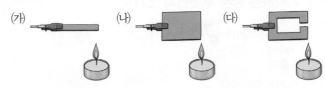

(가)   (나)   (다)

1단계 (가), (나)에서 열 변색 붙임딱지의 색깔이 변하는 모습의 공통점을 쓰시오.

_____

_____

_____

2단계 (다)에서 열 변색 붙임딱지의 색깔이 어떻게 변하는지 화살표로 나타내시오.

3단계 위 실험 결과를 통해 알 수 있는 점을 고체에서 열의 이동과 관련지어 쓰시오.

_____

_____

4 다음과 같이 열 변색 붙임 딱지를 붙인 구리판, 유리판, 철판을 뜨거운 물에 넣고 색깔이 변하는 순서를 관찰하였습니다. 붙임딱지의 색깔이 변하는 순서를 통해 알 수 있는 열이 빠르게 이동하는 고체 물질을 순서대로 쓰시오. [5점]

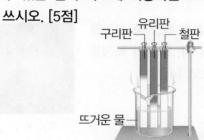

_____

_____

6 다음은 미린이가 욕조의 윗부분을 손으로 만져본 후, 욕조에 들어가 뜨거운 정도를 확인하는 모습을 나타낸 것입니다. 그림과 같이 욕조에 담긴 물의 윗부분이 아랫부분보다 뜨거운 까닭을 쓰시오. [5점]

_____

_____

5 다음 그림과 같이 파란색 잉크가 있는 부분의 수조 아래를 뜨거운 물이 담긴 종이컵으로 가열하였습니다. 시간이 지나면서 잉크가 어떻게 움직이는지 쓰시오. [5점]

_____

_____

7 다음과 같이 알코올램프에 불을 붙이지 않았을 때와 불을 붙였을 때, 삼발이의 위쪽에 비눗방울을 불어 비눗방울의 움직임을 관찰하였습니다. 비눗방울의 움직임을 통해 알 수 있는 점을 기체에서의 열의 이동과 관련지어 쓰시오. [7점]

_____

_____

2. 온도와 열 **77**

과학

연습! 서술형 평가

태양계 구성원

1 화성의 특징이 <u>아닌</u> 것은 어느 것입니까? (   )

① 붉은색이다.
② 고리가 없다.
③ 지구보다 크기가 작다.
④ 표면이 암석과 흙으로 되어 있다.
⑤ 태양계 행성 중에서 태양에서 두 번째로 멀리 있다.

1-1
서술형
쌍둥이
문제

오른쪽은 태양계 행성 중 화성을 나타낸 것입니다. 화성의 특징을 한 가지 쓰시오. [4점]

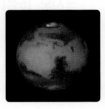

태양계 행성의 크기

2 다음 보기 의 태양계 행성을 지구보다 크기가 큰 행성과 지구보다 크기가 작은 행성으로 분류하여 쓰시오.

보기
수성, 금성, 화성, 목성, 토성, 해왕성

(1) 지구보다 크기가 큰 행성
(   )

(2) 지구보다 크기가 작은 행성
(   )

2-1
서술형
쌍둥이
문제

태양계 행성을 크기가 큰 순서대로 나열하시오. [4점]

태양에서 각 행성까지의 거리

3 다음 보기 의 태양계 행성을 태양에서 지구보다 거리가 먼 행성과 태양에서 지구보다 거리가 가까운 행성으로 분류하여 쓰시오.

보기
수성, 금성, 화성, 목성, 토성, 해왕성

(1) 태양에서 지구보다 거리가 먼 행성
(   )

(2) 태양에서 지구보다 거리가 가까운 행성
(   )

3-1
서술형
쌍둥이
문제

다음은 태양에서 지구까지의 거리를 1로 보았을 때 태양에서 각 행성까지의 상대적인 거리를 나타낸 것입니다. 태양에서 가까운 행성부터 순서대로 나열하시오. [4점]

별과 별자리

4 그림은 북쪽 밤하늘의 별자리를 나타낸 것입니다. 별자리의 이름을 쓰시오.

 (1)
 (2)

(   ) (   )

4-1 서술형 쌍둥이 문제

다음 그림에서 북두칠성을 찾아 선으로 연결해 보세요. [6점]

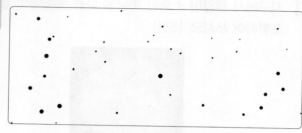

별자리를 이용하여 북극성 찾기

5 다음은 북두칠성을 이용하여 북극성을 찾는 방법입니다. ( ) 안에 들어갈 알맞은 말이나 숫자를 쓰시오.

북두칠성의 국자 모양 끝 부분의 별 ㉠과 ㉡을 연결하고 그 거리의 ( ) 배 만큼 떨어진 곳에 있는 별이 북극성입니다.

(   )

5-1 서술형 쌍둥이 문제

다음 북두칠성을 이용하여 북극성을 찾는 방법을 ①과 ②를 포함하여 설명하시오. [6점]

_____

과학

3단원

행성과 별의 차이점

6 행성과 별의 차이점으로 옳지 <u>않은</u> 것을 골라 기호를 쓰시오.

㉠ 별은 스스로 빛을 내지만, 행성은 스스로 빛을 내지 못합니다.

㉡ 별은 스스로 빛을 내므로 스스로 빛을 내지 못하는 행성보다 항상 더 밝습니다.

㉢ 별은 위치가 변하지 않는 것처럼 보이지만, 행성은 위치가 변하는 것을 관측할 수 있습니다.

(   )

6-1 서술형 쌍둥이 문제

그림은 태양계 행성인 금성과 별을 나타낸 것입니다. 행성과 별의 차이점을 한 가지 쓰시오. [4점]

▲ 금성

▲ 별

_____

1 지구에서 태양이 소중한 까닭을 다음 보기 의 낱말을 포함하여 쓰시오. [5점]

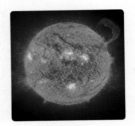

▲ 태양

보기

태양, 에너지

_____

_____

_____

2 태양계 행성을 다음과 같이 두 무리로 분류하였습니다. 어떤 특징을 기준으로 분류한 것인지 쓰시오. [5점]

```
        태양계 행성
          │
    ┌─────┴─────┐
 목성, 토성,      수성, 금성, 화성
 천왕성, 해왕성
```

_____

_____

_____

3 다음은 지구의 반지름을 1로 보았을 때 태양계 행성의 반지름을 비교한 표입니다. 태양계 행성의 크기를 비교하였을 때 지구는 다른 행성과 비교하여 어떠한지 쓰시오. [5점]

행성	반지름	행성	반지름
수성	0.4	목성	11.2
금성	0.9	토성	9.4
지구	1.0	천왕성	4.0
화성	0.5	해왕성	3.9

_____

_____

_____

4 다음은 태양에서 지구까지의 거리를 1로 보았을 때의 태양에서 행성까지의 상대적인 거리를 나타낸 것입니다. 태양에서 가장 먼 행성을 쓰고, 태양에서 멀어질수록 행성 사이의 거리는 어떻게 달라지는지 쓰시오. [5점]

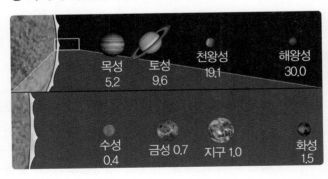

_____

_____

_____

5 나침반과 내비게이션이 없을 때, 캄캄한 바다 한 가운 데에서 항해하는 배가 별자리를 보고 방향을 찾을 수 있는 방법을 한 가지 쓰시오. [5점]

_____

_____

_____

6 다음은 여러 날 동안 밤하늘을 관측하여 나타낸 것입니다. 밤하늘에서 행성을 찾는 방법을 쓰시오. [7점]

▲ 첫째 날 초저녁   ▲ 7일 뒤 초저녁   ▲ 15일 뒤 초저녁

_____

_____

_____

단계별 유형

7 다음은 카시오페이아자리를 이용하여 북극성을 찾는 방법을 그림으로 나타낸 것입니다. 물음에 답하시오. [10점]

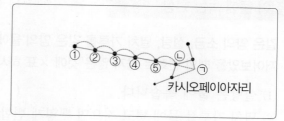

카시오페이아자리

단계 1 북극성의 위치를 ①~⑤ 중 골라 쓰시오.

(   )

단계 2 카시오페이아자리를 이용하여 북극성을 찾는 방법을 ㉠과 ㉡을 포함하여 설명하시오.

_____

_____

_____

단계 3 밤하늘에서 카시오페이아자리가 보이지 않고 북두칠성만 보일 때 북극성을 찾을 수 있는 방법을 쓰시오.

_____

_____

_____

과학

3단원

연습! 서술형 평가

물질이 물에 녹는 현상

1 같은 양의 소금, 설탕, 멸치 가루를 같은 양의 물에 넣고 저어보았을 때의 변화로 옳지 <u>않은</u> 것에 ×표 하시오.

(1) 설탕은 물에 녹습니다. (　　)

(2) 멸치 가루를 물에 넣고 저으면 뿌옇게 변합니다. (　　)

(3) 소금을 물에 넣고 저은 후, 시간이 지나면 소금이 물 위에 뜨거나 바닥에 가라앉습니다. (　　)

1-1 서술형 쌍둥이 문제

같은 양의 소금, 설탕, 멸치 가루를 같은 양의 물에 넣고 저어보았을 때의 변화를 쓰시오. [6점]

_____

_____

설탕이 물에 용해될 때의 변화

2 물이 담긴 비커에 각설탕을 넣어 용해시켰을 때의 변화에 대한 설명으로 옳지 <u>않은</u> 것에 ×표 하시오.

(1) 각설탕을 물에 넣으면 크기가 점점 작아집니다. (　　)

(2) 각설탕을 물에 넣으면 물에 넣자마자 물에 완전히 용해되어 눈에 보이지 않습니다. (　　)

(3) 각설탕을 물에 넣으면 크기가 작아지고, 작은 크기의 설탕이 더 작은 크기의 설탕으로 나뉘어 물에 골고루 섞입니다. (　　)

2-1 서술형 쌍둥이 문제

다음은 물이 담긴 비커에 각설탕을 넣었을 때 시간에 따른 변화를 나타낸 그림입니다. 각설탕이 물에 용해되는 과정을 쓰시오. [4점]

_____

용질의 종류에 따라 물에 용해되는 양

3 다음은 20℃의 물 50 mL에 소금과 설탕, 베이킹 소다를 여덟 숟가락씩 넣고 유리 막대로 저었을 때 나타난 실험 결과입니다. 표를 옳게 해석한 것에 ○표 하시오.

(단, 한 숟가락씩 넣었을 때는 모두 용해됨.)

구분	소금	설탕	베이킹 소다
실험 결과	바닥에 일부 가라앉음.	모두 용해됨.	바닥에 많은 양이 가라앉음.

(1) 같은 온도와 양의 물에서 소금, 설탕, 베이킹 소다가 용해되는 양은 같습니다. (　　)

(2) 같은 온도와 양의 물에서 소금, 설탕, 베이킹 소다가 용해되는 양은 서로 다릅니다. (　　)

3-1 서술형 쌍둥이 문제

다음은 20℃의 물 50 mL에 소금과 설탕, 베이킹 소다를 여덟 숟가락씩 넣고 유리 막대로 저었을 때 나타난 실험 결과입니다. 표를 통해 알 수 있는 사실을 용질의 종류에 따라 물에 용해되는 양과 관련지어 쓰시오. [4점]

(단, 한 숟가락씩 넣었을 때는 모두 용해됨.)

구분	소금	설탕	베이킹 소다
실험 결과	바닥에 일부 가라앉음.	모두 용해됨.	바닥에 많은 양이 가라앉음.

_____

_____

물의 온도에 따라 용질이 용해되는 양

4 물의 온도와 용질이 용해되는 양에 대한 설명으로 옳은 것에 ○표 하시오.

(1) 물의 온도가 낮을수록 백반이 많이 용해됩니다. ( )

(2) 물의 온도가 높을수록 백반이 많이 용해됩니다. ( )

(3) 물의 온도와 상관없이 용질이 용해되는 양은 같습니다. ( )

4-1 서술형 쌍둥이 문제

10℃와 40℃의 물 50 mL에 백반을 두 숟가락씩 각각 비커에 넣고 유리 막대로 저었을 때 실험 결과를 쓰시오. [4점]

_____

_____

용액의 진하기

5 다음 ( ) 안에 들어갈 알맞은 말을 바르게 짝 지은 것은 어느 것입니까? ( )

> ㉠ ( )의 진하기는 같은 양의 ㉡ ( ) 에 용해된 ㉢ ( )의 많고 적은 정도를 나타냅니다.

	㉠	㉡	㉢
①	용매	용액	용질
②	용질	용매	용액
③	용액	용매	용질
④	용액	용해	용매
⑤	용해	용매	용질

5-1 서술형 쌍둥이 문제

다음 두 황설탕 용액의 진하기를 비교하고, 용액의 진하기는 무엇인지 쓰시오. [6점]

(가) (나)

_____

_____

_____

용액의 진하기와 관련된 생활의 예

6 장을 담글 때 소금물에 달걀을 띄워 달걀이 떠오르는 정도를 알아보는 것과 관련된 성질로 옳은 것을 보기 에서 골라 기호를 쓰시오.

> **보기**
> ㉠ 물질이 물에 녹는 성질
> ㉡ 진한 용액에서 물체가 떠오르는 성질
> ㉢ 온도가 높은 진한 용액이 식으면 용질이 다시 나타나는 성질

( )

6-1 서술형 쌍둥이 문제

일상생활에서 용액의 진하기를 측정하거나 비교하는 경우를 한 가지 쓰시오. [4점]

_____

_____

_____

실전! 서술형 평가

1 설탕이 물에 녹아 설탕물이 만들어지는 현상을 다음 낱말을 모두 사용하여 쓰시오. [5점]

▲ 설탕   ▲ 물   ▲ 설탕물

용매, 용질, 용해, 용액

_____

_____

_____

2 다음은 각설탕이 용해되기 전과 용해된 후의 무게를 비교하는 실험입니다. 이 실험에서 각설탕을 물에 녹인 후의 무게를 재었을 때 전자저울에 표시되는 무게는 몇 g인지 쓰고, 그렇게 생각한 까닭을 쓰시오. [7점]

각설탕   물   설탕물

용해되기 전 142g   용해된 후

_____

_____

_____

3 다음은 소금, 설탕, 베이킹 소다를 각각 한 숟가락씩 더 넣으면서 변화를 관찰하여 표로 정리한 것입니다. 이 표를 보고 물에 잘 용해되는 용질을 순서대로 나열하시오. (유리막대로 저어 다 용해되면 ○표, 다 용해되지 않고 바닥에 남으면 △표를 하였으며, 용질이 더 이상 녹지 않으면 더 넣지 않았습니다.) [7점]

용질	약숟가락으로 넣은 횟수							
	1	2	3	4	5	6	7	8
소금	○	○	○	○	○	○	○	△
설탕	○	○	○	○	○	○	○	○
베이킹 소다	○	△						

_____

_____

_____

4 다음 실험 결과 비커에서 나타나는 변화를 쓰시오. [5점]

㈎ 따뜻한 물이 든 비커에 백반을 넣고 저어 진한 백반 용액을 만듭니다.
㈏ 따뜻한 백반 용액을 얼음물이 든 비커에 넣어 온도를 낮추면서 변화를 관찰합니다.

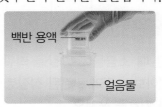

백반 용액   얼음물

_____

_____

_____

5 다음은 같은 양의 물이 든 두 비커에 하나는 황색 설탕 한 숟가락을 용해시키고, 나머지 하나는 황색 설탕 열 숟가락을 용해시킨 것입니다. 두 황설탕 용액의 진하기를 비교할 수 있는 방법을 한 가지 쓰시오. [5점]

6 예로부터 장을 담글 때 달걀을 사용하여 소금물의 짠 정도를 확인하였습니다. 이때 이용된 용액의 성질을 쓰시오. [5점]

7 다음은 진하기가 다른 백설탕 용액에 한 개의 방울토마토를 번갈아 넣은 모습입니다. 물음에 답하시오. [10점]

(가)   (나)   (다)

단계 1 위 실험에서 진한 설탕 용액을 순서대로 쓰시오.

(   )

단계 2 **단계 1** 에서 그렇게 생각한 까닭을 쓰시오.

단계 3 위 실험에서 방울토마토 대신 메추리알을 사용한다면 실험 결과가 어떻게 될지 예상하여 쓰시오.

과학

4단원

연습! 서술형 평가

곰팡이와 버섯의 특징

1 다음 중 곰팡이와 버섯의 특징으로 옳지 <u>않은</u> 것을 골라 ×표 하시오.

(1) 포자로 번식합니다. ( )

(2) 균사로 이루어져 있습니다. ( )

(3) 다른 생물이나 죽은 생물이 있는 곳에서 볼 수 있습니다. ( )

(4) 햇빛을 이용해 광합성을 하여 스스로 영양분을 생산합니다. ( )

1-1 서술형 쌍둥이 문제
다음 그림을 보고 버섯이 양분을 얻는 방법을 쓰시오. [4점]

죽은 나무에서 자란 버섯

_____

_____

짚신벌레와 해캄의 특징

2 다음은 광학현미경으로 관찰한 짚신벌레와 해캄의 모습입니다. 생물의 이름을 각각 쓰시오.

(1) 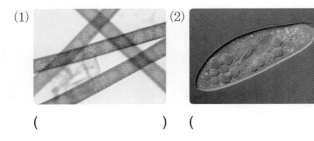 (2)

( ) ( )

2-1 서술형 쌍둥이 문제
다음 짚신벌레와 해캄의 모습을 보고, 각각의 특징을 한 가지씩 쓰시오. [6점]

짚신벌레 해캄

_____

_____

세균의 특징

3 다음 중 세균에 대한 설명으로 옳지 <u>않은</u> 것을 골라 ×표 하시오.

(1) 세균은 다양한 형태가 있습니다. ( )

(2) 세균의 종류와 수는 매우 많습니다. ( )

(3) 크기는 매우 작지만 생명 현상을 하는 생물입니다. ( )

(4) 동물, 식물보다 복잡한 구조로 이루어져 있습니다. ( )

3-1 서술형 쌍둥이 문제
다음 그림은 다양한 형태의 세균을 나타낸 것입니다. 그림을 보고 세균의 특징을 한 가지 쓰시오. [4점]

 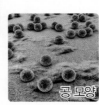  

공 모양 막대 모양 나선 모양

_____

_____

생물이 우리 생활에 미치는 이로운 영향

4 균류, 원생생물, 세균 등 다양한 생물이 우리 생활에 미치는 이로운 영향이 <u>아닌</u> 것은 어느 것입니까? (　　　)

① 해캄은 산소를 만든다.
② 독이 든 버섯은 질병을 치료한다.
③ 균류와 세균은 죽은 생물을 분해한다.
④ 원생생물은 다른 생물의 먹이가 된다.
⑤ 발효 음식을 만드는 데 활용되는 세균이 있다.

4-1
서술형
쌍둥이
문제

균류, 원생생물, 세균 등 다양한 생물이 우리 생활에 미치는 이로운 영향을 한 가지 쓰시오. [4점]

_____

_____

_____

생물이 우리 생활에 미치는 해로운 영향

5 균류, 원생생물, 세균 등 다양한 생물이 우리 생활에 미치는 해로운 영향이 <u>아닌</u> 것은 어느 것입니까? (　　　)

① 적조를 일으킨다.
② 음식을 상하게 한다.
③ 우리 주변의 물건을 상하게 한다.
④ 균류와 세균은 죽은 생물을 분해한다.
⑤ 식물에게 병을 일으키는 균류가 있다.

5-1
서술형
쌍둥이
문제

균류, 원생생물, 세균 등 다양한 생물이 우리 생활에 미치는 해로운 영향을 한 가지 쓰시오. [4점]

_____

_____

_____

과학

5단원

첨단 생명 과학과 우리 생활

6 첨단 생명 과학이 우리 생활에 활용되는 예와 그에 대한 설명으로 옳은 것에 ○표 하시오.

(1) 생물 농약은 푸른곰팡이가 세균을 자라지 못하게 하는 특성을 활용합니다.　(　　　)

(2) 클로렐라와 같은 원생생물은 영양소가 풍부하여 건강식품을 만드는 데 활용합니다. (　　　)

(3) 오염 물질을 분해하는 세균의 특성을 활용하여 플라스틱 제품을 생산하는 데 활용합니다.　(　　　)

6-1
서술형
쌍둥이
문제

오른쪽과 같이 첨단 생명 과학에서는 생물을 활용해 질병을 치료하기도 합니다. 이때 활용한 생물의 종류와 이 생물의 어떤 특성을 활용한 것인지 쓰시오. [6점]

_____

_____

_____

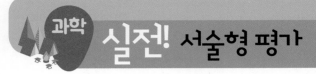

1 곰팡이와 버섯이 잘 살 수 있는 환경을 쓰시오. [5점]

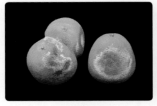
▲ 곰팡이

▲ 버섯

_____

_____

3 다음 짚신벌레와 해캄이 사는 곳의 특징을 쓰시오. [5점]

▲ 짚신벌레

▲ 해캄

_____

_____

2 다음 곰팡이와 식물의 다른 점을 한 가지 쓰시오. [5점]

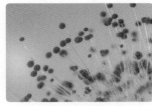
▲ 곰팡이

▲ 식물

_____

_____

4 다음 생물들을 무엇이라고 하는지 쓰고, 이 생물들의 공통된 특징을 한 가지 쓰시오. [7점]

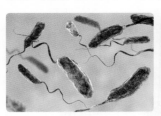

_____

_____

5 벽에 생긴 생물은 무엇인지 쓰고, 이 생물이 우리 생활에 미치는 이로운 영향과 해로운 영향을 한 가지씩 쓰시오. [7점]

_____

_____

6 다음과 같은 푸른곰팡이가 첨단 생명 과학을 통하여 우리 생활에 이롭게 활용되는 예를 쓰시오. [5점]

▲ 푸른곰팡이

_____

_____

단계별 유형

7 다음은 우리 생활에 영향을 미치는 두 생물입니다. 물음에 답하시오. [10점]

▲ 해캄   ▲ 버섯

1단계 첨단 생명 과학에서 생물 연료로 활용되는 생물은 무엇인지 쓰시오.

(   )

2단계 해캄이 우리 생활에 미치는 이로운 영향을 한 가지 쓰시오.

_____

_____

_____

3단계 버섯과 같은 균류가 우리 생활에 미치는 이로운 영향과 해로운 영향을 한 가지씩 쓰시오.

_____

_____

_____

과학

5단원

정답과 풀이

1. 대화와 공감

정답과 풀이

국어

연습! 서술형 평가
2~3쪽

1 ①

풀이 태일이는 소희의 이야기를 듣고 소희의 마음을 이해해 주었습니다.

1-1 **예시 답안** 잘 듣지 않으면 다시 물어봐야 해.

채점 기준	답안 내용	배점
그림에서 알 수 있는 대화의 특성을 정확하게 쓴 경우		4
대화의 특성은 썼으나 그림에서 알 수 있는 내용이 아닌 경우		2

│ 채점 시 유의 사항 │ 대화의 특성에는 여러 가지가 있지만 그림에서 알 수 있는 내용을 썼으면 정답으로 합니다.

2 ④

풀이 이 글에서 칭찬 한마디는 누군가의 인생을 변화시키는 결정적인 계기가 되기도 한다고 하였습니다.

2-1 **예시 답안** 칭찬은 누군가에게 용기를 주고 자신을 긍정적으로 바라보게 하기 때문입니다. / 올바른 습관을 기르고 능력을 키우는 데 도움이 되기 때문입니다.

채점 기준	답안 내용	배점
글에서 알 수 있는 칭찬의 중요성을 알맞게 쓴 경우		4
칭찬이 중요한 까닭은 썼으나 글의 내용을 바탕으로 하여 쓰지 않은 경우		2

3 ⑤

풀이 정인이는 동욱이가 자신의 고민을 제대로 듣지도 않고 해결 방법을 말해서 당황하였습니다.

3-1 **예시 답안** 정인이의 고민을 제대로 듣지도 않고 해결 방법을 말했습니다. / 정인이의 마음을 생각하지 않고 해결 방법을 말했습니다.

채점 기준	답안 내용	배점
동욱이가 잘못한 점을 구체적으로 쓴 경우		4
'정인이의 말을 잘 안 들었다.'처럼 동욱이가 잘못한 점을 간단하게 쓴 경우		2

4 ①

풀이 민재와 주민이는 서로의 말에 공감하며 대화하였습니다.

4-1 **예시 답안** 공감하는 마음입니다.

채점 기준	답안 내용	배점
민재가 어떤 마음으로 말했을지 정확하게 쓴 경우		4
민재의 마음을 간단하게 쓴 경우		2

실전! 서술형 평가
4~5쪽

1 **예시 답안** 잠깐 딴생각하느라 소희가 한 말을 듣지 못했기 때문입니다.

채점 기준	답안 내용	배점
태일이가 소희에게 질문을 한 까닭을 구체적으로 쓴 경우		5
태일이가 소희에게 질문을 한 까닭을 간단하게 쓴 경우		3
태일이가 소희에게 질문을 한 까닭을 쓰지 못한 경우		1

2 **예시 답안** 대화를 할 때에는 상대의 마음을 살피며 해야 합니다.

풀이 태일이와 소희의 대화에서는 잘 못 들었을 때에는 다시 물어봐야 한다는 것을 알 수 있고, 은주와 소희의 대화에서는 서로 상대방의 마음을 살피며 해야 한다는 것을 알 수 있습니다.

채점 기준	답안 내용	배점
태일이와 소희, 은주와 소희의 대화에서 알 수 있는 대화의 특성을 구체적으로 쓴 경우		5
태일이와 소희, 은주와 소희의 대화에서 알 수 있는 대화의 특성을 간단하게 쓴 경우		3

3 **예시 답안** 분명하고 자세하게 칭찬해야 합니다.

채점 기준	답안 내용	배점
칭찬이 힘을 발휘하려면 어떻게 해야 하는지 글에서 찾아 정확하게 두 가지를 쓴 경우		5
칭찬이 힘을 발휘하려면 어떻게 해야 하는지, 글의 내용 중 한 가지만 쓴 경우		3

4 **예시 답안** 친구가 어려울 때 도와주는 모습이 정말 대단해. 수현아, 너는 정말 다정한 친구구나!

풀이 지혜는 수현이를 두루뭉술한 말로 칭찬하였으므로 수현이가 잘한 점을 분명하고 자세하게 칭찬하는 말로 바꾸어 써야 합니다.

채점 기준	답안 내용	배점
칭찬하는 말을 분명하고 자세하게 바꾸어 쓴 경우		5
칭찬하는 말을 바꾸어 썼으나 부족한 부분이 있는 경우		3

5 **예시 답안** ❶ 약간 성가신 듯이
❷ 동욱이에게 조심스럽게 고민을 털어놓았습니다.
❸ 상대에게 고민을 말하라고 재촉하거나 강요하지 않습니다.

채점 기준	답안 내용	배점
❶~❸에 모두 알맞은 내용을 쓴 경우		10
❶~❸ 중 두 가지만 알맞은 내용을 쓴 경우		6
❶~❸ 중 한 가지만 알맞은 내용을 쓴 경우		3

6 **예시 답안** (1) 상을 받지 못한 정우를 보고 마음껏 기뻐할 수 없는 상황입니다.

(2) 상을 받지 못해 아쉽지만 상을 받은 시현이를 축하해야 하는 상황입니다.

채점 기준	답안 내용	배점
시현이와 정우의 상황을 모두 구체적으로 쓴 경우		5
시현이와 정우의 상황을 간단하게 쓴 경우		2

7 예시 답안 괜찮아. 다음에 또 도전하면 되지. 어떻게 하면 글을 잘 쓸 수 있는지 더 배워야겠어.

풀이 정우는 시현이의 마음에 공감하며 대답하는 말을 해야 합니다.

채점 기준	답안 내용	배점
정우가 했을 말을 시현이의 마음을 생각하여 알맞게 쓴 경우		7
정우가 했을 말을 썼으나 시현이의 마음을 생각하지 못한 경우		3

 2. 작품을 감상해요

연습! 서술형 평가   6~7쪽

1 ⑤

풀이 이 글은 유관순에 대한 전기문으로 일제 강점기를 배경으로 하고 있습니다. 일제 강점기에 대해 글이나 영상을 보았던 기억, 유관순에 대한 자료를 보았던 기억 등을 떠올려 경험을 말해야 합니다.

1-1 예시 답안 일제 강점기에 벌어진 독립 만세 운동을 다룬 영화를 본 것이 기억납니다.

채점 기준	답안 내용	배점
일제 강점기에 대해 책을 본 일, 영화를 본 일 또는 역사박물관에 간 일처럼 이 글을 읽고 떠오른 자신의 경험을 구체적으로 쓴 경우		4
글의 내용과는 관련 있지만, 자신의 경험이 아닌 내용을 쓴 경우		2

│ 채점 시 유의 사항 │ 유관순이 살던 시대와 관련 있는 자신의 경험이나 유관순이라는 인물과 관련 있는 자신의 경험을 떠올려 썼으면 정답으로 합니다.

2 ①, ②, ③

풀이 말하는 이는 1연에서 학교에 지각할 뻔하였고, 2연에서는 춥고 배가 고팠으며, 3연에서는 누군가를 몹시 그리워하였습니다.

2-1 예시 답안 학교에 늦을 것 같을 때 교실로 순간 이동을 하고 싶었던 적이 있습니다.

채점 기준	답안 내용	배점
이 시의 글쓴이와 비슷한 생각이나 느낌을 가졌던 경험을 구체적으로 쓴 경우		4
자신의 경험이지만 글쓴이의 경험과 관련이 적은 내용을 쓴 경우		2

3 ①

풀이 이 이야기에서 수일이네 강아지인 덕실이가 말을 해서 수일이가 깜짝 놀랐습니다.

3-1 예시 답안 수일이가 덕실이에게 말을 하는 장면입니다.

채점 기준	답안 내용	배점
글의 내용과 관련 있는 인상 깊은 장면을 쓴 경우		4
인상 깊은 장면을 썼으나 글의 내용과 관련이 적은 내용을 쓴 경우		2

4 ①, ②

풀이 이 시에서 말하는 이는 봄날에 예쁘게 핀 꽃의 모습을 보고 있습니다.

4-1 예시 답안 친구를 내가 먼저 도와준 줄 알았는데 나중에 알고 보니 그 친구가 먼저 나를 도와준 적이 있습니다.

채점 기준	답안 내용	배점
시의 내용과 관련 있는 자신의 경험을 구체적으로 쓴 경우		4
시의 내용과 관련 있는 자신의 경험을 간단하게 쓴 경우		2

실전! 서술형 평가   8~9쪽

1 예시 답안 일본에 빼앗긴 나라를 찾기 위해서입니다.

채점 기준	답안 내용	배점
일본에 빼앗긴 나라를 찾기 위해서라는 내용을 쓴 경우		5
'나라를 빼앗겨서'와 같이 간단하게 쓴 경우		3

2 예시 답안 유관순 열사를 존경하는 마음이 들었습니다. / 일제 강점기에 나라를 지키려는 소녀의 노력에 감동했습니다.

풀이 일제 강점기에 나라를 지키기 위해 애를 쓴 유관순의 모습, 독립 만세 운동이 벌어졌던 시대 상황 등에 대한 자신의 생각이나 느낌을 떠올려 씁니다.

채점 기준	답안 내용	배점
글을 읽고 든 자신의 생각이나 느낌을 구체적으로 쓴 경우		5
글을 읽고 든 자신의 생각이나 느낌을 간단하게 쓴 경우		3

3 예시 답안 (1) 할머니 허리를 너무 세게 밟으면 할머니께서 아프실 것 같습니다.

(2) 손주가 허리를 밟아 주니까 더 시원하고 좋습니다.

풀이 '나'는 할머니 아픈 허리가 나았으면 좋겠다고 생각하면서도 할머니의 허리를 세게 밟으면 아프실 것 같아 걱정하는 마음이고, 할머니께서는 손자가 밟아 주니 시원하고 좋다는 마음이십니다.

채점 기준	답안 내용	배점
'나'와 할머니의 마음을 모두 구체적으로 쓴 경우		5
'나'와 할머니의 마음을 간단하게 쓴 경우		3

4 예시 답안 아버지 흰머리를 뽑아 드렸는데, 아버지께서는 뽑으라고 하시는데 나는 아버지께서 아프실까 봐 조심조심 뽑았던 것이 기억납니다.

풀이 이 시처럼 누군가를 도와주면서도 상대를 걱정했던 경험, 자신이 누군가에게 도움을 받았던 경험 등을 떠올려 봅니다.

채점 기준	답안 내용	배점
	시를 읽으며 떠오른 자신의 경험을 구체적으로 쓴 경우	5
	시를 읽으며 떠오른 자신의 경험을 간단하게 쓴 경우	3

5 예시 답안 ① 자기 자신(수일이)

② 수일이를 하나 더 만드는 방법입니다.

③ 덕실이가 말한 대로 쥐를 찾아서 가짜 수일이를 만들고 가짜 수일이를 진짜 수일이 대신 학원에 보냈을 것입니다.

풀이 수일이가 자기 자신이 한 명 더 생겼으면 좋겠다고 하자 덕실이가 수일이에게 수일이를 한 명 더 만드는 방법을 말해 주었습니다.

채점 기준	답안 내용	배점
	①~③에 모두 알맞은 내용을 쓴 경우	10
	①~③ 중 두 가지만 알맞은 내용을 쓴 경우	6
	①~③ 중 한 가지만 알맞은 내용을 쓴 경우	3

| **채점 시 유의 사항** | 이어질 이야기는 각자의 경험과 상상력에 따라 다른 내용으로 전개될 수 있습니다. 수일이가 가짜 수일이를 만들지 못하였다는 내용, 수일이가 가짜 수일이를 만드는 데 성공하였지만 친구들이 가짜 수일이를 더 좋아하게 되었다는 내용 등 다양한 내용을 모두 정답으로 합니다.

6 예시 답안 (1) '나를 향해 더 많이 활짝 웃고 있었다'는 표현입니다.

(2) 꽃이 피어 있는 모습을 나를 바라보고 웃고 있었다고 표현한 것이 귀엽습니다.

채점 기준	답안 내용	배점
	인상 깊게 느껴진 부분과 그 까닭을 모두 알맞게 쓴 경우	5
	인상 깊게 느껴진 부분은 알맞게 썼으나 까닭이 부족한 경우	3

7 예시 답안 친구가 전학을 가기 전에는 몰랐는데 전학을 간 친구의 빈자리가 느껴졌던 경험을 시로 쓰고 싶습니다.

채점 기준	답안 내용	배점
	꽃이 핀 모습이나 자연이 변화한 모습을 알아채지 못했던 자신의 경험, 알아채지 못했지만 자신을 먼저 생각해 주던 친구의 모습처럼 시의 내용과 관련 있는 자신의 경험을 떠올려 구체적으로 쓴 경우	7
	시의 내용과 관련이 적은 자신의 경험을 떠올려 쓴 경우	4

 3. 글을 요약해요

연습! **서술형 평가** 10~11쪽

1 ②

풀이 이 글에서는 새싹 채소를 가꾸는 과정에 대해 설명하고 있습니다.

1-1 예시 답안 씨앗을 미지근한 물에 얼마나 담가 놓아야 하는지에 대한 부분입니다.

채점 기준	답안 내용	배점
	글의 내용과 관련하여 할 수 있는 알맞은 질문을 구체적으로 쓴 경우	4
	글의 내용과 관련하여 할 수 있는 질문이지만, 글에서 알 수 있는 내용을 썼거나 질문을 간단하게 쓴 경우	2

2 ①

2-1 예시 답안 비교와 대조, 두 가지 이상의 대상에서 공통점과 차이점을 찾아 설명하는 것입니다.

풀이 이 글은 다보탑과 석가탑의 공통점과 차이점을 들어 설명하는 '비교와 대조' 방법을 사용하였습니다.

채점 기준	답안 내용	배점
	어떤 방법인지 정확히 ○표 하고, 그 방법에 대해 구체적으로 설명한 경우	4
	어떤 방법인지는 표시하였으나 그 방법에 대해 간단하게 설명한 경우	2

3 ①, ⑤

풀이 어류의 몸의 형태와 뼈에 대해서는 이 글의 내용에서 알 수 없습니다.

3-1 예시 답안 어류는 옆줄로 환경 변화를 알아냅니다.

채점 기준	답안 내용	배점
	글의 중요한 내용을 정리하여 앞 내용과 자연스럽게 이어지도록 쓴 경우	4
	글의 중요한 내용을 정리하여 썼으나 어색한 부분이 있는 경우	2

4 ②

풀이 고양이 기르기와 강아지 기르기의 공통점과 차이점을 바탕으로 설명하는 글을 쓰는 것이므로 비교와 대조의 방법이 알맞습니다.

4-1 예시 답안 (1) 투명 인간이 불가능한 까닭 (2) 투명 인간의 특징, 투명 인간이 실제로 있을 수 있을지에 대한 의견 (3) 과학 잡지, 투명 인간 관련 서적, 인터넷 블로그

채점 기준	답안 내용	배점
	어떤 내용으로 쓸지, 수집할 내용은 무엇인지, 어디에서 수집할 것인지 구체적으로 쓴 경우	6
	어떤 내용으로 쓸 것인지는 알맞게 썼으나 수집할 내용이나 수집할 곳에 대해 구체적으로 쓰지 못한 경우	3

| **채점 시 유의 사항** | 설명할 내용과 관련 있는 자료의 내용을 썼는지, 자료를 수집할 곳이 믿을 만한 곳인지도 살펴보고 알맞게 썼으면 정답으로 합니다.

실전! **서술형 평가** 12~13쪽

1 예시 답안 (1) 국립중앙박물관의 관람 방법(이용 안내)입니다.

(2) 과일 카드 놀이를 하는 방법입니다.

채점 기준	답안 내용	배점
가와 나에서 설명하는 내용이 무엇인지 정확하게 쓴 경우		5
가와 나에서 설명하는 내용이 무엇인지 한 가지만 알맞게 쓴 경우		3

2 **예시 답안** 장난감 자동차를 조립하는 방법을 알기 위해 설명서를 읽은 적이 있습니다. / 약을 먹을 때 주의할 점을 알기 위해 설명서를 읽은 적이 있습니다.

풀이 설명하는 글을 읽어 본 경험을 떠올립니다. 약을 먹을 때 주의할 점을 알려 주는 글, 무엇을 조립하는 방법을 차례대로 설명하는 글 등 다양한 종류의 설명하는 글이 있습니다.

채점 기준	답안 내용	배점
설명하는 글을 읽은 경험을 구체적으로 쓴 경우		5
어떤 종류의 설명하는 글을 읽었는지만 간단하게 쓴 경우		3

3 **예시 답안** 설명하려는 대상의 예를 듭니다.

채점 기준	답안 내용	배점
문단 2와 3에서 설명하려는 대상의 예를 들고 있다는 내용을 정확하게 쓴 경우		5
'피사의 사탑', '에펠 탑'처럼 문단 2와 3에서 설명하는 대상이 무엇인지 쓴 경우		3

4 **예시 답안** 설명하려는 대상의 특징을 나열해 설명하는 열거 방식을 사용했습니다.

풀이 이 글은 '세계 여러 도시에 있는 유명한 탑'을 '피사의 사탑', '에펠 탑'을 예로 들어 설명하였습니다.

채점 기준	답안 내용	배점
이 글에서 대상을 어떤 방법으로 설명하였는지, 그 설명 방식은 무엇인지 구체적으로 쓴 경우		7
이 글에서 대상을 어떤 방법으로 설명하였는지만 쓴 경우		4

5 **예시 답안** (1) 사람은 직업에 따라 고유한 색깔 옷을 입기도 한다. (2) 의사나 간호사는 보통 흰색 옷을 입는다. (3) 법관은 검은색 옷을 입는다.

채점 기준	답안 내용	배점
각 문단의 중심 문장을 모두 알맞게 찾아 쓴 경우		5
각 문단의 중심 문장 중 두 가지만 알맞게 찾아 쓴 경우		3
각 문단의 중심 문장 중 한 가지만 알맞게 찾아 쓴 경우		1

6 **예시 답안** 사람은 직업에 따라 고유한 색깔 옷을 입기도 합니다. 의사나 간호사는 보통 흰색 옷을 입고, 법관은 검은색 옷을 입습니다.

풀이 문제 **5**번에 정리한 중심 문장을 바탕으로 하여 문장이 자연스럽게 이어지도록 정리하여 씁니다.

채점 기준	답안 내용	배점
글의 중요한 내용을 정리하여 문장이 자연스럽게 이어지도록 쓴 경우		7
글의 중요한 내용을 정리하여 썼으나, 문장에 어색한 부분이 있는 경우		3

7 **예시 답안** ❶ 심벌즈와 바라
❷ 비교와 대조의 방법으로 설명할 것입니다.
❸ 심벌즈와 바라는 모양이 비슷하고 둘 다 두드려서 소리를 내는 타악기입니다. 하지만 심벌즈는 오케스트라에서 연주하는 악기이고, 바라는 불교 의식을 할 때에 연주하는 악기입니다.

채점 기준	답안 내용	배점
❶~❸에 모두 알맞은 내용을 쓴 경우		10
❶~❸ 중 두 가지만 알맞은 내용을 쓴 경우		6
❶~❸ 중 한 가지만 알맞은 내용을 쓴 경우		3

4. 글쓰기의 과정

연습! 서술형 평가

14~15쪽

1 ④
풀이 '음식을'은 목적어에 해당합니다.

1-1 **예시 답안** (1) 문장에서 동작이나 상태의 주체가 됩니다.
(2) 주어의 움직임, 상태, 성질 따위를 풀이합니다.
(3) 문장에서 동작의 대상이 됩니다.

채점 기준	답안 내용	배점
주어, 서술어, 목적어의 역할을 모두 정확하게 쓴 경우		4
주어, 서술어, 목적어의 역할을 간단하게 쓰거나 알맞게 쓰지 못한 부분이 있는 경우		2

2 ③, ④
2-1 **예시 답안**

할아버지께서 편찮으심	자전거를 타다가 넘어짐
등산	친구의 생일잔치

풀이 자신의 생각을 떠오르는 대로 정리해 봅니다.

채점 기준	답안 내용	배점
자신이 겪은 일을 자유롭게 떠올려 알맞게 쓴 경우		4
자신이 겪은 일을 떠올려 썼으나 가와 같은 방법으로 쓰지 못한 경우		2

3 ①, ③
풀이 일어난 일과 그에 어울리는 생각이나 느낌을 시간 흐름과 장소 변화에 따라 정리하여 묶은 것입니다.

3-1 **예시 답안** 기분이 참 상쾌함.

채점 기준	답안 내용	배점
일어난 일에 알맞은 생각이나 느낌을 구체적으로 쓴 경우		4
일어난 일과 관련이 적은 내용으로 생각이나 느낌을 쓴 경우		2

4 ②

풀이 높임의 대상을 나타내는 말과 서술어의 호응이 나타난 문장이 들어가야 하므로 '아버지께 선물을 드렸다'가 알맞습니다.

4-1 예시 답안 시간을 나타내는 말과 서술어의 호응

채점 기준	배점
답안 내용	
시간을 나타내는 말과 서술어의 호응이라고 정확하게 쓴 경우	4
시간을 나타내는 말, 서술어, 호응 중 빠진 낱말이 있는 경우	2

실전! 서술형 평가
16~17쪽

1 예시 답안 (1) 떡볶이가, 빨갛다 (2) 매콤한, 익은, 고추처럼

풀이 '매콤한, 익은, 고추처럼'은 문장의 다른 성분을 꾸며 주는 말입니다.

채점 기준	배점
답안 내용	
반드시 있어야 하는 부분과 그렇지 않은 부분을 나누어 정확하게 쓴 경우	5
반드시 있어야 하는 부분과 그렇지 않은 부분 중 잘못 쓴 낱말이 있는 경우	3

2 예시 답안 나는 사과를 먹었습니다. / 동생이 장난감을 샀습니다. / 나는 떡볶이를 좋아합니다.

채점 기준	배점
답안 내용	
주어, 목적어, 서술어의 차례에 맞게 알맞은 문장을 만들어 쓴 경우	5
주어, 목적어, 서술어 중 문장 성분이 빠진 문장을 만들어 쓴 경우	3

| 채점 시 유의 사항 | 문장을 쓸 때에는 '주어-목적어-서술어'의 차례로 써야 한다는 것을 기억하고 있는지 잘 살펴보고, 알맞은 차례로 쓴 문장만 정답으로 합니다.

3 예시 답안 (1) 달걀말이 만드는 방법을 배웠습니다.
(2) 신나고 즐거웠을 것입니다.

채점 기준	배점
답안 내용	
달걀말이 만드는 방법을 배웠고, 신나고 즐거운 기분이 들었다는 내용을 쓴 경우	5
무엇을 배웠는지, 어떤 기분이 들었는지 중에서 한 가지만 알맞게 쓴 경우	3

4 예시 답안 도전! 달걀말이 만들기

풀이 글의 제목은 글의 전체 내용을 담을 수 있는 대표적인 내용으로 써야 하며, 길게 쓰는 것보다 한눈에 들어올 수 있는 말로 표현하는 것이 좋습니다.

채점 기준	배점
답안 내용	
글의 내용을 모두 아우를 수 있는 제목을 알맞게 쓴 경우	5
글의 일부 내용만 나타나거나, 글의 제목으로 쓰기에는 긴 내용을 쓴 경우	3

5 예시 답안 ① 생각이나 느낌
② 할머니께서 여전히 계심.
③ 일어난 일에 대한 글쓴이의 생각, 느낌 등을 더 자세하게 드러냈습니다.

풀이 다발 짓기는 글로 쓸 내용을 떠올린 뒤에 글을 쓰기 전에 뼈대를 짓는 과정에 해당합니다. 글의 내용을 살펴보고, 어떤 내용을 바탕으로 글을 썼을지 찾아봅니다.

채점 기준	배점
답안 내용	
①~③에 모두 알맞은 내용을 쓴 경우	10
①~③ 중 두 가지만 알맞은 내용을 쓴 경우	6
①~③ 중 한 가지만 알맞은 내용을 쓴 경우	3

6 예시 답안 (1) 지저귑니다. (2) 숲속에서 다람쥐가 뛰어놀고, 새가 지저귑니다.

채점 기준	배점
답안 내용	
서술어에 '지저귑니다'를 쓰고, 각각의 주어에 알맞은 서술어를 써서 문장을 고쳐 쓴 경우	7
서술어에 '지저귑니다'를 썼으나, 각각의 주어에 알맞은 서술어를 써서 문장을 고쳐 쓰지 못한 경우	5

| 채점 시 유의 사항 | '다람쥐가'라는 주어에 알맞은 서술어인 '뛰어놀다', '뛰어다니다', '돌아다니다' 등을 떠올려 문장이 자연스럽게 이어지도록 고쳐 썼으면 정답으로 합니다.

7 예시 답안 (1) 나는 동생보다 키가 더 크고, 몸무게가 더 무겁다.
(2) 하늘에 구름이 떠 있고, 별이 반짝입니다.

풀이 '키'는 '크다/작다'와, '구름'은 '뜨다'와 호응을 이루는 말입니다.

● 5. 글쓴이의 주장

연습! 서술형 평가
18~19쪽

1 ②

풀이 남자아이는 태빈이가 '다리가 부러졌다'고 한 말을 듣고 누군가의 다리가 부러졌다는 말로 이해하여 걱정하는 표정을 지었습니다.

1-1 예시 답안 태빈이가 다리가 부러졌다고 말한 것을 듣고, 누군가 다리를 다쳤다고 생각했기 때문입니다.

채점 기준	배점
답안 내용	
남자아이가 걱정한 까닭을 구체적으로 쓴 경우	4
남자아이가 걱정한 까닭을 간단하게 쓴 경우	2

2 ①, ⑤

풀이 '사고'와 '일어나지'는 상황에 따라 여러 가지 뜻으로 해석되는 낱말입니다.

2-1 예시 답안 (1) 아침에 일어나다 (2) 먼지가 일어나다

채점 기준	답안 내용	배점
'일어나다'의 뜻이 잘 나타나도록 문장을 두 가지 모두 만들어 쓴 경우		6
'일어나다'의 뜻이 나타나도록 썼으나, 문장에 어색한 부분이 있는 경우		3

3 ②

3-1 예시 답안 인공 지능이 일으킬 위험을 알고 그를 막을 방법을 연구해야 합니다.

채점 기준	답안 내용	배점
인공 지능에 대한 글쓴이의 생각이 잘 나타나게 쓴 경우		4
'인공 지능'이라는 말은 포함하여 썼으나 글쓴이의 생각이 정확하게 나타나도록 쓰지 못한 경우		2

4 ①

풀이 글쓴이는 쓰기 윤리를 지켜야 한다고 주장하며 쓰기 윤리를 지키지 않는 것은 법을 어기는 일이라고 했습니다.

4-1 예시 답안 (1) 쓰기 윤리를 지켜야 합니다.
(2) 쓰기 윤리를 지키지 않는 것은 법을 어기는 일입니다.

채점 기준	답안 내용	배점
쓰기 윤리를 지켜야 한다는 주장과, 쓰기 윤리를 지키지 않는 것이 법을 어기는 일이라는 근거를 모두 정확하게 쓴 경우		4
쓰기 윤리를 지켜야 한다는 주장은 썼으나, 근거를 정확하게 쓰지 못한 경우		2

실전! 서술형 평가
20~21쪽

1 예시 답안 (1) 물을 건너거나 한편의 높은 곳에서 다른 편의 높은 곳으로 건너다닐 수 있도록 만든 시설물. (2) 사람이나 동물의 몸통 아래 붙어 있는 신체의 부분.

채점 기준	답안 내용	배점
다리의 두 가지 뜻을 모두 정확하게 쓴 경우		5
다리의 두 가지 뜻 중 한 가지만 정확하게 쓴 경우		2

2 예시 답안 동형어, 형태는 같지만 뜻이 서로 다른 낱말이기 때문입니다.

풀이 문제 **1**번의 '길을 건널 때 쓰는 다리'와 '사람의 다리'는 우연히 형태는 같지만 서로 다른 뜻을 나타내는 낱말이므로 동형어에 해당합니다.

채점 기준	답안 내용	배점
동형어라고 쓰고, 형태는 같지만 뜻이 서로 다른 낱말이기 때문이라는 내용을 정확하게 쓴 경우		5
동형어라고 썼지만 까닭을 정확하게 쓰지 못한 경우		2

3 예시 답안 어린이 보행 중 교통사고를 줄여야 합니다.

채점 기준	답안 내용	배점
어린이 보행 중 교통사고를 줄여야 한다는 글쓴이의 생각을 정확하게 쓴 경우		5
'어린이 교통사고를 줄여야 한다'처럼 보행 중 교통사고를 줄여야 한다는 내용을 포함하여 쓰지 않은 경우		2

4 예시 답안 뜻밖에 일어난 불행한 일.

풀이 문장의 앞뒤 내용을 읽어 보고 어떤 뜻으로 해석하여 읽으면 자연스러운지 살펴봅니다.

채점 기준	답안 내용	배점
낱말의 뜻을 정확하게 파악하여 찾아 쓴 경우		5
낱말의 뜻을 정확하게 파악하지 못하고 다른 뜻을 쓴 경우		1

5 예시 답안 (1) 인공 지능은 인류 미래에 꼭 있어야 할 기술입니다.
(2) 인공 지능에 제대로 된 규칙을 부여해 잘 통제하고 활용하면 인류의 삶은 더욱 편리하고 풍요로워질 것입니다.
(3) 인공 지능은 인류의 미래를 희망으로 가득하게 만들어 줄 것입니다.

풀이 각 문단의 중심 내용은 주로 글의 앞이나 뒤에 있지만 중간에 있는 경우도 있습니다.

채점 기준	답안 내용	배점
(1)~(3)에 모두 알맞은 내용을 쓴 경우		7
(1)~(3) 중 두 가지만 알맞은 내용을 쓴 경우		5
(1)~(3) 중 한 가지만 알맞은 내용을 쓴 경우		3

6 예시 답안 인공 지능은 인류의 미래를 희망으로 가득하게 만들어 줄 것이라고 생각합니다.

채점 기준	답안 내용	배점
인공 지능이 인류의 미래를 희망으로 가득하게 만들어 줄 것이라는 내용을 쓴 경우		5
'인공 지능이 도움이 될 것이다.'처럼 간단하게 쓴 경우		2

7 예시 답안 ❶ 스마트폰
❷ 학교 안에서 학생들이 스마트폰을 사용할 수 없도록 해야 한다고 생각합니다.
❸ 학교에서 스마트폰을 사용하다가 잃어버리는 일이 자주 일어납니다. / 공부 시간에 사용하면 다른 친구에게 방해가 됩니다.

채점 기준	답안 내용	배점
❶~❸에 모두 알맞은 내용을 쓴 경우		10
❶~❸ 중 두 가지만 알맞은 내용을 쓴 경우		6
❶~❸ 중 한 가지만 알맞은 내용을 쓴 경우		3

| 채점 시 유의 사항 | 학교 안에서 스마트폰을 사용하는 것의 장점과 단점을 생각하여 자신의 의견을 쓰고, 주장을 뒷받침하기에 알맞은 근거를 썼으면 정답으로 합니다.

6. 토의하여 해결해요

연습! 서술형 평가　　　　　　　22~23쪽

1 ②, ③, ④

풀이 토의를 하면 문제 해결에 직접 참여할 수 있고, 문제 상황을 더 잘 이해할 수 있습니다. 또 결정된 내용을 잘 받아들일 수 있습니다.

1-1 **예시 답안** 적절한 문제 해결 방법을 찾을 수 있습니다. / 상황을 더 잘 이해할 수 있습니다. / 문제 해결에 직접 참여할 수 있습니다.

채점 기준	답안 내용	배점
토의가 필요한 까닭을 알맞게 한 문장으로 쓴 경우		4
토의가 필요한 까닭을 문장으로 쓰지 못한 경우		2

┃ 채점 시 유의 사항 ┃ 예시 답안 중 한 가지를 썼으면 정답으로 합니다.

2 ②, ⑤

풀이 그림 ❶에서 마루는 자신의 의견을 제시하는 까닭을 설명하지 않았고, 그림 ❷에서는 자신의 의견을 반말로 이야기하며 친구의 의견을 존중하지 않았습니다.

2-1 **예시 답안** 알맞은 까닭을 들어 자신의 주장을 말하고, 다른 사람의 의견을 존중하며 듣습니다.

채점 기준	답안 내용	배점
알맞은 까닭을 들어 자신의 주장을 말해야 한다는 것과 다른 사람의 의견을 존중해야 한다는 것을 모두 쓴 경우		6
알맞은 까닭을 들어 자신의 주장을 말해야 한다는 것과 다른 사람의 의견을 존중해야 한다는 것 중 한 가지만 쓴 경우		3

┃ 채점 시 유의 사항 ┃ 마루는 그림 ❶에서 알맞은 까닭을 들어 자신의 주장을 말해야 하고, 그림 ❷에서 다른 사람의 의견을 존중하며 들어야 하므로 두 가지를 모두 쓴 경우 정답으로 합니다.

3 ③, ④, ⑤

풀이 토의 주제로 알맞은지 알기 위해서는 주제가 우리 모두와 관련이 있는 문제인지, 해결 방법을 찾을 수 있는 문제인지 살펴보아야 합니다. 또 변화를 이끌어 낼 수 있는 문제인지 살펴보아야 합니다. ①, ②는 토의 주제에 대한 자신의 의견을 쓸 때 생각할 점입니다.

3-1 **예시 답안** 학급의 날이기 때문에 우리 모두와 관련이 있는 문제로 볼 수 있습니다. / 학급의 날을 보내는 여러 방법을 찾아낼 수 있습니다. / 우리가 학급의 날을 만들어 갈 수 있습니다.

채점 기준	답안 내용	배점
토의 주제로 알맞은지 알기 위해 살펴보아야 할 점들을 생각하며 쓴 경우		6
'알맞다'는 뜻으로만 쓴 경우		2

┃ 채점 시 유의 사항 ┃ 예시 답안 중 한 가지 내용을 썼으면 정답으로 합니다.

4 ②, ⑤

풀이 학생들은 전교 학생회에서 '안전한 학교 만들기' 안건을 마련했고, 토의를 하여 여러 가지 해결 방법을 제안했습니다.

4-1 **예시 답안** 학생들은 전교 학생회에서 '안전한 학교 만들기' 안건을 마련하고 토의를 하여 여러 가지 해결 방법을 제안했습니다.

채점 기준	답안 내용	배점
'안전한 학교 만들기' 안건을 마련했다는 내용과 토의를 하여 해결 방법을 제안했다는 내용을 모두 쓴 경우		6
두 가지 내용 중 한 가지만 쓴 경우		3

실전! 서술형 평가　　　　　　　24~25쪽

1 **예시 답안** 운동장을 안전하게 쓰는 방법을 이야기하고 있습니다.

채점 기준	답안 내용	배점
의견을 나누고 있는 문제를 알맞게 쓴 경우		5
의견을 나누고 있는 문제는 썼으나 맞춤법에 맞지 않게 쓴 경우		2

┃ 채점 시 유의 사항 ┃ '운동장을 안전하게 쓰는 방법'이라는 내용이 들어가게 썼으면 정답으로 합니다.

2 **예시 답안** 그림 ㉮에서는 알림 글로 결정 내용을 전달했고, 그림 ㉯에서는 학생들이 운동장 사용 방법을 논의하고 있습니다.

풀이 그림 ㉮에서는 알림 글을 통해 일방적으로 결정 내용을 전달하고 있지만 그림 ㉯에서는 학생들이 운동장 사용 방법을 함께 의논하고 있습니다

채점 기준	답안 내용	배점
그림 ㉮는 알림 글로 결정 내용을 전달했고, 그림 ㉯는 학생들이 토의(논의)하고 있다는 뜻으로 쓴 경우		7
그림 ㉮와 ㉯의 문제 해결 과정 중 한 가지만 알맞게 쓴 경우		3

┃ 채점 시 유의 사항 ┃ 꼭 예시 답안에 쓰인 표현이 아니더라도 문제 해결 과정에서 두 가지 방식의 차이를 알맞게 썼으면 정답으로 합니다.

3 **예시 답안** 학교 도서관에 책이 많다는 것과 자신이 대출한 도서 수는 토의 주제에 맞지 않는 내용입니다.

풀이 ㉯의 친구는 토의 주제에 맞지 않는 내용을 말했습니다.

채점 기준	답안 내용	배점
제안하는 내용이 토의 주제에 맞지 않는다는 내용으로 쓴 경우		5
내용은 알맞으나 문장이 매끄럽지 못한 경우		2

정답과 풀이 **97**

정답과 풀이

국어

4 (예시 답안) (1) 우리 학교 역사를 찾아봅시다.
(2) 우리 학교 역사를 찾아보면 학교가 어떤 과정으로 바뀌어 왔는지 알 수 있습니다. / 학교에 대해 좀 더 알게 되면 학교 이름이나 표지를 잘 이해하게 됩니다.

채점 기준	답안 내용	배점
주제에 알맞은 의견과 그 의견이 좋은 까닭을 타당하게 쓴 경우		7
의견은 알맞으나 그 의견이 좋은 까닭이 타당하지 못한 경우		3

| 채점 시 유의 사항 | 토의 주제에 알맞은 의견을 쓰고, 그 의견이 좋은 까닭을 타당하게 썼으면 정답으로 합니다.

5 (예시 답안) 친구의 말을 끝까지 듣지 않았습니다. / 손을 들고 말할 기회를 얻지 않았습니다.

(풀이) 마루는 손을 들고 말할 기회를 얻지 않았고, 친구의 말을 끝까지 듣지 않고 말했습니다.

채점 기준	답안 내용	배점
예시 답안 두 가지 중 한 가지를 쓴 경우		5
내용은 알맞으나 맞춤법이 틀리거나 문장이 매끄럽지 못한 경우		2

6 (예시 답안) • 알맞은 주장과 근거를 들었나요?
• 실천할 수 있나요?

(풀이) 의견이 알맞은지 판단하는 기준을 더 써 봅니다.

채점 기준	답안 내용	배점
두 가지 기준을 모두 알맞게 쓴 경우		5
한 가지 기준만 알맞게 쓴 경우		3

7 (예시 답안) ❶ 안전한 학교 만들기
❷ 불법 주정차 단속을 강화하고 어린이 보호 구역 표지판을 개선해 달라고 부탁했습니다.
❸ 모두에게 안전한 학교를 만드는 방법

채점 기준	답안 내용	배점
❶~❸에 모두 알맞은 내용을 쓴 경우		10
❶~❸ 중 두 가지만 알맞은 내용을 쓴 경우		6
❶~❸ 중 한 가지만 알맞은 내용을 쓴 경우		3

7. 기행문을 써요

연습! 서술형 평가 26~27쪽

1 ⑤
(풀이) 현석이는 제주도 여행을 가서 좋은 추억이 많았는데, 글로 남긴 것이 없어서 여행 경험을 정확하게 전하지 못했기 때문에 멋쩍어했습니다.

1-1 (예시 답안) 여행하며 보고 듣고 느낀 것을 글로 써서 남

겨야겠습니다. / 여행 경험을 글로 써서 추억을 오래 간직하고 싶습니다.

채점 기준	답안 내용	배점
여행을 할 때 글로 써서 남기는 것이 필요하다는 내용으로 쓴 경우		4
내용은 알맞으나 문장으로 쓰지 못한 경우		2

| 채점 시 유의 사항 | 여행 경험을 글로 써서 남겨야겠다는 뜻으로 썼으면 정답으로 합니다.

2 ④
(풀이) 제주의 동북쪽 구좌읍 세화리 송당리 일대는 제주에서도 오름이 가장 많고 아름다운 '오름의 왕국'이라고 했습니다.

2-1 (예시 답안) 다랑쉬오름 남쪽에 있던 마을에서 보면 북사면을 차지하고 앉아 된바람을 막아 주는 오름의 분화구가 마치 달처럼 둥글어 보인다 하여 붙여졌다고 합니다.

채점 기준	답안 내용	배점
'다랑쉬오름' 이름의 유래를 잘 정리하여 쓴 경우		4
내용은 알맞으나 문장이 매끄럽지 못하거나 맞춤법이 틀린 경우		2

3 ②
(풀이) ②는 가 본 곳 가운데에서 기억에 남는 곳을 떠올린 것이 아닙니다.

3-1 (예시 답안) (1) 친구들에게 내 경험을 알려 주려고
(2) 해인사에서 봤던 팔만대장경이 기억에 많이 남아서

채점 기준	답안 내용	배점
(1)과 (2)를 모두 알맞게 쓴 경우		4
(1)과 (2) 중 한 가지만 알맞게 쓴 경우		2

4 ⑤
(풀이) ⑤는 여행 안내장에 들어갈 내용으로 알맞지 않습니다.

4-1 (예시 답안) (1) 세계 자연 유산, 거문오름
(2) 거문오름
(3) 거문오름의 동식물, 거문오름의 역사와 문화, 거문오름 탐방, 국제 트래킹 행사 내용과 일정 등
(4) 접은 종이 형태

채점 기준	답안 내용	배점
(1)~(4)를 모두 알맞게 쓴 경우		6
(1)~(4) 중 한두 가지만 알맞게 쓴 경우		3

| 채점 시 유의 사항 | 여행지 중 한 곳을 골라 내용을 잘 정리하여 썼으면 정답으로 합니다.

실전! 서술형 평가 28~29쪽

1 (예시 답안) 여행하면서 본 것을 꼼꼼히 써 놓고 사진을 찍어 두어서 여행 경험을 자신 있게 전할 수 있었기 때문입니다.

풀이 서윤이는 여행을 한 후 찍은 사진과 경험을 글로 함께 남겨 놓아 여행을 잘 기억할 수 있었습니다.

채점 기준	답안 내용	배점
여행 경험을 써 두어서 여행 이야기를 자신 있게 전할 수 있었기 때문이라는 뜻으로 쓴 경우		5
내용은 알맞으나 문장이 매끄럽지 못한 경우		3

2 **예시 답안** 여행하면서 보고 들은 것을 나중에 알 수 있습니다. / 여행했던 경험을 다시 느낄 수 있습니다.

풀이 여행하며 보고 느낀 점을 글로 쓰면 여행하며 경험한 것을 시간이 지나서 다시 확인할 수 있습니다.

채점 기준	답안 내용	배점
여행 경험을 글로 쓰면 좋은 점을 알맞게 쓴 경우		7
내용은 알맞으나 문장이 매끄럽지 못한 경우		4

3 **예시 답안** ❶ 어리목, 영실
❷ 영실에 들어서면 이내 솔밭 사이로 시원한 계곡물이 흐른다.
❸ 여행하면서 생각하거나 느낀 것(감상)을 나타낸 것입니다.

채점 기준	답안 내용	배점
❶~❸에 모두 알맞은 내용을 쓴 경우		10
❶~❸ 중 두 가지만 알맞은 내용을 쓴 경우		6
❶~❸ 중 한 가지만 알맞은 내용을 쓴 경우		3

4 **예시 답안** '이른 아침에, 다음 날 저녁에' 따위와 같은 시간 표현을 쓰고, '~에 도착했다, ~(으)로 갔다' 따위의 장소 표현을 씁니다.

풀이 시간 표현과 장소 표현으로 여정이 잘 드러나게 표현할 수 있습니다.

채점 기준	답안 내용	배점
시간 표현과 장소 표현을 모두 쓴 경우		7
두 가지 내용 중 한 가지만 쓴 경우		3

| 채점 시 유의 사항 | 시간 표현이나 장소 표현이라는 말이 들어가지 않았더라도 비슷한 뜻으로 썼으면 정답으로 합니다.

5 **예시 답안** '~듯한 ~처럼, ~같이'와 같은 표현을 쓰는 경우가 많고, '느끼다, 생각하다'라는 낱말을 쓰기도 합니다.

채점 기준	답안 내용	배점
'~듯한, 느끼다, 생각하다' 등의 내용이 들어가게 쓴 경우		7
내용은 알맞으나 문장이 매끄럽지 못한 경우		3

| 채점 시 유의 사항 | 예시 답안과 다르더라도 감상을 나타내는 적절한 표현을 사용하여 썼으면 정답으로 합니다.

6 **예시 답안** (1) 여행한 까닭이나 목적을 적습니다.
(2) 여행지에서 다닌 곳(여정), 보고 들은 것(견문), 생각하거나 느낀 것(감상)과 같이 여행하면서 있었던 일을 적습니다.

풀이 처음에는 여행의 목적, 가운데에는 여정, 견문, 감상이 들어가게 써야 합니다.

채점 기준	답안 내용	배점
(1)과 (2)를 모두 알맞게 쓴 경우		7
(1)과 (2) 중 한 가지만 알맞게 쓴 경우		3

| 채점 시 유의 사항 | (1)에는 여행의 까닭이나 목적이라는 말이 들어가게 쓰고, (2)에는 여정, 견문, 감상이 드러나야 한다는 뜻으로 썼으면 정답으로 합니다.

7 **예시 답안** 여행하면서 찍은 사진이나 입장권 따위의 자료가 있으면 기행문을 더 생생하게 쓸 수 있습니다.

채점 기준	답안 내용	배점
기행문을 더 생생하게 쓸 수 있다는 내용으로 쓴 경우		5
내용은 알맞으나 문장이 매끄럽지 못한 경우		2

8. 아는 것과 새롭게 안 것

연습! 서술형 평가

30~31쪽

1 ①

풀이 '사과나무'와 '햇밤'은 복합어이고, '바늘'은 단일어입니다.

1-1 **예시 답안** (1) '바늘'처럼 '바'와 '늘'로 나누면 본디의 뜻이 없어져 더는 나눌 수 없는 낱말입니다.
(2) '사과나무'처럼 뜻이 있는 두 낱말을 합한 낱말과 '햇밤'처럼 뜻을 더해 주는 말과 뜻이 있는 낱말을 합한 낱말입니다.

채점 기준	답안 내용	배점
(1)과 (2)를 모두 알맞게 쓴 경우		6
(1)과 (2) 중 한 가지만 알맞게 쓴 경우		3

2 ④

풀이 구름다리는 '공중에 걸쳐 놓은 다리'라는 뜻입니다.

2-1 **예시 답안** (1) 김 (2) 밥
(3) 여러 가지 재료를 김 속에 넣어 만든 음식.

채점 기준	답안 내용	배점
(1)~(3)을 모두 알맞게 쓴 경우		4
(1)과 (2)는 알맞게 썼으나 (3)을 알맞게 쓰지 못한 경우		2

| 채점 시 유의 사항 | 낱말을 쪼개어 쓰고, 뜻을 알맞게 썼으면 정답으로 합니다.

3 ②

풀이 훈은 흙으로 만든 악기입니다.

3-1 **예시 답안** 풍물놀이를 할 때 징과 꽹과리 같은 전통 악기를 실제로 본 적이 있습니다.

채점 기준	답안 내용	배점
쇠로 만든 악기에 대한 경험을 알맞게 쓴 경우		6
내용은 알맞으나 문장이 매끄럽지 못한 경우		3

4 ⑤

풀이 반달가슴곰은 산을 푸르게 만드는 데 도움을 줍니다.

4-1 **예시 답안** 반달가슴곰이 지리산의 생태계에 도움을 준다는 것을 알게 되었습니다.

채점 기준	답안 내용	배점
새롭게 알거나 자세히 안 점을 알맞게 쓴 경우		6
내용은 알맞으나 문장이 매끄럽지 못한 경우		3

실전! 서술형 평가
32~33쪽

1 **예시 답안** (1) 앉아 있기에 몹시 불안스러운 자리를 가리키는 말입니다.

(2) 아무것도 없는 빈주먹이라는 뜻입니다.

채점 기준	답안 내용	배점
(1)과 (2)를 모두 알맞게 쓴 경우		5
(1)과 (2) 중 한 가지만 알맞게 쓴 경우		2

2 **예시 답안** • 자신이 아는 뜻으로 그 뜻을 짐작해 볼 수 있습니다.
• 낱말을 쪼개어 살펴봅니다.

풀이 그림 ④와 ⑤를 살펴보면 알 수 있습니다.

채점 기준	답안 내용	배점
낱말의 뜻을 짐작하는 방법 두 가지를 알맞게 쓴 경우		7
한 가지만 알맞게 쓴 경우		3

| 채점 시 유의 사항 | 아는 뜻을 바탕으로 짐작한다는 내용과 낱말을 쪼개 살펴본다는 내용이 들어가 있으면 정답으로 합니다.

3 **예시 답안** ❶ –꾼
❷ '어떤 일을 전문적으로 하는 사람' 또는 '어떤 일을 잘하는 사람' 또는 '어떤 일을 즐겨하는 사람'을 뜻합니다.
❸ (1) 농사꾼
(2) 농사를 짓는 일을 직업으로 하는 사람.

채점 기준	답안 내용	배점
❶~❸에 모두 알맞은 내용을 쓴 경우		10
❶~❸ 중 두 가지만 알맞은 내용을 쓴 경우		6
❶~❸ 중 한 가지만 알맞은 내용을 쓴 경우		3

4 **예시 답안** 글 내용을 더 쉽고 깊이 있게 이해할 수 있습니다.

채점 기준	답안 내용	배점
겪은 일을 떠올리며 글을 읽으면 좋은 점을 알맞게 쓴 경우		5
내용은 알맞으나 문장이 매끄럽지 못한 경우		2

5 **예시 답안** 겪은 일이 서로 다르기 때문입니다.
풀이 같은 글을 읽더라도 겪은 일이 서로 다르기 때문에 흥미를 느끼는 부분이 서로 다를 수 있습니다.

채점 기준	답안 내용	배점
서로 겪은 일이 다르기 때문이라는 뜻으로 쓴 경우		7
내용은 알맞으나 문장이 매끄럽지 못한 경우		3

6 **예시 답안** (1) 짚, 신, 벌레
(2) 짚신처럼 생긴 벌레.

채점 기준	답안 내용	배점
(1)과 (2)를 모두 알맞게 쓴 경우		5
(1)은 알맞으나 (2)를 알맞게 쓰지 못한 경우		2

| 채점 시 유의 사항 | 낱말을 알맞게 쪼개고 뜻을 알맞게 짐작하여 썼으면 정답으로 합니다.

7 **예시 답안** 글 내용을 더 잘 이해할 수 있습니다. / 글 내용을 깊이 있게 이해할 수 있습니다. / 아는 내용과 비교하며 글을 읽을 수 있습니다.

채점 기준	답안 내용	배점
아는 지식을 떠올리며 글을 읽으면 좋은 점을 알맞게 쓴 경우		7
내용은 알맞으나 문장이 매끄럽지 못한 경우		3

9. 여러 가지 방법으로 읽어요

연습! 서술형 평가
34~35쪽

1 ①
풀이 이 글은 정보 무늬를 설명하는 글입니다.

1-1 **예시 답안** (1) 정보 무늬
(2) '빠른 응답'이라는 뜻
(3) 스마트폰 응용 프로그램으로 정보 무늬를 찍음.

채점 기준	답안 내용	배점
(1)~(3)에 모두 알맞은 내용을 쓴 경우		6
(1)을 알맞게 쓰고, (2)와 (3) 중 한 가지만 알맞은 내용을 쓴 경우		3

| 채점 시 유의 사항 | (2)와 (3)을 맞게 썼더라도 (1)이 틀리면 정답 처리를 하지 않도록 합니다.

2 ④
풀이 이 글은 주장하는 글입니다.

2-1 **예시 답안** (1) 정해진 답을 찾기보다 새로운 방식으로 문제를 해결하는 사람입니다.
(2) 새로운 변화에 대응하는 사람입니다.

채점 기준	답안 내용	배점
(1)과 (2)에 모두 알맞은 내용을 쓴 경우		6
(1)과 (2) 중 한 가지만 알맞은 내용을 쓴 경우		3

3 ⑤

풀이 규빈이는 글을 훑어 읽었습니다.

3-1 예시 답안 도서관에서 자료를 찾으며 필요한 부분만 빨리 찾아 읽은 적이 있습니다.

채점 기준	답안 내용	배점
글을 훑어 읽은 경험을 알맞게 쓴 경우		4
경험은 알맞으나 문장이 매끄럽지 못한 경우		2

| 채점 시 유의 사항 | 글을 훑어 읽으며 필요한 부분만 찾아 읽은 경험을 썼으면 정답으로 합니다.

4 ②

풀이 ②는 자신만의 읽기 방법을 말한 것으로 알맞지 않습니다.

4-1 예시 답안 나는 책의 내용을 메모하며 읽습니다.

채점 기준	답안 내용	배점
자신만의 읽기 방법을 알맞게 쓴 경우		4
자신만의 읽기 방법은 썼으나 문장이 매끄럽지 못한 경우		2

실전! 서술형 평가
36~37쪽

1 예시 답안 선생님께서 추천해 주셨기 때문에 읽었습니다.

풀이 친구들과 같이 자신이 글을 읽는 경우를 떠올려 씁니다.

채점 기준	답안 내용	배점
자신이 글을 읽는 경우를 알맞게 쓴 경우		5
자신이 글을 읽는 경우는 알맞게 썼으나 문장이 매끄럽지 못한 경우		3

2 예시 답안 인터넷에서 돌을 설명한 내용을 찾아보면 좋겠습니다. / 과학관 안내 책자에서 돌을 설명한 내용을 찾아보면 좋겠습니다.

채점 기준	답안 내용	배점
자료를 찾는 방법을 알맞게 쓴 경우		7
자료를 찾는 방법은 알맞게 썼으나 문장이 매끄럽지 못한 경우		3

| 채점 시 유의 사항 | 예시 답안과 다르더라도 돌의 종류를 조사할 때 자료를 찾는 방법에 알맞으면 정답으로 합니다.

3 예시 답안 ❶ 설명하는 글
❷ 정보 무늬는 그 일부를 지워도 사용할 수 있다는 내용입니다.
❸ 설명하려는 대상이 무엇인지 생각합니다. / 대상의 무엇을 자세히 설명하는지 생각합니다. / 대상을 보고 이미 아는 것을 떠올립니다. / 대상에 대해 새롭게 안 것을 찾습니다.

채점 기준	답안 내용	배점
❶~❸에 모두 알맞은 내용을 쓴 경우		10
❶~❸ 중 두 가지만 알맞은 내용을 쓴 경우		6
❶~❸ 중 한 가지만 알맞은 내용을 쓴 경우		3

4 예시 답안 미래 사회에 필요한 사람이 되자는 것입니다.
풀이 글쓴이가 강조하는 내용으로 글쓴이의 주장을 파악할 수 있습니다.

채점 기준	답안 내용	배점
글쓴이의 주장을 알맞게 쓴 경우		5
글쓴이의 주장을 문장으로 쓰지 않은 경우		2

5 예시 답안 주장에 따른 근거가 알맞은지 생각하며 글쓴이의 주장을 비판하는 태도로 읽습니다.

채점 기준	답안 내용	배점
주장하는 글을 읽는 방법을 잘 쓴 경우		7
내용은 알맞으나 문장이 매끄럽지 못한 경우		3

| 채점 시 유의 사항 | '글쓴이의 주장을 파악한다, 의견을 뒷받침하는 근거를 찾는다, 주장을 뒷받침하는 알맞은 근거인지 생각한다, 자신의 생각과 비교해 같은 점을 찾는다, 자신의 생각과 비교해 비판하는 태도로 읽는다.' 등 주장하는 글을 읽는 방법에 알맞게 썼으면 정답으로 합니다.

6 예시 답안 맑고 은은한 푸른 녹색, 비취옥 색을 닮아 '비색'이라고 했습니다.

채점 기준	답안 내용	배점
고려청자의 빛깔에 대해 알맞게 요약하여 쓴 경우		5
내용은 알맞으나 맞춤법이 틀린 경우		3

| 채점 시 유의 사항 | 맑고 은은한 푸른 녹색이고 비취옥 색을 닮아 비색이라고 한다는 내용이 들어가게 썼으면 정답으로 합니다.

7 예시 답안 필요한 내용을 찾으며 자세히 읽습니다. / 중요한 내용이나 그것을 뒷받침하는 내용에 밑줄을 그으며 읽습니다. / 자신이 아는 내용과 새롭게 안 내용을 비교하며 자세히 읽습니다.

풀이 자세히 읽기 방법을 생각하여 씁니다.

채점 기준	답안 내용	배점
자세히 읽어야 한다는 내용이 들어가게 쓴 경우		7
내용은 알맞으나 문장이 매끄럽지 못한 경우		3

10. 주인공이 되어

연습! 서술형 평가
38~39쪽

1 ⑤

풀이 ⑤는 앞으로 할 일로, 기억에 남는 일을 떠올린 것으로 알맞지 않습니다.

1-1 예시 답안 4학년 여름방학 때 바닷가에 놀러 갔던 일이 기억에 남습니다.

채점 기준	답안 내용	배점
기억에 남는 일을 알맞게 쓴 경우		4
기억에 남는 일을 썼으나 문장으로 쓰지 않은 경우		2

2 ①

풀이 '나'는 제하와 화해를 했습니다.

2-1 예시 답안 '나'와 제하가 화해를 한 일입니다.

채점 기준	답안 내용	배점
중요한 사건을 알맞게 쓴 경우		4
중요한 사건은 맞으나 맞춤법이 틀린 경우		2

3 ②

풀이 시작 부분이 더 나중에 일어난 일입니다.

3-1 예시 답안 일어난 일의 차례를 바꾸었습니다.

채점 기준	답안 내용	배점
일어난 일의 차례를 바꾸었다고 쓴 경우		4
내용은 알맞으나 문장이 매끄럽지 못한 경우		2

4 ①, ③, ④

풀이 경험을 이야기로 만들 때에는 자신의 경험을 솔직하게 써야 하고, 주제가 잘 드러나게 써야 하며, 읽는 사람을 생각하면서 써야 합니다.

4-1 예시 답안 (1) 동생이 아이스크림을 먹다가 떨어뜨려서 내 아이스크림을 줬던 경험
(2) 동생을 잘 챙기자.
(3) 울지 마, 동생아!

채점 기준	답안 내용	배점
자신의 경험을 (1)~(3)에 알맞게 쓴 경우		6
(1)은 썼으나 (2)나 (3) 중 한 가지를 쓰지 못한 경우		3

실전! 서술형 평가

40~41쪽

1 예시 답안

(1)

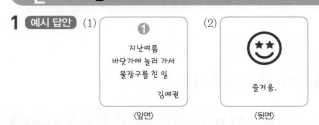

① 지난여름
바닷가에 놀러 가서
물장구를 친 일

김예권

〈앞면〉

(2)

즐거움.

〈뒷면〉

채점 기준	답안 내용	배점
(1)과 (2)를 모두 알맞게 만들어 쓴 경우		7
(1)과 (2) 중 한 가지만 만들어 쓴 경우		3

2 예시 답안 친구들이 흥미를 보이는 이야기여야 합니다. / 자신이 잘 아는 이야기여야 합니다. / 시간의 흐름이 나타날 수 있는 이야기여야 합니다.

채점 기준	답안 내용	배점
예시 답안 중 한 가지를 쓴 경우		5
내용은 알맞으나 문장이 매끄럽지 못한 경우		2

3 예시 답안 누나는 명찬이 반장을 좋아합니다.

풀이 명찬이 반장의 옆에 선 누나가 수줍게 웃는 것으로 보아 누나는 명찬이 반장을 좋아하고 있습니다.

채점 기준	답안 내용	배점
좋아한다는 말이 들어간 경우		5
내용은 알맞으나 맞춤법이 틀린 경우		2

4 예시 답안 명찬이 반장을 좋아하는 누나의 마음을 이해했습니다.

풀이 명찬이 반장을 보고 '나'는 누나가 명찬이 반장을 좋아하는 이유를 알 것 같았습니다.

채점 기준	답안 내용	배점
누나의 마음을 이해했다는 말이 들어가게 쓴 경우		5
내용은 알맞으나 문장이 매끄럽지 못한 경우		2

5 예시 답안 ❶ 민영, 진주, 성훈, 선생님
❷ (1) 체육 시간에 간이 축구를 하다가 진주와 성훈이가 다투었습니다.
(2) 상담실에서 선생님과 진주와 성훈이가 이야기를 나누었습니다.
❸ 일이 일어난 차례대로 씁니다. / 진주와 성훈이가 사이가 안 좋은 까닭을 이해하도록 씁니다. / 인물의 마음이 잘 나타나도록 씁니다.

채점 기준	답안 내용	배점
❶~❸에 모두 알맞은 내용을 쓴 경우		10
❶~❸ 중 두 가지만 알맞은 내용을 쓴 경우		6
❶~❸ 중 한 가지만 알맞은 내용을 쓴 경우		3

6 예시 답안 '나'(상은이)와 인국이가 다퉜습니다.

풀이 '나'(상은이)와 인국이는 선생님께서 말리실 때까지 말싸움을 계속 이어 갔습니다.

채점 기준	답안 내용	배점
'나'와 인국이가 다퉜다는 내용으로 쓴 경우		5
내용은 알맞으나 문장이 매끄럽지 못한 경우		2

7 예시 답안 '나'(상은이)와 인국이가 화해를 하고 친해지는 장면이 이어질 것 같습니다.

풀이 사건이 해결이 되려면 어떤 장면이 들어가야 할지 생각하여 씁니다.

채점 기준	답안 내용	배점
사건이 해결되는 장면을 알맞게 쓴 경우		7
내용은 알맞으나 문장이 매끄럽지 못한 경우		3

| 채점 시 유의 사항 | 사건을 어떻게 해결했는지가 나타나는 내용으로 썼으면 정답으로 합니다.

1. 자연수의 혼합 계산

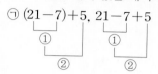 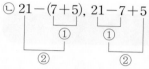 42~43쪽

1 (계산 순서대로) (1) 14, 19, 19 (2) 12, 9, 9

1-1 예시 답안 계산 순서가 같으면 계산 결과가 같으므로 ( )가 있을 때와 없을 때의 계산 순서를 알아봅니다.

㉠ $(21-7)+5$, $21-7+5$

㉡ $21-(7+5)$, $21-7+5$

따라서 ( )가 없어도 계산 결과가 같은 식은 ㉠입니다. / ㉠

채점 기준	답안 내용	배점
	계산 순서가 같으면 계산 결과가 같음을 알고 답을 바르게 구한 경우	4
	계산 순서가 같으면 계산 결과가 같음은 알았으나 답을 잘못 구한 경우	2

| 채점 시 유의 사항 | ㉠, ㉡에서 ( )가 있을 때와 없을 때를 각각 계산한 후, 계산 결과를 비교하여 구할 수도 있습니다.

2 $45÷5×3=9×3=27$

2-1 예시 답안 빵을 담은 상자 수에 한 상자에 담는 우유의 수를 곱해야 하므로 $45÷5×3$을 계산합니다. 따라서 우유는 모두 $45÷5×3=9×3=27$(개) 준비해야 합니다. / 27개

채점 기준	답안 내용	배점
	문제에 알맞은 식을 세워 답을 바르게 구한 경우	4
	문제에 알맞은 식은 세웠으나 답을 잘못 구한 경우	2

3 선욱

3-1 예시 답안 $54-15×3+8=54-45+8=9+8=17$ / 덧셈, 뺄셈, 곱셈이 섞여 있는 식에서는 곱셈을 먼저 계산해야 하는데 앞에서부터 차례대로 잘못 계산하였습니다.

채점 기준	답안 내용	배점
	바르게 계산하고 계산이 잘못된 이유를 알맞게 쓴 경우	6
	바르게 계산만 했거나 잘못된 이유만 알맞게 쓴 경우	3

4 <

4-1 예시 답안 ㉠ $19+72÷8-6=19+9-6=28-6=22$
㉡ $19+72÷(8-6)=19+72÷2=19+36=55$
따라서 $22<55$이므로 계산 결과가 더 큰 것은 ㉡입니다. / ㉡

채점 기준	답안 내용	배점
	㉠, ㉡을 각각 계산하여 답을 바르게 구한 경우	4
	㉠, ㉡은 각각 계산하였으나 답을 잘못 구한 경우	2
	㉠, ㉡ 중 하나만 바르게 계산한 경우	1

5 ④

풀이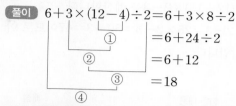

5-1 예시 답안 ( ) 안을 계산한 후에 곱셈을 계산해야 하는데 앞에 있는 덧셈을 먼저 계산했습니다. / ( ) 안을 계산한 값과 3을 곱한 후에 나눗셈을 계산해야 하는데 앞에 있는 덧셈을 먼저 계산했습니다.

채점 기준	답안 내용	배점
	두 사람의 풀이에서 잘못된 부분을 알맞게 설명한 경우	6
	한 사람의 풀이에서만 잘못된 부분을 알맞게 설명한 경우	3

6 3

풀이 $□×11+45÷5=42$, $□×11+9=42$, $□×11=33$, $□=3$

6-1 예시 답안 어떤 수를 □라 하여 식을 세우면 $□×11+45÷5=42$이고, $□×11+9=42$, $□×11=33$, $□=3$이므로 어떤 수는 3입니다. / 3

채점 기준	답안 내용	배점
	어떤 수를 □로 하여 식을 세워 답을 바르게 구한 경우	6
	어떤 수를 □로 하여 식은 세웠으나 답을 잘못 구한 경우	3

| 채점 시 유의 사항 | 계산 순서를 거꾸로 생각하여 하나의 식으로 나타낸 다음 계산할 수도 있습니다.

➜ $□=(42-45÷5)÷11=(42-9)÷11=33÷11=3$

정답과 풀이

수학

실전! 서술형 평가
44~45쪽

1 48, 3 / 예시 답안 ( )가 없는 식은 앞에서부터 차례대로 계산하고, ( )가 있는 식은 ( ) 안을 먼저 계산하기 때문에 두 식의 계산 결과가 다릅니다.

채점 기준	답안 내용	배점
	계산 순서에 맞게 계산하고 결과를 알맞게 비교한 경우	5
	계산 순서에 맞게 계산하였으나 결과를 알맞게 비교하지 못한 경우	3
	하나의 식만 계산 순서에 맞게 계산한 경우	1

2 예시 답안 덧셈, 뺄셈, 곱셈, 나눗셈이 섞여 있는 식에서는 곱셈과 나눗셈을 먼저 계산하고, ( )가 있으면 ( ) 안을 가장 먼저 계산합니다. 따라서 식의 계산 순서는 ㉡, ㉠, ㉣, ㉢이므로 마지막으로 계산해야 하는 곳은 ㉢입니다. / ㉢

채점 기준	답안 내용	배점
식의 계산 순서를 알고 답을 바르게 구한 경우		5
식의 계산 순서는 알았으나 답을 잘못 구한 경우		2

3 예시답안 아버지의 나이는 준서와 누나 나이의 합의 2배보다 3살 적으므로 $(12+13) \times 2 - 3$을 계산합니다.
따라서 $(12+13) \times 2 - 3 = 25 \times 2 - 3 = 50 - 3 = 47$이므로 아버지의 나이는 47살입니다.
/ 47살

채점 기준	답안 내용	배점
문제에 알맞은 식을 세워 답을 바르게 구한 경우		7
문제에 알맞은 식은 세웠으나 답을 잘못 구한 경우		3

4 예시답안 $4 \diamond 20 = 20 + 20 \div 4 - 4 = 20 + 5 - 4 = 21$, $7 \diamond 21 = 21 + 21 \div 7 - 7 = 21 + 3 - 7 = 24 - 7 = 17$입니다.
/ 17

채점 기준	답안 내용	배점
약속에 따라 계산하여 답을 바르게 구한 경우		7
약속에 따라 계산하였으나 답을 잘못 구한 경우		4
$4 \diamond 20$만 바르게 계산한 경우		2

5 ❶ 1600원 ❷ 900원
❸ 예 당근 3개, 고추 3봉지, 파 2단, 감자 3개
❹ 예 규형이는 고추 1봉지와 당근과 감자를 2개씩 샀습니다. 규형이는 얼마를 내야 하나요?

채점 기준	답안 내용	배점
네 문제의 답을 모두 바르게 구한 경우		10
세 문제의 답만 바르게 구한 경우		6
한 문제 또는 두 문제의 답만 바르게 구한 경우		3

풀이 ❶ $(700 + 500) \times 3 - 2000 = 1600$(원)
❷ $5000 - (500 \times 5 + 2400 \div 3 \times 2) = 900$(원)
❸ $700 \times 3 + 2400 + 2000 \times 2 + 500 \times 3 = 10000$(원)

6 예시답안 왼쪽 식을 계산하면 다음과 같습니다.
$35 - 4 \times (12 - 6) + 40 \div 5 = 35 - 4 \times 6 + 40 \div 5$
$$= 35 - 24 + 8 = 19$$
$19 = 7 + 3 \times \square$에서 $\square = (19 - 7) \div 3 = 4$이므로 $\square$ 안에 들어갈 수 있는 수는 4보다 작은 수인 1, 2, 3입니다. / 1, 2, 3

채점 기준	답안 내용	배점
왼쪽 식을 계산하여 답을 바르게 구한 경우		10
왼쪽 식은 계산하였으나 답을 잘못 구한 경우		5

7 예시답안 계산 결과가 가장 크려면 54를 나누는 수가 가장 작아야 하므로 $54 \div (2 \times 3) + 6 = 54 \div 6 + 6 = 9 + 6 = 15$이고, 계산 결과가 가장 작으려면 54를 나누는 수가 가장 커야 하므로 $54 \div (6 \times 3) + 2 = 54 \div 18 + 2 = 3 + 2 = 5$입니다.
/ 15, 5

채점 기준	답안 내용	배점
계산 결과가 가장 클 때와 가장 작을 때 54를 각각 어떤 수로 나누어야 하는지 알고 답을 모두 바르게 구한 경우		10
계산 결과가 가장 클 때와 가장 작을 때 54를 각각 어떤 수로 나누어야 하는지 알았으나 답을 1개만 바르게 구한 경우		6
계산 결과가 가장 클 때와 가장 작을 때 54를 각각 어떤 수로 나누어야 하는지 알았으나 답을 모두 잘못 구한 경우		3

| 채점 시 유의 사항 | 가장 클 때의 식을 $54 \div (3 \times 2) + 6$, 가장 작을 때의 식을 $54 \div (3 \times 6) + 2$로 계산해도 정답입니다.

2. 약수와 배수

연습! 서술형 평가
46~47쪽

1 ③

1-1 예시답안 21을 어떤 수로 나누면 나누어떨어지므로 어떤 수는 21의 약수입니다. 21의 약수는 1, 3, 7, 21이므로 어떤 수가 될 수 있는 자연수는 1, 3, 7, 21입니다. / 1, 3, 7, 21

채점 기준	답안 내용	배점
21의 약수를 구해야 함을 알고 답을 바르게 구한 경우		4
21의 약수를 구해야 함은 알았으나 답을 잘못 구한 경우		2

2 8, 16, 24, 32, 40, 48, 56

2-1 예시답안 8의 배수를 작은 수부터 차례로 쓰면 8, 16, 24, 32, 40, 48, 56……이고, 이 중에서 50보다 작은 수는 8, 16, 24, 32, 40, 48입니다. / 8, 16, 24, 32, 40, 48

채점 기준	답안 내용	배점
8의 배수를 작은 수부터 나열하여 답을 바르게 구한 경우		4
8의 배수를 작은 수부터 나열하였으나 답을 잘못 구한 경우		2

3 ①

3-1 1, 15(또는 15, 1) / 3, 5(또는 5, 3)
예시답안 15는 1, 3, 5, 15의 배수이고, 1, 3, 5, 15는 15의 약수입니다.

채점 기준	답안 내용	배점
15를 두 수의 곱으로 나타내고 약수와 배수의 관계를 바르게 쓴 경우		6
15를 두 수의 곱으로 나타냈으나 약수와 배수의 관계를 쓰지 못한 경우		3

4 1, 2, 4, 8 / 8 / 1, 2, 4, 8 / 같습니다에 ○표

4-1 같습니다. / 예시답안 16의 약수는 1, 2, 4, 8, 16이고 24의 약수는 1, 2, 3, 4, 6, 8, 12, 24이므로 16과 24의 공약수는 1, 2, 4, 8입니다. 16과 24의 최대공약수는 8이고 8의 약수는 1, 2, 4, 8이므로 16과 24의 공약수는 16과 24의 최대공약수의 약수와 같습니다.

채점 기준	답안 내용	배점
공약수는 최대공약수의 약수와 같은지 바르게 답하고 이유를 알맞게 쓴 경우		6
공약수는 최대공약수의 약수와 같은지 바르게 답했으나 이유를 알맞게 쓰지 못한 경우		3

5 14

풀이 $42=2\times3\times7$, $28=2\times2\times7$에서 공통으로 들어 있는 곱셈식은 2×7이므로 최대공약수는 $2\times7=14$입니다.

5-1 **예시 답안** 최대한 많은 학생에게 남김없이 똑같이 나누어 주어야 하므로 42와 28의 최대공약수를 구합니다.

$$\begin{array}{r} 2\,)\underline{\;42\quad28\;} \\ 7\,)\underline{\;21\quad14\;} \\ 3\quad2 \end{array} \Rightarrow \text{최대공약수: } 2\times7=14$$

따라서 14명에게 나누어 줄 수 있습니다. / 14명

채점 기준	답안 내용	배점
최대공약수를 구해야 함을 알고 답을 바르게 구한 경우		4
최대공약수를 구해야 함은 알았으나 답을 잘못 구한 경우		2

6 ㉡, ㉣

풀이 ㉮와 ㉯의 최소공배수: $2\times2\times3\times5=60$
㉮와 ㉯의 공배수는 ㉮와 ㉯의 최소공배수의 배수와 같으므로 60, 120, 180, 240……입니다.

6-1 **예시 답안** ★과 ◆의 최소공배수는 $2\times2\times3\times5=60$입니다. ★과 ◆의 공배수는 ★과 ◆의 최소공배수의 배수와 같으므로 60의 배수를 작은 수부터 차례로 5개 쓰면 60, 120, 180, 240, 300입니다. / 60, 120, 180, 240, 300

채점 기준	답안 내용	배점
★과 ◆의 최소공배수를 알고 답을 바르게 구한 경우		6
★과 ◆의 최소공배수는 알았으나 답을 잘못 구한 경우		3

실전! 서술형 평가

48~49쪽

1 약수입니다에 ○표 / **예시 답안** 약수는 어떤 수를 나누어 떨어지게 하는 수인데 616을 7로 나누면 $616\div7=88$로 나누어떨어지므로 7은 616의 약수입니다.

채점 기준	답안 내용	배점
약수인지 아닌지 알맞게 ○표 하고 이유를 알맞게 쓴 경우		5
약수인지 아닌지 알맞게 ○표 했으나 이유를 알맞게 쓰지 못한 경우		2

2 **예시 답안** 14의 배수를 작은 수부터 차례로 쓰면 14, 28, 42, 56, 70, 84, 98, 112, 126……입니다. 따라서 14의 배수 중에서 가장 작은 세 자리 수는 112입니다. / 112

채점 기준	답안 내용	배점
14의 배수를 차례로 나열하여 답을 바르게 구한 경우		5
14의 배수를 차례로 나열하였으나 답을 잘못 구한 경우		3

3 **예시 답안** 5의 배수는 5, 10, 15……입니다. 5의 약수의 합은 $1+5=6$, 10의 약수의 합은 $1+2+5+10=18$, 15의 약수의 합은 $1+3+5+15=24$……입니다. 따라서 두 조건을 모두 만족하는 수는 15입니다. / 15

채점 기준	답안 내용	배점
두 조건을 모두 만족하는 수를 바르게 구한 경우		7
한 조건을 만족하는 수만 알고 답을 잘못 구한 경우		3

4 ㉠ $24=2\times2\times2\times3$, $36=2\times2\times3\times3$이므로 24와 36의 최소공배수는 $2\times2\times3\times2\times3=72$이고, ㉡ $16=2\times2\times2\times2$, $20=2\times2\times5$이므로 16과 20의 최소공배수는 $2\times2\times2\times2\times5=80$입니다. 따라서 두 수의 최소공배수가 더 작은 것은 ㉠입니다. / ㉠

채점 기준	답안 내용	배점
㉠과 ㉡의 최소공배수를 각각 구하여 답을 바르게 구한 경우		7
㉠과 ㉡의 최소공배수는 각각 구하였으나 답을 잘못 구한 경우		4
㉠과 ㉡ 중 하나만 최소공배수를 구한 경우		2

5 **예시 답안** 직사각형 모양의 종이를 크기가 같은 가장 큰 정사각형 모양으로 잘라야 하므로 정사각형의 한 변의 길이는 직사각형 모양 종이의 가로와 세로의 최대공약수입니다. 따라서 $45=3\times3\times5$, $75=3\times5\times5$이므로 정사각형의 한 변의 길이는 $3\times5=15(cm)$로 해야 합니다. / 15 cm

채점 기준	답안 내용	배점
가로와 세로의 최대공약수를 구해야 함을 알고 답을 바르게 구한 경우		7
가로와 세로의 최대공약수를 구해야 함은 알았으나 답을 잘못 구한 경우		3

6 **예시 답안** 어떤 수를 □라 할 때 □의 배수를 작은 수부터 차례로 쓰면 □씩 커집니다. 5번째 수와 6번째 수의 차가 11이므로 □=11입니다. 따라서 5번째 수는 $11\times5=55$, 6번째 수는 $11\times6=66$입니다. / 55, 66

채점 기준	답안 내용	배점
어떤 수를 알고 답을 모두 바르게 구한 경우		10
어떤 수는 알았으나 답을 1개만 바르게 구한 경우		7
어떤 수는 알았으나 답을 모두 잘못 구한 경우		4

7 ❶ 8봉지 ❷ 8개 ❸ 7개

채점 기준	답안 내용	배점
세 문제의 답을 모두 바르게 구한 경우		10
두 문제의 답만 바르게 구한 경우		6
한 문제의 답만 바르게 구한 경우		3

풀이 ❶ 밤과 대추를 최대한 많은 봉지에 남김없이 똑같이 나누어 담아야 하므로 봉지 수는 64와 56의 최대공약수입니다. 따라서 $64=8\times8$, $56=7\times8$이므로 64와 56의 최대공약수는 8입니다.
❷ (한 봉지에 담을 수 있는 밤의 개수)$=64\div8=8$(개)
❸ (한 봉지에 담을 수 있는 대추의 개수)$=56\div8=7$(개)

8 예시 답안 4와 3의 최소공배수는 12이므로 12일마다 두 사람이 도서관에서 만납니다. 따라서 다음번에 두 사람이 도서관에서 만나는 날은 3월 2일부터 12일 후인 3월 14일입니다. / 3월 14일

채점 기준	답안 내용	배점
4와 3의 최소공배수를 알고 답을 바르게 구한 경우		10
4와 3의 최소공배수는 알았으나 답을 잘못 구한 경우		5

3. 규칙과 대응

연습! 서술형 평가　　　　　　　　50쪽

1 6, 8, 10 / 2

1-1 3, 6, 9, 12, 15 / 예시 답안 바퀴의 수는 세발자전거의 수의 3배입니다.

채점 기준	답안 내용	배점
표를 완성하고 대응 관계를 알맞게 쓴 경우		4
표는 완성하였으나 대응 관계를 알맞게 쓰지 못한 경우		2

| 채점 시 유의 사항 | '바퀴의 수를 3으로 나누면 세발자전거의 수와 같습니다. 또는 세발자전거의 수는 바퀴 수의 $\frac{1}{3}$배입니다.'로 답해도 정답입니다.

2 ②, ⑤

2-1 태민 / 예시 답안 의자의 수를 4로 나누면 책상의 수가 되므로 ◇÷4=☆에서 ☆은 책상의 수, ◇는 의자의 수를 나타냅니다.

채점 기준	답안 내용	배점
대응 관계를 잘못 이야기한 친구를 찾고 옳게 고친 경우		4
대응 관계를 잘못 이야기한 친구는 찾았으나 옳게 고치지 못한 경우		2

3 윤재, △+6=◎(또는 ◎−6=△)

3-1 예시 답안 ○는 항상 □보다 3만큼 작으므로 ○=□−3입니다. 따라서 □가 32일 때 ○=32−3=29입니다. / 29

채점 기준	답안 내용	배점
대응 관계를 식으로 나타내어 답을 바르게 구한 경우		6
대응 관계는 식으로 나타내었으나 답을 잘못 구한 경우		3

실전! 서술형 평가　　　　　　　　51쪽

1 ❶ (위에서부터) 4, 5 / 2, 4, 6, 8, 10 　❷ 20개

❸ 예 □, △, □×2=△(또는 △÷2=□)

채점 기준	답안 내용	배점
세 문제의 답을 모두 바르게 구한 경우		5
두 문제의 답만 바르게 구한 경우		3
한 문제의 답만 바르게 구한 경우		1

2 옳음에 ○표 / 예시 답안 샤워기를 사용한 시간에 15배 한만큼 물이 나오므로 유정이의 생각은 옳습니다.

채점 기준	답안 내용	배점
바르게 판단하고 이유를 알맞게 쓴 경우		7
바르게 판단하였으나 이유를 알맞게 쓰지 못한 경우		3

3 예시 답안 노란색 사각형의 수를 □, 파란색 사각형의 수를 ◇라 하고 두 양 사이의 대응 관계를 식으로 나타내면 ◇=□×2+6이므로 여덟째에 필요한 노란색 사각형은 8개이고, 파란색 사각형은 8×2+6=22(개)입니다. 따라서 파란색 사각형은 노란색 사각형보다 22−8=14(개) 더 많습니다. / 14개

채점 기준	답안 내용	배점
노란색 사각형의 수와 파란색 사각형의 수 사이의 대응 관계를 찾아 식으로 나타내어 답을 바르게 구한 경우		10
노란색 사각형의 수와 파란색 사각형의 수 사이의 대응 관계를 찾아 식으로 나타내었으나 답을 잘못 구한 경우		7
노란색 사각형의 수와 파란색 사각형의 수 사이의 대응 관계만 식으로 나타낸 경우		3

4. 약분과 통분

연습! 서술형 평가　　　　　　　　52~53쪽

1 예   / $\frac{1}{3}$, $\frac{2}{6}$에 ○표

1-1 예시 답안 현지는 전체의 $\frac{1}{3}$을 먹었으므로 재우는 $\frac{1}{3}$과 같은 크기인 전체의 $\frac{2}{6}$를 먹어야 합니다. 따라서 현지와 같은 양을 먹으려면 재우는 2조각을 먹어야 합니다. / 2조각

채점 기준	답안 내용	배점
크기가 같은 분수를 이용하여 답을 바르게 구한 경우		4
크기가 같은 분수는 이용하였으나 답을 잘못 구한 경우		1

2 ②

2-1 예시 답안 $\frac{16}{48}$을 약분할 때 분모와 분자를 나눌 수 있는 수는 16과 48의 공약수입니다. 따라서 1을 제외한 공약수는 2, 4, 8, 16이므로 모두 4개입니다. / 4개

채점 기준	답안 내용	배점
분모와 분자의 공약수를 찾아 답을 바르게 구한 경우		4
분모와 분자의 공약수는 찾았으나 답을 잘못 구한 경우		2

3 15, 15, $\frac{2}{3}$

3-1 예시 답안 한 번만 약분하여 기약분수로 나타내려면 30과 45의 최대공약수인 15로 나누어야 합니다. / 15

채점 기준	답안 내용	배점
분모와 분자의 최대공약수로 약분해야 함을 알고 답을 바르게 구한 경우		4
분모와 분자의 최대공약수로 약분해야 함은 알았으나 답을 잘못 구한 경우		2

4 2, 3

풀이 $\frac{14}{21}=\frac{14\div7}{21\div7}=\frac{\bigcirc}{3}$이므로 $\bigcirc=14\div7=2$이고,

$\frac{9}{21}=\frac{9\div3}{21\div3}=\frac{\bigcirc}{7}$이므로 $\bigcirc=9\div3=3$입니다.

4-1 예시 답안 $21=1\times21=3\times7$이고 1은 분모가 될 수 없으므로 통분하기 전의 두 분수의 분모는 각각 3, 7입니다.

$\frac{14}{21}=\frac{14\div7}{21\div7}=\frac{2}{3}$, $\frac{9}{21}=\frac{9\div3}{21\div3}=\frac{3}{7}$이므로 통분하기 전의 두 분수는 $\frac{2}{3}$, $\frac{3}{7}$입니다. / $\frac{2}{3}$, $\frac{3}{7}$

채점 기준	답안 내용	배점
통분하기 전의 분모를 구하여 답을 바르게 구한 경우		6
통분하기 전의 분모는 구하였으나 두 분수 중 하나만 구한 경우		3
통분하기 전의 분모는 구하였으나 답을 잘못 구한 경우		2

5 ( )( )(○)

5-1 예시 답안 $\left(\frac{1}{4}, \frac{3}{8}\right)$ ➡ $\left(\frac{2}{8}, \frac{3}{8}\right)$ ➡ $\frac{1}{4}<\frac{3}{8}$

$\left(\frac{3}{8}, \frac{5}{12}\right)$ ➡ $\left(\frac{9}{24}, \frac{10}{24}\right)$ ➡ $\frac{3}{8}<\frac{5}{12}$

따라서 $\frac{1}{4}<\frac{3}{8}<\frac{5}{12}$이므로 고구마의 무게가 가장 무겁습니다. / 고구마

채점 기준	답안 내용	배점
세 분수의 크기를 비교하여 답을 바르게 구한 경우		6
세 분수의 크기는 비교하였으나 답을 잘못 구한 경우		2

6 >

6-1 예시 답안 분수를 소수로 나타내면 $1\frac{3}{4}=1\frac{75}{100}=1.75$이므로 $1.75>1.72$ ➡ $1\frac{3}{4}>1.72$입니다.

/ 소수를 분수로 나타내면 $1.72=1\frac{72}{100}$이고, $1\frac{3}{4}$과 $1\frac{72}{100}$의 크기를 비교하기 위해 $1\frac{3}{4}$을 통분하면 $1\frac{3}{4}=1\frac{75}{100}$이므로 $1\frac{75}{100}>1\frac{72}{100}$ ➡ $1\frac{3}{4}>1.72$입니다.

채점 기준	답안 내용	배점
두 가지 방법으로 답을 바르게 구한 경우		4
한 가지 방법으로만 답을 바르게 구한 경우		2

1 예시 답안 0으로 나누면 안 되기 때문에 분모와 분자를 0이 아닌 같은 수로 나누어야 합니다.

채점 기준	답안 내용	배점
설명이 잘못된 이유를 알맞게 쓴 경우		5

2 예시 답안 $\frac{3}{7}$과 크기가 같은 분수인 $\frac{6}{14}$, $\frac{9}{21}$, $\frac{12}{28}$, $\frac{15}{35}$, $\frac{18}{42}$ …… 중 분모와 분자의 합이 60인 분수는 $\frac{18}{42}$입니다. / $\frac{18}{42}$

채점 기준	답안 내용	배점
크기가 같은 분수를 이용하여 답을 바르게 구한 경우		5
크기가 같은 분수는 이용하였으나 답을 잘못 구한 경우		2

| 채점 시 유의 사항 | $\frac{3}{7}$의 분모와 분자의 합이 10이므로 분모와 분자에 각각 $60\div10=6$을 곱하여 구할 수도 있습니다.

3 ❶ $\frac{1}{10}$, $\frac{2}{10}$, $\frac{3}{10}$, $\frac{4}{10}$, $\frac{5}{10}$, $\frac{6}{10}$, $\frac{7}{10}$, $\frac{8}{10}$, $\frac{9}{10}$

❷ $\frac{1}{10}$, $\frac{3}{10}$, $\frac{7}{10}$, $\frac{9}{10}$　❸ 4개

채점 기준	답안 내용	배점
세 문제의 답을 모두 바르게 구한 경우		7
두 문제의 답만 바르게 구한 경우		4
한 문제의 답만 바르게 구한 경우		2

4 예시 답안 분수를 소수로 나타내면 $\frac{4}{5}=\frac{8}{10}=0.8$(m)이고, $0.9>0.8$이므로 진우가 사용한 테이프의 길이가 $0.9-0.8=0.1$(m) 더 깁니다. / 진우, 0.1 m

채점 기준	답안 내용	배점
분수를 소수로 나타내어 답을 바르게 구한 경우		7
분수를 소수로 나타내었으나 답을 잘못 구한 경우		3

5 예시 답안 28을 공통분모로 하여 통분할 수 있으려면 분모는 28의 약수이어야 하므로 4 또는 7이어야 합니다. 따라서 만들 수 있는 진분수는 $\frac{3}{4}$, $\frac{3}{7}$, $\frac{4}{7}$이므로 모두 3개입니다. / 3개

채점 기준	답안 내용	배점
28을 공통분모로 하여 통분할 수 있는 분모를 구하여 답을 바르게 구한 경우		7
28을 공통분모로 하여 통분할 수 있는 분모를 구하여 만들 수 있는 진분수만 구한 경우		5
28을 공통분모로 하여 통분할 수 있는 분모는 구하였으나 만들 수 있는 진분수를 잘못 구한 경우		2

6 예시 답안 18을 공통분모로 하여 통분할 수 있으려면 분모는 18의 약수이어야 하므로 2, 3, 9이어야 합니다. 분모가 2인 진분수는 만들 수 없으므로 18을 공통분모로 하여 통분할 수 있는 진분수는 $\frac{2}{3}$, $\frac{5}{9}$입니다. / $\frac{2}{3}$, $\frac{5}{9}$

정답과 풀이　**107**

채점 기준	답안 내용	배점
18을 공통분모로 하여 통분할 수 있는 분모를 구하여 답을 바르게 구한 경우		7
18을 공통분모로 하여 통분할 수 있는 분모는 구하였으나 답을 잘못 구한 경우		3

7 (예시 답안) 공통분모가 될 수 있는 수는 7과 3의 공배수이므로 21, 42, 63, 84, 105…… 중 100에 가장 가까운 수는 105입니다. 따라서 105를 공통분모로 하여 통분하면

$\frac{4}{7} = \frac{4 \times 15}{7 \times 15} = \frac{60}{105}$, $\frac{2}{3} = \frac{2 \times 35}{3 \times 35} = \frac{70}{105}$입니다. / $\frac{60}{105}$, $\frac{70}{105}$

채점 기준	답안 내용	배점
100에 가장 가까운 공통분모를 구하여 답을 바르게 구한 경우		10
100에 가장 가까운 공통분모는 구하였으나 답을 잘못 구한 경우		5

8 (예시 답안) 14를 공통분모로 하여 통분하면 $\frac{7}{14} < \frac{\square}{14} < \frac{10}{14}$ 이므로 $7 < \square < 10$입니다. 따라서 $\square$ 안에 들어갈 수 있는 자연수는 8, 9로 모두 2개입니다. / 2개

채점 기준	답안 내용	배점
14를 공통분모로 통분하여 분자의 크기 비교를 통해 답을 바르게 구한 경우		10
14를 공통분모로 통분하여 $\square$ 안에 들어갈 수 있는 자연수만 구한 경우		7
14를 공통분모로 통분하였으나 답을 잘못 구한 경우		3

⬤ 5. 분수의 덧셈과 뺄셈

연습! 서술형 평가
56~57쪽

1 $\frac{3}{4} + \frac{1}{6} = \frac{3 \times 6}{4 \times 6} + \frac{1 \times 4}{6 \times 4} = \frac{18}{24} + \frac{4}{24} = \frac{22}{24} = \frac{11}{12}$

1-1 (예시 답안) 분모의 최소공배수를 공통분모로 하여 통분한 후 계산하였습니다.

채점 기준	답안 내용	배점
계산 방법에 대한 설명을 알맞게 쓴 경우		4

2 2, 2, 4, 9, 13, 1, 3

2-1 (예시 답안) 분수를 통분할 때에는 분모와 분자에 같은 수를 곱해야 하는데 분모에만 곱하여 $\frac{2}{5}$를 $\frac{2}{10}$로 잘못 계산했습니다. / $\frac{2}{5} + \frac{9}{10} = \frac{4}{10} + \frac{9}{10} = \frac{13}{10} = 1\frac{3}{10}$

채점 기준	답안 내용	배점
계산이 잘못된 이유를 알맞게 쓰고 옳게 고쳐 계산한 경우		6
계산이 잘못된 이유만 알맞게 썼거나 옳게 고쳐 계산만 한 경우		3

3 $3\frac{1}{12}$

3-1 (예시 답안) 숙제를 한 시간과 책을 읽은 시간을 더하면 $1\frac{1}{4} + 1\frac{5}{6} = 1\frac{3}{12} + 1\frac{10}{12} = 2\frac{13}{12} = 3\frac{1}{12}$(시간)입니다.

/ $3\frac{1}{12}$시간

채점 기준	답안 내용	배점
대분수의 덧셈식을 세워 답을 바르게 구한 경우		4
대분수의 덧셈식은 세웠으나 답을 잘못 구한 경우		1

4 >

4-1 (예시 답안) ㉠은 $\frac{5}{6} - \frac{3}{10} = \frac{25}{30} - \frac{9}{30} = \frac{16}{30} = \frac{8}{15}$이고,

㉡은 $\frac{2}{3} - \frac{4}{15} = \frac{10}{15} - \frac{4}{15} = \frac{6}{15}$입니다.

따라서 $\frac{8}{15} > \frac{6}{15}$이므로 ㉠이 나타내는 수가 더 큽니다. / ㉠

채점 기준	답안 내용	배점
㉠과 ㉡이 나타내는 수를 각각 구하여 답을 바르게 구한 경우		6
㉠과 ㉡이 나타내는 수는 각각 구하였으나 답을 잘못 구한 경우		4
㉠과 ㉡ 중 나타내는 수를 하나만 구한 경우		2

5 $3\frac{1}{2} - 1\frac{2}{5} = \frac{7}{2} - \frac{7}{5} = \frac{35}{10} - \frac{14}{10} = \frac{21}{10} = 2\frac{1}{10}$

5-1 (예시 답안) 자연수는 자연수끼리, 분수는 분수끼리 계산하였습니다.

채점 기준	답안 내용	배점
어떤 방법으로 계산했는지 알맞게 설명한 경우		4

6 $2\frac{13}{24}$

(풀이) $\square = 4\frac{5}{12} - 1\frac{7}{8} = 4\frac{10}{24} - 1\frac{21}{24} = 3\frac{34}{24} - 1\frac{21}{24} = 2\frac{13}{24}$

6-1 (예시 답안) 어떤 수를 $\square$라 하면 $4\frac{5}{12} - \square = 1\frac{7}{8}$이므로

$\square = 4\frac{5}{12} - 1\frac{7}{8} = 4\frac{10}{24} - 1\frac{21}{24} = 3\frac{34}{24} - 1\frac{21}{24} = 2\frac{13}{24}$입니다.

따라서 어떤 수는 $2\frac{13}{24}$입니다. / $2\frac{13}{24}$

채점 기준	답안 내용	배점
어떤 수를 구하는 뺄셈식을 세워 답을 바르게 구한 경우		4
어떤 수를 구하는 뺄셈식은 세웠으나 답을 잘못 구한 경우		1

실전! 서술형 평가
58~59쪽

1 (예시 답안) 분모를 통분하지 않고 분모는 분모끼리, 분자는 분자끼리 더하여 잘못 계산하였습니다.

/ $\frac{1}{3} + \frac{5}{6} = \frac{2}{6} + \frac{5}{6} = \frac{7}{6} = 1\frac{1}{6}$

채점 기준	답안 내용	배점
계산이 잘못된 이유를 알맞게 쓰고 옳게 고쳐 계산한 경우		5
계산이 잘못된 이유만 알맞게 썼거나 옳게 고쳐 계산만 한 경우		3

2 (예시 답안) 분모의 곱을 공통분모로 통분하여 계산하였으므로 공통분모를 구하기 쉽습니다. / 분모의 최소공배수를 공통분모로 통분하여 계산하였으므로 분자끼리의 뺄셈이 쉽고, 계산한 결과를 약분할 필요가 없습니다.

채점 기준	답안 내용	배점
두 가지 방법의 좋은 점을 모두 쓴 경우		5
한 가지 방법의 좋은 점만 쓴 경우		3

3 (예시 답안) $2\frac{1}{15} > 1\frac{4}{9}\left(=1\frac{20}{45}\right) > 1\frac{2}{5}\left(=1\frac{18}{45}\right)$이므로 가장 큰 분수와 가장 작은 분수의 차는

$2\frac{1}{15} - 1\frac{2}{5} = 1\frac{16}{15} - 1\frac{6}{15} = \frac{10}{15} = \frac{2}{3}$입니다. / $\frac{2}{3}$

채점 기준	답안 내용	배점
가장 큰 분수와 가장 작은 분수를 알고 답을 바르게 구한 경우		7
가장 큰 분수와 가장 작은 분수는 알았으나 답을 잘못 구한 경우		3

4 (예시 답안) 어떤 수를 □라 하면 $□ - \frac{5}{16} = \frac{13}{24}$이므로

$□ = \frac{13}{24} + \frac{5}{16} = \frac{26}{48} + \frac{15}{48} = \frac{41}{48}$입니다. 따라서 바르게 계산하면 $\frac{41}{48} + \frac{5}{16} = \frac{41}{48} + \frac{15}{48} = \frac{56}{48} = 1\frac{8}{48} = 1\frac{1}{6}$입니다. / $1\frac{1}{6}$

채점 기준	답안 내용	배점
잘못 계산한 식을 세워 어떤 수를 구하고 답을 바르게 구한 경우		7
잘못 계산한 식을 세워 어떤 수는 구하였으나 답을 잘못 구한 경우		4
잘못 계산한 식만 세운 경우		2

5 ❶ $3\frac{13}{30}$ km ❷ $3\frac{1}{5}$ km

❸ (예시 답안) 집에서 서점을 거쳐 공원까지 가는 거리는

$1\frac{3}{5} + 1\frac{5}{6} = 1\frac{18}{30} + 1\frac{25}{30} = 2\frac{43}{30} = 3\frac{13}{30}$(km)이고,

집에서 문구점을 거쳐 공원까지 가는 거리는

$1\frac{1}{2} + 1\frac{7}{10} = 1\frac{5}{10} + 1\frac{7}{10} = 2\frac{12}{10} = 3\frac{2}{10} = 3\frac{1}{5}$(km)입니다.

따라서 $3\frac{13}{30} > 3\frac{1}{5}\left(=3\frac{6}{30}\right)$이므로 문구점을 거쳐 가는 길이 더 가깝습니다. / 문구점

채점 기준	답안 내용	배점
서점과 문구점을 거쳐 가는 거리를 구하여 답을 바르게 구한 경우		7
서점과 문구점을 거쳐 가는 거리는 구하였으나 답을 잘못 구한 경우		4
서점과 문구점 중 한 곳을 거쳐 가는 거리만 구한 경우		2

6 (예시 답안) 희수가 만든 진분수는 $\frac{1}{2}$이고, 연주가 만든 진분수는 $\frac{3}{5}$입니다. 따라서 $\frac{1}{2}\left(=\frac{5}{10}\right) < \frac{3}{5}\left(=\frac{6}{10}\right)$이므로 연주가 $\frac{3}{5} - \frac{1}{2} = \frac{6}{10} - \frac{5}{10} = \frac{1}{10}$만큼 더 큰 분수를 만들었습니다.
/ 연주, $\frac{1}{10}$

채점 기준	답안 내용	배점
두 사람이 만든 진분수를 구하여 답을 바르게 구한 경우		10
두 사람이 만든 진분수는 구하였으나 답을 잘못 구한 경우		5

7 (예시 답안) 기차를 탄 시간과 버스를 탄 시간은 모두

$3\frac{4}{5} + 1\frac{7}{10} = 3\frac{8}{10} + 1\frac{7}{10} = 4\frac{15}{10} = 5\frac{5}{10} = 5\frac{1}{2}$(시간)입니다.

따라서 $5\frac{1}{2}$시간$= 5\frac{30}{60}$시간이므로 할머니 댁에 가는 데 기차와 버스를 탄 시간은 모두 5시간 30분입니다. / 5시간 30분

채점 기준	답안 내용	배점
기차와 버스를 탄 시간을 구하여 답을 바르게 구한 경우		10
기차와 버스를 탄 시간은 구하였으나 답을 잘못 구한 경우		6

● 6. 다각형의 둘레와 넓이

연습! 서술형 평가
60~61쪽

1 6, 28

1-1 (예시 답안) 가로가 8 m, 세로가 6 m인 직사각형 모양 땅의 둘레는 $(8+6) \times 2 = 28$(m)입니다. / 28 m

채점 기준	답안 내용	배점
땅의 둘레를 구하는 식을 쓰고 답을 바르게 구한 경우		4
땅의 둘레를 구하는 식은 썼으나 답을 잘못 구한 경우		2

2 가, 나

2-1 (예시 답안) 각 도형에 있는 1㎝ 의 칸 수를 세어 보면, 가는 8개, 나는 8개, 다는 9개이므로 넓이가 다른 도형은 다입니다. / 다

채점 기준	답안 내용	배점
가, 나, 다에 있는 1㎝ 의 수를 각각 세어 답을 바르게 구한 경우		4
가, 나, 다에 있는 1㎝ 의 수는 각각 세었으나 답을 잘못 구한 경우		2

3 144번

3-1 (예시 답안) 9000 m＝9 km이므로 가로가 16 km, 세로가 9 km인 직사각형의 넓이는 $16 \times 9 = 144$(km²)입니다.
/ 144 km²

채점 기준	답안 내용	배점
세로를 km로 나타내어 답을 바르게 구한 경우		6
세로를 km로 나타내었으나 답을 잘못 구한 경우		3

4 12

(풀이) (왼쪽 삼각형의 넓이)＝$15 \times 20 \div 2 = 150$(cm²)이므로 오른쪽 삼각형의 넓이를 구하는 식 $25 \times □ \div 2 = 150$에서 $□ = 150 \times 2 \div 25 = 12$입니다.

4-1 예시 답안 삼각형의 넓이는 $15 \times 20 \div 2 = 150(\text{cm}^2)$입니다. 길이가 25 cm인 변을 밑변으로 하면 높이가 $\square$ cm이므로 $25 \times \square \div 2 = 150$에서 $25 \times \square = 300$, $\square = 300 \div 25 = 12$입니다. / 12

채점 기준 답안 내용	배점
삼각형의 넓이와 밑변의 길이가 25 cm일 때 높이는 $\square$ cm임을 알고 답을 바르게 구한 경우	6
삼각형의 넓이와 밑변의 길이가 25 cm일 때 높이는 $\square$ cm임을 알았으나 답을 잘못 구한 경우	3

5 70 cm^2

5-1 예시 답안 직사각형의 각 변의 가운데를 이어 그린 마름모의 넓이는 직사각형의 넓이의 반입니다. 따라서 직사각형의 가로가 14 cm이고, 세로가 10 cm이므로 마름모의 넓이는 $14 \times 10 \div 2 = 70(\text{cm}^2)$입니다. / 70 cm^2

채점 기준 답안 내용	배점
마름모의 넓이는 직사각형의 넓이의 반임을 알고 답을 바르게 구한 경우	4
마름모의 넓이는 직사각형의 넓이의 반임을 알았으나 답을 잘못 구한 경우	2

6 $25, 30, 55$

풀이 (삼각형 ㉮의 넓이)$=5 \times 10 \div 2 = 25(\text{cm}^2)$
(삼각형 ㉯의 넓이)$=12 \times 5 \div 2 = 30(\text{cm}^2)$

6-1 주연 / 예시 답안 다각형의 넓이는 두 삼각형의 넓이의 합이므로 $5 \times 10 \div 2 + 12 \times 5 \div 2 = 25 + 30 = 55(\text{cm}^2)$입니다.

채점 기준 답안 내용	배점
잘못 이야기한 친구를 찾고 그 이유를 알맞게 쓴 경우	6
잘못 이야기한 친구만 찾았거나 이유만 알맞게 쓴 경우	3

실전! 서술형 평가

62~63쪽

1 예시 답안 정육각형은 여섯 변의 길이가 모두 같습니다. 따라서 정육각형의 둘레는 $7 \times 6 = 42(\text{cm})$입니다. / 42 cm

채점 기준 답안 내용	배점
정육각형의 여섯 변의 길이가 같음을 알고 답을 바르게 구한 경우	5
정육각형의 여섯 변의 길이가 같음은 알았으나 답을 잘못 구한 경우	2

2 예시 답안 (한 변의 길이)$\times$(한 변의 길이)$=81$이므로 같은 두 수의 곱이 81이 되는 경우를 알아보면 $9 \times 9 = 81$입니다. 따라서 정사각형의 한 변의 길이는 9 cm입니다. / 9 cm

채점 기준 답안 내용	배점
정사각형의 넓이를 이용하여 답을 바르게 구한 경우	5
정사각형의 넓이는 이용하였으나 답을 잘못 구한 경우	2

3 나 / 예시 답안 삼각형 가, 나, 다의 밑변의 길이는 모두 같지만 삼각형 나는 높이가 다르기 때문입니다.

채점 기준 답안 내용	배점
넓이가 다른 삼각형을 찾고 그 이유를 알맞게 쓴 경우	5
넓이가 다른 삼각형만 찾거나 그 이유만 알맞게 쓴 경우	2

4 예시 답안 직사각형 모양인 나무 판의 가로는 $700 \text{ cm} = 7 \text{ m}$, 세로는 $300 \text{ cm} = 3 \text{ m}$이므로 나무 판의 넓이는 $7 \times 3 = 21(\text{m}^2)$입니다. / 21 m^2

채점 기준 답안 내용	배점
나무 판의 가로와 세로를 각각 m로 나타내어 답을 바르게 구한 경우	7
나무 판의 가로와 세로를 각각 m로 나타내었으나 답을 잘못 구한 경우	4

5 예시 답안 직사각형의 가로를 $\square$ cm라 하면 직사각형의 둘레는 $(\square + 12) \times 2 = 46$에서 $\square + 12 = 23$, $\square = 11$이므로 직사각형의 가로는 11 cm입니다. 따라서 직사각형의 넓이는 $11 \times 12 = 132(\text{cm}^2)$입니다. / 132 cm^2

채점 기준 답안 내용	배점
직사각형의 가로는 몇 cm인지 알고 답을 바르게 구한 경우	7
직사각형의 가로는 몇 cm인지 알았으나 답을 잘못 구한 경우	4

6 예시 답안 사다리꼴 ㉠의 넓이는 $(6+9) \times 6 \div 2 = 45(\text{m}^2)$, 마름모 ㉡의 넓이는 $16 \times 6 \div 2 = 48(\text{m}^2)$입니다. 따라서 넓이가 더 큰 것은 ㉡입니다. / ㉡

채점 기준 답안 내용	배점
두 도형의 넓이를 각각 구하여 답을 바르게 구한 경우	7
두 도형의 넓이는 각각 구하였으나 답을 잘못 구한 경우	5
한 도형의 넓이만 구한 경우	2

7 예시 답안 색칠한 부분의 넓이는 전체 삼각형의 넓이에서 색칠하지 않은 삼각형의 넓이를 빼어 구합니다.
전체 삼각형의 넓이는 $(5+10+5) \times 18 \div 2 = 180(\text{cm}^2)$이고, 색칠하지 않은 삼각형의 넓이는 $10 \times 18 \div 2 = 90(\text{cm}^2)$이므로 색칠한 부분의 넓이는 $180 - 90 = 90(\text{cm}^2)$입니다. / 90 cm^2

채점 기준 답안 내용	배점
색칠한 부분의 넓이 구하는 방법을 알고 답을 바르게 구한 경우	10
색칠한 부분의 넓이 구하는 방법은 알았으나 답을 잘못 구한 경우	5

| 채점 시 유의 사항 | 밑변의 길이가 5 cm, 높이가 18 cm인 삼각형의 넓이를 2배 하여 구해도 정답입니다.

8 ❶ 18 cm^2 ❷ 72 cm^2 ❸ 8 cm

채점 기준 답안 내용	배점
세 문제의 답을 모두 바르게 구한 경우	10
두 문제의 답만 바르게 구한 경우	6
한 문제의 답만 바르게 구한 경우	3

풀이 ❶ (삼각형 ㄱㄴㄷ의 넓이)$=4 \times 9 \div 2 = 18(\text{cm}^2)$
❷ (평행사변형 ㄱㄷㄹㅁ의 넓이)
　$=$(삼각형 ㄱㄴㄷ의 넓이)$\times 4 = 18 \times 4 = 72(\text{cm}^2)$
❸ 선분 ㄷㄹ의 길이를 $\square$ cm라 하면 $\square \times 9 = 72$, $\square = 8$입니다.

110 수학 5-1

1. 국토와 우리 생활

연습! 서술형 평가

64~65쪽

1 ①

풀이 우리나라는 아시아 대륙의 동쪽에 위치한 반도입니다.

1-1 예시 답안 도로나 철도를 이용해 대륙으로 나아가기 유리합니다. 삼면이 바다와 맞닿아 있어 해양으로 나아가기에 좋은 위치에 있습니다.

풀이 우리 국토는 반도이기 때문에 대륙으로 바로 갈 수 있고, 삼면이 바다와 맞닿아 있어서 해양으로 나아가기도 편리합니다. 우리나라는 이러한 장점을 이용해 세계 여러 나라와 교류하고 있습니다.

채점 기준 답안 내용	배점
'삼면이 바다와 맞닿아 있어 해양으로 나아가기에 좋은 위치에 있다.' 등 우리 국토의 위치적 특징을 알맞게 쓴 경우	5
우리 국토의 위치적 특징에 대해 썼으나 미흡하게 쓴 경우	3

2 ① 영토 ⓒ 영해 ⓒ 영공

풀이 한 나라의 영역은 그 나라의 주권이 미치는 범위를 말하며 땅의 범위인 영토, 바다의 범위인 영해, 하늘의 범위인 영공으로 이루어집니다.

2-1 예시 답안 한반도와 한반도에 속한 여러 섬입니다.

풀이 영토는 땅에서의 영역으로, 우리나라의 영토는 한반도와 한반도에 속한 여러 섬입니다.

채점 기준 답안 내용	배점
'한반도와 한반도에 속한 여러 섬이다.'라고 우리나라 영토의 범위를 알맞게 쓴 경우	5
우리나라 영토의 범위에 대해 썼으나 미흡하게 쓴 경우	3

3 (1) ○ (2) ×

풀이 우리나라는 대체로 동쪽이 높고 서쪽이 낮은 지형이기 때문에 이러한 지형의 특징에 따라 큰 하천은 대부분 동쪽에서 서쪽으로 흘러갑니다.

3-1 예시 답안 우리나라의 높은 산은 주로 동쪽과 북쪽에 많습니다.

풀이 우리나라는 국토의 약 70%가 산지입니다. 높고 험한 산은 대부분 북쪽과 동쪽에 많습니다.

채점 기준 답안 내용	배점
'우리나라의 높은 산은 주로 동쪽과 북쪽에 많다.'라고 우리나라의 높은 산이 발달한 곳을 알맞게 쓴 경우	4
우리나라의 높은 산이 발달한 곳에 대해 썼으나 미흡하게 쓴 경우	2

4 ⓒ

풀이 서귀포는 연평균 강수량이 1,800mm 이상으로, 우리나라에서 연평균 강수량이 가장 많은 지역입니다.

4-1 예시 답안 우리나라 연평균 강수량의 절반 이상이 여름에 집중됩니다. 우리나라는 지역에 따라 강수량의 차이가 큽니다.

풀이 우리나라는 계절과 지역에 따라 강수량의 차이가 크게 나타납니다.

채점 기준 답안 내용	배점
'우리나라 연평균 강수량의 절반 이상이 여름에 집중된다.' 또는 '우리나라는 지역에 따라 강수량의 차이가 크다.'라고 우리나라 강수량의 특징을 알맞게 쓴 경우	5
우리나라 강수량의 특징에 대해 썼으나 미흡하게 쓴 경우	3

5 (1) 줄어들고 (2) 늘어가고

풀이 오늘날 우리나라의 연령별 인구 구성 비율은 저출산·고령 사회의 특징을 잘 보여 주고 있습니다. 유소년층의 인구는 크게 줄어들었고, 노년층의 인구는 크게 증가했습니다.

5-1 예시 답안 아이를 적게 낳는 가정이 늘면서 새로 태어나는 아기의 수는 점점 줄고, 전체 인구에서 노년층이 차지하는 비율은 계속해서 늘고 있습니다.

풀이 현재 우리나라 인구 구성의 특징이자 문제를 대표하는 저출산, 고령화와 관련된 그래프입니다. 초등학교 학급당 평균 학생 수는 계속 줄어들고 있고, 우리나라의 65세 이상 노인 인구의 비율은 증가하고 있음을 알 수 있습니다.

채점 기준 답안 내용	배점
'아이를 적게 낳는 가정이 늘면서 새로 태어나는 아기의 수는 점점 줄고, 전체 인구에서 노년층이 차지하는 비율은 계속해서 늘고 있다.'라고 우리나라 인구 구성의 변화 모습을 알맞게 쓴 경우	6
우리나라 인구 구성의 변화 모습에 대해 썼으나 미흡하게 쓴 경우	3

6 중화학 공업

풀이 중화학 공업은 비교적 무거운 물건을 만들거나 원유를 이용해 다양한 물건을 만드는 산업입니다.

6-1 예시 답안 바다가 있어 원료를 수입하고 제품을 수출하기 편리하기 때문입니다.

풀이 울산, 부산 등의 도시는 바다가 있어서 배를 이용하여 필요한 원료를 수입하거나 완성된 제품을 수출하기 편리합니다.

채점 기준 답안 내용	배점
'바다가 있어 원료를 수입하고 제품을 수출하기 편리하기 때문이다.'라고 오늘날 울산, 부산 등 남동쪽 해안가 지역에 공업이 발달한 까닭을 알맞게 쓴 경우	6
오늘날 울산, 부산 등 남동쪽 해안가 지역에 공업이 발달한 까닭에 대해 썼으나 미흡하게 쓴 경우	3

1 예시 답안 우리나라에서 인도를 거쳐 터키까지, 또는 러시아를 지나 유럽까지 자동차로 갈 수 있게 됩니다.

풀이 아시안 하이웨이가 완성되면 자동차를 타고 넓은 아시아 대륙을 지나 유럽의 여러 나라까지 다녀올 수 있습니다.

채점 기준	답안 내용	배점
'우리나라에서 인도를 거쳐 터키까지, 또는 러시아를 지나 유럽까지 자동차로 갈 수 있게 된다.'라고 아시안 하이웨이가 완성되면 좋은 점을 알맞게 쓴 경우		7
아시안 하이웨이가 완성되면 좋은 점에 대해 썼으나 미흡하게 쓴 경우		4

2 (1) 예시 답안 한반도와 한반도에 속한 여러 섬입니다.
(2) 예시 답안 우리나라 바다의 영역으로, 영해를 설정하는 기준선으로부터 12해리까지입니다.
(3) 예시 답안 우리나라의 영토와 영해 위에 있는 하늘의 범위입니다.

채점 기준	답안 내용	배점
우리나라의 영토, 영해, 영공의 범위를 모두 알맞게 쓴 경우		7
우리나라의 영토, 영해, 영공의 범위 중 두 가지만 알맞게 쓴 경우		4
우리나라의 영토, 영해, 영공의 범위 중 한 가지만 알맞게 쓴 경우		2

3 예시 답안 우리나라는 오래전부터 산이나 호수, 강, 바다, 제방 등의 환경을 기준으로 지역을 구분했습니다.

풀이 높은 고개, 하천, 저수지, 바다 등의 환경으로 지역을 구분했습니다.

채점 기준	답안 내용	배점
'우리나라는 오래전부터 산이나 호수, 강, 바다, 제방 등의 환경을 기준으로 지역을 구분했다.'라고 우리 국토를 전통적으로 구분하는 기준을 알맞게 쓴 경우		5
우리 국토를 전통적으로 구분하는 기준을 썼으나 미흡하게 쓴 경우		3

4 (1) 예시 답안 해안선이 복잡합니다.
(2) 예시 답안 해안선이 단조롭습니다.
(3) 예시 답안 해안선이 복잡하고 섬이 많습니다.

채점 기준	답안 내용	배점
우리나라 서해안, 동해안, 남해안의 해안선 모습을 알맞게 쓴 경우		7
우리나라 서해안, 동해안, 남해안의 해안선 모습 중 두 가지만 알맞게 쓴 경우		4
우리나라 서해안, 동해안, 남해안의 해안선 모습 중 한 가지만 알맞게 쓴 경우		2

5 ❶ 8월
❷ 예시 답안 차가운 북서풍을 막아 주는 태백산맥과 수심이 깊은 동해의 영향 때문입니다.

채점 기준	답안 내용	배점
'차가운 북서풍을 막아 주는 태백산맥과 수심이 깊은 동해의 영향 때문이다.'라고 1월에 서울보다 강릉이 더 따뜻한 까닭을 알맞게 쓴 경우		4
1월에 서울보다 강릉이 더 따뜻한 까닭에 대해 썼으나 미흡하게 쓴 경우		2

❸ 예시 답안 남쪽으로 갈수록 기온이 높아지고 북쪽으로 갈수록 기온이 낮아집니다.

채점 기준	답안 내용	배점
'남쪽으로 갈수록 기온이 높아지고 북쪽으로 갈수록 기온이 낮아진다.' 등 두 기후도를 보고 알 수 있는 사실을 알맞게 쓴 경우		4
두 기후도를 보고 알 수 있는 사실에 대해 썼으나 미흡하게 쓴 경우		2

6 예시 답안 수도권과 대도시 지역은 산업이 발달해 일자리가 많기 때문에 인구가 많습니다.

풀이 오늘날에는 산업이 발달한 수도권과 대도시에 인구가 밀집되어 있습니다.

채점 기준	답안 내용	배점
'수도권과 대도시 지역은 산업이 발달해 일자리가 많기 때문에 인구가 많다.'라고 오늘날 수도권 및 대도시 지역에 인구가 밀집되어 있는 까닭을 알맞게 쓴 경우		7
오늘날 수도권 및 대도시 지역에 인구가 밀집되어 있는 까닭에 대해 썼으나 미흡하게 쓴 경우		4

7 예시 답안 우리나라는 인구가 많은 지역을 중심으로 교통망이 발달했습니다.

풀이 교통이 발달한 곳에 사람들이 많이 모여 살고 있다는 것을 알 수 있습니다.

채점 기준	답안 내용	배점
'우리나라는 인구가 많은 지역을 중심으로 교통망이 발달했다.'라고 오늘날의 인구분포도와 교통도를 통해 알 수 있는 사실을 알맞게 쓴 경우		7
오늘날의 인구분포도와 교통도를 통해 알 수 있는 사실에 대해 썼으나 미흡하게 쓴 경우		4

2. 인권 존중과 정의로운 사회

1 인권
풀이 인권은 사람으로서 인간답게 살 권리를 침해당하지 않는 것입니다.

1-1 예시 답안 사람으로서 당연히 가지는 기본적인 권리입니다.

풀이 모든 사람은 태어나면서부터 인권을 가지고, 어떤 이유로도 인권을 침해당해서는 안 됩니다.

채점 기준	답안 내용	배점
'사람으로서 당연히 가지는 기본적인 권리이다.' 등 인권의 특성을 알맞게 쓴 경우		4
인권의 특성에 대해 썼으나 미흡하게 쓴 경우		2

2 방정환

풀이 방정환은 모든 어린이가 꿈과 희망을 품고 행복하게 자라기를 바라는 마음으로 어린이날을 만들었습니다.

2-1 예시 답안 어린이를 소중하게 생각했고, 어린이날을 만들었습니다.

풀이 방정환은 어린이를 미래를 이끌어 갈 주인공으로 생각해 소중히 여겼습니다.

채점 기준	답안 내용	배점
'어린이를 소중하게 생각했고, 어린이날을 만들었다.' 등 방정환이 어린이의 인권 신장을 위해 했던 일을 알맞게 쓴 경우		5
방정환이 어린이의 인권 신장을 위해 했던 일에 대해 썼으나 미흡하게 쓴 경우		3

3 (1) ○ (2) ○ (3) ×

풀이 법이 사회의 변화에 맞지 않거나 인권을 침해할 때에는 법을 바꾸거나 다시 만들 수 있습니다.

3-1 예시 답안 사회의 질서를 유지하고 사람들의 안전을 지켜 주기 위해서입니다.

풀이 사회의 질서를 유지하고 국가에 속한 사람들의 안전을 지키기 위해 국가에서 법을 만들었습니다.

채점 기준	답안 내용	배점
'사회의 질서를 유지하고 사람들의 안전을 지켜 주기 위해서이다.' 라고 국가에서 법을 만든 까닭을 알맞게 쓴 경우		6
국가에서 법을 만든 까닭에 대해 썼으나 미흡하게 쓴 경우		3

4 지혜

풀이 법을 지키지 않는다면 다른 사람에게 피해를 주고 다른 사람의 권리를 침해하며 사람들 간의 갈등을 유발합니다.

4-1 예시 답안 법을 어기면 다른 사람의 권리를 침해하기 때문에 법을 지켜야 합니다.

풀이 법을 지키지 않으면 사회 질서가 유지될 수 없고 처벌을 받을 수도 있습니다.

채점 기준	답안 내용	배점
'법을 어기면 다른 사람의 권리를 침해하기 때문에 법을 지켜야 한다.' 등 법을 지켜야 하는 까닭을 알맞게 쓴 경우		5
법을 지켜야 하는 까닭에 대해 썼으나 미흡하게 쓴 경우		3

5 ②

풀이 헌법에는 국민의 자유와 권리, 인간다운 생활, 개인 존중, 행복한 삶을 보장하는 내용이 담겨 있습니다.

5-1 예시 답안 법 중에서 가장 기본이 되는 법을 헌법이라고 한단다.

풀이 헌법은 국민의 자유와 권리를 보장하기 위해 만든 법입니다.

채점 기준	답안 내용	배점
'법 중에서 가장 기본이 되는 법을 헌법이라고 한다.' 등 헌법의 의미를 알맞게 쓴 경우		5
헌법의 의미에 대해 썼으나 미흡하게 쓴 경우		3

6 ⑤

풀이 헌법에서는 교육의 의무, 납세의 의무, 근로의 의무, 국방의 의무, 환경 보전의 의무를 국민으로서 지켜야 하는 의무로 정해 놓았습니다.

6-1 예시 답안 성별이나 장애에 차별받지 않고 동등하게 일을 할 수 있습니다.

풀이 평등권은 법을 공평하게 적용받아 차별받지 않을 권리입니다.

채점 기준	답안 내용	배점
'성별이나 장애에 차별받지 않고 동등하게 일을 할 수 있다.' 등 평등권이 생활 속에서 적용되는 사례를 알맞게 쓴 경우		6
평등권이 생활 속에서 적용되는 사례에 대해 썼으나 미흡하게 쓴 경우		3

| 채점 시 유의 사항 | 예시 답안 외에도 '피부색이 다르거나 종교가 다르다고 해서 차별받지 않습니다.' 등 평등권이 생활 속에서 적용되는 사례를 바르게 쓰면 정답으로 합니다.

실전! 서술형 평가 70~71쪽

1 예시 답안 장애인을 위해 장애인 전용 주차 구역을 따로 만듭니다.

풀이 노약자와 몸이 불편한 사람을 위해 공공장소에 승강기를 설치하거나 임신, 출산 등으로 인한 휴가를 법적으로 보장하는 것도 인권을 존중하는 사례입니다.

채점 기준	답안 내용	배점
'장애인을 위해 장애인 전용 주차 구역을 따로 만든다.' 등 우리 생활 속에서 인권을 존중하는 사례를 알맞게 쓴 경우		7
우리 생활 속에서 인권을 존중하는 사례에 대해 썼으나 미흡하게 쓴 경우		4

2 예시 답안 일반 백성이 억울한 일을 당했을 때 해결하기 위해서입니다. 백성들의 인권 신장을 위해서입니다.

풀이 옛날에 인권 신장을 위해 격쟁, 신문고, 상언, 삼복제 등의 제도를 시행했습니다.

채점 기준	답안 내용	배점
'일반 백성이 억울한 일을 당했을 때 해결하기 위해서입니다.' 등 옛날에 격쟁, 신문고 제도, 상언 제도가 있었던 까닭을 알맞게 쓴 경우		7
옛날에 격쟁, 신문고 제도, 상언 제도가 있었던 까닭에 대해 썼으나 미흡하게 쓴 경우		4

3 예시 답안 피부색이 다르면 우리나라 사람이 아니라는 편견입니다.

풀이 제시된 사례는 다문화 가정의 아이가 외모로 차별받는 모습에 대한 내용입니다. 국적과 상관없이 외모가 다르더라도 우리는 모두 같은 사람이기 때문에 차별하면 안 됩니다.

채점 기준	답안 내용	배점
'피부색이 다르면 우리나라 사람이 아니라는 편견이다.'라고 반 친구들이 은서에게 가지고 있는 편견을 알맞게 쓴 경우		7
반 친구들이 은서에게 가지고 있는 편견에 대해 썼으나 미흡하게 쓴 경우		4

4 예시 답안 개인의 권리를 보장해 줍니다.

풀이 우리는 살아가면서 개인의 권리를 제대로 보장받지 못하는 경우가 있습니다. 이때 법이 개인의 생명이나 재산 등을 보호해 우리는 안정된 삶을 살 수 있습니다.

채점 기준	답안 내용	배점
'개인의 권리를 보장해 준다.'라고 제시된 사례들과 관련 있는 법의 역할을 알맞게 쓴 경우		7
제시된 사례들과 관련 있는 법의 역할에 대해 썼으나 미흡하게 쓴 경우		4

5 예시 답안 집 주변이 지저분해지고 집주인이 쓰레기 냄새와 처리 때문에 힘들어 할 것입니다.

풀이 남의 집 앞에 쓰레기를 몰래 버리면 집주인이 화가 나서 쓰레기를 버린 사람을 신고할 수도 있고, 골목의 행인들도 쓰레기더미 때문에 불쾌한 기분이 들 것입니다.

채점 기준	답안 내용	배점
'집 주변이 지저분해지고 집주인이 쓰레기 냄새와 처리 때문에 힘들어 할 것이다.' 등 제시된 그림과 관련하여 법을 어겨서 일어날 수 있는 문제를 알맞게 쓴 경우		5
제시된 그림과 관련하여 법을 어겨서 일어날 수 있는 문제에 대해 썼으나 미흡하게 쓴 경우		3

6 예시 답안 헌법은 우리의 권리를 보장해 줍니다.

풀이 국민의 행복을 추구할 권리 보장을 위한 헌법의 구체적 적용 사례를 제시한 대화 내용입니다. 헌법에는 국민이 건강하게 살아갈 권리를 보장해 주기 때문에 늦은 시간까지 학원 수업을 하지 못하게 합니다.

채점 기준	답안 내용	배점
'헌법은 우리의 권리를 보장해 준다.'라고 제시된 대화와 관련 있는 헌법의 역할을 알맞게 쓴 경우		7
제시된 대화와 관련 있는 헌법의 역할에 대해 썼으나 미흡하게 쓴 경우		4

7 ❶ 자유권

❷ 납세의 의무

❸ 예시 답안 의무를 실천하는 일은 나뿐만 아니라 다른 사람의 기본권을 보장해 줄 수 있는 바탕이 되기 때문입니다.

채점 기준	답안 내용	배점
'의무를 실천하는 일은 나뿐만 아니라 다른 사람의 기본권을 보장해 줄 수 있는 바탕이 되기 때문이다.' 등 국민의 의무를 실천하는 일이 중요한 까닭을 기본권과 연관지어 알맞게 쓴 경우		6
국민의 의무를 실천하는 일이 중요한 까닭을 기본권과 연관지어 썼으나 미흡하게 쓴 경우		3

1. 과학자의 탐구 방법

실전! 서술형 평가
72~73쪽

1 민준, **예시 답안** 탐구 문제가 분명하게 드러나지 않았기 때문입니다.

풀이 탐구 문제를 정할 때에는 탐구 문제가 분명하게 드러나야 하며, 탐구 범위가 좁고 구체적이어야 합니다. 또한 스스로 탐구할 수 있는 문제여야 합니다.

채점 기준	답안 내용	배점
민준이를 고르고, 탐구 문제가 분명하게 드러나지 않았기 때문이라고 쓴 경우	5
민준이만 고른 경우	3

2 ⑺ **예시 답안** 사인펜의 색깔
⑴ **예시 답안** 사인펜의 종류, 종이의 종류, 종이의 크기, 점의 크기 등

채점 기준	답안 내용	배점
⑺, ⑴를 모두 옳게 쓴 경우	7
⑺, ⑴ 중 한 개만 옳게 쓴 경우	4

3 **예시 답안** 탐구 문제, 다르게 해야 할 조건, 같게 해야 할 조건, 준비물, 실험 과정

풀이 탐구 계획을 세울 때에는 탐구 문제, 실험에서 다르게 해야 할 조건, 같게 해야 할 조건, 준비물, 실험 과정 등이 들어가야 합니다.

채점 기준	답안 내용	배점
실험 계획을 세울 때 들어가야 할 내용을 두 가지 이상 옳게 쓴 경우	5
실험 계획을 세울 때 들어가야 할 내용을 한 가지만 옳게 쓴 경우	3

4 **예시 답안** 사인펜의 색깔에 따라 분리된 색소

풀이 표의 제목을 정할 때에는 실험 내용이 분명하게 드러나도록 정해야 하며, 실험에서 다르게 한 조건에 따라 나타난 결과로 정하도록 합니다.

채점 기준	답안 내용	배점
실험에서 다르게 한 조건에 따라 나타난 결과를 제목으로 옳게 쓴 경우	7
실험에서 다르게 한 조건이나 결과만 제목으로 쓴 경우	3

5 자료 변환, **예시 답안** 실험 결과를 한눈에 비교하기 쉽게 정리하면 그 의미를 더 잘 알 수 있기 때문입니다.

채점 기준	답안 내용	배점
자료 변환이라고 쓰고, 자료 변환을 하는 까닭을 옳게 설명한 경우	7
자료 변환이라고만 쓴 경우	4

6 **예시 답안** 실험 결과에서 결론을 이끌어 내는 과정을 결론 도출이라고 합니다.

채점 기준	답안 내용	배점
결론 도출에 대해 두 개의 낱말을 모두 사용하여 옳게 설명한 경우	5
결론 도출에 대해 한 개의 낱말만 사용하여 쓴 경우	3

7 ❶ **예시 답안** 검은색 사인펜의 잉크에는 보라색, 분홍색, 하늘색, 노란색 색소가 섞여 있습니다.

채점 기준	답안 내용	배점
실험 결과를 통해 알 수 있는 사실을 한 가지 옳게 쓴 경우	3

❷ **예시 답안** 사인펜의 색깔에 따라 잉크에 섞여 있는 색소의 종류와 개수는 다릅니다.

채점 기준	답안 내용	배점
결론을 바르게 이끌어 낸 경우	4
결론을 이끌어 내긴 하였으나 설명이 부족한 경우	2

❸ **예시 답안** 탐구 문제 정하기 → 실험 계획을 세우고 실험하기 → 실험 결과를 변환하고 해석하기 → 실험 결과를 통해 결론 이끌어내기

채점 기준	답안 내용	배점
스스로 탐구하는 과정을 순서대로 옳게 쓴 경우	4

2. 온도와 열

연습! 서술형 평가
74~75쪽

1 (1) 귀 (2) 적외선 (3) 알코올

풀이 체온을 측정할 때에는 귀 체온계를 사용하고, 고체 물질의 온도를 측정할 때에는 적외선 온도계를 사용하고, 액체나 기체의 온도를 측정할 때에는 알코올 온도계를 사용합니다.

1-1 적외선 온도계, **예시 답안** 고체 물질(표면)의 온도를 측정할 때 사용합니다.

채점 기준	답안 내용	배점
적외선 온도계라고 쓰고, 고체 물질의 온도를 측정할 때 사용한다고 쓴 경우	4
적외선 온도계라고만 쓰거나, 고체 물질의 온도를 측정할 때 사용한다고만 쓴 경우	2

2 열

2-1 **예시 답안** 온도가 다른 두 물질이 접촉하면 차가운 물질은 온도가 높아지고 따뜻한 물질은 온도가 낮아지는 현상을 이용한 것입니다.

채점 기준	답안 내용	배점
차가운 물질과 따뜻한 물질의 온도 변화에 대하여 옳게 쓴 경우		4
차가운 물질과 따뜻한 물질의 온도 변화 중 한 가지만 쓴 경우		2

3 (2) ○

풀이 고체에서 열은 온도가 높은 곳에서 온도가 낮은 곳으로 고체 물질을 따라 이동합니다.

3-1 예시 답안 국에 담가 두었던 부분에서 숟가락의 손잡이 쪽으로 열이 이동하기 때문입니다.

채점 기준	답안 내용	배점
국에 담가 두었던 부분에서 숟가락의 손잡이 쪽으로 열이 이동하기 때문이라고 쓴 경우		6
숟가락을 통해 열이 이동했다고 쓴 경우		4

4 구리판

풀이 구리판-철판-유리판 순으로 버터가 빨리 녹기 시작합니다.

4-1 예시 답안 구리판-철판-유리판 순으로 열이 빠르게 이동합니다.

풀이 열이 이동하는 빠르기가 빠른 판이 온도가 빨리 높아져 버터가 빨리 녹기 시작합니다.

채점 기준	답안 내용	배점
열이 빠르게 이동하는 순서를 옳게 나열한 경우		6

5 (2) ○

풀이 액체에서는 주변보다 온도가 높아진 물질이 위로 올라가면서 열이 이동합니다.

5-1 예시 답안 온도가 높아진 물은 위로 올라가고 위에 있던 물은 아래로 밀려 내려오기 때문입니다.

채점 기준	답안 내용	배점
물 전체가 뜨거워지는 까닭을 옳게 쓴 경우		6
온도가 높아진 물이 이동한다고만 쓴 경우		4
온도가 변한 물이 위로 이동한다고만 쓴 경우		2

6 (2) ○

풀이 기체에서는 온도가 높아진 공기가 위로 올라가고 위에 있던 공기는 아래로 밀려 내려오면서 열이 이동합니다.

6-1 예시 답안 난방 기구는 낮은 곳에 설치하고, 냉방 기구는 높은 곳에 설치합니다.

풀이 난방 기구는 낮은 곳에 설치하여 따뜻한 공기가 위로 올라가게 하고, 냉방 기구는 높은 곳에 설치하여 차가운 공기가 아래로 내려가게 합니다.

채점 기준	답안 내용	배점
난방 기구는 낮은 곳에, 냉방 기구는 높은 곳에 설치한다고 모두 옳게 쓴 경우		4
난방 기구와 냉방 기구를 설치할 때 알맞은 위치를 한 가지만 옳게 쓴 경우		2

실전! 서술형 평가   76~77쪽

1 예시 답안 온도가 다른 두 물질이 접촉하면 차가운 물질의 온도는 점점 높아지고, 따뜻한 물질의 온도는 점점 낮아집니다.

채점 기준	답안 내용	배점
온도가 다른 두 물질이 접촉하였을 때의 온도 변화를 바르게 쓴 경우		5
온도가 다른 두 물질이 접촉하였을 때의 온도 변화를 한 가지만 바르게 쓴 경우		2

2 예시 답안 프라이팬에서 달걀로 열이 이동합니다.

풀이 뜨거운 프라이팬 위에 달걀을 올려놓았을 때 달걀의 온도는 점점 높아집니다. 따라서 프라이팬에서 달걀로 열이 이동합니다.

채점 기준	답안 내용	배점
프라이팬에서 달걀로 열이 이동한다고 쓴 경우		5

3 ❶ 예시 답안 ㈎와 ㈏는 모두 가열한 부분에서 멀어지는 방향으로 열 변색 붙임딱지의 색깔이 점차 변합니다.

풀이 열이 온도가 높은 곳에서 온도가 낮은 곳으로 고체 물질을 따라 이동하는 것을 전도라고 합니다.

❷

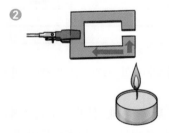

채점 기준	답안 내용	배점
열 변색 붙임딱지의 색깔이 변하는 모습을 화살표로 옳게 나타낸 경우		4
열 변색 붙임딱지의 색깔이 변하는 모습을 하나의 화살표로만 나타낸 경우		2

❸ 예시 답안 고체에서 열은 온도가 높은 곳에서 온도가 낮은 곳으로 고체 물질을 따라 이동합니다.

채점 기준	답안 내용	배점
고체에서 열은 온도가 높은 곳에서 온도가 낮은 곳으로 고체 물질을 따라 이동한다고 쓴 경우		4

4 예시 답안 구리판-철판-유리판의 순서대로 열이 빠르게 이동합니다.

풀이 고체 물질의 종류에 따라 열이 이동하는 빠르기가 다른데, 유리보다 금속에서 열이 더 빠르게 이동합니다. 금속은 종류에 따라 열이 이동하는 빠르기가 다릅니다. 이 실험에서는 구리판-철판-유리판의 순서로 열이 빠르게 이동합니다.

채점 기준	답안 내용	배점
구리판-철판-유리판의 순서대로 열이 빠르게 이동한다고 쓴 경우		5

5 예시 답안 파란색 잉크가 위로 올라갑니다.

채점 기준	답안 내용	배점
잉크가 위로 올라간다고 옳게 쓴 경우		5

6 예시 답안 온도가 높아진 물이 위로 올라가기 때문입니다.

채점 기준	답안 내용	배점
온도가 높아진 물이 위로 올라가기 때문이라고 쓴 경우		5
뜨거운 물이 위로 올라가기 때문이라고 쓴 경우		4
뜨거운 물이 위에 있기 때문이라고 쓴 경우		2

7 예시 답안 공기를 가열하면 온도가 높아진 공기는 위로 올라갑니다.

채점 기준	답안 내용	배점
기체에서의 열의 이동에 대해 옳게 쓴 경우		7

3. 태양계와 별

연습! 서술형 평가
78~79쪽

1 ⑤

풀이 화성은 태양계 행성 중에서 태양으로부터 네 번째에 있습니다.

1-1 예시 답안 붉은색입니다.

풀이 그 밖에 고리가 없고, 지구보다 크기가 작으며 표면이 암석과 흙으로 되어 있습니다.

채점 기준	답안 내용	배점
화성의 특징을 옳게 쓴 경우		4

2 (1) 목성, 토성, 해왕성 (2) 수성, 금성, 화성

풀이 목성, 토성, 해왕성은 지구보다 크기가 큰 행성이며, 수성, 금성, 화성은 지구보다 크기가 작은 행성입니다.

2-1 예시 답안 목성>토성>천왕성>해왕성>지구>금성>화성>수성 순으로 크기가 큽니다.

채점 기준	답안 내용	배점
태양계 행성을 크기가 큰 순서대로 바르게 쓴 경우		4
태양계 행성의 크기 순서를 한 두 개만 틀리게 쓴 경우		2

3 (1) 화성, 목성, 토성, 해왕성 (2) 수성, 금성

풀이 화성, 목성, 토성, 해왕성은 태양에서 지구보다 거리가 먼 행성이고, 수성, 금성은 태양에서 지구보다 거리가 가까운 행성입니다.

3-1 예시 답안 수성, 금성, 지구, 화성, 목성, 토성, 천왕성, 해왕성 순으로 태양에서 가깝습니다.

채점 기준	답안 내용	배점
태양에서 가까운 행성부터 순서대로 바르게 쓴 경우		4
태양에서 가까운 행성의 순서를 한 두 개만 틀리게 쓴 경우		2

4 (1) 작은곰자리 (2) 카시오페이아자리

4-1 예시 답안

채점 기준	답안 내용	배점
북두칠성을 옳게 선으로 연결한 경우		6

5 다섯(5)

5-1 예시 답안 ①과 ②를 연결하고 그 거리의 다섯 배만큼 떨어진 곳에 있는 별이 북극성입니다.

채점 기준	답안 내용	배점
북극성을 찾는 방법을 ①과 ②를 포함하여 옳게 쓴 경우		6
①과 ② 사이의 다섯 배 되는 거리만큼 떨어져 있다고만 쓴 경우		4

6 ⓒ

풀이 별은 태양계를 벗어난 먼 우주에 있지만 행성은 태양계 내에 있어 금성, 화성, 토성과 같은 행성은 주위의 별보다 더 밝습니다.

6-1 예시 답안 행성은 태양 빛을 반사하여 밝게 빛나지만, 별은 스스로 빛을 내어 밝게 빛납니다.

풀이 그 밖에 행성은 태양계 내에 있고, 별은 태양계를 벗어난 우주에 있습니다. 행성은 여러 날 동안 같은 밤하늘을 관측했을 때 보이는 위치가 변하지만, 별은 위치가 변하지 않는 것처럼 보입니다.

채점 기준	답안 내용	배점
행성과 별의 차이점을 옳게 쓴 경우		6
행성과 별의 차이점을 썼지만 설명이 부족한 경우		3

실전! 서술형 평가
80~81쪽

1 예시 답안 우리가 살아가는 데 필요한 대부분의 에너지를 태양에서 얻기 때문입니다.

채점 기준	답안 내용	배점
태양, 에너지라는 낱말을 모두 사용하여 쓴 경우		5
태양, 에너지 둘 중 한 낱말만 사용하여 쓴 경우		2

2 예시 답안 태양계 행성을 지구보다 크기가 큰 행성과 지구보다 크기가 작은 행성으로 분류한 것입니다.

풀이 태양계 행성 중 목성, 토성, 천왕성, 해왕성은 지구보다 크기가 크며, 수성, 금성, 화성은 지구보다 크기가 작습니다.

채점 기준	답안 내용	배점
지구보다 크기가 큰 행성과 지구보다 크기가 작은 행성으로 분류했다고 쓰거나 그 밖에 적합한 분류 기준을 쓴 경우		5
크기라고만 쓰거나 그 밖에 적합한 분류 기준을 단어만 쓴 경우		2

3 예시 답안 지구는 태양계 행성 중에서 상대적으로 크기가 작은 편에 속합니다.

채점 기준	답안 내용	배점
지구는 태양계 행성 중에서 상대적으로 크기가 작은 편에 속한다고 쓰거나 네 번째로 작다라고 쓴 경우		5

4 해왕성, 예시 답안 태양에서 멀어질수록 행성 사이의 거리는 멀어집니다.

풀이 태양으로부터 수성, 금성, 지구, 화성, 목성, 토성, 천왕성, 해왕성 순서로 점점 멀리 떨어져 있으며 태양에서 멀어질수록 행성 사이의 거리는 멀어집니다.

채점 기준	답안 내용	배점
해왕성을 쓰고, 태양에서 멀어질수록 행성 사이의 거리는 멀어진다고 쓴 경우		5
태양에서 멀어질수록 행성 사이의 거리가 멀어진다고만 쓴 경우		3
해왕성만 쓴 경우		2

5 예시 답안 북극성을 찾아 방향을 알아보았습니다.

풀이 북극성은 항상 북쪽 밤하늘에서 보이기 때문에 나침반 역할을 합니다.

채점 기준	답안 내용	배점
북극성을 찾아 방향을 알아보았다고 쓴 경우		5

6 예시 답안 그림의 천체 중에서 위치가 변한 천체를 찾습니다.

풀이 밤하늘의 별은 행성에 비해 지구에서 매우 먼 거리에 있으므로 여러 날 동안 같은 밤하늘을 관측하면 행성은 위치가 변하지만 별은 위치가 변하지 않는 것처럼 보입니다.

채점 기준	답안 내용	배점
위치가 변한 천체를 찾는다고 쓴 경우		7

7 ❶ ①

채점 기준	답안 내용	배점
①을 옳게 쓴 경우		3

❷ 예시 답안 ㉠과 별 ㉡을 연결하고 그 거리의 다섯 배만큼 떨어진 곳에 있는 별이 북극성입니다.

채점 기준	답안 내용	배점
북극성을 찾는 방법을 ㉠과 ㉡을 포함하여 옳게 쓴 경우		4
설명이 부족한 경우		2

❸ 예시 답안 북두칠성의 국자 모양 끝부분의 별 두 개를 연결하고, 그 거리의 다섯 배만큼 떨어진 곳에 있는 별이 북극성입니다.

채점 기준	답안 내용	배점
북두칠성의 국자 모양 끝부분의 별 두 개를 연결하고, 그 거리의 다섯 배만큼 떨어진 곳의 별을 찾는다고 옳게 쓴 경우		4
북두칠성의 국자 모양 끝부분의 별 두 개를 연결하여 별을 찾는다고만 쓴 경우		2

4. 용해와 용액

연습! 서술형 평가

82~83쪽

1 ⑶ ×

1-1 예시 답안 소금과 설탕은 물에 녹고, 멸치 가루는 물에 녹지 않습니다.

채점 기준	답안 내용	배점
소금과 설탕은 물에 녹고, 멸치 가루는 물에 녹지 않는다고 쓴 경우		6
세 가지 중 두 가지만 옳게 쓴 경우		4
세 가지 중 한 가지만 옳게 쓴 경우		2

2 ⑵ ×

2-1 예시 답안 각설탕을 물에 넣으면 크기가 작아지면서 물에 골고루 섞여 완전히 용해되면 눈에 보이지 않습니다.

채점 기준	답안 내용	배점
각설탕이 물에 용해되는 과정을 옳게 쓴 경우		4
각설탕이 물에 용해되어 눈에 보이지 않는다고만 쓴 경우		2

3 ⑵ ○

3-1 예시 답안 같은 온도와 양의 물에서 용질의 종류에 따라 물에 용해되는 양은 서로 다릅니다.

채점 기준	답안 내용	배점
같은 온도와 양의 물에서 용질의 종류에 따라 물에 용해되는 양은 서로 다르다고 쓴 경우		4
소금, 설탕, 베이킹 소다가 물에 용해되는 양이 다르다고만 쓴 경우		2

4 ⑵ ○

4-1 예시 답안 10℃의 비커보다 40℃의 비커에서 백반이 더 많이 용해됩니다.

채점 기준	답안 내용	배점
10℃의 비커보다 40℃의 비커에서 백반이 더 많이 용해된다고 쓴 경우		4

5 ③

풀이 용액의 진하기는 같은 양의 용매에 용해된 용질의 많고 적은 정도를 나타냅니다.

5-1 예시 답안 (나) 용액이 (가) 용액보다 진한 용액입니다. 용액의 진하기는 같은 양의 용매에 용해된 용질의 많고 적은 정도를 말합니다.

채점 기준	답안 내용	배점
(나) 용액이 더 진하다고 쓰고, 용액의 진하기에 대해 옳게 쓴 경우		6
(나) 용액이 더 진하다고 썼으나 용액의 진하기에 대한 설명이 부족한 경우		4

6 ㉡

풀이 장을 담글 때 소금물의 진하기를 확인하기 위해 진한 용액에서 물체가 떠오르는 성질을 이용했습니다.

6-1 예시 답안 장을 담글 때에 소금물의 진하기를 알아보기 위하여 달걀을 띄워 달걀이 떠오르는 정도를 알아보았습니다.

채점 기준	답안 내용	배점
일상생활에서 용액의 진하기를 측정하는 경우를 옳게 쓴 경우		4

실전! 서술형 평가
84~85쪽

1 예시 답안 용질인 설탕이 용매인 물에 용해되어 설탕물 용액이 됩니다.

채점 기준	답안 내용	배점
네 가지 낱말을 모두 사용하여 옳게 쓴 경우		5
두 세 가지 낱말만 사용하여 쓴 경우		2

2 142g, 예시 답안 각설탕이 물에 용해되기 전과 용해된 후의 무게는 같기 때문입니다.

채점 기준	답안 내용	배점
용해된 후의 무게를 쓰고, 그 까닭을 옳게 쓴 경우		7
용해되기 전과 용해된 후의 무게가 같은 까닭만 쓴 경우		4
용해된 후의 무게만 쓴 경우		2

3 예시 답안 설탕, 소금, 베이킹 소다 순으로 물에 잘 용해됩니다.

풀이 베이킹 소다는 두 숟가락 넣었을 때부터 바닥에 가라앉고, 소금은 여덟 숟가락 넣었을 때부터 바닥에 가라앉으므로 설탕, 소금, 베이킹 소다 순으로 물에 잘 용해됩니다.

채점 기준	답안 내용	배점
설탕, 소금, 베이킹 소다 순으로 물에 잘 용해된다고 쓴 경우		7

4 예시 답안 백반 알갱이가 다시 생겨 바닥에 가라앉습니다.

풀이 따뜻한 물에서 모두 용해된 백반 용액이 든 비커를 얼음물에 넣으면 백반이 다 용해되지 못하고 바닥에 가라앉습니다.

채점 기준	답안 내용	배점
백반이 바닥에 가라앉는다고 쓴 경우		5

5 예시 답안 용액의 색깔이 진한 것이 진한 용액입니다.

풀이 용액의 색깔뿐만 아니라 맛, 무게, 높이를 비교하여 진하기를 비교할 수도 있습니다.

채점 기준	답안 내용	배점
용액의 진하기를 비교할 수 있는 방법을 옳게 쓴 경우		5

6 예시 답안 용액의 진하기에 따라 물체가 용액에 뜨는 정도가 다른 것을 이용한 것입니다.

풀이 소금물이 짤수록 달걀이 더 많이 떠오릅니다.

채점 기준	답안 내용	배점
용액의 진하기에 따라 물체가 용액에 뜨는 정도가 다른 것을 이용한 것이라고 쓴 경우		5
용액의 진하기를 이용했다고만 쓴 경우		2

7 ❶ (나)-(다)-(가)

❷ 예시 답안 용액이 진할수록 방울토마토가 높이 떠오르기 때문입니다.

채점 기준	답안 내용	배점
용액이 진할수록 방울토마토가 높이 떠오르기 때문이라고 쓴 경우		4
용액의 진하기가 다르기 때문이라고만 쓴 경우		1

❸ 예시 답안 (나)-(다)-(가) 순으로 메추리알이 높이 떠오를 것입니다.

채점 기준	답안 내용	배점
메추리알이 높이 떠오르는 순서를 옳게 예상하여 쓴 경우		4

5. 다양한 생물과 우리 생활

연습! 서술형 평가
86~87쪽

1 (4) ×

풀이 곰팡이와 버섯과 같은 균류는 다른 생물이나 죽은 생물에서 양분을 얻습니다.

1-1 예시 답안 다른 생물이나 죽은 생물에서 양분을 얻습니다.

채점 기준	답안 내용	배점
다른 생물이나 죽은 생물에서 양분을 얻는다고 쓴 경우		4

2 (1) 해캄 (2) 짚신벌레

2-1 예시 답안 짚신벌레는 길쭉한 모양입니다. 해캄은 초록색의 가늘고 긴 모양입니다.

채점 기준	답안 내용	배점
짚신벌레와 해캄의 특징을 모두 옳게 쓴 경우		6
짚신벌레와 해캄의 특징을 한 가지만 옳게 쓴 경우		3

3 (4) ×

풀이 세균은 동물, 식물보다 단순한 구조의 생물입니다.

3-1 예시 답안 세균의 모양은 공 모양, 막대 모양, 나선 모양 등 다양한 형태가 있습니다.

채점 기준 답안 내용	배점
세균의 모양이 다양하다고 쓴 경우	4

4 ②

풀이 독이 든 버섯은 먹으면 생명이 위험할 수 있습니다.

4-1 예시 답안 된장과 치즈 등을 만드는 데 도움을 주는 균류가 있습니다.

풀이 그 밖에 균류와 세균은 죽은 생물을 분해하여 지구의 환경을 유지하는 데 도움을 주기도 하고 원생생물은 다른 생물의 먹이가 되기도 합니다.

채점 기준 답안 내용	배점
균류, 원생생물, 세균 등 다양한 생물이 우리 생활에 미치는 이로운 영향을 옳게 쓴 경우	4

5 ④

풀이 균류와 세균은 죽은 생물을 분해하여 지구의 환경을 유지하는 데 도움을 줍니다. 이것은 생물이 우리 생활에 미치는 이로운 영향입니다.

5-1 예시 답안 여러 가지 질병을 일으킬 수 있습니다.

풀이 그 밖에 음식을 상하게 하거나 우리 주변의 물건을 상하게 할 수도 있습니다.

채점 기준 답안 내용	배점
균류, 원생생물, 세균 등 다양한 생물이 우리 생활에 미치는 해로운 영향을 옳게 쓴 경우	4

6 (2) ○

6-1 푸른곰팡이, 예시 답안 푸른곰팡이가 질병의 원인이 되는 세균을 자라지 못하게 하는 특성을 활용한 것입니다.

채점 기준 답안 내용	배점
푸른곰팡이를 쓰고, 활용한 특성을 옳게 쓴 경우	6
활용한 특성만 옳게 쓴 경우	4
푸른곰팡이라고만 쓴 경우	2

실전! 서술형 평가

88~89쪽

1 예시 답안 따뜻하고 축축한 곳에서 잘 자랍니다.

채점 기준 답안 내용	배점
곰팡이와 버섯이 잘 살 수 있는 환경을 옳게 쓴 경우	5
따뜻한 곳에서 산다고만 쓰거나 축축한 곳에서 산다고만 쓴 경우	3

2 예시 답안 곰팡이는 포자로 번식하고, 식물은 씨로 번식합니다.

채점 기준 답안 내용	배점
곰팡이와 식물의 다른 점을 옳게 쓴 경우	5
곰팡이의 특징만 쓰거나 식물의 특징만 쓴 경우	2

3 예시 답안 짚신벌레와 해캄은 물이 고인 곳이나 물살이 느린 곳에서 삽니다.

채점 기준 답안 내용	배점
물이 고인 곳이나 물살이 느린 곳에서 산다고 쓴 경우	5
물이 고인 곳에서 산다고만 쓰거나 물살이 느린 곳에서 산다고만 쓴 경우	3

4 세균, 예시 답안 크기가 작고 단순한 생김새의 생물입니다.
풀이 그 밖에 모양이 다양하며 맨눈으로 볼 수 없지만 우리 주변의 다양한 곳에서 삽니다.

채점 기준 답안 내용	배점
세균이라고 쓰고, 세균의 특징을 옳게 쓴 경우	7
세균의 특징만 옳게 쓴 경우	4
세균이라고만 쓴 경우	3

5 곰팡이, 예시 답안 된장과 치즈 등의 발효 음식을 만드는 데 활용됩니다. 음식이나 물건을 상하게 합니다.

채점 기준 답안 내용	배점
곰팡이라고 쓰고, 곰팡이가 우리 생활에 미치는 이로운 영향과 해로운 영향을 모두 옳게 쓴 경우	7
곰팡이가 우리 생활에 미치는 이로운 영향과 해로운 영향만 옳게 쓴 경우	4
곰팡이라고만 쓴 경우	3

6 예시 답안 푸른곰팡이가 세균을 자라지 못하게 하는 특성을 활용하여 질병을 치료합니다.

채점 기준 답안 내용	배점
푸른곰팡이가 질병 치료에 쓰인다고 쓴 경우	5
푸른곰팡이가 세균을 자라지 못하게 하는 특성을 활용한다고만 쓴 경우	3

7 ❶ 해캄

❷ 예시 답안 다른 생물의 먹이가 됩니다. 산소를 만들어 다른 생물이 살아가는 데 도움을 줍니다.

채점 기준 답안 내용	배점
해캄이 우리 생활에 미치는 이로운 영향을 옳게 쓴 경우	4

❸ 예시 답안 죽은 생물을 분해하여 지구의 환경을 유지하는 데 도움을 줍니다. 어떤 종류의 버섯은 독이 있어 먹으면 생명이 위험할 수 있습니다.

채점 기준 답안 내용	배점
이로운 영향과 해로운 영향을 모두 옳게 쓴 경우	4
이로운 영향과 해로운 영향 중 한 가지만 옳게 쓴 경우	2